Martine AHANDA TANA

Les conséquences juridiques des réserves aux traités internationaux relatifs aux droits de l'homme

Préface de Danièle DARLAN

L'Harmattan
Cameroun

5-7, rue de l'Ecole-Polytechnique, 75005 Paris

http://www.editions-harmattan.fr

ISBN : 978-2-336-47760-2
EAN : 9782336477602

À mon regretté père,

le Professeur Bruno-Rosaire TANA AHANDA.

REMERCIEMENTS

À l'issue de mes travaux, je voudrais présenter mes sincères remerciements à tous ceux qui ont éminemment contribué à leur élaboration :

Madame Danièle DARLAN, Professeure à l'Université de Bangui, Ancienne Présidente de la Cour Constitutionnelle de la République centrafricaine, a accepté de diriger cette thèse. Sa disponibilité a été entière, en dépit de ses multiples occupations. Qu'elle veuille bien trouver ici l'expression de mon extrême gratitude.

Monsieur Alexis N'DUI YABELA, Maître de conférences à l'Université de Bangui, Conseiller politique du président de l'Assemblée nationale de la République centrafricaine, a accepté, pour sa part, de lire et de corriger tous mes manuscrits. Sa disponibilité a été entière. De ses précieux conseils et observations, j'ai retrouvé chaque fois des énergies nouvelles qui m'ont permis de mener à terme ce travail de recherche. Je l'en remercie infiniment. Qu'il veuille bien trouver aussi l'expression de ma haute considération.

Une gratitude égale m'attache à **monsieur le Professeur Augustin KONGATOUA KOSSONZO**, ancien Doyen de la Faculté des Sciences juridiques et politiques de l'Université de Bangui, pour son encadrement durant mes recherches doctorales.

Je n'aurai garde d'oublier **monsieur le Professeur Serge Fréderic MBOUMEGNE DZESSEU**, Maître de recherche à Nantes, Université en France et au Centre national d'éducation au ministère de la Recherche scientifique et de l'Innovation du Cameroun, qui m'a vivement, encouragée à faire une inscription en Thèse à l'Université de Bangui.

Je suis pleine de reconnaissance à l'égard de **Monsieur Joël NKOUEMO,** Ministre conseiller des Investissements auprès de Son Excellence Monsieur Archange TOUADERA, Président de la République centrafricaine, actuellement Conseiller spécial chargé de la Coopération internationale au Cabinet du Président de l'Assemblée nationale.

Je ne saurai oublier de dire un merci particulier, à ma famille (avec une pensée profonde pour feu **Jean-Baptiste ASSIGA AHANDA**), au regard de l'encadrement depuis le décès de mon père survenu le 28 mai 2001. Je pense particulièrement à :

1) **Monsieur le Professeur Laurent-Serge ETOUNDI NGOA**, Ministre de l'Éducation de Base au Cameroun, représentant de la famille paternelle.
2) **Son Excellence Désiré Jean-Claude OWONO MENGUELE,** Ambassadeur du Cameroun en Guinée-Équatoriale, représentant de la famille maternelle.

Je remercie enfin ma mère, **Madame Marie-Jeanne OWONO AYO,** pour le don de la vie ; sa cadette, **Madame Claire Félicité OWONO NSI**, pour ses sacrifices ; la **Sœur Cobi-Angèle BILO'O**, religieuse chez les Sœurs servantes du saint-cœur de Marie (SSCM), qui est restée présente dans ma vie depuis l'âge de dix ans, la **Sœur Dorothée Gabrielle NDZIE** de la même Congrégation, ainsi que tous les autres parents, religieux, ami(e)s, connaissances et Professeurs des Universités qui ont su me guider.

SIGLES ET ABRÉVIATIONS

A) Annuaires, Recueils, Revues

ACDI : Annuaire canadien de droit international

AFDI : Annuaire français de droit international

AIDI : Annuaire de l'Institut du droit international

AJIL : *American journal international law* (Revue américaine de droit international)

ALJ : *Australian law journal* (Revue australienne de droit)

ARIEL : *Australian review of international and European law* (Revue australienne de droit international et européen)

AYIL : *Australian yearbook of international law* (Annuaire australien de droit international)

BIL. : *British international law* (Droit international britannique)

BICL : *British international and comparative law (droit comparé international et britannique)*

BYIL : *British yearbook of international law* (Annuaire britannique de droit international)

ICLQ : *International and comparative law Quaterly*

HILJ : *Harvard International law journal* (Revue de droit international de Harvard)

JDI : Journal du droit international

RCADI : Recueil des cours de l'Académie de droit international de La Haye

RDI : Revue de droit international

RDILC : Revue de droit international et de législation comparée

RDISDP : Revue de droit international et de science diplomatique et politique

RGDIP : Revue générale de droit international public

B) Juridictions

CDH : Comité des Droits de l'Homme

CEDH : Cour européenne des droits de l'homme

CIJ : Cour internationale de justice

CPI : Cour pénale internationale

CPJI : Cour permanente de Justice internationale

TMIN : Tribunal militaire international de Nuremberg

TPIR : Tribunal pénal international pour le Rwanda

TPIY : Tribunal pénal international pour l'ex-Yougoslavie

TPI : Tribunal de première instance

TGI : Tribunal de grande instance

C) Organisations internationales et leurs organes

AG/AGNU : Assemblée générale des Nations Unies

CDI : Commission du droit international

CEMAC : Communauté économique et monétaire d'Afrique Centrale

CEEAC : Communauté économique des États de l'Afrique Centrale

CEDEAO : Communauté économique des États de l'Afrique de l'Ouest

CDH : Comité des droits de l'homme des Nations Unies

OEA : Organisation des États américains

OUA : Organisation de l'Unité africaine

SDN : Société des Nations

SGNU : Secrétaire général des Nations Unies

UA : Union africaine

UE : Union européenne

D) Traités

CEDEF : Convention des Nations Unies pour l'élimination de toutes les formes de discrimination à l'égard des femmes

Charte africaine : Charte africaine des droits de l'homme et des peuples

DUDH : Déclaration universelle des droits de l'homme

PIDCP : Pacte international des Nations Unies de 1966 sur les droits civils et politiques

PIDESC : Pacte international des Nations Unies de 1966 sur les droits économiques, sociaux et culturels

E) Sigles divers

ADN : Acide désoxyribonucléique

AMDH : l'Association marocaine des droits de l'homme

BIT : Bureau international du travail

CMDH : Centre marocain des droits de l'homme

CAHDI : Comité *ad hoc* des Conseillers juridiques sur le Droit international du Conseil de l'Europe

CEDIN : Centre de droit international de Nanterre

CIA : *Central Intelligence Agency* (Agence centrale de recherches)

CICR : Comité international de la Croix-Rouge

DESC : droits économiques, sociaux et culturels

Doc. off. : Documents officiels

DPF : Direction de la Promotion de la Femme du Niger (au ministère du Développement social, de la Population, de la Promotion de la Femme et de la Protection de l'Enfant (MDS/P/PF/PE))

FIDH : Fédération internationale des ligues des droits de l'homme

LGDJ : Librairie générale de droit et de jurisprudence

LMDH : la Ligue marocaine des droits de l'homme

MDS/P/PF/PE : ministère du Développement social, de la Population, de la Promotion de la Femme et de la Protection de l'Enfant (au Niger)

MINEDUB : ministère de l'Éducation de base (au Cameroun)

MINEFOP : ministère de l'Emploi et de la Formation professionnelle (au Cameroun)

MINESEC : ministère des Enseignements secondaires (au Cameroun)

MINESUP : ministère de l'Enseignement supérieur (au Cameroun)

MINPROF : ministère de la Promotion de la Femme et de la Famille

MINAF : ministère des Affaires sociales

OIT : Organisation internationale du travail

OMDH : Organisation marocaine des droits de l'homme

ONG : Organisation non gouvernementale

PMA : Pays les moins avancés

PUF : Presses universitaires de France

PVD : Pays en voie de développement

SFDI : Société française pour le droit international

USA : États-Unis d'Amérique

SOMMAIRE

PRÉFACE

L'ouvrage de Martine AHANDA TANA est le fruit de sa Thèse en droit public, brillamment soutenue le 12 mai 2023 à l'Université de Bangui en République centrafricaine sous ma direction. Il porte sur les conséquences juridiques des réserves, telles que définies par l'article 2 de la Convention de Vienne de 1969 sur le droit des traités, avec un accent particulier sur *les réalités pratiques et analyse critique de la position des rapporteurs spéciaux à la Commission du droit international des Nations Unies*. Après la présentation orale de sa thématique à l'entame de la soutenance, j'ai dit à l'impétrante que j'étais très agréablement surprise du choix de ce thème, car il s'agit d'un sujet théorique portant sur les concepts et les notions. Dans ma longue carrière d'enseignante, j'ai rarement vu des étudiants s'intéresser aux thèmes d'évocation théorique ; ils préfèrent les thèmes à orientation pratique ; non pas que ces derniers soient moins intéressants pour la science, mais les sujets de nature conceptuelle nécessitent spontanément une certaine concentration et une claire détermination pour conduire le projet à terme.

Cela dit, plusieurs raisons permettent de soutenir la publication de cette thèse.

Sur la forme, le langage littéraire utilisé est dans l'ensemble clair et cohérent. De même, la structuration des différents intitulés est logique, le choix des mots judicieux et la formulation des intitulés aérée. La première partie étudie les réserves étatiques à une dizaine de traités internationaux relatifs aux droits de l'homme ; tandis que la seconde partie analyse les déclarations interprétatives faites à un traité réprimant les plus grandes violations des droits de l'homme à l'époque contemporaine, à savoir le Statut de Rome créant la Cour pénale internationale.

Dans le fond, la candidate est intéressante en ce qu'elle navigue entre les différents systèmes des droits de l'homme (système onusien, européen, africain, système de l'organisation des États américains, système asiatique), ainsi que dans le droit interne des États pour montrer l'étendue et les spécificités des conséquences juridiques des réserves aux traités internationaux relatifs aux droits de l'homme. Cette approche scientifique appréciable se confirme par la juxtaposition maîtrisée des systèmes juridiques (romano-germanique et common law). À ce sujet, l'auteure explique que les États affichent un engouement à participer à leur respect par la conclusion des traités y relatifs à travers les différents mécanismes d'adhésion, d'approbation, de signature, de ratification des traités de droits de l'homme. Mais, dans le même temps, ils émettent de nombreuses réserves. Afin de comprendre cet état de choses, l'auteure aborde, en problématique centrale de son sujet, l'impact de la pratique des réserves aux traités internationaux relatifs aux droits de l'homme. En d'autres mots, quelle est la portée juridique des réserves aux traités internationaux relatifs aux droits de l'homme ? À ce questionnement certes englobant, mais incisif au regard de la cause, la candidate étudie les effets juridiques négatifs de toutes les réserves à plus de dix traités de types territoriaux ou catégoriels, relatifs aux droits de l'homme outre des différentes déclarations interprétatives faites par les États au Statut de Rome créant la Cour pénale internationale en 1998 qui produisent les mêmes résultats et effets préjudiciables que les réserves. Elle constate que les réserves limitent l'évolution cohérente, normative et substantielle des droits de l'homme et constituent un obstacle à la répression des plus grandes violations des droits de l'homme à l'époque contemporaine.

Madame AHANDA TANA soutient, contrairement aux analyses des Rapporteurs spéciaux, que le régime juridique actuel prévu par la Convention de Vienne de 1969 sur le droit des traités ne devrait plus être applicable à ces traités en raison de leur complexité. À l'appui de cette idée, elle insiste sur le fait que les réserves ne devraient plus être permises dans de tels traités, et pour elle, le souverainisme étatique ne saurait empiéter sur les droits individuels. Les États à l'avenir doivent impérativement, marquer leur adhésion aux traités internationaux relatifs aux droits de l'homme sans émettre des réserves.

Cette prise de position est renforcée par des propositions majeures : la création et la mise en place d'un mécanisme institutionnel au sein des Nations Unies et des organisations régionales afin d'encourager ou obliger les États à ne plus émettre des réserves à ces traités, d'une part et d'autre part, la nécessité de création au sein de la CDI, d'un organe qui devrait spécifiquement, veiller au retrait des réserves dans les traités internationaux relatifs aux droits de l'homme. Selon elle, les réserves constituent un obstacle à l'évolution cohérente des droits de l'homme à l'époque contemporaine ainsi qu'à la répression effective des plus grandes violations des droits de l'homme. Ce sont là les deux axes de sa démonstration.

L'analyse révèle donc que les réserves produisent une double conséquence juridique du fait de la limitation juridique de la portée des dispositions conventionnelles chargées de garantir les libertés individuelles de la personne humaine, mais sont aussi une cause de violations desdites libertés. Chercheuse audacieuse, elle propose à la Commission du droit international des Nations Unies d'envisager un projet d'articles définissant un régime juridique distinct, des traités internationaux relatifs aux droits de l'homme en interdisant les réserves, car la Convention de Vienne de 1969 fixe un régime général qui ne devrait plus être applicable à cette catégorie particulière de traités. Émettre des réserves aux traités internationaux relatifs aux droits de l'homme n'est pas un acte de bonne foi puisque les États cherchent à s'affranchir de leurs obligations internationales.

En somme, ce sujet est d'actualité. Il touche à la théorie du droit international public et destiné à le promouvoir, à en analyser certains aspects, notamment celui portant sur les réserves formulées par les États. Ce qui conduit l'auteure à une rétrospective sur la question afin d'indiquer quelle a été l'évolution du droit international public sur cette question en fonction de la souveraineté des États et de leur volonté de faire progresser et respecter le droit international.

Afin d'avoir d'autres données factuelles sur la question et enrichir l'analyse, l'auteure a profité des expériences acquises dans sa carrière professionnelle de magistrate, dans sa vie associative et dans son statut de chercheur en droit international auprès de certaines structures à l'instar du département de politique internationale de l'Institut des relations internationales du Cameroun (IRIC) et du Centre d'études internationales, diplomatiques, économiques et stratégiques (CEIDES) ; ainsi que de son expertise avérée en droits de l'homme en tant que diplômée de la Chaire UNESCO des droits de la personne et de la démocratie de l'Université d'Abomey-Calavi de Cotonou au Bénin depuis 2005.

Pour tous ces éléments, cette thèse mérite amplement d'être publiée, car elle est destinée au public et interpelle plusieurs secteurs d'activités tant au niveau national, international que régional. Les juristes de tous bords, les acteurs de la société civile, les défenseurs des droits de l'homme, et plus largement tous ceux qui sont intéressés par les questions d'actualité pour ne citer que ceux-là. En effet, la question des droits de l'Homme concerne tous les secteurs d'activités et toutes les catégories sociales au sein de l'État. Gageons que cette stimulante étude obtient un accueil à la hauteur de son apport scientifique.

Danièle DARLAN

Professeur de droit public à l'Université de Bangui

Ancienne présidente de la Cour constitutionnelle de la République centrafricaine

INTRODUCTION GÉNÉRALE

On considère généralement que les normes internationales portant sur les droits de l'homme ont pris naissance au XXe siècle et surtout après la Seconde Guerre mondiale, tel que le démontrent DJENA WEMBOU (M.C.) et DAOUDA[1] (F.). Ainsi, les droits de l'homme ont d'abord été une notion philosophique, ou mieux, une idée. Selon le Professeur Gérard SOULIER[2], cette notion est devenue une idéologie au sens où, elle s'est diffusée dans le corps social. Elle fut plus tard prise comme une référence théorique pour justifier certaines actions politiques, avant de prendre corps dans l'institution juridique. Le Pacte de la Société des Nations (SDN) et les traités consécutifs à la Première Guerre mondiale comportaient déjà des dispositions relatives à la traite des femmes et des enfants (article 23(b) du Pacte) ou au sort des minorités dans l'Europe centrale et des Balkans.

Au lendemain de la Seconde Guerre mondiale, cette vision s'est modifiée. L'expérience nazie, excluant certains peuples et races de l'humanité, a suscité une véritable prise de conscience de la menace de la paix et de la sécurité internationale qui découlent du mépris des droits de l'homme.

La Charte des Nations Unies prendra donc en considération les droits de l'homme dans leur globalité ; l'homme accède désormais à une existence juridique internationale. L'action des organisations internationales dans la définition et la protection des droits de l'homme se développe tant dans le cadre du système des Nations Unies qu'au sein des organisations régionales.

Cette action vise à la fois la défense de tous les droits au profit de chaque être humain d'une part, et d'autre part, elle veille à une protection très catégorielle des droits humains. L'expression « *droits de l'homme* » embrasse une vaste gamme de droits et libertés qui sont souvent classés en trois générations.

La première génération recouvre ce qui est considéré comme les droits civils et politiques. Ce sont ces derniers qui posent des limites à l'arbitraire de l'État. Ces droits aménagent un espace de liberté pour la personne humaine contre l'État. Il s'agit par exemple du droit de ne pas porter atteinte à la vie et à l'intégrité physique des individus, de ne pas les arrêter arbitrairement ni les

[1] DJIENA WEMBOU (M.C) et DAOUDA (F), *Théorie générale et réalités africaines*, L'Harmattan, 2000, p. 51.

[2] SOULIER (G), *Nos Droits face à l'État*, Ed. Seuil, Paris, 1981, p.25 et s., cité par DJIENA WEMBOU (M.C) et DAOUDA (F), *Droit international humanitaire : Théorie générale et réalités africaines*, L'Harmattan, 2000, pp. 51 et s.,

priver d'un procès équitable, de ne pas s'immiscer dans leur vie privée, de ne pas empêcher les réunions et les associations de personnes, mais de permettre la participation de tous aux affaires publiques. Cette catégorie de droits découle en quelque sorte de l'éminente dignité de la personne et du citoyen dans un État de droit.

Les droits dits de deuxième génération regroupent les droits économiques, sociaux et culturels. Inspirés de l'idéologie marxiste, ces droits ne se manifestent pas contre le pouvoir de l'État, mais par le pouvoir de l'État. En d'autres termes, ces droits ne peuvent être mis en œuvre que par une intervention de l'État. Il s'agit de « *droits-créances* » ou de « *droits-exigences* » de l'individu vis-à-vis du pouvoir politique. On peut citer le droit à l'éducation, le droit à un emploi décent, le droit à la Sécurité sociale, etc. Cette génération s'est d'abord épanouie dans les constitutions des États socialistes, avant de l'être dans les chartes des démocraties industrielles libérales.

La troisième génération s'est développée à la suite de l'émergence du Tiers-Monde sur la scène internationale. Ce sont les droits dits de solidarité qui jettent un pont entre les deux précédentes. Ce sont des droits individuels et collectifs, des « *droits synthèses* » qui concernent les individus, les peuples et les États. On peut citer le droit à la paix, le droit à l'autodétermination, le droit à un environnement sain, le droit au développement, etc.

En précisant que ces différentes générations de droits de l'homme sont complémentaires et indivisibles comme on le verra plus loin, il faut dire que les droits de troisième génération n'ont pas un contenu juridique réel et ne sont assortis d'aucune réglementation contraignante (car il s'agit d'un idéal généreux, mais loin d'être réalisé concrètement). C'est pour cette raison que la présente étude ne s'intéressera qu'aux deux premières générations de droits de l'homme, car elles sont consacrées par de nombreux textes contraignants tels que les traités, les pactes ou conventions internationales.

Ce faisant, dans le cadre de la procédure de conclusion d'un accord international, les États peuvent émettre des réserves quant à l'application de certaines dispositions dudit accord. En effet, aux termes de l'article 19 de la Convention de Vienne sur le droit des traités, il est clairement spécifié que sous certaines conditions, *« un État, au moment de signer, de ratifier, d'accepter, d'approuver un traité ou d'y adhérer, peut formuler une réserve... »*. Les États peuvent-ils se prévaloir de cette stipulation dans le cadre des traités internationaux relatifs aux droits de l'homme ? Dans l'affirmative, quelles en seraient les conséquences juridiques ? Ces questionnements ont entraîné la formulation de notre thème de recherche : *« les conséquences des réserves aux traités internationaux relatifs aux droits de l'homme : réalités pratiques et analyse critique de la position des rapporteurs spéciaux à la Commission du droit international des Nations Unies ».*

La base de notre étude est le régime juridique des réserves aux traités.

D'après le Vocabulaire juridique[3], *« un régime est un système de règles, considéré comme un tout, soit en tant qu'il regroupe l'ensemble des règles relatives à une matière, soit en raison de la finalité à laquelle sont ordonnées ces règles ».* D'après le Dictionnaire du droit international public[4], il s'agit surtout d'un ensemble de règles qui régissent une institution juridique déterminée. En étudier les conséquences signifie évaluer les effets des réserves sur les traités.

Cela étant, nous définissons le *« régime juridique des réserves »* comme un ensemble de règles de droit spécifiques qui précisent le sens, la nature et la portée des réserves. « *Les conséquences juridiques des réserves aux traités internationaux relatifs aux droits de l'homme* » renvoient par ricochet à l'ensemble de leurs effets sur les traités.

D'après l'article 2(1)(d) de la Convention de Vienne du 23 mai 1969 sur le droit des traités, une réserve est *« une déclaration unilatérale, quel que soit son libellé ou sa désignation, faite par un État quand il signe, ratifie, accepte ou approuve un traité ou y adhère, par laquelle il vise à exclure ou à modifier l'effet juridique de certaines dispositions du traité dans leur application à cet État ».*

L'article 2(1) (a) du même texte définit le traité comme *« un accord international conclu par écrit entre États et régi par le droit international, qu'il soit consigné dans un instrument unique ou dans deux ou plusieurs instruments connexes et quelle que soit sa dénomination particulière ».* Les notions de *« traité »* et de *« traité international »* seront interchangeables dans le cadre de ce travail.

J.J. VINCENSINI[5] donne une définition très extensive des droits de l'homme qu'il considère en effet comme *« des prérogatives gouvernées par les règles reconnues par le droit constitutionnel et le droit international qui visent à défendre les droits de la personne dans leurs relations avec le pouvoir de l'État et avec les autres personnes et qui tendent à promouvoir l'établissement des conditions permettant de jouir effectivement de ces droits ».* Fort nombreux, comme on l'a souligné précédemment, les droits humains peuvent être classés de différentes manières, notamment en tenant compte de l'ordre historique d'apparition. Ainsi distingue-t-on, également, les

---

[3] CORNU (G.), *Vocabulaire juridique*, Paris, PUF, Édition de 2020, pp. 870-871.

[4] SALMON (J.), *Dictionnaire de droit international public*, Bruxelles, Bruylant, 2001, pp. 957-959.

[5]VINCENSINI (J.J), *Le livre des droits de l'homme*, Paris, Édition Robert Laffont, 1985, p.12.

droits de la première, de la deuxième, de la troisième génération[6] et même de la quatrième génération[7].

Pour une meilleure appréhension du thème, il paraît opportun de préciser que certains auteurs préfèrent l'expression *« réserves aux traités »* à celle de « *réserves dans les traités* ». À ce propos, Pierre-Henri IMBERT[8] explique que la réserve est une déclaration émanant des États et donc extérieure au texte du traité. Aussi, d'après lui et contrairement à une opinion persistante, il ne peut y avoir de *« réserves dans un traité »*. C'est la raison pour laquelle l'intitulé de l'étude de Pierre-Henri IMBERT porte sur *« les réserves aux traités multilatéraux »* et non pas, comme la plupart de ses prédécesseurs de langue française, « *réserves dans les traités multilatéraux*[9] *»*. Pierre-Henri IMBERT rappelle à cet effet que les Anglo-saxons emploient toujours l'expression « *reservations to multilateral treaties* ».

Ce rappel s'avérait nécessaire, car tout au long de notre analyse, nous traiterons du régime juridique des réserves aux traités internationaux relatifs aux droits de l'homme en mettant un accent particulier sur leurs conséquences juridiques.

Dans son ouvrage sur les réserves aux traités multilatéraux, paru en 1979, monsieur Pierre-Henri IMBERT[10] analyse l'évolution du droit positif sur la question des réserves depuis l'avis consultatif du 28 mai 1951 rendu par la

---

6 Sur *« les trois âges des droits de l'homme »*, consulter notamment BECET (J.M.), et COLLIARD (D.), *Les droits de l'homme, Dimensions nationales et internationales*, Tome 1, Paris, Economica, 1982, pp15 et suivantes. Sur les autres classifications possibles, voir les manuels classiques de libertés publiques et droits de l'homme et notamment MORANGE (J.), *Droits de l'homme et libertés publiques*, Paris, PUF, 1989 ; RIVERO (J.), *Les libertés publiques,* Tomes 1 et 2, Paris, PUF, 1981 ; BURDEAU (G), *Les libertés publiques*, Paris, LGDJ, 1972 ; COLLIARD (C.A.), Libertés *publiques*, Paris, Dalloz, 1989 ; MADIOT (Y.), *Droits de l'homme*, Paris, MASSON, 1991. Voir aussi l'article de M BOSSUYT (G.), *« La distinction juridique entre les droits civils et politiques et les droits économiques, sociaux et culturels »*, IN Revue des droits de l'homme, volume VIII, n° 4, 1975, p.78 et suivantes ; voir également PELLOUX (R.), *Vrais et faux droits de l'homme. Problèmes de définition et de classification,* in R.D.P, 1981, pp.53 et suivantes.

7 Comme droits de la quatrième génération, on peut citer le droit au développement, le droit à la paix.

8 IMBERT (P.H.), *Les réserves aux traités multilatéraux : évolution du droit et de la pratique depuis l'avis consultatif donné par la Cour internationale de justice le 28 mai 1951*, Paris, Pedone, 1979, p.10.

9 Parmi les nombreux prédécesseurs de Pierre-Henri IMBERT qui utilisent cette expression, nous citerons notamment Raoul GENET, et Albert POMME DE MIRIMONDE. Voir GENET (R.), « Les réserves dans les traités », *RDISDP*., 1932. Voir aussi POMME DE MIRIMONDE (A.), « Les réserves dans les traités et l'Accord de Washington », *Revue politique et parlementaire*, 1927 ; du même auteur, *Les Traités imparfaits. Les réserves dans les traités internationaux*, Thèse, Paris, 1920, 159 p.

10 IMBERT (P.-H.), *Les réserves aux traités multilatéraux…*, op. cit, idée générale de son ouvrage.

Cour internationale de justice (CIJ), relatif à la Convention sur la prévention et la répression du crime de génocide. L'auteur explique que la CIJ a préconisé un système souple d'acceptation des réserves. D'après lui, nul ne pense plus aujourd'hui à exiger pour l'ensemble des conventions multilatérales, l'application du principe du consentement unanime des États pour l'acceptation d'une réserve. Au-delà de leurs conditions d'admission, il étudie les conséquences des réserves sur les relations conventionnelles. Par ailleurs, Pierre-Henri IMBERT analyse la fonction des réserves dans la société internationale contemporaine.

Malgré la pertinence de sa démonstration, Pierre-Henri IMBERT n'a pas épuisé le débat relatif à la nature juridique des réserves, notamment, la distinction entre *« réserves »* et *« déclarations interprétatives ».*

De même, de 1995 à ce jour, le Professeur Alain PELLET, a consacré d'importants travaux, à l'étude du régime juridique des réserves, en sa qualité de rapporteur spécial à la Commission du droit international [11] (CDI) ; il a pu réaliser plus d'une dizaine de rapports y relatifs ainsi que sur les déclarations interprétatives en général.

À sa 47e Session tenue en 1995, la CDI a examiné le premier rapport PELLET[12]. Il était question pour lui de présenter l'étendue des problèmes des réserves aux traités ainsi que la nature et la forme des futurs travaux de la Commission. À la fin de cet examen, il a été décidé que la formule consacrée serait *« les réserves aux traités ».*

Le deuxième rapport, réalisé en 1996 à la 48e Session de la CDI[13] et en 1997 à sa 49e session [14]consistait à proposer un régime légal pour les réserves et les règles à appliquer aux réserves en général. Par ailleurs, le Professeur PELLET recommandait l'application de ce régime aux traités relatifs aux droits de l'homme. À ce propos, il indique que, conformément au régime de la Convention de Vienne de 1969, la licéité des réserves est évaluée à travers l'objet et le but du traité. Les autres parties contractantes sont donc libres de signer le traité en usant du mécanisme de l'acceptation et de l'objection aux réserves.

---

[11] Dans sa Résolution 48/31 du 9 décembre 1993, l'Assemblée générale des Nations Unies (AGNU) a approuvé la décision de la CDI d'inscrire à l'ordre du jour le sujet intitulé *« le droit et la pratique concernant les réserves aux traités ».* À sa 46e Session en 1994, la CDI a nommé le Professeur Alain PELLET Rapporteur spécial pour ce sujet. Cf. *Documents officiels de l'A.G. (Doc. off. AGNU), 49e Session, Supplément N° 10/A49/10, paragraphe 382.*

[12] Voir Doc. off. *.AGNU, A/CN.4/470 et Corr.1.*

[13] Voir *Doc. off. AGNU, A/CN.4/477 et Add.1.*

[14] Voir *Doc. off. AGNU., 51e Session, Supplément N° 10 (A/51/10), par.157.*

Dans son troisième rapport rendu à la 50e Session de la CDI en 1998[15], il s'agissait en l'occurrence de la définition des réserves et des déclarations interprétatives aux traités. Il ressort des conclusions du Professeur Alain PELLET que l'expression *« réserve »* s'entend d'une *« déclaration unilatérale, quel que soit son libellé ou sa désignation, faite par un État ou par une organisation internationale à la signature, à la ratification, à l'acte de confirmation formelle, à l'acceptation ou à l'approbation d'un traité ou à l'adhésion à celui-ci ou quand un État fait une notification de succession à un traité, par laquelle cet État ou cette organisation vise à exclure ou à modifier l'effet juridique de certaines dispositions du traité dans leur application à cet État ou à cette organisation »*[16].

En outre, une déclaration interprétative s'entend d'une *« déclaration unilatérale, quel que soit son libellé ou sa désignation, faite par un État ou par une organisation internationale, par laquelle cet État ou cette organisation internationale vise à préciser ou à clarifier le sens ou la portée que le déclarant attribue au traité ou à certaines de ses obligations »*[17]. Le Professeur Alain PELLET précise également que la définition d'une déclaration unilatérale étant comme une réserve ou une déclaration interprétative est sans préjudice de sa licéité au regard des règles relatives aux réserves et aux déclarations interprétatives, dont elle conditionne la mise en œuvre[18].

Il n'y a pas grande différence entre les quatrième et cinquième rapports réalisés par le Professeur Alain PELLET. En effet, le cinquième rapport sur les réserves aux traités s'est pour l'essentiel substitué au quatrième[19] ; il traitait en premier lieu des *« alternatives aux réserves et aux déclarations interprétatives »* et en second lieu *« de la procédure relative aux réserves et aux déclarations interprétatives »*.

---

[15] Voir Doc. off. AGNU, A/CN.4/491 et Add.1 à 6.

[16] Annuaire de la Commission du droit international 1998, Documents de la cinquantième session, Volume II, Première partie, Nations-Unies, New York et Genève, 2008, p. 306

[17] ONU, Guide de la pratique sur les réserves aux traités, 2011, 36 p.

[18] Historiquement, on est parti, avec James BRIERLY, le premier Rapporteur spécial, d'une définition contractuelle des réserves, entendues comme des offres faites aux autres parties contractantes, pour en arriver à l'idée d'une déclaration unilatérale. Puis, avec le Rapporteur spécial Sir Humphrey WALDOCK, prédécesseur du Professeur Alain PELLET, la définition s'est progressivement écartée de celle des déclarations interprétatives. Aussi, le Professeur Alain PELLET a-t-il pris pour point de départ la définition que donnent des réserves les trois Conventions de Vienne de 1969 (sur le droit des traités), de 1978 (sur la succession d'États en matière des traités), de 1986 (codifiant le droit des traités auxquels au moins une organisation internationale est partie).

[19] Voir à ce sujet paragraphes 21 et 59 du cinquième rapport (A/CN.4/508).

Dans son sixième rapport[20] sur les réserves aux traités, présenté à la 53e session de l'Assemblée générale des Nations Unies tenue à Genève du 23 avril au 1er juin puis du 1er juillet au 10 août 2001, le rapporteur spécial a tenu à rappeler qu'il s'en tiendra strictement à l'approche proposée dans le *« schéma général provisoire de l'étude figurant dans son 2e rapport »* que la CDI a bien voulu approuver. Le rapporteur spécial est et demeure fidèle aux conclusions tirées à l'issue de l'examen de son premier rapport par la Commission. Il a déclaré que la Commission devrait adopter un guide de la pratique en matière de réserves. Ce guide se présenterait sous la forme d'un projet d'articles dont les dispositions, assorties de commentaires, constitueraient des principes directeurs susceptibles de guider la pratique des États et des Organisations internationales en matière de réserves. Dans le cadre de ce rapport, plusieurs représentants ont cependant fait part de leur impatience de voir la Commission aborder le cœur même de la question, à savoir les effets juridiques des réserves licites ou non et des objections qui peuvent en être faites. Le rapporteur spécial n'y a pas fait allusion.

Le septième rapport[21] quant à lui présente d'abord un résumé des précédents travaux de la Commission sur le sujet. Par la suite, il est mentionné que la CDI a adopté lors de sa 54e session, les projets de directives présentés dans le sixième rapport. Malgré leur nombre (12), elles ne portent que sur la formulation des réserves et des déclarations interprétatives et sont loin de couvrir l'ensemble des questions qui doivent faire l'objet de la deuxième partie du guide de la pratique *(« Formulation et retrait des réserves, des acceptations et des objections »)*. Le septième rapport s'est efforcé de combler une partie de ces lacunes en présentant un ensemble de projets de directives portant sur la forme et la procédure du retrait des réserves à l'exception toutefois des règles applicables aux déclarations unilatérales par lesquelles un ou plusieurs États ou organisations internationales visent à accroître la portée des réserves antérieures.

Ces projets furent renvoyés au Comité de rédaction à l'exception de ceux concernant le retrait des réserves tenues pour illicites par un organe de contrôle de la mise en œuvre d'un traité parce que le rapporteur spécial avait estimé que l'examen de ce projet, qui portait essentiellement sur les pouvoirs des organes de contrôle vis-à-vis de réserves illicites était sans doute prématuré ; il fut donc retiré.

Dans son huitième rapport présenté lors de la 55e session de la CDI tenue à Genève du 5 mai au 6 juin, puis du 7 juillet au 8 août 2003, le Professeur Alain PELLET achève l'étude de la modification des réserves et des déclarations interprétatives en envisageant successivement la question des

---

[20]AGNU, Doc.A/CN.4/518

[21] A/ CN.4/526, par 2 à 47.

modifications des réserves qui en accroissent la portée et celle des changements apportés aux déclarations interprétatives. Par ailleurs, il étudie la procédure de la formulation des acceptations des réserves ainsi que des objections. Faute de temps, il ne put présenter les problèmes essentiels qui lui paraissaient se poser en ce qui concerne la *« licéité »* ou la *« validité »* des réserves.

Du 5 au 11 juillet 2005, le rapporteur spécial a présenté la dernière partie de son dixième rapport[22] qui concerne les réserves incompatibles avec l'objet et le but du traité, la détermination de la validité des réserves et ses conséquences. Les points suivants ont été examinés : définition de l'objet et du but du traité, détermination de l'objet et du but du traité, réserves vagues et générales, réserves portant sur une disposition énonçant une règle coutumière, réserves à des dispositions énonçant une règle de *jus cogens,* réserves à des dispositions portant sur des droits indérogeables, réserves relatives à l'application du droit interne, réserves aux traités généraux relatifs aux droits de l'homme, réserves aux clauses conventionnelles de règlement des différends, compétence pour apprécier la validité des réserves, coopération des États et des organisations internationales avec les organes de contrôle, pluralité d'instances compétentes pour apprécier la validité des réserves, conséquences de la non-validité d'une réserve, non-validité des réserves et responsabilité.

Du 07 au 16 mai 2007, dans le cadre de sa 59e session, la CDI a examiné le onzième rapport du rapporteur spécial portant sur *« les réserves aux traités ».* S'agissant des principaux développements relatifs aux réserves qui se sont produits durant cette période, le Professeur Alain PELLET estime que dès lors qu'une réserve est conforme à l'objet et au but du traité, elle est valide.

En dépit de la profondeur de ses réflexions, le Professeur Alain PELLET qui continue ses analyses au sein de la CDI n'a pas encore épuisé le débat sur les problèmes que posent les réserves en droit international, notamment, les réserves formulées dans les traités multilatéraux relatifs aux droits de l'homme.

C'est la raison pour laquelle, en sus de ses analyses, à partir de 1999 plus précisément, Madame Françoise Jane HAMPSON, en tant que Rapporteur spécial à la Sous-commission de la Promotion et de la Protection des droits de l'homme[23] (organe créé au sein de la *« défunte Commission des droits de*

---

[22] A/ CN.4/558 et A/CN.4/472 : ces questions avaient été entamées dès le neuvième rapport.

[23] Dans la *Décision 1998/113 du 26 août 1998,* la Sous-Commission de la protection et de la promotion des droits de l'homme demanda à Madame Françoise J. HAMPSON de préparer un document de travail sur la question des réserves aux traités internationaux relatifs aux droits de l'homme. Le 26 avril 2000, par une Décision 2000/18 de la défunte Commission des droits de l'homme des Nations Unies, elle a été officiellement désignée en tant que Rapporteur spécial

l'homme des Nations Unies » puisqu'il s'agit désormais du *« Conseil des droits de l'homme des Nations Unies »*), prépare des travaux sur la question des réserves et des déclarations interprétatives aux traités relatifs aux droits de l'homme. En 2002, elle soumet un document[24] qui consiste en *« une charte des déclarations et réserves actuelles faites aux six principaux traités internationaux de droits de l'homme[25] et la réaction des autres États »*[26]. En conclusion et d'après cette charte, les États sont libres de formuler une réserve à un traité relatif aux droits de l'homme pourvu que le traité en autorise la formulation et que la réserve soit conforme à son objet et à son but.

L'étude de Madame HAMPSON devait porter exclusivement sur la pratique des réserves dans les traités relatifs aux droits de l'homme, c'est-à-dire qu'elle s'attarde sur le régime spécifique des réserves à ces traités, en admettant qu'un tel régime existe. Si c'est le cas, une telle étude ferait inévitablement double emploi avec les travaux de la CDI qui portent sur le régime des réserves et déclarations interprétatives en général alors que l'étude envisagée prévoit l'examen des réserves et déclarations interprétatives concernant les traités relatifs aux droits de l'homme en particulier.

Ainsi, durant sa 54e session, la CDI a prié son Président et son rapporteur spécial de se mettre en rapport avec les organes de droits de l'homme[27], avec le Président de la sous-commission de protection et de promotion des droits de l'homme et Madame HAMPSON particulièrement, afin de tenter d'approfondir les échanges de vues au sujet des réserves dans les traités relatifs aux droits de l'homme. Le 13 août 2002, des lettres cosignées par le président et le rapporteur leur ont été adressées. C'est ce qui justifie l'étude de la position des rapporteurs spéciaux à la CDI, car il y a eu une franche et riche collaboration entre les Professeurs Alain PELLET et Françoise Jane

---

ayant la tâche de préparer une étude complète sur *« les réserves aux traités de droits de l'homme »*. Cette étude était basée sur le précédent document de travail.

[24]Doc.off.*AGNU, E/CN.4/Sub.2/2002/34.*

[25] Ces traités sont : le Pacte international relatif aux droits civils et politiques ; le Pacte international relatif aux droits économiques, sociaux et culturels ; la Convention relative aux droits de l'enfant ; la Convention contre la torture et autres peines ou traitements cruels, inhumains ou dégradants ; la Convention internationale sur l'élimination de toutes les formes de discrimination raciale ; et la Convention sur l'élimination de toutes les formes de discrimination à l'égard des femmes.

[26]Doc.off. *A.G, E/CN.4/Sub.2/2003/WP.2, 8 august 2003, Commission on Human rights, Sub-Commission on the Promotion and Protection of Human Rights, Fifty-fifth session,* Agenda item 6, Specific Human Rights issues: Expanded working paper by Ms. Françoise HAMPSON *on the question of reservations to Human Rights treaties, prepared in accordance with Sub-Commission decision 2001/17.*

[27]Il s'agit : du comité des droits de l'homme ; du comité des droits économiques, sociaux et culturels ; du comité pour l'élimination de la discrimination à l'égard des femmes ; du comité pour l'élimination de la discrimination raciale ; du comité pour les droits de l'enfant ; et du comité contre la torture.

HAMPSON ainsi qu'une communication et une exploitation conjointe de leurs différents rapports au sein de la CDI.

En 2004, dans son document de travail final sur les réserves aux traités relatifs aux droits de l'homme, le Pr Françoise Jane HAMPSON conclut qu'aucun élément ne vient étayer l'argument selon lequel un régime spécial s'appliquerait aux traités relatifs aux droits de l'homme ou à une catégorie particulière de traités incluant les traités relatifs aux droits de l'homme ; un organe judiciaire ou quasi judiciaire est investi d'une compétence implicite pour déterminer si une déclaration est ou non une réserve, et dans l'affirmative de déterminer, au cas où il s'agirait d'une réserve, l'organe habilité à donner effet à cette conclusion quant à sa validité.

Ces développements rejoignent encore largement ceux des travaux du Professeur Alain PELLET ainsi que les solutions fournies par la Convention de Vienne de 1969 et n'apportent rien de nouveau.

La CDI a tenu sa 59e session du 7 mai au 5 juin 2007 à son siège à Genève. Durant cette période, il y a eu un mini-colloque sur les réserves dans les traités relatifs aux droits de l'homme avec la participation des membres du Conseil des droits de l'homme de l'ONU.

L'apport des travaux menés par la sous-commission de protection et de promotion des droits de l'homme et la CDI permet d'avoir des connaissances plus éclairées que dans le passé, de la notion des réserves en droit international. Toutefois, il reste à dire que leurs différentes recherches, et ce, sous un angle général, présentent des insuffisances communes. À ce propos, nous constatons qu'elles consistent en une étude qui aboutit au même résultat : il existe des réserves compatibles avec l'objet et le but des traités internationaux relatifs aux droits de l'homme, aussi ne peut-il y avoir un régime juridique spécifique des réserves auxdits traités. Nous ne partageons pas cette conclusion, car l'analyse approfondie des effets des réserves sur la portée des traités internationaux relatifs aux droits de l'homme à l'époque contemporaine est loin d'avoir été épuisée.

Les études sont nombreuses sur la question des réserves. Pourtant, l'aspect le moins étudié par la doctrine est précisément celui des conséquences juridiques des réserves sur les traités relatifs aux droits de l'homme.

En effet, la plupart des États cherchent souvent à se soustraire aux obligations découlant des traités internationaux relatifs aux droits de l'homme ou, éventuellement, à limiter la portée de leurs obligations à travers la pratique des réserves. Or, un tel comportement affaiblit assurément l'effort international de promotion et de protection des droits de l'homme.

Par conséquent, l'analyse des facteurs qui sont à l'origine d'une telle attitude et la recherche des moyens adéquats susceptibles d'y remédier, nous incitent à faire une étude portant sur les conséquences juridiques des réserves aux traités internationaux relatifs aux droits de l'homme en nous basant sur les réalités pratiques des problèmes que créent lesdites réserves, tout en démontrant les limites de la position des différents Rapporteurs Spéciaux. D'après la position de la CDI, d'une part, le régime de Vienne s'applique à tous les traités, y compris ceux relatifs aux droits de l'homme, et d'autre part, il ne s'agit pas de traités spécifiques.

Notre recherche a permis de constater que les problèmes posés par les réserves dans les traités relatifs aux droits de l'homme demeurent. Ils n'ont pas été totalement résolus par le rapporteur spécial en la matière, le Pr Françoise Jane HAMPSON. Par ailleurs, les solutions préconisées par le Professeur Alain PELLET pour le cas des réserves dans les traités internationaux en général ne devraient pas être applicables aux traités internationaux relatifs aux droits de l'homme en particulier. En effet, même ces réserves dites *« compatibles avec l'objet et le but du traité »* au regard de l'article 19 de la Convention de Vienne de 1969 sur le droit des traités, et les réserves autorisées par des traités atténuent rigoureusement la portée des dispositions conventionnelles destinées à assurer la protection des droits des personnes, telles que nous le démontrerons dans le cadre de la réflexion. Aussi, une réouverture du débat à travers cette étude nous permettra de proposer, sans aucune prétention à l'exhaustivité, des suggestions pour une analyse juridique plus approfondie des problèmes de droit posés par les réserves dans ces traités ainsi que des pistes de solutions à de tels problèmes.

Ces considérations préliminaires effectuées, la question centrale à laquelle on s'efforcera de répondre est la suivante : quelle est la portée juridique des réserves aux traités internationaux relatifs aux droits de l'homme ? Ces réserves ne constituent-elles pas un problème juridique dans l'évolution positive des droits de l'homme au point de faire de la protection desdits droits, un mythe au sein des relations internationales ?

Il s'agit de rechercher les effets négatifs ou pervers des réserves à la fois sur le développement cohérent des droits de l'homme à l'époque contemporaine et sur la portée des dispositions des traités internationaux relatifs aux droits de l'homme.

Partant du constat que les États émettent constamment des réserves dans les traités internationaux relatifs aux droits de l'homme, nous proposons de mener une réflexion détaillée sur *« la pratique des réserves et la portée des dispositions conventionnelles destinées à assurer la protection des droits de la personne à l'époque contemporaine »*. Cette analyse nous permettra d'étudier, concomitamment, l'aspect *« pratique des réserves et le développement cohérent des droits de l'homme à l'époque contemporaine »*. En effet, le premier outil de garantie des droits de l'homme est le traité qui les définit et les consacre. Si la portée dudit traité souffre déjà de limites du fait des réserves formulées à certaines de ses dispositions, les libertés faisant l'objet desdites réserves ne peuvent, dès lors, connaître un meilleur sort.

Autrement dit, cette étude vise aussi à rechercher les conséquences des réserves sur la jouissance effective des droits de l'homme ou encore les effets néfastes de la permissivité des réserves dans la mise en œuvre des droits de l'homme. En clair, il s'agira d'expliquer l'influence néfaste des réserves étatiques aux traités multilatéraux relatifs aux droits de l'homme sur la capacité et l'aptitude des individus à défendre et préserver leurs libertés fondamentales.

Tout ceci nous permettra de remettre en question l'article 19 de la Convention de Vienne sur le droit des traités, sur lequel s'appuient certains des aspects des différents Rapports du Professeur Alain PELLET, qui estime qu'il existe des réserves compatibles à l'objet et au but des traités relatifs aux droits de l'homme. Ceci nous confortera également à adopter la position contraire à celle du Professeur Alain PELLET, notamment.

Nous partirons de plusieurs postulats pour mieux comprendre les enjeux de cette analyse : les réserves aux traités internationaux relatifs aux droits de l'homme constituent un facteur d'atténuation de la portée des dispositions conventionnelles destinées à assurer la protection des droits des personnes à l'époque contemporaine, et par ricochet, il en résulte très généralement des violations des libertés individuelles et des droits fondamentaux de la personne humaine.

Il est en effet vrai que la plupart des pays où sont perpétrées des violations massives des droits de l'homme n'ont pas nécessairement fait des réserves aux traités, car les violations des droits de l'homme sont beaucoup plus liées au système politique et à l'effectivité ou non de l'État de droit qu'aux réserves...

Toutefois, vu la forte emprise négative des réserves sur la portée des dispositions conventionnelles chargées d'assurer la protection des libertés fondamentales de la personne humaine, nous démontrerons tout au long de cette étude que certaines violations des droits de l'homme sont parfois *« légitimées »* par la pratique des réserves étatiques. En réalité, le fait pour les réserves d'atténuer la portée de ces dispositions conventionnelles peut aussi avoir un impact négatif sérieux sur la garantie étatique des libertés individuelles. C'est ce schéma que nous entendons démontrer par le biais de certaines analyses du Professeur Laurent SERMET[28].

Après avoir mis en relief la nécessité de distinguer entre les notions de dérogation, de restriction et de réserve aux droits de l'homme, le Professeur

---

[28] SERMET (L), *« De la carence dans la Charte africaine des droits de l'homme et des peuples de la clause de dérogation aux droits de l'homme »*, *Revue générale de Droit international public*, 2005-2, pp.389-406.

SERMET explique que de nombreux instruments juridiques internationaux y relatifs ne disposent pas d'une clause de non-dérogation aux droits de l'homme. En effet, ces textes ne renferment pas des dispositions expresses précisant les droits insusceptibles de dérogations durant les circonstances exceptionnelles. Il s'agit de la Déclaration universelle des droits de l'homme (1948), du Pacte international relatif aux droits économiques, sociaux et culturels (1966), de la Convention internationale des droits de l'enfant (1989) et de la Charte africaine des droits de l'homme et des peuples (1986). En revanche, les articles 15 de la Convention européenne des droits de l'homme (1950), 4 du Pacte international relatif aux droits civils et politiques (1966) et 27 de la Convention américaine des droits de l'homme (1969) présentent un ensemble de droits insusceptibles de dérogation : ce sont des *« droits intangibles »* que le Professeur Jean-Pierre MARGUENAU[29] qualifie de *« droits primordiaux de la personne humaine »*. Nous pouvons citer le droit à la vie.

Ces considérations préliminaires étant formulées, un problème très complexe se pose. En raison de leur nature juridique, et tel que le démontre le Professeur SERMET, les droits intangibles bénéficient d'un niveau de protection très élevé et ne devraient donc pas, logiquement être assortis de réserves. Cependant, trois cas peuvent prévaloir :

- Il est possible qu'un droit expressément dit indérogeable dans un traité universel ou régional fasse tout de même l'objet d'une réserve dans ce traité ;
- Ensuite, il est possible qu'un droit expressément dit indérogeable dans un traité universel fasse l'objet d'une réserve dans un autre traité universel qui ne renferme pas la clause de non-dérogation. Dans de telles situations, quelle serait la portée d'un droit intangible assorti d'une réserve étatique ?
- Enfin, il est possible qu'un droit expressément dit indérogeable dans un traité universel fasse tout de même l'objet d'une réserve dans un traité régional qui ne renferme pas la clause de non-dérogation, nonobstant le principe international selon lequel les normes régionales de protection des droits de l'homme doivent se conformer aux normes universelles. Dans ce cas, les droits fondamentaux, considérés comme indérogeables dans le Pacte international relatif aux droits civils et politiques perdent-ils de leur intangibilité et deviennent-ils des droits dérogeables dans la Charte africaine des droits de l'homme et des peuples ?

Ces questions sont fondamentales parce que d'une part, il existe beaucoup plus de réserves dans les traités ne mentionnant pas de clauses de non-

---

[29] MARGUENAU (J.-P.), *La Cour européenne des droits de l'homme*, Paris, Dalloz, 1997, p. 56.

dérogation ; et d'autre part, comme le souligne le Professeur SERMET, *« les normes internationales ne sauraient être divergentes en matière de protection des droits de l'homme »*[30].

Dans un second temps, le Professeur Laurent SERMET établit une distinction entre les droits insusceptibles de réserves, les droits partiellement susceptibles de réserves et les droits faisant l'objet d'une réserve.

En évaluant les risques que pose une telle classification et, en nous appuyant entre autres, sur la théorie de l'indivisibilité des droits de l'homme, nous entendons démontrer les problèmes de droit qui découlent de la théorie selon laquelle certaines libertés fondamentales tolèrent des réserves et d'autres, non. En effet, nous allons justifier pourquoi il est très difficile, voire impossible pour un individu de jouir objectivement d'une quelconque liberté, dérogeable ou non, dès lors que l'État y a formulé une réserve. À titre illustratif, nous nous interrogerons précisément sur l'invocabilité et la justiciabilité de tels droits (assortis de réserves) devant les autorités administratives et judiciaires nationales.

En outre, l'émergence des Normes de jus cogens consacrées dans les articles 53 et 64 de la Convention de Vienne de 1969 donne une autre dimension à la réflexion.

Généralement définies comme règles impératives du droit international général, elles ne sont susceptibles d'aucune restriction ni d'aucune violation[31]. En ce sens et à titre illustratif, un principe de droits de l'homme considéré comme norme de *jus cogens* et proclamé dans un traité déjà adopté peut-il faire l'objet de réserves de la part d'un État au moment de la ratification du traité ? À ce propos, certains auteurs[32] ont d'ailleurs relevé que la Convention de Vienne laissait ouverte la question de savoir si un État pouvait émettre une réserve à une disposition portant codification de règles coutumières du droit international général ou à une clause conventionnelle exprimant une règle de jus cogens.

Tel que cela découle de différents rapports des Professeurs PELLET et HAMPSON qui considèrent que les réserves touchant aux normes du jus cogens et aux normes des droits de l'homme non conformes à l'objet et au but du traité qui les définit leur sont incompatibles, nous devons démontrer que contrairement à leur définition des réserves compatibles, de telles réserves atténuent fondamentalement la portée effective des normes du jus cogens et

---

[30] SERMET (L.), *« De la carence dans la Charte africaine des droits de l'homme et des peuples de la clause de dérogation aux droits de l'homme »*, op cit, p. 400.

[31] Arrêt du 20 février 1969, *Affaire du plateau continental de la Mer du Nord*, Rec. 1969, pp.38-39, DAILLIER (P.) et PELLET (A.), *Droit international public*, LGDJ, Paris, 6e édition, 1999, pp.177-183.

[32] Cf. DAILLIER (P.) et PELLET (A.), Idem.

des normes créées par les traités internationaux relatifs aux droits de l'homme. Il ne saurait, en réalité, exister une réserve objectivement compatible à un tel traité.

Finalement, cette réflexion consiste à apprécier la portée de la pratique des réserves sur la protection juridique des droits de la personne humaine à l'échelle universelle et régionale. Cette pratique a en effet pour résultat direct et immédiat un abaissement juridique des libertés individuelles, car elle porte atteinte à l'évolution cohérente des droits de l'homme. La pratique des réserves est un facteur qui tend à limiter l'effectivité de la promotion des droits de l'homme à l'époque contemporaine. Les réserves sont un obstacle à la protection effective des droits de l'homme.

Nous tenons à préciser que nous traitons des conséquences juridiques des réserves proprement dites, telles que définies par l'article 2(1)(d) de la Convention de Vienne de 1969 sur le droit des traités, et aussi des conséquences juridiques de certaines déclarations interprétatives dont le véritable but est d'altérer, de limiter ou de modifier la portée des obligations de l'État ou de l'organisation internationale au regard d'un traité, car dans ce cas, elles ont les mêmes effets pervers que les réserves et nous les considérons comme telles, dans la présente étude.

Dans son Rapport de 1999, la CDI estime en effet que les *« déclarations visant à limiter les obligations de leur auteur »* équivalent à des réserves. À ce propos, la CDI précise qu'une déclaration unilatérale formulée par un État ou une Organisation internationale au moment où cet État ou cette Organisation internationale exprime son consentement à être lié par un traité par lequel l'auteur vise à limiter les obligations qui lui sont imposées par le traité constitue une réserve.

Notre approche en ce qui concerne les réserves proprement dites, se veut comparative et repose sur trois niveaux de comparaisons :

D'abord, au sein des pays ayant formulé au moins une réserve à un traité destiné à la défense des libertés individuelles. À ce titre, nous faisons une comparaison entre la protection, par l'État réservataire, des droits dépourvus de réserves et celle des droits assortis de réserves.

Ensuite, entre les pays ayant ratifié les mêmes traités, que ce soit au niveau universel ou régional. À ce titre, une comparaison entre la garantie des droits fondamentaux par un État partie à un traité sans y avoir formulé de réserve et un autre État ayant formulé au moins une réserve s'avère nécessaire.

Ces deux premières comparaisons permettent de démontrer que les réserves atténuent la portée d'un traité chargé de lutter efficacement contre les atteintes aux droits de l'homme.

Enfin, s'agissant des déclarations interprétatives qui ont le même effet que les réserves, nous allons étudier le contenu de nombreuses déclarations constituant des réserves prohibées au statut de Rome[33] créant la Cour Pénale Internationale. Elles produisent également, sur ce traité, les mêmes effets vicieux que les réserves proprement dites en atténuant considérablement la portée d'un statut pourtant chargé de définir en toute objectivité les plus grandes violations des droits de l'homme. Par ailleurs, ces déclarations que nous assimilons à de véritables réserves limitent les efforts certains d'une institution, en l'occurrence la Cour Pénale Internationale, chargée de réprimer les plus graves violations des droits de l'homme.

Cette approche comparative a conduit à réaliser un travail de recherche à la fois théorique et pratique. Aussi, avons-nous procédé à une étude des rapports d'organisations non gouvernementales (ONG) nationales, sous-régionales, régionales et universelles de défense des droits de l'homme. Il s'est avéré utile de consulter également des bilans d'institutions spécialisées de l'ONU, responsables de la promotion et de la protection des droits de l'homme, afin de mieux appréhender la question de la garantie des droits fondamentaux en Occident c'est-à-dire en Europe surtout, et dans le tiers-monde[34] en Afrique plus particulièrement[35]. Ceci nous a permis de mettre en exergue l'ampleur des effets négatifs ou pervers des réserves aux traités dans l'évolution cohérente des droits de l'homme à l'époque contemporaine.

Il convient d'indiquer dans cette phase introductive que notre analyse se situe dans la borne temporelle qui va du 28 mai 1951[36] à 2015, année d'entame de cette recherche. Quelques arrêts évolutifs de la question, avec des données actualisées jusqu'en avril 2023[37], seront intégrés afin d'asseoir notre raisonnement en lien avec les enjeux contemporains de la question.

Il est question dans notre réflexion de cerner les difficultés que présente la position des différents Rapporteurs Spéciaux à la Commission du droit

---

[33] L'article 120 du Statut portant création de la Cour pénale internationale (CPI) interdit expressément toute réserve à ce traité.

[34] Sur l'origine et le sens du concept *« Tiers Monde »*, lire JOUVE (E), *Relations internationales du Tiers-Monde et Droit des Peuples*, 2e édition, Berger-Levrault, Paris, 1979, 586 p. D'après lui, bien que la paternité de l'expression tiers-monde ne soit pas établie avec certitude, on considère pourtant qu'Alfred SAUVY en serait l'inventeur. Ce terme créé en 1956 (lire BALANDIER (G) et autres, *Le tiers-monde, Sous-développement et développement*, Paris, PUF, 1956, 1re édition, p.369) ferait référence à la trilogie de l'Abbé Sieyès : *« qu'est-ce que le Tiers-Etat ? Tout. Qu'a-t-il été jusqu'à présent dans l'ordre politique ? Rien. Que demande-t-il ? À y devenir quelque chose »*.

[35] La situation des droits fondamentaux dans quelques pays d'Afrique et d'Europe, notamment, nous permettra d'évaluer la situation de certaines libertés individuelles dans les États ayant et n'ayant pas formulé de réserve(s) aux traités les consacrant.

[36] Date de l'avis consultatif précité rendu par la Cour internationale de justice (CIJ) relatif à la Convention sur la prévention et la répression du crime de génocide.

[37] Au moment du dépôt de notre thèse devant être soutenue au mois de mai de cette année.

international (CDI), sur la question des réserves. En d'autres mots, pourquoi les réserves constituent-elles un problème juridique dans l'évolution positive des droits de l'homme au sein des États ? Il s'agit de démontrer que le régime de Vienne ne doit plus être applicable à ces traités en raison de leur complexité, contrairement aux analyses des Rapporteurs spéciaux et à la Convention de Vienne. Il est question de prouver que les réserves ne doivent plus être permises dans de tels traités, et de faire comprendre que le souverainisme volontariste étatique ne devrait pas continuellement empiéter sur les droits individuels.

Les États à l'avenir doivent, impérativement, marquer leur adhésion aux traités internationaux relatifs aux droits de l'homme sans émettre des réserves. Il sera question de proposer comme solution, une réforme, par la Commission du droit international des Nations Unies, du régime juridique des traités internationaux relatifs aux droits de l'homme en procédant à la mise sur pied d'un projet d'articles différent de la Convention de Vienne. Ce dispositif normatif devrait absolument interdire aux États la pratique des réserves à ce type de conventions protégeant les droits de l'homme, car la Convention de Vienne fixe un régime général qui autorise les réserves.

Il s'agit donc d'expliquer que les réserves, en atténuant considérablement la portée des stipulations conventionnelles destinées à assurer la protection des droits de la personne humaine à l'époque contemporaine, constituent *mutatis mutandis*, un obstacle à l'évolution cohérente des droits de l'homme à l'époque contemporaine (première partie) ainsi qu'à la répression effective des plus grandes violations des droits de l'homme (seconde partie).

PREMIÈRE PARTIE :

LES RÉSERVES, UN OBSTACLE À L'ÉVOLUTION COHÉRENTE DES DROITS DE L'HOMME À L'ÉPOQUE CONTEMPORAINE

Nous développerons des arguments permettant de vérifier que la pratique des réserves nuit à l'effectivité des droits proclamés dans les instruments universels et régionaux de promotion et de protection des droits de l'homme[38]. Notre analyse consiste en définitive à démontrer que les réserves, en atténuant considérablement la portée des dispositions conventionnelles destinées à assurer la protection des droits de la personne humaine, sont une source de violations des droits généraux et des droits catégoriels. Les arguments dont il s'agit seront défendus à travers deux idées principales : la pratique des réserves et la violation des droits généraux d'une part (Titre 1) ; et d'autre part, la pratique des réserves et la violation des droits catégoriels (Titre 2).

[38] Nous étudierons prioritairement : d'une part les réserves formulées aux Pactes internationaux de 1966 sur les droits civils et politiques et sur les droits économiques, sociaux et culturels en comparaison avec le cas de la Charte africaine des droits de l'homme et des peuples. Ces textes s'appliquent à l'homme de manière générale. D'autre part, les réserves formulées à la Convention des Nations Unies relatives aux droits de l'enfant en comparaison avec la Charte africaine des droits et du bien-être de l'enfant. Les réserves formulées à la Convention contre la torture et autres peines ou traitements cruels, inhumains ou dégradants ; les réserves à la Convention internationale sur l'élimination de toutes les formes de discrimination raciale ; les réserves à la Convention sur l'élimination de toutes les formes de discrimination à l'égard des femmes en comparaison au Protocole de Maputo portant Charte africaine des droits des femmes. Les réserves à la Convention de Genève de 1951 sur les droits des réfugiés comparativement à la Convention de l'Organisation de l'Unité africaine régissant les aspects propres aux problèmes des réfugiés en Afrique. Ces différents textes s'appliquent à une typologie particulière de personnes et présentent donc des droits catégoriels ou spécifiques.

TITRE I :

LA PRATIQUE DES RÉSERVES AUX TRAITÉS ET LA VIOLATION DES DROITS GÉNÉRAUX

Par « droits généraux », l'on entend les libertés fondamentales de la personne humaine dans son ensemble. Nous insisterons sur les conséquences juridiques des réserves formulées par les États dans les traités consacrant les droits civils et politiques, notamment les droits intangibles (Chapitre 1) et les droits économiques, sociaux et culturels (Chapitre 2).

CHAPITRE I :

LES RÉSERVES ET LES ATTEINTES AUX DROITS CIVILS ET POLITIQUES : LE CAS PARTICULIER DES DROITS INTANGIBLES

Le concept de droits intangibles mérite d'être clarifié dès l'entame de notre démonstration : s'agit-il d'une notion conventionnelle, jurisprudentielle ou tout simplement doctrinale ?

Pour mieux cerner la définition des droits intangibles, nous partirons de l'analyse du principe de l'indivisibilité des droits de l'homme. Ce principe impose une obligation de traiter égalitairement tous les droits *« sans qu'il soit possible de dissocier les droits civils et politiques, d'une part, des droits économiques, sociaux et culturels, de l'autre, et encore moins d'établir une hiérarchie entre ces deux catégories de droits »*[39].

Le principe d'un traitement global et indifférencié des droits humains est proclamé dans la plupart des grands instruments internationaux universels et régionaux de protection des droits de l'homme. Ainsi en est-il de la Déclaration universelle des Droits de l'Homme (DUDH) de 1948 qui affirme l'engagement des États membres de l'Organisation des Nations Unies (ONU) à assurer *« le respect universel des droits de l'homme et des libertés fondamentales »*[40]. Ainsi en va-t-il des deux Pactes internationaux de 1966 relatifs aux droits civils et politiques (PIDCP) et aux droits économiques, sociaux et culturels (PIDESC), qui, dans leurs préambules respectifs, notent que *« l'idéal de l'être humain libre, jouissant des libertés civiles et politiques et libéré de la crainte et de la misère, ne peut être réalisé que si des conditions permettant à chacun de jouir de ses droits civils et politiques aussi bien que de ses droits économiques, sociaux et culturels sont créées »*.

C'est en termes nettement plus explicites que l'Assemblée générale des Nations Unies (AG) reprendra quelques années plus tard le principe de l'indivisibilité des droits humains dans diverses résolutions à l'instar de la résolution AG 32/130 du 16 décembre 1977 qui déclare que tous les droits de l'homme sont indivisibles et interdépendants. Une attention égale et une considération urgente devront être accordées à la réalisation, la promotion et la protection tant des droits civils et politiques que des droits économiques,

---

[39] DEGNI SEGUI (R), *Les droits de l'homme en Afrique noire francophone (Théories et réalités)*, Abidjan, Imprimob, 1998, p.53. Voir également, pour plus de détails, notre chapitre suivant, sur les réserves aux droits économiques, sociaux et culturels.

[40] Voir préambule de la DUDH, sixième alinéa.

sociaux et culturels. Comme en écho, la Déclaration sur le droit au développement réitéra en son article 6, paragraphe 2, en termes pratiquement identiques la même formule à savoir que tous les droits de l'homme et toutes les libertés fondamentales sont indivisibles et interdépendants, la réalisation, la promotion et la protection des droits civils, politiques, économiques, sociaux et culturels doivent bénéficier d'une attention égale et être envisagées avec une égale urgence[41]. Quant à la déclaration au programme d'action de Vienne du 25 juin 1993, elle confirme que *« tous les droits de l'homme sont universels, indissociables, interdépendants et intimement liés »* et doivent être traités par la Communauté internationale *« sur un pied d'égalité et en leur accordant la même importance »*.

Il se dégage de l'ensemble de ces textes une véritable doctrine libérale de l'ONU et donc de la communauté internationale, sur la nécessité de traiter équitablement, égalitairement et prioritairement tous les droits humains, quels qu'ils soient.

Sans doute influencés par cette doctrine constante, un certain nombre d'instruments régionaux ont repris le principe d'indivisibilité dans leurs dispositions. La convention américaine des droits de l'homme affirme à cet égard que *« l'idéal de l'homme libre à l'abri de la peur et de la misère ne peut se réaliser que grâce à la création de conditions qui permettent à chaque personne de jouir de ses droits économiques, sociaux et culturels aussi bien que de ses droits civils et politiques »*[42]. La Charte africaine des droits de l'homme et des peuples (Charte africaine) proclame également sa conviction que *« les droits civils et politiques sont indissociables des droits économiques, sociaux et culturels tant dans leur conception, que dans leur universalité et que la satisfaction des droits économiques, sociaux et culturels garantit la jouissance des droits civils et politiques »*[43]. La Convention de Lomé IV, qui lie l'Union européenne aux États d'Afrique, des Caraïbes et du Pacifique, *« réitère » pour* sa part *« le profond attachement » des parties signataires aux droits de l'homme et précise que les « droits ainsi visés sont l'ensemble des droits de l'homme, les diverses catégories de ceux-ci étant indivisibles et interdépendants »*[44]. Ce principe libéral d'un traitement global et indifférencié des droits de l'homme s'inscrit en faux contre la dangereuse thèse de la divisibilité et de la hiérarchisation des droits humains. Quoique son objectif soit d'assurer une meilleure protection des droits de l'homme, son application se heurte à des écueils, et c'est à l'analyse de ceux-ci que nous établirons si la notion de droits intangibles est ou non une notion conventionnelle, jurisprudentielle ou doctrinale :

[41] Résolution AG 42/128 du 4 décembre 1986.

[42] Alinéa 5 du préambule.

[43] Alinéa 8 du préambule.

[44] Article 5, alinéa 2.

Le premier est celui du sous-développement du tiers-monde. L'on sait que les droits économiques, sociaux et culturels exigent une intervention de l'État, sous forme notamment de création de services publics, pour leur réalisation. La satisfaction de tels droits s'avère particulièrement malaisée dans les pays économiquement arriérés et surtout en Afrique[45] qui « *présente un bilan des plus catastrophiques qui ne lui permet pas de réaliser les droits les plus élémentaires, les droits prioritaires tels que les droits à la nourriture, au logement, au travail, à la santé, à l'éducation...* »[46]. En revanche, la nature des droits civils et politiques les rend plus faciles à mettre en œuvre pour peu que la volonté politique existe. Il s'agit des pouvoirs d'action reconnus à l'individu et dont la réalisation est fondée sur l'abstention de l'État. L'évolution de l'Afrique depuis 1990 caractérisée essentiellement par un épanouissement relatif des droits civils et politiques, alors même que les conditions économiques et sociales n'arrêtent pas de se dégrader, montre bien qu'il est plus facile aux droits de la première génération d'éclore qu'à ceux de la deuxième génération ; ce qui dans les faits consacre une véritable dissociation et divisibilité des droits humains.

Le second obstacle qui empêche une pleine réalisation du principe d'indivisibilité, et qui constitue le principal intérêt de cette section préliminaire, est la distinction de deux catégories de droits dans les instruments juridiques internationaux relatifs à la protection des droits de l'homme : ceux auxquels il est possible de déroger et ceux auxquels aucune dérogation n'est permise.

Les premiers sont prévus dans les clauses de dérogation qui sont des dispositions permettant de suspendre temporairement ou définitivement, soit l'ensemble des obligations assumées, soit, le plus souvent, certaines d'entre elles seulement, ou bien encore de rendre applicable un système alternatif d'obligations moins contraignant que celui qui s'applique normalement, lorsque se présentent certaines circonstances plus ou moins précisément définies qui justifient le recours à cette possibilité[47].

À titre d'exemple de clause dérogatoire figurant dans une convention internationale, l'on peut citer l'article 4 (alinéa 1) du Pacte international de 1966 relatif aux droits civils et politiques (PIDCP) qui dispose que dans le cas où un danger public exceptionnel menacerait l'existence de la Nation et est

---

[45] En dépit du caractère programmatoire des droits économiques, sociaux et culturels et de leur non justiciabilité, l'essentiel du chapitre suivant consistera à démontrer que la pratique des réserves aux traités consacrant les droits de la deuxième génération participe également à la limitation de la protection desdits droits.

[46] DEGNI-SEGUI (R.), op cit, p.168.

[47] VIRALLY (M.), *« des moyens utilisés dans la pratique pour limiter l'effet obligatoire des traités », dans les clauses échappatoires en matière d'instruments internationaux relatifs aux droits de l'homme*, Bruxelles, Bruylant, 1982, pp. 14-15, cité par OUGUERGOUZ (F.), *La Charte africaine des droits de l'homme et des peuples*, Paris, Puf, 1993, p. 255.

proclamé par un acte officiel, les États parties au présent pacte peuvent prendre, dans la stricte mesure où la situation l'exige, des mesures dérogeant aux obligations prévues dans le présent pacte, sous réserve que ces mesures ne soient pas incompatibles avec les autres obligations que leur impose le droit international et qu'elles n'entraînent pas une discrimination fondée uniquement sur la race, la couleur, le sexe, la langue, la religion ou l'origine sociale. L'on peut également mentionner l'article 15 de la convention européenne des droits de l'homme qui dispose qu'en cas de guerre, ou en cas d'autres dangers publics menaçant la vie de la Nation, toute Haute Partie contractante peut prendre des mesures dérogeant aux obligations prévues par la présente convention dans la stricte mesure où la situation l'exige et à la condition que ces mesures ne soient pas en contradiction avec les autres obligations découlant du droit international[48].

La mise en œuvre d'une telle clause correspond en règle générale à l'instauration d'un régime légal d'exception dans le domaine des libertés publiques[49]. Elle consacre l'intrusion de la politique dans la matière si sensible des droits de l'homme. Le deuxième type de droits insusceptibles de dérogation constitue ce que Yves MADIOT appelle « *un noyau dur*[50] » ou ce que Frédéric SUDRE qualifie de « *minimum humanitaire garanti*[51] ». Même si leur liste varie d'un instrument à un l'autre[52] comme nous le verrons plus loin, elle repose dans tous les cas sur la même idée : à savoir qu'il existe des droits tellement primordiaux qu'ils doivent bénéficier d'un traitement privilégié par rapport aux autres. Il s'agit des droits fondamentaux qui *« s'entendent précisément des noyaux durs intangibles des droits de l'homme auxquels des conventions internationales accordent une protection absolue en n'autorisant aucune dérogation à leur encontre*[53] *».*

Cela étant, les droits intangibles ou indérogeables sont en quelque sorte les droits les plus forts et les mieux protégés. Il s'agit des droits auxquels l'on ne peut donc déroger pour aucun motif, y compris par la pratique des réserves étatiques et en aucune circonstance que ce soit en temps de paix ou en temps de guerre. Les droits indérogeables au niveau de la protection universelle des

---

[48] La convention américaine des droits de l'homme comporte une clause identique dans son article 27 (1). Quant à la Charte africaine des droits de l'homme et des peuples, elle ne prévoit rien de la sorte. Cette omission, a suscité un certain nombre de questions juridiques et doctrinales intéressantes en consultant entre autres, OUGUERGOUZ (F), op cit, pp. 255 et suivantes. Les analyses y relatives seront présentées dans le cadre de ce chapitre.

[49] Voir l'article 9 de la constitution camerounaise du 18 janvier 1996 révisée le 10 avril 2008 qui consacre l'état d'urgence et l'état d'exception.

[50] MADIOT (Y), *Droits de l'homme*, Paris, Masson, p.105.

[51] SUDRE (F), *Droit international et européen des droits de l'homme,* Paris, PUF, 1989, p.119.

[52] Cette absence de concordance semble être liée à des raisons de diversité culturelle. Il est cependant regrettable que sur un point aussi crucial, il n'existe pas un consensus général au sein de la communauté internationale.

[53] DEGNI-SEGUI (R), op cit, p. 96.

droits de l'homme sont prévus dans le PIDCP de 1966 en son article 4(2). Il s'agit du droit à la vie (article 6) ; de l'interdiction de la torture, des peines ou traitements cruels, inhumains ou dégradants (article 7) ; de l'interdiction de l'esclavage et de la servitude (article 8) ; de la non-rétroactivité de la loi pénale (article 15) ; de la proscription de l'emprisonnement pour impossibilité d'exécution d'une obligation contractuelle (article 11) ; du droit à la reconnaissance de la personnalité juridique (article 16) ; de la liberté de pensée, de conscience et de religion (article 18). Nous reviendrons sur les démonstrations dans les prochaines analyses.

Au niveau de la protection régionale des droits de l'homme, les droits indérogeables prévus par l'article 15 (2) de la convention européenne de sauvegarde des droits de l'homme et des libertés fondamentales de 1950 sont : le droit à la vie (article 2) ; l'interdiction de la torture, des peines ou traitements cruels, inhumains ou dégradants de l'homme (article 3) ; l'interdiction de l'esclavage et de la servitude (article 4(1)), la non-rétroactivité de la loi pénale (article 7). La convention américaine des droits de l'homme en son article 27 (2) prévoit comme droits intangibles : la personnalité juridique (article 3) ; le droit à la vie (article 4) ; l'intégrité de la personne (article 5) ; l'interdiction de l'esclavage (article 6) ; la légalité des délits et des peines (article 9) ; la liberté de conscience et de religion (article 12) ; les droits de la famille (article 17) ; les droits de l'enfant (article 19) ; le droit au nom (article 18) ; le droit à une nationalité (article 20) ; les droits politiques (article 23).

La Charte africaine des droits de l'homme et des peuples n'a aucune disposition qui définit les droits non dérogeables[54]. Aussi, pouvons-nous imaginer trois hypothèses en attendant que la Cour africaine des droits de l'homme et des peuples statue dessus : la consécration de l'intangibilité des droits vu que la charte n'a pas prévu des exceptions à la dérogation (position souple), l'inexistence de droits intangibles puisqu'aucun article dans la charte ne tranche la question (position radicale), ou la référence à une disposition de traité universel[55] comme il s'agit d'un traité universel, et dans ce cas, certains droits seront intangibles et d'autres non (position intermédiaire). La portée des dispositions conventionnelles relatives aux droits intangibles est confirmée par la jurisprudence[56]. À titre illustratif, le droit à la vie est consacré comme droit intangible par la Cour européenne des droits de l'homme dans les

---

[54] Pour comprendre nos analyses y relatives, lire SERMET (L), *« De la carence dans la Charte africaine des droits de l'homme et des peuples de la clause de dérogation aux droits de l'homme »*, RGDIP, 2005-2, pp.389-406.

[55] À l'instar de l'article 4 du PIDCP

[56] Pour plus de détails sur les faits jurisprudentiels y relatifs, Lire CARLIER (J-Y), *Protection internationale des droits de l'homme*, Université du Bénin, Cotonou (Abomey-Calavi), Chaire UNESCO des droits de la personne humaine et de la démocratie, Séminaire en cycle du Diplôme d'Études approfondies, Année académique 2004-2005.

affaires : Pretty c/ Royaume-Uni (2002) où elle a confirmé que la pratique de l'euthanasie est une violation du droit intangible à la vie ; Mc Cann c/Royaume-Uni (1995) où elle a reconnu la responsabilité du Royaume-Uni dans le meurtre des personnes suspectées d'actes de terrorisme ; AL SKEINI (14 décembre 2004) où la High Court of Justice de Londres a reconnu la responsabilité de l'Angleterre pour le décès du nommé BABA MOUSSA dans une prison britannique. Le droit à la vie est également consacré par la Cour interaméricaine des droits de l'homme dans l'affaire Godinez Cruz c/Honduras (1988) sur le cas d'un disparu. L'interdiction de la torture a été confirmée par les affaires Soering c/Royaume-Uni (1989) et Selmouni c/France (1999) au niveau de la Cour européenne des droits de l'homme et par les affaires Gbaguidi (2002) et Kpadonou (2001) de la Cour constitutionnelle du Bénin. En outre, le Comité des droits de l'homme des Nations Unies dans l'affaire Blanco c/Nicaragua[57] (1994), a condamné le Nicaragua sur deux chefs d'accusation : la privation de la liberté et l'interdiction de la torture, car le docteur Roberto ZELAYA BLANCO a subi une détention illégale pour avoir critiqué le régime sanguiniste marxiste. De même, le Comité des Nations Unies contre la torture dans l'affaire Mutombo c/Suisse (1994)[58] a décidé que si la Suisse expulse Mutombo, ressortissant zaïrois, au Zaïre, ou dans tout autre pays d'où on le rapatriera très certainement au Zaïre sous prétexte qu'il est entré illégalement en Suisse, cet État viole l'article 3 de la convention européenne des droits de l'homme qui interdit la torture.

Le respect de la légalité des délits et des peines a été consacré dans l'affaire Lawless c/Irlande (1961) par la Cour européenne des droits de l'homme.

Ainsi, cette distinction entre droits fondamentaux non dérogeables et autres droits dérogeables bat manifestement en brèche le principe de l'indivisibilité qui constitue un des principes cardinaux du droit international des droits de l'homme et permet de protéger tous les droits égalitairement.

Pour conclure sur ce point, et comme nous venons de le démontrer, cette notion de droits intangibles, indérogeables est avant tout une notion conventionnelle, car consacrée par des traités universels et régionaux. Elle a par la suite été abondamment et constamment confirmée par la jurisprudence internationale (universelle ou régionale) et nationale. La doctrine ne fait que la clarifier, l'interpréter, l'expliquer. Bref, la notion de droits intangibles est avant tout conventionnelle. Aussi, en raison de son indéniable portée juridique, il nous a été pénible de constater que les droits intangibles font tout de même l'objet de nombreuses réserves étatiques.

Le présent chapitre sera consacré à l'étude des droits intangibles au regard des réserves qui y sont formulées.

---

[57]Voir Communication N° 238/1988 (1994).

[58] Voir communication N° 13/1993, Switzerland, 27/04/94.

Ces réserves desservent l'objet et le but des traités qui consacrent les droits intangibles et dans le même temps, elles contribuent à une atténuation du système de protection desdits droits (section 1). Par ailleurs, en ce qui concerne les traités qui ont omis de consacrer les droits intangibles, la pratique des réserves apparaît comme légitimée par ce vide juridique ; par conséquent, les libertés dites indérogeables dans un traité universel sont véritablement dépourvues de protection juridique dans les traités régionaux qui ont omis d'y faire allusion et la pratique des réserves complexifie et complique davantage la portée desdits droits (Section 2).

Section 1 : L'analyse des réserves faites par les États aux droits intangibles consacrés par des traités

Nous distinguerons selon que le problème concerne les droits intangibles en général (Paragraphe 1) et les droits intangibles consacrés par la jurisprudence comme ayant valeur de *jus cogens* en particulier (Paragraphe 2).

Paragraphe 1 : Les réserves et les droits intangibles en général

Sans prétendre à un militantisme excessif des droits de l'homme qui nous classerait certainement de *« droits-de-l'hommistes »*[59], l'essentiel de notre thèse consiste à démontrer que le régime juridique des réserves tel qu'appliqué aux traités internationaux relatifs aux droits de l'homme pose de nombreux problèmes de droit[60]. Dans la pratique, les réserves dites licites (par les

---

[59] L'expression *« droits-de-l'hommisme »* a été utilisée pour la première fois par le Professeur Alain PELLET, même s'il n'en a jamais revendiqué la paternité exclusive, lors d'un colloque organisé en 1989 par les Professeurs Hubert THIERRY et Emmanuel DECAUX à l'Arche de la Fraternité. À ce sujet, lire PELLET (A), *« La mise en œuvre des normes relatives aux droits de l'homme »* in Centre de Droit international de Nanterre (CEDIN), THIERRY (H) et DECAUX (E) (Dir.), *Droit international et Droits de l'homme-La pratique juridique française dans le domaine de la protection internationale des droits de l'homme,* Montchrestien, Paris, 1990, p.126.

[60] Il est important de souligner, dans l'intérêt de notre thèse, que le 7 août 1998, lors du compte rendu de la 2558e séance de la 50e session du Comité *ad hoc* des Conseillers juridiques sur le Droit international du Conseil de l'Europe (CAHDI), il a été rappelé que le Comité des ministres du Conseil de l'Europe a autorisé, à la demande du CAHDI, la création d'un groupe de spécialistes sur les réserves aux traités internationaux, placé sous l'égide du CAHDI. La première réunion du groupe créé s'est tenue les 26 et 27 février 1998. Il a été décidé d'axer ses travaux futurs sur les questions ci-après : est-ce que la Convention de Vienne répond aux besoins de tous les traités, en particulier les traités internationaux relatifs aux droits de l'homme ? À qui appartient-il de déterminer l'admissibilité des réserves aux traités ? Quels sont les effets juridiques des réserves illicites aux traités ? Peut-on parler d'un régime ou d'une pratique distincts des États membres du Conseil de l'Europe en ce qui concerne les traités ? Face à ces multiples et pertinentes interrogations, le Groupe a marqué son accord pour un projet pilote qui ferait du CAHDI un observatoire des réserves aux traités multilatéraux chargé d'examiner toutes les réserves faites dans le monde aux traités universels, notamment, les traités relatifs aux droits de l'homme, et d'attirer l'attention du Conseil de l'Europe sur celles de ces

différents organes de contrôle créés par les traités), car conformes à l'objet et au but de ces traités et même les réserves autorisées par lesdits traités sont en réalité très incompatibles avec le contenu des dispositions y relatives.

Comme le recommande le Professeur Alain PELLET[61], notre position évite toute confusion des genres : le droit d'une part, l'idéologie des droits de l'homme d'autre part. C'est dans cet esprit que nous partageons le point de vue du Professeur Ted MERON qui sans remettre en cause le droit applicable aux réserves aux traités, estime que les règles en vigueur posent des problèmes en matière de droits de l'homme[62].

Ainsi que l'a rappelé René CASSIN, *« la responsabilité fondamentale de la mise en œuvre des droits de l'homme (...) repose avant tout sur l'action de l'État*[63] *»* dont les organes sont chargés de l'application quotidienne des normes de droits de l'homme, même lorsque celles-ci sont définies internationalement. L'État a la compétence du dernier mot ; il est le bras séculier seul capable de donner vie à la norme internationale, car conformément à la formule célèbre de Michel VIRALLY, *« l'ordre juridique international est (...) incomplet : il a besoin du droit interne pour fonctionner*[64] *»*. Mais lorsque l'État décide, en plus, d'émettre des réserves aux traités internationaux relatifs aux droits de l'homme, la protection desdits droits internationaux par l'État est diminuée sur le plan substantiel et peut également avoir des répercussions directes sur leur effectivité. En effet, le régime juridique des traités internationaux relatifs aux droits de l'homme est, objectivement, et en réalité, un régime spécial qui ne peut être régi par les règles générales fixées par la Convention de Vienne sur le droit des traités au regard de l'analyse des réserves faites par les États au PIDCP, notamment sur les droits intangibles qui y sont consacrés. Le PIDCP adopté par l'AGNU le 16 décembre 1966 dans sa résolution 2200 A (XXI) est en vigueur depuis le 23 mars 1976. 154 États ont ratifié le Pacte en août 2005. Ce pacte constitue, avec le PIDESC et la DUDH, la Charte internationale des droits de l'Homme.

---

réserves qui paraissent faire problème. Pour plus de détails, lire Document A/CN.4/SR.2558, Compte rendu analytique de la 2558e séance, Extrait de l'annuaire de la commission du droit international, 1998, Vol.1. Les inquiétudes du Groupe de spécialistes précité sont sensiblement pareilles à la réflexion que nous entendons mener.

[61]PELLET (A), Débats : *« Droits-de-l'hommisme et droit international »*, Conférence prononcée à Genève (Nations Unies) dans le cadre des conférences Gilberto Amado, le 18 juillet 2000, IN Revue des droits fondamentaux : n° 1, juillet-décembre 2001.

[62]MERON (T), *« Les implications de la convention européenne sur le développement du droit international public »*, Rapport pour la 19e réunion du Comité Ad Hoc des Conseillers juridiques sur le Droit international (CAHDI) (Berlin, 13 et 14 mars 2000), CAHDI (2000) 11, Annexe III.

[63]CASSIN (R), « *La déclaration universelle et la mise en œuvre des droits de l'homme* », R.C.A.D.I., 1951-II, Vol.79, p. 327.

[64]VIRALLY (M), « *Sur un pont aux ânes : les rapports entre droit international et droits internes* », In Mélanges offerts à Henri Rolin, Pedone, Paris, 1964, p. 498.

Deux protocoles ont été ajoutés au PIDCP : Le Protocole facultatif n° 1 ratifié par 104 États qui permet de présenter des communications individuelles contre les États devant le Comité des droits de l'homme ; le Protocole facultatif n° 2 ratifié par 54 États qui engage les États parties à abolir la peine de mort en toutes circonstances. Plusieurs États ont émis des réserves au PIDCP, notamment les États-Unis d'Amérique (USA), la France, l'Irlande, la Norvège, la Thaïlande. Dans le cadre de cette étude, nous insisterons, à titre illustratif, sur les problèmes juridiques posés par les réserves des USA (A) et de la France (B) au PIDCP.

A. Les problèmes juridiques posés par les réserves des États-Unis d'Amérique au PIDCP

Les USA ont signé le PIDCP en 1992 avec plusieurs réserves (1) qui le rendent en grande partie non exécutoire (2).

1. Le contenu juridique des réserves65 des USA

Les USA ont formulé cinq réserves au PIDCP :

Première réserve : l'article 20[66] n'autorise pas les États-Unis et n'exige pas d'eux qu'ils adoptent des lois ou autres mesures de nature à restreindre la liberté d'expression et d'association protégée par la constitution et la loi des États-Unis.

Deuxième réserve : les États-Unis se réservent le droit, sous réserve des limitations imposées par leur constitution, de prononcer la peine de mort contre toute personne (autre qu'une femme enceinte) dûment reconnue coupable en vertu de lois en vigueur ou futures permettant l'imposition de la peine de mort, y compris pour des crimes commis par des personnes âgées de moins de 18 ans[67].

---

[65]Dans le cadre de cette étude, le contenu de toutes les réserves aux différents traités et objections y relatives qui seront analysées est tiré du site internet relatif à l'état des ratifications des instruments universels et régionaux relatifs aux droits de l'homme ainsi que les réserves y relatives. Pour plus de détails, consulter dans le moniteur de recherche Google, le site de la francophonie en particulier.

[66] L'article 20 du PIDCP dispose que *« 1. Toute propagande en faveur de la guerre est interdite par la loi. 2. Tout appel à la haine nationale, raciale ou religieuse qui constitue une incitation à la discrimination, à l'hostilité ou à la violence est interdit par la loi ».*

[67] L'article 6 (5) du PIDCP dispose qu' *« une sentence de mort ne peut être imposée pour des crimes commis par des personnes âgées de moins de 18 ans et ne peut être exécutée contre des femmes enceintes ».*

Troisième réserve : les États-Unis se considèrent comme liés par l'article 7[68] pour autant que l'expression *« peines ou traitements cruels, inhumains ou dégradants »* s'entend des traitements ou peines cruels et

[68]L'article 7 du PIDCP dispose que *« nul ne sera soumis à la torture ni à des peines ou traitements cruels, inhumains ou dégradants. En particulier, il est interdit de soumettre une personne sans son libre consentement à une expérience médicale ou scientifique »*.

inaccoutumés interdits par les cinquième, huitième ou quatorzième amendements à la constitution des États-Unis[69].

Quatrième réserve : dans la mesure où aux États-Unis, la loi applique généralement à l'auteur d'une infraction la peine en vigueur au moment où l'infraction a été commise, les États-Unis n'adhèrent pas à la troisième clause du paragraphe 1 de l'article 15[70].

Cinquième réserve : la politique et la pratique des États-Unis sont généralement conformes aux dispositions du Pacte touchant le traitement des mineurs par le système de justice pénale et leur sont solidaires. Néanmoins, les États-Unis se réservent le droit, dans des circonstances exceptionnelles, de traiter les mineurs comme des adultes, nonobstant les dispositions des paragraphes 2(b) et 3 de l'article 10[71] et du paragraphe 4 de l'article 14[72]. Ils formulent en outre une réserve vis-à-vis de ces dispositions relatives aux individus qui se portent volontaires pour le service militaire avant l'âge de 18 ans.

Les réserves américaines qui suscitent le plus d'interrogations dans le cadre de cette réflexion sont celles relatives à l'application de la peine de mort aux mineurs et à l'interdiction de la torture, car elles portent atteinte au droit à la vie et à l'interdiction de la torture, des peines ou traitements cruels, inhumains ou dégradants de l'homme, droits indérogeables consacrés par l'article 4(2) du PIDCP. Elles ont d'ailleurs fait l'objet de multiples objections sur lesquelles il est important de s'attarder pour mieux cerner notre démonstration.

Le 28 septembre 1993, le Gouvernement de la République fédérale d'Allemagne formule des objections aux réserves émises par les USA au sujet du paragraphe 5 de l'article 6 du Pacte qui interdit l'imposition de la peine capitale pour les crimes commis par les personnes âgées de moins de 18 ans. La réserve concernant cette disposition est incompatible tant avec les termes qu'avec l'esprit et l'intention de l'article suscité qui, comme l'indique clairement le paragraphe 2 de l'article 4, énonce des normes minimales de protection du droit à la vie. Le gouvernement de la République fédérale d'Allemagne interprète la « réserve » formulée par les USA au sujet de l'article 7 du Pacte comme une référence à l'article 2[73] du Pacte, et donc comme sans effet sur les obligations des USA en tant que partie au Pacte.

Dans le même sens, la Belgique (le 5 octobre 1993), le Danemark (le 1er octobre 1993), l'Espagne (le 5 octobre 1993), la Finlande (le 28 septembre 1993), la France[74], l'Italie (le 5 octobre 1993), la Norvège (le 4 octobre 1993), les Pays-Bas (le 28 septembre 1993), le Portugal (le 5 octobre 1993) et la Suède (le 18 juin 1993) ont estimé d'une manière générale que les articles 6 et 7 du PIDCP protègent deux des droits les plus fondamentaux qu'énonce le Pacte. Or, les réserves des USA qui invoquent des principes généraux de sa

[69] Le 5e amendement à la constitution des USA (adoptée par la convention le 17 septembre 1787 et entrée en vigueur le 4 mars 1789 entre les 11 États membres) dispose que Nul ne sera tenu de répondre d'un crime capital ou infamant sans un acte de mise en accusation, spontané ou provoqué, d'un Grand Jury, sauf en cas de crimes commis pendant que l'accusé servait dans les forces terrestres ou navales, ou dans la milice, en temps de guerre ou de danger public ; nul ne pourra pour le même délit être deux fois menacé dans sa vie ou dans son corps ; nul ne pourra, dans une affaire criminelle, être obligé de témoigner contre lui-même ni être privé de sa vie, de sa liberté ou de ses biens sans procédure légale régulière ; nulle propriété privée ne pourra être réquisitionnée dans l'intérêt public sans une juste indemnité ; le 8e amendement dispose que *« Des cautions excessives ne seront pas exigées, ni des amendes excessives imposées ni des châtiments cruels et exceptionnels infligés »* ; le 14e amendement (proposé le 13 juin 1866, ratifié le 9 juillet 1868) précise en Section 1 que toute personne née ou naturalisée aux États-Unis, et soumise à leur juridiction, est citoyen des États-Unis et de l'État dans lequel elle réside. Aucun État ne fera ou n'appliquera de lois qui restreindraient les privilèges ou les immunités des citoyens des États-Unis ; ne privera une personne de sa vie, de sa liberté ou de ses biens sans procédure légale régulière ; ni ne refusera à quiconque relève de sa juridiction l'égale protection des lois ; en Section 2, on retient que les représentants seront répartis entre les divers États proportionnellement à leur population respective, calculée en comptant tous les habitants de chaque État, à l'exclusion des Indiens, non imposés. Mais, quand le droit de voter à l'élection d'électeurs des président et vice-président des États-Unis, des représentants au Congrès, des fonctionnaires exécutifs et judiciaires d'un État ou des membres de sa législature, sera dénié à des habitants mâles de cet État, âgés de vingt et un ans et citoyens des États-Unis, ou restreint de quelque manière que ce soit, sauf en cas de participation à une rébellion ou autre crime, la base de la représentation pour ledit État sera réduite dans la proportion existant entre le nombre des citoyens mâles visés et le nombre total des citoyens mâles de vingt et un ans dans cet État ; en Section 3 il est indiqué que nul ne sera sénateur ou représentant au Congrès, ou électeur des président et vice-président, ni n'occupera aucune charge civile ou militaire du gouvernement des États-Unis ou de l'un quelconque des États, qui après avoir prêté serment, comme membre du Congrès, ou fonctionnaire des États-Unis, ou membre d'une législature d'État, ou fonctionnaire exécutif ou judiciaire d'un État, de défendre la Constitution des États-Unis, aura pris part à une insurrection ou à une rébellion contre eux, ou donné aide ou secours à leurs ennemis. Mais le Congrès pourra, par un vote des deux tiers de chaque Chambre, lever cette incapacité ; en Section 4 on note que la validité de la dette publique des États-Unis, autorisée par la loi, y compris les engagements contractés pour le paiement de pensions et de primes pour services rendus lors de la répression d'insurrections ou de rébellions, ne sera pas mise en question. Mais ni les États-Unis, ni aucun État n'assumeront ni ne payeront aucune dette ou obligation contractée pour assistance à une insurrection ou rébellion contre les États-Unis, ni aucune réclamation pour la perte ou l'émancipation

législation constituent des dérogations générales à ces dispositions alors qu'aux termes du paragraphe 2 de l'article 4 du Pacte, de telles dérogations ne sont pas autorisées. De telles réserves ne peuvent être valides au PIDCP, s'il faut parler de la question de leur validité dans le sens de l'article 19 de la Convention de Vienne de 1969. Elles sont incompatibles avec l'objet et le but du traité, car elles mettent en péril la base du droit international des droits de l'homme qui consacre les règles minima du droit à la vie et de l'interdiction de la torture.

La pratique des réserves des USA relatives à l'article 6(5) du PIDCP constitue une limite substantielle à la portée juridique des normes de protection du droit à la vie et de l'interdiction de la torture[75] et en est également une cause de violation.

2. La réserve des USA sur l'applicabilité de l'interdiction de la peine de mort : une limite substantielle à la portée du PIDCP et une légitimation de la violation du droit à la vie

Les réserves des USA vis-à-vis du Pacte tiennent plus de la contradiction à ce dernier, ce qui peut conduire à s'interroger sur leur légalité par rapport aux règles fixées par le droit international quant aux limites du pouvoir de

---

d'esclaves, et toutes dettes, obligations et réclamations de cette nature seront considérées comme illégales et nulles et en Section 5 on peut relever que le Congrès aura le pouvoir de donner effet aux dispositions du présent article par une législation appropriée.

[70] L'article 15 (1) dispose que nul ne sera condamné pour des actions ou omissions qui ne constituaient pas un acte délictueux d'après le droit national ou international au moment où elles ont été commises. De même, il ne sera infligé aucune peine plus forte que celle qui était applicable au moment où l'infraction a été commise. Si, postérieurement à cette infraction, la loi prévoit l'application d'une peine plus légère, le délinquant doit en bénéficier.

[71] L'article 10 du PIDCP dispose que : 1. Toute personne privée de sa liberté est traitée avec humanité et avec le respect de la dignité inhérente à la personne humaine. 2.a) les prévenus sont, sauf dans des circonstances exceptionnelles, séparés des condamnés et sont soumis à un régime distinct, approprié à leur condition de personnes non condamnées ; b) les jeunes prévenus sont séparés des adultes et il est décidé de leur cas aussi rapidement que possible. 3. Le régime pénitentiaire comporte un traitement des condamnés dont le but essentiel est leur amendement et leur reclassement social. Les jeunes délinquants sont séparés des adultes et soumis à un régime approprié à leur âge et à leur statut légal.

[72] L'article 14 (4) du PIDCP dispose que *« la procédure applicable aux jeunes gens qui ne sont pas encore majeurs au regard de la loi pénale tiendra compte de leur âge et de l'intérêt que présente leur rééducation »*.

[73] Cet article dispose en substance que les États s'engagent à respecter les principes prévus dans le pacte sans aucune discrimination et prévoient des dispositions y relatives dans leurs droits internes.

[74] Date exacte de la formulation de l'objection non précisée ; toujours est-il que cela remonte à l'année 1993.

[75] Le cas de la torture sera étudié dans le deuxième titre de cette partie, à la section 2 du chapitre 2 sur les réserves et l'interdiction de la torture.

réserve consenti aux États et quant aux problèmes juridiques posés par les réserves aux traités internationaux relatifs aux droits de l'homme.

En effet, l'article 6(5) du PIDCP prévoit que la peine de mort ne doit pas être prévue pour les crimes commis par des personnes de moins de 19 ans. En ratifiant le pacte, les USA ont émis une réserve à cet article. Comme vu précédemment, de nombreux États tels que la France ont objecté aux réserves américaines suscitées. Dans la pratique, la France a préféré abolir la peine de mort pour garantir l'effectivité de l'article 6(5) du pacte et le respect des règles minima du droit à la vie. Cet exemple nous sert de point de départ pour élucider les problèmes liés à la protection du droit à la vie aux USA, en comparaison avec le cas français, sur le fondement des réserves à l'article 6(5) du Pacte.

Jusqu'en 2005, les USA appliquaient encore la peine de mort sur des criminels mineurs au moment des faits. Pour rendre le droit international compatible avec son droit interne, le Sénat américain, en ratifiant le pacte, a donc émis une réserve à son article 6(5) tandis que des États tels que la France ont choisi d'abolir la peine de mort pour rendre leur droit interne compatible avec le droit international[76].

Les USA font un usage qualitatif et quantitatif des réserves aux traités. Or la nature particulière des traités internationaux relatifs aux droits de l'homme rend la réserve des USA comme étant incompatible avec l'objet et le but du pacte. Les USA ont profité de la possibilité d'émettre des réserves au pacte et en ont fait une pratique très extensive. L'article 2(1)(d) de la Convention de Vienne de 1969 sur le droit des traités définit les réserves[77], mais certaines conventions interdisent les réserves[78] ou à défaut encadrent la faculté d'en émettre par une clause spéciale[79]. D'autres conventions, comme le PIDCP, ne

---

[76] Toutefois, comme nous le verrons dans le Paragraphe B), la France a émis d'autres réserves au PIDCP.

[77] Cf notre introduction.

[78] Cas du statut de Rome créant la Cour Pénale Internationale, (voir nos analyses y relatives en deuxième partie).

[79] Cas de l'article 2 (1) du deuxième protocole facultatif se rapportant au PIDCP, visant à abolir la peine de mort, adopté le 15 décembre 1989 et entré en vigueur le 11 juillet 1991, qui dispose qu'*« il ne sera admis aucune réserve au présent protocole, en dehors de la réserve formulée lors de la ratification ou de l'adhésion et prévoyant l'application de la peine de mort en temps de guerre à la suite d'une condamnation pour un crime de caractère militaire, d'une gravité extrême, commis en temps de guerre. »* Toutefois, comme aucune autre réserve ne peut être formulée à un autre moment, les États parties au Deuxième protocole s'engagent à abolir la peine de mort, même en cas de changement ultérieur de leur législation interne. Des États ont d'ailleurs formulé des réserves au 2e Protocole ; à titre illustratif, les réserves en vigueur sont les suivantes : Azerbaïdjan : *« Il est prévu l'application de la peine de mort en temps de guerre à la suite d'une condamnation d'une personne pour un crime de caractère militaire, d'une gravité extrême, commis en temps de guerre. »* Grèce : *« Sous la réserve prévue à l'article 2 [...] prévoyant l'application de la peine de mort en temps de guerre à la suite d'une condamnation pour un crime de caractère militaire, d'une gravité extrême, commis en temps*

prévoient rien sur la question des réserves au pacte. Cependant, le Comité des droits de l'homme des Nations Unies (CDH) a adopté un Commentaire général n° 24 le 2 novembre 1994 sur la question des réserves au Pacte, dans lequel il a confirmé la pratique subséquente des États reflétant l'acceptabilité des réserves[80] et a exprimé son inquiétude sur les effets pervers à ses yeux de la multiplicité des réserves au PIDCP.

Au moment de la ratification du PIDCP, les USA ont ainsi limité sa portée en y introduisant de nombreuses réserves, en particulier à son article 6, mais ils ont également formulé la seule réserve jamais faite à l'article 7 du Pacte, qui prohibe la torture et les peines ou traitements cruels, inhumains ou dégradants, dans la mesure où cette disposition peut s'appliquer à la peine capitale. William A. SCHABAS[81] remarque que ces réserves aux dispositions sur la peine capitale sont les plus extensives jamais faites à un traité sur les droits de l'homme, au sens où les USA laissent ouverte la possibilité d'exécution des handicapés mentaux sévères par exemple. Ceci constitue une mise en péril grave des libertés les plus essentielles de la personne humaine.

Par sa décision Roper Vs Simmons[82] rendue le 1er mars 2005, la Cour Suprême des USA a aboli la peine de mort pour les criminels mineurs au moment des faits, non pas au vu de son interdiction en droit international (au regard du PIDCP et de l'article 2 du 2e protocole), mais au vu de son inconstitutionnalité. Elle a en effet été déclarée contraire au 8e amendement à la constitution sur l'interdiction des châtiments cruels ou disproportionnés.

Entre 1992 et 2005, cette réserve à l'article 6(5) du pacte permettait donc aux USA d'exercer la peine de mort sur toute personne y compris les mineurs et les handicapés mentaux sauf les femmes enceintes.

Nous avons le cas très illustratif de l'Affaire Lagrand (Arrêt du 27 juin 2001) qui opposait l'Allemagne aux États-Unis devant la Cour Internationale de Justice. Les États-Unis n'ont pas respecté les droits de l'homme. Ils ont

---

de guerre. ». Chypre, l'Espagne et Malte ont retiré leurs réserves. L'Azerbaïdjan avait initialement formulé sa réserve comme suit : « *La République d'Azerbaïdjan déclare, en adoptant [ledit Protocole] qu'elle autorise dans des cas exceptionnels, par une loi spéciale, l'application de la peine de mort pour certains crimes graves commis durant la guerre ou en cas de menace de guerre* » ; mais suite aux objections formulées par l'Allemagne, la Finlande, la France, les Pays-Bas et la Suède, selon lesquelles la réserve était incompatible avec l'article 2 du Deuxième protocole, le 28 septembre 2000, le gouvernement de l'Azerbaïdjan a communiqué au Secrétaire général la modification de sa réserve faite au moment de l'adhésion.

80 Observations générales sur les questions touchant les réserves formulées au moment de la ratification du pacte ou des protocoles facultatifs y relatifs ou de l'adhésion à ces instruments ou en rapport avec des déclarations formulées au titre de l'article 41 du pacte. Doc ccPR/C/21/Rev.1/Add.6. (Déclaration par les États d'acceptation de la compétence du Comité des Droits de l'Homme à recevoir et examiner les communications interétatiques).

81 SCHABAS (W.A.), *The Abolition of the Death penalty in International Law,* Cambridge, Steiner Henry J. and University Press, 3rd edition, 2002 (pp. 74-87, 133,138).

82 Référence 543 U.S.551, Cour Suprême des USA.

violé les conventions relatives à la protection des droits de l'homme, car ils pouvaient prendre des mesures conservatoires au lieu d'exécuter les frères Lagrand.

En rappel des faits, les frères WALTER Bernhard Lagrand (né le 26 janvier 1962 à Dilingen an der Donau mort exécuté le 3 mars 1999 à Florence dans l'Arizona et Karheinz (ou Karl-Heinz) Lagrand (né le 20 octobre 1963 à Augsbourg, mort exécuté le 24 février 1999 à Florence en Arizona) de nationalité allemande, avaient tous deux été condamnés à mort pour avoir attaqué le 7 janvier 1982 la Valles National Bank à Marana (Arizona, États-Unis). Au cours de cette attaque, Karl Lagrand avait poignardé à mort Ken Hartsock, le directeur de la banque. Les deux condamnés pouvaient choisir entre chambre à gaz et injection létale. Ils choisirent la chambre à gaz, espérant que l'arrêt du tribunal serait vu comme trop cruel par la Cour Suprême. Cela ne fut pas le cas cependant ; pour cette raison, Karl Lagrand changea d'avis et demanda l'exécution par injection létale. En revanche, Walter maintint jusqu'au bout sa décision de la chambre à gaz. Walter Lagrand est à ce jour, sauf erreur de notre part, la dernière personne aux États-Unis exécutée dans une chambre à gaz[83].

Sur la procédure, il est également à noter que les exécutions allaient à l'encontre, en violation, d'une mesure conservatoire rendue par la Cour Internationale de Justice qui empêchait l'exécution d'avoir lieu tant que cette dernière n'avait pas rendu sa décision sur le fond de l'affaire entre l'Allemagne et les États-Unis. En effet, le 2 mars 1999, la République fédérale d'Allemagne a déposé au greffe de la Cour une requête introductive d'instance contre les États-Unis d'Amérique dans un différend concernant des violations alléguées de la Convention de Vienne du 24 avril 1963 sur les relations consulaires. L'Allemagne a déclaré qu'en 1982, les autorités de l'État d'Arizona avaient arrêté deux ressortissants allemands, Karl et Walter Lagrand, qui avaient été jugés et condamnés à la peine capitale sans avoir été informés de leurs droits aux termes de l'alinéa b du paragraphe 1 de l'article 36 de la Convention de Vienne. L'Allemagne a également soutenu que, compte tenu de l'absence de la notification normalement requise, elle s'est trouvée dans l'impossibilité de protéger, comme le prévoient les articles 5 et 36 de la Convention de Vienne, les intérêts de ses ressortissants devant les juges américains tant en première instance qu'en appel. L'Allemagne a fait valoir que, si ses ressortissants, finalement assistés par des agents consulaires allemands, ont effectivement allégué des violations de la Convention de Vienne, devant les juridictions fédérales, ces dernières néanmoins, appliquant la doctrine de droit interne dite de la *« carence procédurale »*, ont considéré qu'étant donné que les intéressés n'avaient pas

[83] Source : informations prises en ligne en consultant le moteur de recherche Wikipédia et le site de la Jurisprudence de la Cour Internationale de Justice.

fait valoir leurs droits lors de la procédure judiciaire au niveau de l'État fédéré, ils ne pouvaient plus les invoquer dans la procédure pendante devant l'État fédéral. Dans sa requête, l'Allemagne, pour fonder la compétence de la Cour, s'est référée au paragraphe 1 de l'article 36 du Statut et à l'article premier du protocole de signature facultative de la Convention de Vienne sur les relations consulaires.

L'Allemagne a accompagné sa requête d'une demande urgente en indication de mesures conservatoires, priant la Cour d'indiquer aux États-Unis de prendre toutes les mesures en leur pouvoir pour que l'un de ses ressortissants dont la date d'exécution avait été fixée au 3 mars 1999 ne soit pas exécuté en attendant la décision définitive en instance. La Cour a rendu le 3 mars 1999 une ordonnance en indication de mesures conservatoires par laquelle elle imposait aux États-Unis de prendre toutes les mesures dont ils disposaient pour que le ressortissant allemand ne fût pas exécuté tant que la décision en la présente instance n'aurait pas été rendue. Les audiences publiques en l'affaire ont été tenues du 13 au 17 novembre 2000.

Dans son Arrêt du 27 juin 2001, la Cour a d'abord retracé l'historique du différend. Elle a ensuite examiné certaines objections formulées par les États-Unis d'Amérique à sa compétence et à la recevabilité des conclusions de l'Allemagne. Elle a enfin déclaré que celles-ci étaient recevables. Statuant sur le fond, la Cour a noté que les États-Unis ne niaient pas avoir violé, à l'encontre de l'Allemagne, l'alinéa b du paragraphe 1 de l'article 36 de la Convention de Vienne, qui imposait aux autorités compétentes des États-Unis d'informer les Lagrand de leur droit de faire avertir le consulat d'Allemagne de leur arrestation. Elle a ajouté qu'en l'espèce, cette violation avait entraîné la violation des alinéas a et c du paragraphe 1 du même article, qui portent, respectivement, sur le droit de communication entre les fonctionnaires consulaires et leurs ressortissants, et le droit des fonctionnaires consulaires de rendre visite à leurs ressortissants incarcérés et de pourvoir à leur représentation en justice. La Cour a encore indiqué que les États-Unis avaient non seulement violé leurs obligations envers l'Allemagne en tant qu'État partie à la convention, mais qu'ils avaient commis une violation des droits individuels des Lagrand en vertu du paragraphe 1 de l'article 36, droits qui pouvaient être invoqués devant la Cour par l'État dont ces derniers détenaient la nationalité. La Cour a indiqué que la carence procédurale avait eu pour effet d'empêcher l'Allemagne d'assister en temps opportun les Lagrand dans leur défense comme le prévoit la convention. Elle a estimé que la règle susmentionnée avait violé en l'espèce le paragraphe 2 de l'article 36.

S'agissant de la violation alléguée par les États-Unis, de l'ordonnance en indication de mesures conservatoires du 3 mars 1999, la Cour a fait remarquer que c'était la première fois qu'elle était appelée à se prononcer sur les effets juridiques de telles ordonnances rendues en vertu de l'article 41 de son statut dont l'interprétation a fait l'objet d'abondantes controverses doctrinales. Après avoir interprété l'article 41, la Cour a dit que ces ordonnances ont force obligatoire. En l'espèce, a indiqué la Cour, l'ordonnance du 3 mars 1999 ne constituait pas une simple exhortation, mais mettait une obligation juridique à la charge des États-Unis. La Cour a ensuite examiné les mesures prises par les États-Unis pour se conformer à ladite ordonnance et en a conclu que ces derniers ne l'avaient pas respectée.

Quant à la demande de l'Allemagne visant à obtenir l'assurance que les États-Unis ne répèteront pas leurs actes illicites, la Cour a pris acte du fait que ces derniers avaient rappelé à tous les stades de la procédure qu'ils mettaient en œuvre un programme vaste et détaillé pour assurer le respect par les autorités compétentes de l'article 36 de la convention et a conclu que cet engagement devait être considéré comme satisfaisant à la demande ainsi présentée par l'Allemagne. Néanmoins, la Cour a ajouté que, si les États-Unis, en dépit de cet engagement, manquaient à nouveau à leur obligation de notification consulaire au détriment de ressortissants allemands, des excuses ne suffiraient pas dans les cas où les intéressés auraient fait l'objet d'une détention prolongée ou été condamnés à des peines sévères. Dans le cas d'une telle condamnation, les États-Unis devraient, en mettant en œuvre les moyens de leur choix, permettre le réexamen et la révision du verdict de culpabilité et de la peine en tenant compte de la violation des droits prévus par la convention.

Pour être plus précis dans les faits, les Lagrand étaient de nationalité allemande, étant nés en Allemagne et ayant suivi leur mère aux États-Unis alors qu'ils étaient encore tous jeunes, à aucun moment ils n'étaient devenus citoyens des États-Unis. En vertu de la Convention de Vienne sur les relations consulaires, les autorités des États-Unis (ici l'État d'Arizona) étaient tenues de leur signaler au moment de leur arrestation qu'ils avaient le droit de recevoir une aide consulaire du gouvernement allemand. Les autorités américaines ont négligé de le faire, même après s'être rendu compte que les Lagrand étaient de nationalité allemande. C'est de leur propre initiative que les frères Lagrand ont pris contact par la suite avec le consulat allemand, après avoir appris par d'autres sources leur droit à une assistance consulaire. Ils ont fait appel de la sentence en invoquant ce manque d'information sur leur droit à une assistance consulaire, qui leur aurait permis de préparer une meilleure défense.

Les tribunaux fédéraux ont rejeté leur argument pour des vices de procédure : il était prévu que les appels ne pouvaient être présentés devant les tribunaux de l'État. Les efforts diplomatiques, y compris les requêtes de l'Ambassadeur d'Allemagne et d'autres pays, ne réussirent pas à infléchir le gouverneur de l'Arizona, qui a insisté pour que les exécutions se fissent. Karl Lagrand fut donc exécuté par l'État d'Arizona le 24 février 1999, puis Walter

Lagrand le 3 mars 1999. Au regard de ce qui précède, nous estimons donc que les réserves américaines au pacte jusqu'en 2005, notamment, pour le cas de la peine de mort, portent considérablement atteinte à la portée juridique des dispositions conventionnelles relatives aux droits intangibles. Par ailleurs, ces réserves sont une cause de violation des règles minima de protection du droit à la vie, car elles ont légitimé la pratique de la peine de mort chez les mineurs pendant plus d'une décennie, ainsi que des actes de torture. Les mêmes problèmes juridiques sont observables au regard des réserves françaises.

B. Les réserves de la France au PIDCP

La France a formulé de nombreuses réserves (1) qui affectent la portée juridique du PIDCP et encouragent la violation de certaines de ses dispositions (2).

1. Le contenu juridique des réserves françaises

La France a ratifié le Pacte le 4 novembre 1980 et le protocole n° 1 le 17 février 1984 et est partie au 2e protocole facultatif le 2 octobre 2007 et en a porté les réserves suivantes :

Sur l'article 4, paragraphe 1 relatif aux cas de *« danger public exceptionnel »* menaçant l'existence de la Nation et proclamé par un acte officiel, la réserve de la France se lit ainsi : les circonstances énumérées par l'article 16 de la constitution[84] pour sa mise en œuvre, par l'article premier de la loi du 3 avril 1878 et par la loi du 9 août 1849 pour la déclaration de l'état de siège, par l'article premier de la loi du 3 avril 1955 pour la déclaration de l'état d'urgence et qui permettent la mise en application de ces textes, doivent être comprises comme correspondant à l'objet de l'article 4 du pacte ». Le pouvoir de prendre « les mesures exigées par les circonstances » qu'a le

[84] L'article 16 de la constitution française du 4 octobre 1958 dispose que: lorsque les institutions de la République, l'indépendance de la Nation, l'intégrité de son territoire ou l'exécution de ses engagements internationaux sont menacées d'une manière grave et immédiate et que le fonctionnement régulier des pouvoirs publics constitutionnels est interrompu, le président de la République prend les mesures exigées par ces circonstances, après consultation officielle du Premier ministre, des présidents des assemblées ainsi que du Conseil constitutionnel. Il en informe la Nation par un message. Ces mesures doivent être inspirées par la volonté d'assurer aux pouvoirs publics constitutionnels, dans les moindres délais, les moyens d'accomplir leur mission. Le Conseil constitutionnel est consulté à leur sujet. Le Parlement se réunit de plein droit. L'Assemblée nationale ne peut être dissoute pendant l'exercice des pouvoirs exceptionnels. Après trente jours d'exercice des pouvoirs exceptionnels, le Conseil constitutionnel peut être saisi par le président de l'Assemblée nationale, le président du Sénat, soixante députés ou soixante sénateurs, aux fins d'examiner si les conditions énoncées au premier alinéa demeurent réunies. Il se prononce dans les délais les plus brefs par un avis public. Il procède de plein droit à cet examen et se prononce dans les mêmes conditions au terme de soixante jours d'exercice des pouvoirs exceptionnels et à tout moment au-delà de cette durée.

président de la République en vertu de l'article 16 de la constitution française ne saurait être limité par les dispositions du pacte.

Sur les articles 9[85] et 14[86] : la France considère que ces articles ne doivent pas faire obstacle à l'application des règles relatives au régime disciplinaire dans les armées.

Sur l'article 13[87] : il ne doit pas porter atteinte au chapitre IV de l'Ordonnance du 2 novembre 1945 relative à l'entrée et au séjour des étrangers en France, ni aux autres textes relatifs à l'expulsion des étrangers en vigueur dans les autres parties du territoire où ladite ordonnance n'est pas applicable.

Sur l'article 27 : compte tenu de l'article 2 de la constitution française, cet article n'a pas lieu de s'appliquer[88]. Les réserves de la République française posent de nombreux problèmes juridiques sur l'effectivité des droits intangibles notamment, car tel que nous l'avons vu à l'entame de ce chapitre, il ne peut y être dérogé sous aucun prétexte même en cas de circonstances exceptionnelles. Or, dans sa première réserve, la République française bat en brèche les dispositions du PIDCP au profit de sa législation interne ; dans les deux réserves suivantes, les conditions de détention applicables en cas de sanction des personnes placées sous le drapeau, et les mesures prises par la France pour expulser des étrangers peuvent mettre en péril l'interdiction de la torture qui est également un droit intangible.

2. Les problèmes juridiques posés par les réserves françaises sur l'effectivité du PIDCP

La première réserve est celle relative à l'article 27 du pacte. Bien que cette réserve ne concerne pas un droit intangible et peut se justifier au regard de l'attachement de la France à sa forme républicaine, elle ouvre, comme la

---

[85] L'article 9 du PIDCP traite du droit à la liberté et à la sécurité de la personne humaine ainsi que du droit d'accès à la justice, des conditions de détention, d'arrestation et du dédommagement en cas d'illégalité de ladite détention.

[86] L'article 14 du PIDCP traite des garanties judiciaires et juridictionnelles des personnes tenues responsables d'infractions pénales : la présomption d'innocence, les droits de la défense, le respect des délais raisonnables durant la procédure, les voies de recours, la procédure pénale spéciale pour les cas de délinquance juvénile, le droit à indemnisation en cas d'illégalité dans la procédure.

[87] L'article 13 du PIDCP traite de la procédure judiciaire spécifique à respecter en cas d'expulsion d'un étranger qui se trouve légalement sur le territoire d'un État partie.

[88] L'article 27 du PIDCP dispose que dans les États où il existe des minorités ethniques, religieuses ou linguistiques, les personnes appartenant à ces minorités ne peuvent être privées du droit d'avoir, en commun avec les autres membres de leur groupe, leur propre vie culturelle, de professer et de pratiquer leur propre religion, ou d'employer leur propre langue ». L'article 2 de la constitution française dispose que *« La langue de la République est le français. L'emblème national est le drapeau tricolore, bleu, blanc, rouge. L'hymne national est la "Marseillaise". La devise de la République est "Liberté, Égalité, Fraternité". Son principe est : gouvernement du peuple, par le peuple et pour le peuple ».*

réserve américaine suscitée à l'article 6(5) du Pacte, mais de façon peut être moins apparente, la porte à de graves abus. En 1994, dans son commentaire général, le CDH a noté qu'à ce moment-là, 46 des 127 États parties au PIDCP avaient formulé en tout 150 réserves au pacte[89]. Or cette pratique semble porter atteinte à l'intégrité du traité. En outre, le comité a également parlé dans son commentaire général de l'inadéquation du régime des réserves défini par la Convention de Vienne aux traités internationaux relatifs aux droits de l'homme. En effet, dans ce domaine, la nature conditionnelle des réserves pose surtout un problème en mettant en cause l'objectivité des droits intangibles protégés par ces traités. Les réserves à ces traités ne doivent donc pas être prises à la légère.

Les USA et la France, tous deux des États monistes, ont pourtant choisi des solutions différentes face à une incompatibilité de leur droit interne avec le droit international. L'article 6(2) de la constitution américaine prévoit que les traités dont les USA sont partie sont la *« loi suprême du pays »* et sont supérieurs aux constitutions et lois des États ; les traités sont ainsi directement applicables en droit interne. La France est également un pays moniste dont l'équivalent à l'article 6(2) est l'article 55 de la constitution française de 1958, selon lequel *« les traités ou accords régulièrement ratifiés ou approuvés ont, dès leur publication, une autorité supérieure à celle des lois... ».*

La France tout comme les USA utilise donc les réserves pour limiter l'applicabilité directe des conventions relatives aux droits de l'homme. Le CDH dans son commentaire général n° 24 précité, a remarqué que *« les réserves révèlent souvent une tendance des États à ne pas vouloir changer une loi particulière et parfois cette tendance est érigée en politique générale ».*

En ce qui concerne les autres réserves françaises (les trois premières), elles ne peuvent être conformes à l'objet et au but du PIDCP, car elles constituent une limite fondamentale à l'article 4(2) du PIDCP qui interdit de déroger aux droits intangibles tels que le droit à la vie, la protection contre la torture et autres peines ou traitements cruels, inhumains ou dégradants, le droit à la liberté et à la sécurité des personnes, l'égalité devant la loi.

Toujours dans son commentaire général n° 24, le CDH estime que des réserves aux dispositions du pacte représentant *« des règles de droit international coutumier »* seraient incompatibles avec l'objet et le but du pacte qui sont de *« créer des normes relatives aux droits de l'homme juridiquement contraignantes ».*

Consacrées par la jurisprudence internationale comme droits intangibles[90], les normes indérogeables du PIDCP constituent le minimum de libertés qui puissent être garanties au regard de l'article 3 commun aux quatre

[89] Observation générale N° 24, op cit.
[90] Cf. nos développements y relatifs au début du présent chapitre.

Conventions de Genève sur le droit international humanitaire. Ces droits intangibles, en plus de faire partie du droit international coutumier, ont été consacrés pour la plupart comme normes du *jus cogens*, mais en dépit de cela, ils font l'objet de réserves.

Paragraphe II : Les réserves et les droits intangibles ayant valeur de *jus cogens*

Les articles 53 et 64 de la Convention de Vienne de 1969 sur le droit des traités ont consacré la notion de « *jus cogens* » et bien que la communauté internationale ne se soit pas encore unanimement et définitivement accordée sur l'existence d'un tel concept, les polémiques y relatives (A) nous confortent dans l'idée qu'il existe un *jus cogens* des droits de l'homme auquel on ne doit faire aucune réserve, car il s'agit des droits intangibles (B).

A. Les fondements juridiques de l'existence d'un *jus cogens* des droits de l'homme

Le *jus cogens* d'après la Convention de 1969 est la norme impérative du droit international général qui pourrait rendre nul *ab initio* un traité contraire à une telle mesure[91]. Il existe toutefois un doute réel sur la question de savoir s'il existe un *jus cogens* en droit international public, car la doctrine ne s'est pas accordée sur la question[92].

Au cas où l'on admettrait son existence, et telle est notre position, son contenu demeure considérablement controversé surtout quand il faut dire qui doit décider des règles constitutives de ce droit supérieur. L'expérience du droit interne (1) et de la pratique internationale ainsi que l'apport de la doctrine (2) permettent néanmoins de poser les bases d'un *jus cogens*.

---

[91] JENNINGS (R.Y.), *'Les Traités'*, pp. 169-173 In BEDJAOUI (M), Droit international : Bilan et perspectives, Tome 1, Paris, Pedone, 1991, 630 p.

[92] Voir SCHWARZENBERGER, International law and order, 1971, pp. 25-56. Pour une affirmation absolue de l'opinion contraire, voir VERDROSS « *jus positivum and jus cogens in international law* », 60, AJIL, 1966, pp. 53-63 ; dans le même sens, VIRALLY (M.), « *réflexions sur le jus cogens* », 12, AFDI, 1966, pp.1-29 pour ne citer que ces exemples. Pour plus de détails sur le concept de jus cogens et pour mieux cerner notre réflexion, consulter également : NISOT (J.), « *le concept de jus cogens envisagé par rapport au droit international* », RBDI, 1968, pp. 1-7 ; DE VISSCHER (C.), « *positivisme et jus cogens* », RGDIP, 1971, pp. 5-11 ; YASSEEN (M.K..), « *réflexions sur la détermination du jus cogens* », In SFDI, Colloque de Toulouse, l'élaboration du droit international public, Pedone, 1975, pp. 204-218 ; GOMEZ ROBLEDO (A.), *'le jus cogens international : sa genèse, sa nature, ses fonctions'*, RCADI, 1982-III, vol. 172, pp. 9-219 ; G GAJA « *jus cogens beyond the Vienna Convention* », RCADI, 1982-III, vol. 172, pp.271-316.

1. L'expérience du droit interne comme pouvant justifier l'existence d'un *jus cogens* en droit international

Si nous nous penchons vers les droits internes des États, on constate qu'en dépit de l'important édifice normatif qui définit les règles constitutionnelles, légales, décrétales et réglementaires, notamment, il existe toujours un corpus indérogeable dans l'ordonnancement juridique interne et les tribunaux ont l'obligation de veiller à leur strict respect : il s'agit des règles d'ordre public et de bonnes mœurs[93]. Ainsi au plan interne, les citoyens sont libres de s'engager, les gouvernants sont libres de fixer des règles, mais il ne faut pas que les engagements et règles dérogent à l'ordre public et aux bonnes mœurs.

La même réalité peut être observable sur la scène internationale à l'analyse de la pratique et de la doctrine.

2. La doctrine et la pratique internationale comme fondements de l'existence d'un *jus cogens*

Au niveau international, certains auteurs à l'instar de SCHWARZENBERGER ont soutenu que le droit international n'a pas encore atteint le stade dans lequel l'opération d'une norme impérative ou *jus cogens* peut être discernée dans la pratique actuelle des États. Toutefois, nous pensons l'argument contraire et estimons que la situation examinée en droit interne peut et doit être transposée en droit international, notamment pour ce qui est relatif aux droits de l'homme. On ne saurait concevoir que les États, par des Traités, et surtout par la pratique des réserves, portent atteinte aux libertés fondamentales de la personne humaine. En effet, nous considérons certaines d'entre elles, notamment, les droits intangibles consacrés par la jurisprudence tel qu'évoqué au début de ce chapitre, comme faisant partie de *« l'ordre public international »* et des *« bonnes mœurs universelles »* ou du *« droit coutumier international »* auquel aucun État ne devrait déroger comme la France, les USA et bien d'autres pays l'ont fait comme démontré dans le précédent paragraphe.

C'est en cela que Mc Nair dans son ouvrage classique sur le droit des traités est convaincant lorsqu'il affirme qu'« il est difficile de s'imaginer une société de personnes ou d'États, dont le droit ne fixe aucune limite à la liberté

---

93 À titre illustratif, l'article 6 du Code civil camerounais dispose en effet qu' *« on ne peut déroger, par des conventions particulières, aux règles qui intéressent l'ordre public et les bonnes mœurs »*. L'article 1131 du même texte dispose *in fine* que *« l'obligation (...) sur une cause illicite ne peut avoir aucun effet »* et l'article 1133 du même texte explique que *« la cause est illicite, quand elle est prohibée par la loi, quand elle est contraire aux bonnes mœurs ou à l'ordre public »*. La jurisprudence camerounaise a consacré le respect de l'ordre public et des bonnes mœurs ; voir Cour Suprême du Cameroun, Arrêt N° 37/CC du 15 mars 1973, Usure-Réduction des engagements au taux légal, Bulletin des Arrêts de la Cour Suprême N° 28, p.4009.

contractuelle. Dans toute communauté civilisée, il y a quelques règles de droit et quelques principes moraux que la loi ne permet pas aux individus d'ignorer ou de modifier par convention. »[94]. Cette idée n'est pas nouvelle, elle doit être à peu près aussi ancienne que n'importe quelle notion de droit naturel. Il n'est pas difficile de penser à quelques règles de droit international, même des règles d'une ancienneté considérable, qui doivent rentrer dans une telle catégorie. Il est impensable qu'un accord entre deux États violant la prohibition de la traite des esclaves ou du génocide puisse être considéré comme valable et exécutoire par une juridiction internationale ou universelle pénale ou de droits de l'homme. D'ailleurs, à ce sujet, la CDI donne, comme exemples à la répression[95] à laquelle tout État est tenu de coopérer[96] : un traité qui envisage un emploi illicite de la force contraire aux principes de la Charte des Nations Unies, un traité qui envisage tout autre acte constituant un crime au regard du droit international, un traité qui envisage ou tolère l'accomplissement d'actes tels que la traite des esclaves, la piraterie ou le génocide. Bien qu'il soit inévitable qu'une controverse surgisse quant à savoir quelles règles de droit peuvent être ajoutées à la liste, il reste que de telles règles existent, notamment en ce qui concerne les droits de l'homme et les effets sont réelles pour ce qui est de la garantie des libertés les plus fondamentales de la personne humaine.

B. Le contenu et les effets juridiques du *jus cogens* des droits de l'homme face à la pratique des réserves

Notre analyse consistera à étudier les droits intangibles de l'homme consacrés comme normes *erga omnes* et incompatibles avec la pratique des réserves d'une part (1) ; d'autre part, nous analyserons les droits intangibles comme ayant une valeur de « ***jus cogens*** des droits de l'homme » incompatible avec la pratique des réserves (2).

1. Les droits intangibles de l'homme : une valeur erga omnes incompatible avec la pratique des réserves

Dans l'affaire de la Barcelona Traction Light and Power Company, LTD (Belgique contre Espagne, Arrêt du 5 février 1970 – nouvelle requête : 1962 (deuxième phase*))*[97], la Cour internationale de justice (CIJ) a déclaré que lorsqu'un État accepte des ressortissants étrangers sur son territoire, il contracte diverses obligations ; les unes intéressent l'ensemble de la

[94] Mc Nair, Law of Treaties, 1961, p. 213.

[95] Cité par Roberts Y JENNINGS, op cit, p.170.

[96] Sur les crimes internationaux comme susceptibles de faire partie du *jus cogens*, lire notre deuxième partie sur l'analyse des réserves aux traités créant la CPI.

[97] EISEMANN (P-M), *Petit Manuel de la jurisprudence de la Cour Internationale de Justice*, 4e édition, Paris, Pedone, 1984, pp.95-105.

communauté internationale, et sont absolues dans la mesure où elles résultent de la reconnaissance des droits fondamentaux de toute personne humaine ; les autres n'intéressent que les États dont les individus en cause sont les ressortissants, et leur violation est sanctionnée par la protection diplomatique. En ce qui concerne la première catégorie de droits, c'est-à-dire ceux qui intéressent l'ensemble de la communauté internationale, nous constatons que la CIJ les a, pour la première fois, consacrés comme *normes erga omnes,* car leur opposabilité est entière vis-à-vis de tous les États. D'après la Cour, les droits de l'homme s'imposent dans leur généralité à tous les États et ces derniers doivent les respecter sans exiger le principe de réciprocité des traités, car conformément à cette jurisprudence internationale qui constitue donc un arrêt de principe en la matière, la réciprocité n'est pas exigée pour les traités relatifs aux droits de l'homme.

Poussant la réflexion plus loin, nous estimons que cet arrêt est déjà capital pour notre démonstration, car si les droits de l'homme ont un caractère *erga omnes* d'après la CIJ, qui contribue constamment par sa jurisprudence au développement progressif du droit international général, le caractère *erga omnes* dévolu aux droits de l'homme s'impose tant aux États qui sont partie auxdits traités qu'à ceux qui n'y sont pas partie. En outre, leur caractère *erga omnes* ne peut être compatible avec des réserves, car celles-ci limitent déjà substantiellement la portée juridique des dispositions conventionnelles relatives à la protection des droits de l'homme et peuvent constituer une cause, parmi tant d'autres, de violations des droits fondamentaux de la personne humaine, à l'instar des droits intangibles, comme nous l'avons démontré au paragraphe précédent pour le cas de la France et des USA. En ce qui concerne les droits intangibles, leur particularité est à notre avis double, car elle tient en ce que d'une part, comme analysé précédemment, en tant que droits de l'homme en général, ils ont valeur de droits « *erga omnes* » et d'autre part, en tant que droits de l'homme indérogeables, ils font partie du *jus cogens* des droits de l'homme, auquel on ne doit pas déroger, même par des réserves, car elles entraînent de nombreux problèmes juridiques.

2. Les droits intangibles : une valeur de *jus cogens* des droits de l'homme incompatible avec la pratique des réserves

L'existence des règles de droit international général relatives à la protection des droits de l'homme et considérées comme normes du *jus cogens* a notamment été démontrée par la commission d'arbitrage de la Conférence pour la paix en Yougoslavie (Commission R. BADINTER[98]).

---

[98] À ce sujet, lire PELLET (P-M), « *Note sur la Commission d'arbitrage...* », AFDI, 1991, pp.338-339.

Bien plus, tel que l'explique Keba M'BAYE[99], à la question de savoir si les droits de l'homme ne devraient pas avoir la même formulation, le même contenu et procéder des mêmes règles de reconnaissance, de promotion et de protection, la réponse doit être nuancée[100].

Le principal élément de cette réponse vient de la notion de *jus cogens* des droits de l'homme,[101] car tous les droits de l'homme n'ont pas la même valeur. Il existe en effet des droits fondamentaux inhérents à tout homme. Ils appartiennent à l'homme en tant que tel et procèdent de sa nature d'être doué de raison et de conscience. Ils ne peuvent sous aucun prétexte être méconnus ou violés. Leur reconnaissance au profit d'un individu ne tient pas compte de l'appartenance nationale de ce dernier. On ne peut pas leur apporter de dérogation, quelles que soient les circonstances. Il s'agit des normes impératives des droits de l'homme.

Il en est ainsi des différents droits dits intangibles que sont : le droit à la vie ; le droit de ne pas être soumis à la torture, à des peines ou traitements cruels, inhumains ou dégradants ; le droit de ne pas être réduit en esclavage ou en servitude ; le droit à la personnalité juridique ; le droit à l'égalité devant la loi et le droit aux voies de recours juridictionnelles effectives ; le droit de ne pas être emprisonné pour des motifs contractuels ; le principe de la non-rétroactivité des lois pénales et même de la liberté religieuse. Ces droits sont si essentiels pour la personne humaine qu'aucune situation, fût-elle la guerre, ne permet de déroger aux règles qui édictent leur respect. Ce cercle a d'ailleurs, approximativement, le même contenu en droit humanitaire[102].

Lorsque les États émettent donc des réserves à l'un quelconque de ces droits, non seulement ils mettent en péril l'ossature, le socle, les fonts baptismaux de la protection de la dignité humaine qui sont le respect absolu des normes faisant partie du *jus cogens* des droits de l'homme, mais en plus, ils limitent considérablement la portée des dispositions conventionnelles des traités chargés de garantir les libertés individuelles fondamentales et concourent *mutatis mutandis*, à la violation desdits droits. Les problèmes juridiques posés par les réserves françaises et américaines analysées précédemment nous édifient sur la question et confortent notre position.

---

[99] M'BAYE (K.), *« Droits de l'homme et pays en développement »*, In Humanité et Droit international, Mélanges René Jean Dupuy, Paris, Éditions A. Pedone, 13, Rue Soufflot, 1991, pp. 211-222.

[100] Voir développements précédents.

[101] MARKS (S.), cité par Keba M'BAYE, op cit, p. 217.

[102] Cf notre deuxième partie sur l'analyse des réserves aux traités créant la Cour Pénale Internationale pour comprendre notre position relative au *jus cogens* des droits de l'homme en droit humanitaire.

Par ailleurs, si nous faisons le parallèle avec le domaine du droit international pénal, la réflexion de Pierre-Marie DUPUY[103] confirme notre position, car d'après lui, il existe plusieurs types de règles générales en droit international contemporain : outre la distinction classique des principes généraux (respectivement de droit et du droit international) par rapport à la coutume, on reconnaît, à l'intérieur de cette dernière, deux catégories de normes à portée universelle. Celles qui, susceptibles de dérogation, notamment par voie conventionnelle, sont simplement obligatoires. Celles qui au contraire, parce que l'on ne saurait y déroger en quelque circonstance que ce soit, ne sont pas seulement obligatoires, mais également impératives, à moins qu'elles soient « *intransgressibles* » comme l'a dit la CIJ en 1996 dans l'affaire relative à la licéité de la menace ou de l'emploi d'armes nucléaires, ce qui n'est peut-être pas exactement la même chose,[104] car les règles dites *« intransgressibles »* ont un caractère encore plus absolu que celles dites *« impératives »* par la Cour, toujours est-il que leur point commun réside en ce qu'il s'agit au départ de règles impératives au sens des articles 53 et 64 de la Convention de Vienne de 1969 et dans le cadre précis et restreint des droits de l'homme[105]. De ce fait, Pierre-Marie DUPUY poursuit en disant que par-delà l'interrogation sur la nature des normes générales de droit international pénal, c'est donc également la question de leur éventuelle hiérarchie qui se trouve ainsi posée. Certaines règles de droit international pénal sont-elles plus importantes que d'autres, au sens où elles leur seraient normativement supérieures ? Cette question n'a rien d'académique, précisément parce que la nature de la règle, suivant qu'elle est ou non impérative, détermine aussi sa portée qui permettra de prendre ou non en considération les circonstances de la commission d'un crime international dans la responsabilité du criminel.

Le problème de la place du droit international à l'intérieur du droit international pénal général permet ainsi de rechercher le critère pour désigner une norme juridique comme faisant partie du *jus cogens* : c'est le critère de l'intérêt éminent de la communauté internationale, c'est-à-dire l'importance toute particulière des normes dont la violation constitue un crime. Ce critère est également celui employé dans l'article 53 de la Convention de Vienne de 1969 sur le droit des traités pour définir les normes impératives du droit international (*jus cogens*). En effet, l'ensemble des normes intéressant la détermination du champ d'application matérielle du droit international pénal entretient des rapports privilégiés avec le problème du droit impératif ; aussi

---

103 DUPUY (P-M), *« Normes internationales pénales et droit impératif (jus cogens) »,* In ASCENCIO (H), *Droit international pénal*, Paris, Pedone, 2000, pp. 71-80.

104 Cour internationale de justice, Recueil 1996, avis du 8 juillet 1996, par.78, avis consultatif relatif à la licéité de la menace ou de l'emploi d'armes nucléaires.

105 Cette analyse comparée sur le *jus cogens* des droits de l'homme nous permettra également de comprendre en 2e partie, les difficultés posées par la pratique des réserves dans le statut de la CPI, chargée de réprimer les plus grandes violations des droits de l'homme et du droit international humanitaire, à savoir les crimes internationaux.

existe-t-il un certain nombre d'indices concordants qui semblent converger vers la conclusion de règles éminentes du droit international humanitaire en grande partie semblables aux règles éminentes du droit international des droits de l'homme dont la dérogation par la pratique des réserves pose les mêmes problèmes juridiques que ceux analysés ci-dessus.

Dans l'arrêt du 11 juillet 1996 relatif à l'application de la convention pour la prévention et la répression du crime de génocide (Bosnie-Herzégovine c/Yougoslavie[106]), la Cour a précisé que *« les droits et obligations consacrés par la convention sont des droits et obligations erga omnes »* ; le caractère éminent non seulement de l'interdiction du génocide, mais aussi des obligations de prévenir et de réprimer sa réalisation peut donc à juste titre être considéré par la communauté internationale comme l'archétype de la norme du *« jus cogens »*.

D'après Pierre Marie DUPUY, *« s'il existe un noyau dur de principes impératifs de droit humanitaire dont la violation relève en toute hypothèse du droit international pénal, il est encore difficile d'en dresser les contours avec une grande précision », nous* estimons que le contenu des traités y relatifs et la jurisprudence internationale, notamment celle des juridictions pénales internationales permettent de combler toutes les incertitudes y relatives.

À titre illustratif, dans l'Affaire N°IT-95-17/1-T, Anto Furundzija, arrêt du 10 décembre 1998 (paragraphe 151), le Tribunal pénal international pour l'ex-Yougoslavie (TPIY) affirme que l'obligation de prévenir, interdire et réprimer les actes de torture présentait non seulement un caractère coutumier en droit international public, mais qu'elle avait une portée *erga omnes*, *« c'est-à-dire des obligations vis-à-vis de tous les autres membres de la communauté internationale dont chacun a un droit corrélatif »*. Le TPIY ajoute qu'en raison de l'importance des valeurs que l'interdiction de la torture protège, ce principe est devenu une norme impérative ou *jus cogens*, c'est-à-dire une norme qui se situe dans la hiérarchie internationale à un rang plus élevé que le droit conventionnel et même que les règles du droit coutumier *« ordinaire »*. La conséquence la plus manifeste en est que les États ne peuvent déroger à ce principe par le biais de traités internationaux, de coutumes locales ou spéciales, de règles coutumières générales qui n'ont pas la même valeur normative.

Nous irons plus loin que le TPIY en disant que les États ne peuvent déroger à de telles règles par le biais des réserves. Or, la pratique internationale prouve suffisamment le contraire, d'une part, au regard des deux premières réserves des USA qui, comme vu précédemment, portent des restrictions à l'interdiction d'appliquer la peine de mort aux criminels mineurs de 18 ans,

[106] CIJ, Recueil, 1996, arrêt du 11 juillet 1996, paragraphe 31.

car c'est une forme de torture morale et physique ; d'autre part, à l'interdiction de la torture, des peines ou traitements cruels, inhumains ou dégradants.

Le TPIY a fait un pas de géant devant la CIJ, car elle n'a jamais désigné explicitement une norme comme appartenant au *jus cogens*. Le TPIY[107] a ajouté que clairement, la valeur de *jus cogens* de l'interdiction de la torture rend compte de l'idée que celle-ci est désormais l'une des normes les plus fondamentales de la communauté internationale. Il s'agit là d'une valeur absolue que nul ne peut transgresser.

Par cet arrêt du TPIY, on comprend plus facilement le concept de « *normes intrangressibles* » auquel faisait précédemment allusion la CIJ dans l'avis sur la licéité de la menace ou de l'emploi d'armes nucléaires.

Dans le contenu du *jus cogens* des droits de l'homme, l'analyse de l'article 4(2) du PIDCP, notamment et de plusieurs jurisprudences de la Cour européenne des droits de l'homme, nous a permis de reconnaître l'interdiction de la torture, des peines ou traitements cruels, inhumains ou dégradants de l'homme comme faisant partie d'un *jus cogens* des droits de l'homme qui ne peut être compatible avec des réserves au risque de subir d'importantes conséquences juridiques. Dans le même sens, l'étude des réflexions doctrinaires et de la jurisprudence du TPIY nous conforte déjà dans l'idée qu'il s'agit aussi d'une norme faisant partie du *jus cogens* du droit humanitaire.

Cet arrêt du TPIY ouvre la voie à la désignation des crimes les plus graves qui touchent l'ensemble de la communauté internationale comme fondés sur la violation d'une norme impérative internationale[108]. En effet, le TPIY a également constaté dans la même affaire que *« le principe général du respect de la dignité humaine est à la base du droit international humanitaire et des droits de l'homme et en est, en fait, la raison d'être ; il est désormais si important qu'il imprègne le droit international dans son ensemble ».*

Enfin, il est important de savoir, à propos du *jus cogens*, qu'il existe une très large correspondance de substance entre les normes de protection des droits de l'homme reconnues avec certitude par le droit international général et les règles de protection résultant de l'article 3 commun aux 4 conventions de Genève applicables dans les conflits armés non internationaux, et la CIJ, dans l'affaire des activités militaires et paramilitaires des États-Unis d'Amérique au Nicaragua et contre celui-ci, les considère comme les *« principes généraux de base du droit humanitaire »*[109]. Les problèmes juridiques sus analysés, posés par les réserves aux traités qui consacrent les

---

[107] Ibid, paragraphe 154.
[108] Voir notre seconde partie *« les réserves au statut de Rome créant la CPI... ».*
[109] CIJ, Rec. 1986.

droits intangibles, sont moins complexes que les difficultés liées à l'effectivité de tels droits non consacrés dans d'autres traités et faisant l'objet de réserves.

Section 2 : L'analyse des réserves aux traités n'ayant pas consacré les droits intangibles

Notre propos sera essentiellement articulé autour de l'effet juridique des réserves aux droits intangibles dans le PIDCP, mais pas clairement consacrés dans la Charte africaine des droits de l'homme et des peuples adoptée le 27 juin 1981 à la 18e Conférence des chefs d'État et de gouvernement de l'Organisation de l'Unité africaine (OUA) et entrée en vigueur le 21 octobre 1986. En effet, de nombreux États à l'instar de ceux du Maghreb arabe (Algérie, Tunisie, Égypte, Maroc, Lybie) et des pays qui appliquent encore la Charia ou loi coranique musulmane dans sa plus grande rigueur (Niger, Nigéria, Mauritanie, etc.), ont émis plusieurs réserves à certains droits fondamentaux de la personne humaine tels que l'interdiction de porter préjudice au droit à la vie par l'application de la peine de mort, l'interdiction de la torture, des peines ou traitements cruels, inhumains ou dégradants de l'homme en ce qui concerne par exemple les sanctions barbares à appliquer aux femmes suspectées d'avoir commis l'adultère, l'interdiction de l'esclavage et de la servitude.

La Charte africaine des droits de l'homme et des peuples, dans aucune de ses dispositions, ne fait allusion ni à l'interdiction ni à l'autorisation des réserves et encore moins n'a rien prévu en ce qui concerne les droits dits intangibles, d'où nos interrogations préliminaires demeurent : n'existe-t-il pas de droits intangibles dans la Charte africaine ? Les États ont-ils la latitude de formuler des réserves à la Charte africaine ? Quels sont les problèmes juridiques que suscite la pratique des réserves à la charte africaine au regard du système conventionnel et institutionnel de protection des droits de l'homme à l'échelle universelle et régionale ?

La réponse à ces questionnements nous impose également une réflexion bipartite ; aussi, la recherche des droits indérogeables dans la charte africaine (paragraphe 1) nous permettra de démontrer que ces droits sont insusceptibles de réserves. Par conséquent, les réserves qui y sont formulées posent de réels problèmes juridiques (paragraphe 2).

Paragraphe 1 : Des raisons juridiques favorables à l'existence d'un corpus de droits indérogeables dans la charte africaine des droits de l'homme et des peuples

La Charte africaine ne contient aucune clause relative à la consécration des droits indérogeables[110]. Au sein des instruments juridiques internationaux de protection des droits de l'homme, on citera également le cas de la Déclaration universelle des droits de l'homme[111] qui est muette sur ce point, le PIDESC (1966) est évasif sur la question[112], la Convention internationale relative aux

---

[110] Lire, sur la question des droits indérogeables en période de circonstances exceptionnelles et de droits dérogeables : SERMET (L), *« De la carence dans la Charte africaine de la clause de dérogation aux droits de l'homme »*, op cit ; OUGUERGOUZ (F.), *« L'absence de clause de dérogation dans certains traités relatifs aux droits de l'homme : les réponses du droit international général »*, RGDIP 1994, pp.289-336 et (même auteur) La Charte africaine des droits de l'homme et des peuples. Une approche juridique des droits de l'homme entre tradition et modernité, Genève, Publications de l'Institut Universitaire des hautes études internationales, 1993, 479 p. ; ERGEC (R.), *Les droits de l'homme à l'épreuve des circonstances exceptionnelles. Étude de l'article 15 de la Convention européenne des droits de l'homme*, Bruxelles, Bruylant et Université de Bruxelles, 1987 ; ETEKA (V), La Charte africaine des droits de l'homme et des peuples, Paris, L'Harmattan, 1996, 477 p.

[111] Toutefois, la DUDH n'est pas un Traité, c'est une déclaration dépourvue de force contraignante en principe ; cependant, au regard de son adoption par la quasi-totalité des membres de l'AGNU, elle peut avoir un rang de droit international coutumier international. En effet, la *« Déclaration et Programme d'action de Vienne »* adoptée par la Conférence mondiale de 1993, dans ses considérants, réaffirme *« son attachement aux buts et principes énoncés dans la charte des Nations Unies, et de la DUDH »* en liant implicitement les deux instruments. Elle souligne aussi que *« la DUDH, qui constitue un modèle commun à suivre pour tous les peuples et toutes les Nations, est la source d'inspiration de l'ONU et l'assise à partir de laquelle elle a progressivement élaboré les normes énoncées dans les instruments internationaux en vigueur dans le domaine considéré, en particulier dans le PIDCP et le PIDESC »*. La 2e consécration internationale qui faisait défaut à la DUDH était une consécration jurisprudentielle sans équivoque. À cet effet, dans l'arrêt de 1980 relatif à l'affaire des *« otages américains à Téhéran»* (1980), la CIJ a affirmé que *« le fait de priver abusivement de leur liberté des êtres humains et de les soumettre dans des conditions pénibles à une contrainte physique est manifestement incompatible avec les droits fondamentaux énoncés dans la DUDH »* (la version anglaise est encore plus forte : *« is in itself manifestly incompatible with the principles of the Charter of the United Nations, as well as with the fundamental principles enunciated in the universal declaration of Human Rights »*. Ce fut la première fois pour la CIJ de se référer à la DUDH comme source formelle et matérielle des droits fondamentaux de la personne humaine. Bien plus, l'insertion et la consécration de la DUDH dans les constitutions internes des États lui confèrent une valeur constitutionnelle et la revêtent de force obligatoire au sein des États. À titre illustratif, voir le préambule de la loi constitutionnelle camerounaise du 18 janvier 1996 révisée en 2008.

[112] Il est important de savoir, pour mieux cerner le chapitre suivant sur les réserves aux traités et les atteintes aux droits économiques, sociaux et culturels, que l'article 5 (2) du PIDESC ne mentionne que très vaguement le concept de non-dérogation en disposant qu'*« il ne peut être admis aucune restriction ou dérogation aux droits fondamentaux de l'homme reconnus ou en vigueur dans tout pays en vertu de lois, de conventions, de règlements ou de coutumes, sous prétexte que le présent Pacte ne les reconnaît pas ou les reconnaît à un moindre degré »*.

droits de l'enfant (1989)[113] ne définit pas non plus les droits intangibles. En ce qui concerne particulièrement le cas de la Charte africaine, la nature juridique de cet instrument international qui vise la protection de la dignité humaine au niveau régional (A) et le contenu spécifique des droits qui y sont consacrés (B) constituent les fonts baptismaux de l'existence de droits indérogeables.

A. La nature juridique de la charte africaine des droits de l'homme et des peuples comme fondement initial de l'existence de droits indérogeables : un traité protecteur de la dignité humaine

Nous partirons des analyses d'Herbert Kraus[114] pour délimiter le champ de notre réflexion qui s'articulera en deux points : la recherche des intérêts protégés par la charte africaine en tant que traité de droit international (1) et la valeur du système conventionnel de la charte africaine (2).

1. Les intérêts protégés par la Charte africaine des droits de l'homme et des peuples en tant que traité de droit international

Herbert KRAUS fait une discussion de la distinction des traités de droit international en fonction de leur domaine, c'est-à-dire des intérêts qu'ils protègent.

D'après lui, c'est Rapisardi Mirabelli[115] qui a exposé la classification la plus détaillée des traités de droit international. Il distingue ainsi les traités relativement aux sujets, à la nature, au contenu et surtout à l'efficacité des engagements stipulés. Cette tentative de classification ne peut être acceptée d'après Herbert KRAUS parce qu'incomplète. Aussi, pense-t-il qu'il faut surtout considérer les essais de systématisation de certains types de traités à savoir les conventions générales entreprises au sein de la Société des Nations (SDN). C'est ainsi que dans le cadre des travaux de codification du droit international, le Conseil de la SDN chargea, en décembre 1928, un comité qui avait considéré au total 250 traités répartis en 13 classes, dont les conventions humanitaires et sanitaires, les conventions relatives au travail, les conventions concernant la condition des étrangers, les conventions de droit pénal et conventions concernant l'assistance réciproque entre États en vue de la

---

[113] Il est d'un intérêt majeur de garder à l'esprit les lacunes de cette convention pour mieux évaluer, dans le cadre du Chapitre 2 du Titre 2 de cette 1re partie, les réserves comme limites aux droits de l'enfant et à l'interdiction de la Torture.

[114] KRAUS (H), *« Systèmes et fonctions des traités internationaux »*, In RCADI, 1934-IV, Tome 50, 862 p., pp. 311-400.

[115] RAPISARDI (M), *« La classification des traités internationaux. Aperçus de systématique »*, Revue de droit international et de Législation comparée, 1923, pp. 652-667. Il s'agit de l'un des tout premiers articles traitant des questions relatives à la doctrine des traités internationaux, à l'analyse complète du traité international.

répression pénale, les conventions concernant le droit de la guerre. Ces conventions visent en substance le même objectif : améliorer les conditions humaines.

Les conventions relatives aux droits de l'homme, d'une manière générale, rentrent dans les catégories suscitées, car elles visent aussi cet objectif et la charte africaine n'en est pas étrangère, car l'objet des intérêts protégés réside dans le respect de la dignité humaine.

D'après le même auteur, il existe des accords internationaux qui exigent le respect du principe de la relativité des traités, car la règle *pactatertiis nec nocent nec prosunt* ou *res inter alios acta nec nocet nec podest*, est fortement ancrée à la structure générale du droit des gens ; en effet, le fondement principal du droit international est le fait que les membres de la communauté internationale ne sont plus liés que dans la mesure où ils l'ont voulu eux-mêmes. Ces formules latines signifient en substance que le traité ne peut avoir d'effet à l'égard de ceux qui ne l'ont pas conclu ; c'est ce qu'on appelle l'effet relatif des traités. Le traité repose sur la notion de contrat et en raison de la souveraineté des États, il est admis qu'un État ne peut être lié à un traité que s'il y a consenti.

Cependant, il existe aussi des cas où les traités ont des effets à l'égard des tiers. On a également des traités qui ont un effet absolu, c'est-à-dire ceux qui ont *ipso facto* un effet juridique également à l'égard des tiers non participants ; tel est le cas des traités relatifs aux frontières, les conventions à but humanitaire sur la répression pénale internationale… Les traités relatifs aux droits de l'homme s'inscrivent également dans ce contexte, car les droits de l'homme, comme démontré précédemment, ont été consacrés par la jurisprudence comme étant des normes *erga omnes*.

Aussi, *mutatis mutandis*, la charte africaine est un traité relatif aux droits de l'homme qui peut avoir un effet absolu, en ce sens que même les États non-signataires ont l'obligation de le respecter, du moins dans le cadre de la région Afrique. En effet, tel que l'explique Herbert KRAUS, chaque traité de droit international définit une sorte de règlement de droit international dont les véritables bénéficiaires sont les porteurs d'intérêts protégés par ce droit. Parmi ces porteurs d'intérêts, il distingue :

En premier lieu les sujets de droit international eux-mêmes c'est-à-dire les États et les Organisations internationales notamment quand la réglementation contenue dans un traité a pour but de limiter et de protéger les biens primordiaux de l'État : l'honneur des États, leur territoire national, leur population, leur pouvoir législatif, etc. En second lieu, à côté de ce monde de biens étatiques primordiaux, on trouve une deuxième catégorie : ce sont les biens étatiques secondaires ou biens des individus. Les porteurs immédiats et les intéressés immédiats de ces biens sont les individus. Les biens individuels auxquels les États ou groupes d'États s'intéressent dans le cadre des réglementations sont notamment : la vie, la dignité, la propriété, la santé, la liberté (sous ses différentes formes : liberté personnelle, liberté de séjour, liberté d'établissement, choix de la profession, du commerce), les droits des minorités, etc.

L'analyse des réflexions de Herbert Kraus permet de constater que la charte africaine peut rentrer dans la 3e catégorie des traités, à savoir ceux qui ont un effet absolu parce qu'ils protègent les droits de la personne humaine. Il nous est donc très indispensable de mettre en exergue la question de l'effet absolu de la charte africaine pour y cerner l'existence des droits absolus ou indérogeables.

2. La valeur du système conventionnel de la charte africaine des droits de l'homme et des peuples

Si la Charte africaine peut être considérée comme ayant un effet absolu en raison des intérêts juridiques qu'elle protège, que sont les biens individuels ou libertés fondamentales de la personne humaine, il est important de savoir si l'on peut justifier l'existence des droits absolus ou indérogeables dans ce traité. Si l'on peut fonder un système des traités de droit international spécifique aux traités de droits de l'homme en partant notamment de l'analyse de Herbert KRAUS, on peut également fonder un système de valeurs à la charte africaine c'est-à-dire la création des droits qui y sont proclamés.

À titre illustratif, on rencontre constamment dans le domaine même de la systématisation du droit national, à côté des distinctions purement juridiques, des distinctions et groupements d'après les faits et éléments de faits. On peut citer deux exemples particulièrement éclatants. Le premier concerne la mise en système du droit criminel[116] et le second est relatif aux énumérations constitutionnelles des droits fondamentaux[117]. Bien plus, certaines constitutions africaines ont fait du respect absolu des droits fondamentaux des personnes leur priorité en arrêtant une table des droits indérogeables, ne pouvant faire l'objet d'aucune mesure de suspension.

---

[116] En effet, la systématisation des parties spéciales des codes criminels s'édifie toujours sur les différents objets d'agression comme la vie, la liberté, etc.

[117] La systématisation des catalogues des droits fondamentaux et du citoyen est analogue ; le droit à la vie ou la liberté de réunion fournissent ici des critères de classification. Voir à ce sujet, la constitution béninoise du 11 décembre 1990 qui énumère les droits (et les devoirs) de l'homme et du citoyen en 34 articles (cf. articles 7 à 40) ; celle du Togo du 14 octobre 1992 en 41 articles (cf. articles 10 à 51). La constitution namibienne du 21 mars 1990 dresse une liste de 21 articles (cf. articles 5 à 25) ; celle du Mali datée du 25 février 1992 comporte un énoncé de 8 articles (cf. articles 1 à 28) ; celle de Guinée du 23 décembre 1990 égrène les droits et devoirs en 19 articles (cf. articles 5 à 23).

C'est le cas de l'article 37 de la constitution sud-africaine de 1996 qui cite les droits à l'égalité, à la dignité humaine, à la vie, à la sécurité des personnes, à la liberté individuelle, à l'interdiction de l'esclavage, à la protection de l'enfant et à des conditions de détention satisfaisantes. Cet article précise cependant que la partie indérogeable de ces droits n'est que partielle et ne comprend pas l'indérogeabilité de la totalité du droit. Dans d'autres cas, la liste des droits indérogeables est lacunaire. Par exemple, l'article 297 de la constitution du Cap-Vert du 25 septembre 1992 prévoit que la suspension des droits ne peut être opérée pour *« porter atteinte au droit à la vie, à l'intégrité physique, à l'identité personnelle, à la capacité civique et à la citoyenneté, à la non-rétroactivité de la loi pénale, à la défense des prévenus, ni à la liberté de conscience et de religion »*.

La présence de telles clauses dans quelques constitutions africaines mérite d'être saluée, d'autant plus qu'elles confortent notre démonstration. En effet, si l'on peut déjà cataloguer les droits fondamentaux au plan interne en Afrique, on peut également par simple transposition du droit national des droits de l'homme dans le champ régional, classer les libertés proclamées dans la charte africaine en plusieurs espèces : les libertés les plus absolues qui regroupent le dispositif normatif des droits civils et politiques les plus essentiels pour la dignité humaine et auquel aucune dérogation ne peut être tolérée, même par le biais des réserves ; les autres libertés, non moins négligeables pour la sécurité humaine, mais d'une valeur moins importante que les premières.

La nature juridique de la charte africaine est l'un des éléments qui nous permettent, dans le cadre de cette recherche, de justifier l'existence de droits indérogeables à ce traité régional. L'étude de sa nature juridique nous permet de classer les droits proclamés dans la charte africaine en deux groupes principaux. Seul le premier constitué de libertés qui seraient indérogeables nous intéresse pour la suite de la réflexion, car son contenu juridique nous conforte dans l'idée qu'il existe réellement des droits indérogeables dans la charte africaine.

B. Le contenu spécifique des droits consacrés dans la charte africaine : le second fondement de l'existence des droits indérogeables en Afrique

La Charte africaine énonce un ensemble de droits qui, au regard des développements précédents, ne sauraient logiquement avoir la même valeur, et ce en dépit du sacrosaint principe de l'indivisibilité des droits de l'homme. C'est la raison pour laquelle nous estimons que l'absence de clause de non-dérogation est défavorable aux droits de l'homme en ouvrant la porte à toutes sortes d'abus, car il n'existe aucune distinction entre les droits auxquels on peut déroger en période de circonstances exceptionnelles (1) et ceux auxquels on ne peut déroger (2).

1. La problématique des droits dérogeables en Afrique

La Commission africaine des droits de l'homme et des peuples a fait une certaine interprétation de l'absence de clause de dérogation aux droits de l'homme dans la charte africaine. Trois affaires peuvent être citées, en guise d'illustration, mettant en cause respectivement le Nigéria[118], le Tchad[119] et le Soudan[120]. Tel que l'explique le Professeur Laurent SERMET[121], l'idée directrice de la jurisprudence est la substitution de l'absence de la clause dérogatoire par la clause de limitation des droits.

Dans la Communication N° 102/93, *Constitutionnal Rigths Project and Civil Liberties c/ Nigeria*, la Commission africaine des droits de l'homme et des peuples a affirmé que par comparaison aux autres instruments de protection des droits de l'homme, la charte ne contient pas de clause dérogatoire. C'est pourquoi les limitations des droits et libertés contenues dans la charte ne peuvent pas être justifiées par l'urgence ou des circonstances spéciales. Les seules raisons légitimes pour la limitation des droits et libertés dans la charte se trouvent dans l'article 27 (2) qui dispose que les droits de la charte s'exercent dans le respect du droit d'autrui, de la sécurité collective, de la morale et de l'intérêt commun. Les raisons des limites possibles aux droits doivent être légitimes et strictement proportionnées avec l'objectif poursuivi et absolument nécessaire pour atteindre les avantages visés. Encore plus important : toute limitation ne doit pas rendre le droit illusoire[122].

Dans l'affaire Comité Loosli Bachelard , *Lawyers Committee for Human Rigths, Association of Members of the Episcopal Conference of East Africa vs Sudan,* la Commission africaine des droits de l'homme et des peuples a établi que *« lorsqu'il est nécessaire de déroger aux droits fondamentaux, la restriction doit être aussi minimale que possible et ne pas ruiner les droits fondamentaux garantis par l'ordre juridique international »*[123].

Dans l'affaire Commission nationale des droits de l'homme et des libertés contre Tchad, la Commission africaine des droits de l'homme et des peuples

---

118 Commission africaine, 31 octobre 1998, *constitutionnal Rigths Project and Civil liberties organisations Vs Nigeria*, affaire 102/93, paragraphe 67 et suivants.

119 *Commission nationale des droits de l'homme et des libertés contre Tchad*, affaire 74/92, octobre 1995, IHRR, 1997, p.94

120 Commission africaine, non datée, Amnesty international, *Comité Loosli Bachelard, Lawyers Committee for Human Rigths, Association of Members of the Episcopal Conference of East Africa Vs Sudan*, aff.48/90, 50/91, 52/91, 89/936, paragraphes 80 et suivants.

121 SERMET (L.), *« De la carence dans la charte africaine des droits de l'homme et des peuples de la clause de dérogation aux droits de l'homme »*, op cit, p. 937.

122 Nous tenons à préciser que la traduction est non officielle.

123 Nous tenons à préciser que la traduction est non officielle.

a relevé qu'à la différence des autres conventions internationales, la charte africaine ne prévoit pas de circonstances exceptionnelles autorisant les parties à déroger à leurs obligations conventionnelles, ce qui interdit d'exciper de l'existence d'une guerre civile pour justifier la méconnaissance des droits qui y sont consacrés. Bref, l'état de guerre civile du Tchad ne justifie pas l'abstention de l'État de protéger et garantir les droits de la charte.

Les jurisprudences sus-évoquées de la commission africaine des droits de l'homme et des peuples consacrent l'existence dans la charte africaine des droits auxquels on ne peut déroger même en période de guerre et des droits dont la garantie peut être suspendue en période de circonstances exceptionnelles.

En ce qui concerne le contenu des droits dérogeables dans la charte africaine en période de circonstances exceptionnelles, nous pouvons exploiter une déclaration de la Commission des droits de l'homme des Nations Unies[124] pour en établir une liste non exhaustive dans la charte.[125] La commission a invité tous les États dont la législation ne contient aucune clause explicite garantissant la légalité de la mise en œuvre d'un État d'exception à adopter des dispositions conformes aux normes et principes internationaux tels qu'ils ont été développés et invite les gouvernements à limiter le recours à l'état d'exception aux seules circonstances dont la gravité et le caractère exceptionnel sont tels qu'ils en justifient l'instauration, et à assortir cette instauration de garanties, notamment de proportionnalité, de temporalité et d'intangibilité des droits.

La Commission des droits de l'homme des Nations Unies invite donc les États à se conformer aux normes internationales de protection des droits de l'homme qui ont consacré des droits dérogatoires et non dérogatoires. L'article 4 du PIDCP est très illustratif en ce sens :

- L'article 4 (1) permet aux États de prendre certaines mesures quand la situation l'exige pourvu qu'elles ne soient pas incompatibles avec les autres obligations internationales et le principe de non-discrimination ;
- L'article 4 (2) n'autorise aucune dérogation à certains droits consacrés aux articles 6, 7, 8 (1) (2), 11, 15,16 et 18.

En interprétant l'invitation faite par la commission des droits de l'homme des Nations Unies comme pouvant aussi s'imposer aux États africains, en tant que membres des Nations Unies, pères fondateurs de la charte africaine, on peut donc considérer, conformément à l'article 4 du PIDCP que tous les droits

[124] Actuel conseil des droits de l'homme des Nations Unies.

[125] Sous-commission de la lutte contre les mesures discriminatoires et la protection des minorités, Résolution 1995/33, Question des droits de l'homme et des états d'exception, 35e séance, 24 août 1995.

non compris dans son 2e alinéa pourraient faire l'objet de dérogations en périodes exceptionnelles.

Il nous reste donc à établir clairement une liste de droits fondamentaux minima pour l'Afrique en nous conformant, notamment, à l'article 4 (2) du PIDCP et à la jurisprudence de la Commission africaine des droits de l'homme et des peuples[126], en attendant que la Cour africaine des droits de l'homme et des peuples entrée en vigueur le 25 janvier 2004, soit effectivement installée, et trouve une solution finale à ce problème.[127]

2. L'établissement des droits intangibles pour l'Afrique

L'établissement jurisprudentiel des droits fondamentaux minimas pour l'Afrique conformes à l'article 4 (2) du PIDCP, traité universel, à défaut d'une clause de dérogation dans la charte africaine s'impose, et dans le cadre de cette étude, il s'agit pour nous d'arrêter une liste de droits valables en tout temps et en tout lieu.

Dans la communication n° 129/94 Civil liberties organization Vs Nigeria (mars 1995), la Commission africaine des droits de l'homme et des peuples a pris une décision très significative en déclarant que le décret du pouvoir militaire a vocation rétroactive, visant à suspendre la constitution, les effets de la charte africaine en droit national et à évincer la juridiction des tribunaux est explicitement contraire aux articles 7 et 26 de la charte, quant à la négation des effets de la charte en droit national, elle constitue une « *grave irrégularité* ».

Les articles 7 et 26 de la charte africaine garantissent les droits de justice : droit à une juste justice, droit d'accès à la justice en cas de violations des droits fondamentaux, présomption d'innocence, légalité des délits et des peines, indépendance des tribunaux… et conformément à la jurisprudence suscitée de

---

126 Nous tenons à préciser qu'à la différence de la Cour européenne des droits de l'homme et de la Cour interaméricaine des droits de l'homme, la commission africaine des droits de l'homme et des peuples n'est pas une juridiction. Elle ne prend donc pas de décision obligatoire, ce qui affaiblit les garanties offertes aux citoyens africains en cas de violations de leurs droits. Toutefois, les méthodes de travail qu'elle utilise l'apparentent néanmoins à un organe juridictionnel, et par ses décisions, elle permet de trouver des solutions juridiques aux lacunes de la charte africaine. Cf sur ce point : DEGNI-SEGUI (R.), op cit, pp. 293-346. ; GLELE (M.A.), « *La Charte africaine des droits de l'homme et des peuples : ses virtualités et ses limites, Revue de droit africain* », n° 1, 1985 ; ANKUMA (EA), *La Commission africaine des droits de l'homme*, pratiques et procédures, Ed. SADIC, 1987.

127 Le 26 décembre 2003, le seuil des 15 ratifications nécessaires à l'entrée en vigueur de la Cour a été atteint avec la ratification du Protocole additionnel relatif à la charte africaine des droits de l'homme et des peuples par l'Union des Comores. En 2005, le nombre est passé à 18. Il s'agit dans l'ordre alphabétique de : Afrique du Sud, Algérie, Burkina Faso, Burundi, Comores, Côte d'Ivoire, Gabon, Gambie, Lesotho, Libye, Mali, Ile Maurice, Ouganda, Rwanda, Sénégal, Togo, Niger, Nigéria.

la commission africaine des droits de l'homme et des peuples, le fait qu'un État puisse en limiter les effets constitue une *« grave irrégularité»*.

Parmi les droits consacrés par l'article 4 (2) du PIDCP figure le principe de la légalité des délits et des peines consacré à l'article 15 du même texte.

Ainsi, l'article 15 du PIDCP est consacré par la jurisprudence africaine. Bien que sur le plan strictement conventionnel, les normes de protection des droits de l'homme bénéficient d'une faible garantie dans la charte africaine des droits de l'homme et des peuples au regard du système de protection qu'offre le PIDCP, la décision de la Commission africaine des droits de l'homme et des peuples ci-dessus permet d'ouvrir la voie à une amélioration de la défense des droits intangibles sur le plan substantiel. Aussi, vu que la Commission africaine des droits de l'homme et des peuples s'accorde déjà avec le PIDCP en certains points, nous estimons qu'il faille nécessairement appliquer le principe de non-dérogeabilité du PIDCP (traité universel) pour combler les lacunes de la charte africaine des droits de l'homme et des peuples (traité régional).

Dans le cadre de notre analyse, mériteraient d'être considérées comme droits indérogeables dans la charte africaine des droits de l'homme et des peuples, les libertés consacrées dans l'article 4 (2) du PIDCP : le droit à la vie (article 6 de la charte africaine) ; l'interdiction de la torture, des peines ou traitements cruels, inhumains ou dégradants (article 5 de la charte africaine) ; l'interdiction de l'esclavage, la traite des esclaves et la servitude (article 5 de la charte africaine) ; l'emprisonnement pour cause d'inexécution d'obligation contractuelle (article 6 de la charte africaine, bien que de façon imprécise) ; le principe *nullum crimen nulla poena sine lege* (article 7 (2) de la charte africaine) ; la personnalité juridique (article 4 de la charte africaine) ; la liberté de pensée, de conscience et de religion (article 8 de la charte africaine). Étant donné que nous avons pu fixer une liste de droits intangibles dans la charte africaine, qui entraîne que les normes universelles et régionales puissent être convergentes en matière de droits de l'homme, il reste à démontrer que les nombreuses réserves que les États africains y ont formulées en limitent considérablement la portée et peuvent constituer des causes d'atteintes auxdits droits, car pour nous ces droits sont insusceptibles de réserves.

Paragraphe II : Les problèmes juridiques posés par les réserves aux droits intangibles figurant dans la charte africaine

Les droits intangibles figurant dans la charte africaine sont insusceptibles de réserves (B) en raison de la spécificité des traités internationaux relatifs aux droits de l'homme (A).

A. La spécificité des traités internationaux relatifs aux droits de l'homme : une incompatibilité avec la pratique des réserves

Les engagements des États demeurent à géométrie variable au regard du nombre et de la qualité des réserves assortissant les conventions de protection des droits de l'homme.[128]Or, une pratique internationale (1) de plus en plus aiguillonnée par une « *opinio juris* » (2), non strictement doctrinale est favorable à la réduction, voire à la disparition des réserves dans le domaine des engagements conventionnels relatifs aux droits de l'homme.

1. La pratique internationale favorable à la réduction, voire la disparition des réserves dans le domaine des engagements conventionnels relatifs aux droits de l'homme

Nous citerons notamment en premier lieu, l'observation générale n° 24 (52) du Comité des droits de l'homme des Nations Unies (supra) qui comprend la jurisprudence de la Cour européenne des droits de l'homme. Il s'agit des arrêts suivants : Arrêt Belilos C.Suisse du 29 avril 1988, Série A n°132 ; Arrêt Weber C. Suisse du 22 mai 1990, Série A, n° 177 ; Arrêt Chorherr C. Autriche du 25 août 1993, Série A, n°266-B ; Arrêt Fiuscher C. Autriche du 26 avril 194, Série A, n° 312 ; Arrêt Loizidou C. Turquie du 23 mars 1995, Série A, n° 310 ; Arrêt Gradinger C. Autriche du 23 octobre 1995, Série A, n°328-c ; Arrêt Stallinger et Kuso C. Autriche du 23 avril 1997. En second lieu, nous avons l'Avis consultatif de la Cour interaméricaine des droits de l'homme du 24 septembre 1982, n° OC 2/82 - HRLJ, 1982, p.153. Il s'agit des cas sur lesquels les institutions concernées ont estimé que la pratique des réserves fragilise la portée des traités relatifs aux droits de l'homme.

Bien que le Professeur Alain PELLET fasse remarquer dans son deuxième rapport sur les réserves aux traités[129] que les États avaient écarté l'idée d'un régime spécial relatif aux traités de protection des droits de l'homme, idée qu'il partage également[130], la pratique internationale suscitée nous conforte dans l'idée contraire. Aussi sommes-nous plutôt d'avis avec le Professeur Gérard Cohen-Jonathan[131] qui, mettant l'accent sur l'inadaptation à la matière de la protection des droits de l'homme, des règles générales du droit des traités, préconise une prise en considération de cette spécificité pour autant

---

[128]FLAUSS (JF), *Rapport général*, pp.11-79, In *Société française pour le droit international (SFDI), Colloque de Strasbourg, La protection des droits de l'homme et l'évolution du droit international*, Paris, Pedone, 1998, 341 p.

[129] Alain Pellet, 2e rapport sur les réserves aux traités, P.46, note 264.

[130] Alain Pellet, 2e rapport sur les réserves aux traités, 48e session, doc. AG A/CN4/477/Add.1 (13 juin 1996), p. 87.

[131]COHEN-JONATHAN (G.), « *Les réserves dans les traités institutionnels relatifs aux droits de l'homme. Nouveaux aspects européens et internationaux* », RGDIP, 1996, pp. 941-942, pp.915-949.

qu'elle ne met pas en péril la nécessaire unité du droit international commun applicable au droit des traités.

2. L'« *opinio juris* » internationale favorable à la réduction, voire la disparition des réserves dans le domaine des engagements conventionnels relatifs aux droits de l'homme

Il ressort de l'Observation générale du Comité des droits de l'homme des Nations Unies n° 24 (52)[132] que « ... *les dispositions du pacte qui représentent des règles du droit international coutumier (a fortiori lorsqu'ils ont le caractère de normes impératives) ne peuvent pas faire l'objet de réserves* ».

Les dispositions du pacte dont il s'agit sont les règles consacrées par l'article 4 (2) comme droits indérogeables. Dans le cadre de notre thèse, nous avons retenu lesdits droits comme faisant partie du noyau dur des droits de l'homme en Afrique, vu le vide laissé par la charte africaine.

Par conséquent, les multiples réserves qui y ont été formulées par certains États africains n'ont en réalité aucune raison juridique d'exister, au regard de la pratique internationale qui permet de réunir des éléments juridiques militant en faveur de la spécificité des traités relatifs aux droits de l'homme.

En effet, la possibilité d'adapter les traités à des situations spécifiques[133] est la raison pour laquelle, au sein des traités internationaux relatifs aux droits de l'homme en particulier, il existe une certaine individualisation des engagements étatiques par l'existence des clauses de limitations, de dérogations, les clauses facultatives et surtout la pratique des réserves.

Les réserves sont, certes, expressément autorisées par certaines conventions comme la convention européenne des droits de l'homme en son article 64[134], et la convention américaine des droits de l'homme en son article 75[135]. Toutefois, elles en limitent substantiellement et matériellement la portée. Par ailleurs, ni les deux pactes de 1966 ni la charte africaine ne présentent la possibilité de faire des réserves, ce qui n'a pas empêché environ

---

[132] L'Observation générale du Comité des droits de l'homme des Nations Unies N° 24, op cit, par.8.

[133] KISS (A.), « *La protection des droits de l'homme et les techniques de mise en œuvre du droit international* », pp.135-156, In SFDI, *Colloque de Strasbourg, La protection des droits de l'homme et l'évolution du droit international,* op cit.

[134] Lire COHEN –JONATHAN (G.), G, *La convention européenne des droits de l'homme*, Paris, Economica, 1989, pp. 85 et suivantes ; FLAUSS (J-F.), *Le contentieux de la validité des réserves à la convention européenne des droits de l'homme devant le Tribunal fédéral suisse, Revue universelle des droits de l'homme*, 1993, p. 297.

[135] Lire BUERGENTHAL (T.), NORRIS (R.) et SHELTON (D.), *Protecting Human Rights in the Americas*, Kehl, Ed. Engel, 1990, 3e édition, pp. 60 et suivants ; SHELTON (D.), *State practice on Reservation to human Rigths*, 1983, p. 205.

la moitié des États parties au PIDCP de faire ensemble plus de 150 réserves[136] (et déclarations)[137], et aux États parties à la charte africaine de formuler de nombreuses réserves.

Or, l'obligation d'exécuter les traités de bonne foi, rappelée à l'article 26 de la Convention de Vienne sur le droit des traités conduits à apporter un poids considérable aux interprétations fournies par les instances mises en place pour veiller à la bonne exécution des traités relatifs aux droits de l'homme[138], et celles-ci ont généralement conclu que les États qui pratiquent les réserves ne vont pas dans le sens de l'article 26 précité.

À titre illustratif, dans l'avis 2/82 c'est la décision Autriche C. Italie de la Commission européenne des droits de l'homme du 1er janvier 1961 que cite la Cour interaméricaine des droits de l'homme au soutien de son analyse de la spécificité des conventions relatives aux droits de l'homme. Il s'agit de l'Avis 2/82 du 24 septembre 1982, « effets des réserves sur l'entrée en vigueur de la convention américaine relative aux droits de l'homme[139] » et la Cour cite ensuite dans le même sens l'avis consultatif de la CIJ sur les réserves formulées à l'égard de la convention pour la prévention et la répression du crime de génocide.

Dans la jurisprudence Autriche C. Italie précitée, la Cour européenne des droits de l'homme précise que *« ... les obligations souscrites par les États contractants dans la convention ont essentiellement un caractère objectif, du fait qu'elles visent à protéger les droits fondamentaux contre les empiètements des États contractants, plutôt qu'à créer des droits subjectifs et réciproques entre ces derniers ».*

La Cour interaméricaine des droits de l'homme a repris presque telle quelle cette doctrine en lui donnant une plus grande ampleur. Ainsi lit-on dans le premier avis consultatif précité rendu par elle que *« l'objectif des traités concernant les droits de l'homme est de garantir aux êtres humains la jouissance de ces droits et libertés, plutôt que d'établir les relations réciproques entre les États ».*

Au regard de ces jurisprudences, il en ressort que le droit international classique se distingue, dans une mesure très significative, du droit international contemporain ayant trait aux droits de l'homme. Aussi, les réserves formulées aux droits intangibles figurant dans la charte africaine, en

---

136Voir M. NOWAK, *United Nations covenant on civil and political Rigths*, Kehl, Ed. Engel, 1993, pp. XXV et 92 suivants ; CIJ, Recueil 1951, p. 22.

137 Voir notre 2e partie sur les déclarations faites par les États au SCPI et ayant les mêmes effets que les réserves pour mieux cerner l'impact juridique de certaines déclarations étatiques au PIDCP.

138 WACHSMANN (P), *« Les méthodes d'interprétation des conventions internationales relatives à la protection des droits de l'homme »*, pp. 157-195.

139 Voir RUDH, 192, p. 294

particulier constituent-elles un problème juridique sérieux qu'il convient d'analyser.

B. Les droits intangibles figurant dans la charte africaine des droits de l'homme et des peuples : des droits insusceptibles de réserves

Ils sont insusceptibles de réserves du fait même de leur statut juridique de droits indérogeables (1) et un cas jurisprudentiel africain nous permet de le confirmer (2).

1. Des droits insusceptibles de réserves en Afrique du fait de leur statut juridique de libertés intangibles

Le Professeur Laurent SERMET, dans son analyse[140] que nous ne partageons que très partiellement en ce qui concerne le régime juridique des réserves aux traités internationaux relatifs aux droits de l'homme, établit une nette distinction entre les droits de l'homme en fonction de leur niveau de protection, selon qu'il s'agit de droits dérogeables ou indérogeables. Aussi, estime-t-il qu'au regard des conditions de nécessité (des circonstances exceptionnelles justifiant le passage à un état d'urgence ou d'exception et légitimant la dérogation à certains droits), de proportionnalité (les mesures dérogatoires servant l'objectif de sauvegarde de l'ordre public combiné avec la reconnaissance des libertés en période exceptionnelle), d'intangibilité (idée du partage dualiste des droits de l'homme entre ceux qui ne peuvent pas être affectés dans le niveau de protection) et de temporalité (déclaration et contrôle de l'entrée et de la sortie en vigueur de l'état d'exception) des clauses de dérogation, on peut classer en fonction de la protection accordée. Au sommet : les droits insusceptibles de réserve, de dérogation et de limite ; ensuite : les droits non dérogeables, mais relatifs ; puis, les droits dérogeables et relatifs ; après les droits partiellement réservés, dérogeables et relatifs ; enfin, à la base, les droits réservés. Poursuivant son analyse, le Professeur L. SERMET dresse le tableau qui suit du contenu des typologies de droit sus-évoqués :

[140] SERMET (L.), *« De la carence dans la charte africaine... »*, op. cit. Nous citons un article et non une page précise.

Niveau de la protection juridique	Niveau de protection élevée	Niveau de protection intermédiaire	Protection récusée
Hypothèse de la restriction aux droits de l'homme	Droit non susceptible de restriction (ex. interdiction de la torture, art.2 (2) Conv. NU Torture, 1984)	Droit conditionnel (à savoir l'ensemble des droits ne faisant pas partie des droits non relativiste).	Droit faisant l'objet d'une réserve et non d'une déclaration interprétative
Hypothèse de la dérogation aux droits de l'homme	Droit non susceptible de dérogation (art. 4 PIDCP : le droit à la vie, l'interdiction de la torture, l'interdiction de l'esclavage et de la servitude, interdiction de l'emprisonnement pour dette, non-rétroactivité de la loi pénale, droit à la personnalité juridique et droit à la liberté de pensée)	Tous les autres droits susceptibles, par conséquent, de dérogation	Idem
Hypothèse de la réserve aux droits de l'homme	Droit non susceptible de réserve ou réserve déclarée non valide par l'organe de contrôle pour contrariété aux droits de l'homme	Droit partiellement réservé	Idem

Nous ne partageons pas la partie de l'analyse du Professeur SERMET qui légitime l'existence des réserves à certains droits de l'homme, car l'objet de notre thèse est justement de démontrer que la pratique des réserves, d'une part, limite la portée des dispositions conventionnelles des traités protégeant les droits de l'homme et d'autre part, peut constituer une cause de violation des droits de l'homme[141].

Cependant, nous sommes d'avis avec lui que, les droits intangibles sont insusceptibles de réserves. C'est la raison pour laquelle les droits proclamés aux articles 5, 6, 4,7 (2) et 8 de la Charte africaine et considérés par nous, dans le cadre de cette thèse comme droits intangibles, ne peuvent faire l'objet de réserves. Aussi, les réserves qui y ont été formulées par les États africains causent également les mêmes problèmes juridiques que nous ne cessons d'analyser tout au long de ce chapitre.

À titre illustratif, le Niger a émis certaines réserves à l'article 5 de la charte africaine relatif à l'interdiction de l'esclavage, la traite des esclaves et la servitude, qui ont créé de nombreux problèmes juridiques devant le juge africain.

---

[141] Voir les chapitres suivants de cette partie, pour comprendre les réels problèmes que cause la pratique des réserves dans les droits dits : dérogeables, relatifs, partiellement réservés, réservés.

2. Le juge africain ou la confirmation de l'intangibilité de certains droits dans la charte africaine : le cas de l'interdiction de la pratique de l'esclavage, un droit insusceptible de réserves

Le 27 octobre 2008, la Cour de justice de la communauté économique des États de l'Afrique de l'Ouest (CEDEAO) a rendu un arrêt des plus significatifs[142], le 27 octobre 2008, dans l'affaire Dame HADIJATOU MANI Koraou contre République du Niger, qu'il convient d'analyser en détail, car cette dernière constitue la première affaire d'esclavage au Niger à être portée devant une juridiction internationale, et un des rares cas d'esclavage porté devant une juridiction internationale. C'est aussi le premier cas d'esclavage porté devant la Cour de justice de la CEDEAO.

Dame HADIJATOU Koraou est une jeune femme nigérienne de coutume Bouzou, âgée de 24 ans à la date de l'arrêt. Elle a été vendue comme esclave en 1996, alors qu'elle avait 12 ans, par le Chef de la tribu Kenouar à El HADJ Souleymane Naroua, un homme de coutume haoussa alors âgé de 46 ans. Cette transaction, dont le prix d'une vie humaine était l'enjeu, s'élevait à 240 000 FCFA. Cette transaction constituait une « 'Wahiya », pratique nigérienne d'acquisition d'une jeune fille, généralement de condition servile, pour servir à la fois de domestique et de concubine, ou plutôt d'esclave sexuelle. L'objet de la transaction est appelé Sadaka, ou 5e épouse, c'est-à-dire la femme en dehors de celles légalement mariées, dont le nombre ne peut excéder quatre, conformément aux recommandations de l'Islam.

Pendant neuf ans, HADIJATOU MANI a été esclave, et a dû endurer divers traitements. Des viols commis par son maître, sont nés quatre enfants, dont deux ont survécu. Le 18 août 2005, EL HADJ Souleymane a délivré à la jeune femme un certificat d'affranchissement de sa condition, signé par lui-

---

[142] La CEDEAO est née du Traité de Lagos signé le 28 mai 1975 et comprend 15 pays membres : Bénin, Burkina Faso, Côte d'Ivoire, Mali, Niger, Sénégal, Togo, Guinée Bissau, Cap-Vert, Gambie, Ghana, Guinée (Conakry), Libéria, Nigéria, Sierra Leone ; ce traité vise la libre circulation des personnes dans la sous-région ouest-africaine et l'intégration communautaire. Le 6 juillet 1991, la signature à Abuja (Nigéria) d'un protocole sur la Cour de justice des communautés a initié la mise en place de cet organe de justice de la CEDEAO. Ce protocole est entré en vigueur le 5 novembre 1995 et a été ratifié par tous les États membres entre 1992-2000. Entre-temps, une révision du Traité sur la CEDEAO en 1993 (Traité d'Abuja) intégrait la Cour de justice parmi les institutions de la CEDEAO (article 6). Aux termes de l'article 4 du traité CEDEAO, les États membres s'engagent à la reconnaissance de la promotion et de la protection des droits de l'homme et des peuples selon les termes de la charte africaine. Les 1ers juges de la Cour ont été nommés le 30 janvier 2001, mais elle n'est fonctionnelle que depuis le 22 août 2002. Dans la 1re affaire traitée par la Cour en 2004, l'arrêt OLAJIDE AFOLABI Vs Federal Republic of Nigeria a mis en exergue la nécessité d'élargir la saisine de la Cour aux requérants individuels. La Cour peut donc être saisie depuis 2005 par tout ressortissant d'un des États membres, en cas de violation des protocoles, décisions, traités ou conventions adoptés par la CEDEAO. L'article 15 (4) du traité CEDEAO dispose que les arrêts de la Cour s'imposent aux États membres, aux institutions de la communauté et aux personnes physiques et morales.

même et contresigné par le chef du village. HADIJATOU a alors voulu quitter le domicile qui lui tenait lieu de prison, ce qui lui a été refusé par El HADJ Souleymane Naroua au motif qu'elle était et demeurait son épouse. La jeune femme a néanmoins réussi à s'enfuir.

En ce qui concerne la procédure en droit interne[143], la demanderesse, Dame HADIJATOU, saisit le tribunal civil et coutumier de Konni le 24 février 2006 afin de faire valoir sa liberté totale. Ce tribunal, par un jugement en date du 20 mars 2006, constate *« qu'il n'y a jamais eu mariage à proprement parler entre la demanderesse et EL HADJ Souleymane, parce qu'il n'y a jamais eu paiement de la dot ni célébration religieuse du mariage et que HADIJATOU MANI Koraou demeure libre de refaire sa vie avec la personne de son choix »*.

Le défendeur, Sieur EL HADJ Souleymane, a fait appel de ce jugement devant le tribunal de grande instance (TGI) de Konni et le jugement du tribunal civil et coutumier de Konni a été infirmé en appel le 16 juin 2006. L'appelant ayant eu gain de cause, l'intimée s'est pourvue en cassation devant la juridiction suprême du Niger, afin d'obtenir *« l'application de la loi contre l'esclavage et les pratiques esclavagistes »*. Par un arrêt du 28 décembre 2006, elle casse et annule la décision d'appel sur un motif de procédure, sans se prononcer sur la question du statut d'esclave de la jeune femme.

Avant l'issue de la procédure, son ancien maître apprend que HADIJATOU a épousé quelqu'un d'autre et saisi le TGI de Konni d'une plainte pour bigamie. La formation correctionnelle de la juridiction condamne la prévenue, ainsi que son frère qui avait célébré le mariage, et son époux, à six (6) mois d'emprisonnement et à une amende de 50 000 (cinquante mille) FCFA. La prévenue fait appel du jugement le même jour, mais le mandat d'arrêt délivré par le tribunal est mis en application ; son frère et elle sont écroués en prison. Durant leur incarcération, l'avocat de la condamnée saisit le Procureur de la République près le TGI de Konni d'une plainte contre EL HADJ Souleymane Naroua pour crime et délit d'esclavage, réprimé par le Code pénal nigérien.

La formation correctionnelle de la juridiction statuant sur le renvoi après cassation, fait droit à l'action en divorce de Dame HADIJATOU MANI Koraou, sous réserve de l'observation d'un délai de viduité de trois mois. Sieur EL HADJ Souleymane forme un nouveau pourvoi en cassation à la suite de cette décision.

Le 9 juillet 2007, la chambre correctionnelle de la Cour d'appel de Niamey ordonne par jugement avant dire droit la mise en liberté de HADIJATOU et de son frère ainsi que la mainlevée d'office du mandat d'arrêt décerné contre

---

[143] Le principe de l'épuisement des voies de recours internes est obligatoire avant la saisine des juridictions internationales à moins à moins que le demandeur prouve l'inefficacité, l'ineffectivité ou l'inexistence des juridictions internes.

son mari et sursoit à statuer au fond dans l'attente de la décision définitive du juge d'instance statuant en matière de divorce.

Pour ce qui est relatif à la procédure au niveau de la juridiction sous-régionale : le 14 novembre 2007, Dame HADIJATOU saisit la Cour de justice de la CEDEAO sur le fondement des articles 9 (4) et 10 (d) du protocole additionnel du 19 janvier 2005, portant amendement au protocole additionnel du 6 juillet 1991 en vue notamment d'une condamnation de la République du Niger pour violation des articles 1, 2, 3, 5, 6 et 18 (3) de la charte africaine des droits de l'homme et des peuples. Les articles 5 et 6 notamment concernent les droits intangibles qui figurent à la charte africaine à savoir : l'interdiction de l'esclavage, de la traite des esclaves et toutes autres formes d'avilissement de l'homme, la traite des personnes, la torture physique ou morale, les peines ou traitements cruels, inhumains ou dégradants, la liberté et la sécurité, l'interdiction des détentions et arrestations arbitraires.

Le grief était fondé sur la violation de l'article 5 de la charte africaine, ainsi que d'autres instruments internationaux relatifs aux droits de l'homme, lesquels édictent une interdiction absolue de l'esclavage. En effet, *« la prohibition de l'esclavage est l'un des rares exemples de norme universellement considérée comme faisant partie de l'ordre public international contemporain, voire comme norme de jus cogens*[144] *»*.

Quant à la décision de la Cour de justice de la CEDEAO : elle rappelle la définition de l'esclavage donnée par la Convention de la Société des Nations relative à l'esclavage[145] et elle énonce les différents instruments internationaux qui font de l'esclavage une violation de la dignité humaine, pour l'interdire formellement : *« la convention européenne des droits de l'homme (article 4), la convention interaméricaine (article 6), le PIDCP de 1966 ratifié par la République du Niger (article 8) font de l'interdiction de l'esclavage un droit intangible, c'est-à-dire un droit intangible et absolu »*. À

144 Cf. tous nos précédents développements. Lire également CAVALLO (M), *« Formes contemporaines d'esclavage, servitude et travail forcé : le TPIY et la CEDH entre passé et avenir »*, Droits fondamentaux N° 6, janvier-décembre 2006.

145 L'article 1er de la Convention de Genève du 25 septembre 1926 relative à l'esclavage dispose qu'aux fins de la présente convention, il est entendu que : 1) l'esclavage est l'état ou la condition d'un individu sur lesquels s'exercent les attributs du droit de propriété ou certains d'entre eux ; 2) la traite des esclaves comprend tout acte de capture, d'acquisition ou de cession d'un individu en vue de le réduire en esclavage ; tout acte d'acquisition d'un esclave en vue de le vendre ou l'échanger ; tout acte de cession par vente ou échange d'un esclave acquis en vue d'être vendu ou échangé, ainsi que, en général, tout acte de commerce ou de transport d'esclave. Il faut noter qu'aux termes de l'article 544 du Code civil camerounais, la propriété est le droit de jouir et disposer des choses de la manière la plus absolue, pourvu qu'on n'en fasse pas un usage prohibé par les lois ou par les règlements. Les attributs du droit de propriété sont : l'usus, l'abusus et le fructus.

cela, on peut ajouter l'article 4 de la DUDH et l'article 7 (2) (c) du statut de la CPI qui intègrent clairement l'esclavage au rang de crime contre l'humanité.

Enfin et surtout, la Cour rappelle que l'esclavage est une infraction au sens du Code pénal nigérien, depuis une loi du 13 juin 2003. Face aux arguments développés par l'État du Niger, selon lesquels l'esclavage dans ce pays serait réduit au statut de survivance, et que les vicissitudes inhérentes au mariage entre la requérante et son maître prévalent sur sa condition servile, la Cour oppose une affirmation forte en déclarant que l'esclavage peut exister sans qu'il y ait torture. Même bien nourri, bien vêtu et confortablement logé, un esclave reste un esclave, s'il est illégalement privé de sa liberté par la force ou la contrainte. On pourrait éliminer toute forme de mauvais traitements, oublier la faim, les coups et autres actes de cruauté, le fait reconnu de l'esclavage c'est-à-dire du travail obligatoire sans contrepartie demeurerait. Il n'y a pas d'esclavage bienveillant. Même tempérée par un traitement humain, la servitude involontaire reste de l'esclavage et la question de savoir la nature du lien entre l'accusé et la victime est essentielle[146].

Tel que le démontre Michèle CAVALLO[147], la Cour de Justice de la CEDEAO, par cette référence, adopte une conception plus large de l'esclavage que ne l'ont fait d'autres juridictions internationales.

Après avoir constaté l'existence des éléments matériels et intentionnels de l'infraction, qui trouve par ailleurs une assise textuelle en droit interne, la Cour de justice de la CEDEAO rappelle que *« la mise hors la loi de l'esclavage est une obligation erga omnes qui s'impose à tous les organes de l'État »* (CIJ, 5 février 1970, Affaire Barcelona Traction)[148].

Par ailleurs, la Cour relève l'inertie du juge nigérien qui, en tant que meilleur garant des droits humains à l'échelle nationale, aurait dû soulever d'office cette situation quand la requérante l'a saisi. La Cour de justice de la CEDEAO estime dès lors que la non-dénonciation constitue une forme d'acceptation, sinon de tolérance de ce crime ou un délit que le juge national avait l'obligation de poursuivre pénalement. En dépit du caractère prétendument coutumier ou individuel de la situation servile de la requérante, celle-ci lui ouvrait droit à une protection par les autorités administratives ou judiciaires de la République du Niger. Dès lors, le juge nigérien n'a pas

---

[146] La Cour cite le jugement du 3 novembre 1947, in *« Trials of Major War Criminals before the Nuremberg Military Tribunals under control council law N°10, vol. 5, 197, p. 958, cité par le Tribunal pénal pour l'ex-Yougoslavie, dans l'*Affaire Etats-Unis C/ Oswald Pohl et Consorts *»*.

[147] CAVALLO (M.), *« Formes contemporaines d'esclavage...* », op. cit.

[148] Cf. développements dans la section précédente où nous avons fait une analyse exhaustive de cette décision de la CIJ qui consacre les droits intangibles comme obligations *erga omnes*.

assumé sa mission de protection des droits de la requérante et a, de ce fait, engagé la responsabilité de l'État devant la Cour de justice de la CEDEAO.

D'après l'Organisation non gouvernementale *« Antislavery International »* et l'association nigérienne *« Timidria »* qui lutte contre les pratiques esclavagistes dans le pays, on estime à près de 800 000 en 2005, le nombre de personnes victimes d'esclavage au Niger.

Quelles que soient les diverses causes socioculturelles ou socio-économiques qui pourraient valablement expliquer l'ampleur d'un tel phénomène au Niger, nous restons persuadée et convaincue que les réserves apportées par cet État à la charte africaine en sont également un facteur, ce que la Cour de justice de la CEDEAO a omis de relever dans son arrêt et cette omission en limite la pertinence et l'intérêt, car la Cour aurait dû critiquer les réserves nigériennes à la Charte africaine, dans ses dispositions relatives à l'interdiction de l'esclavage. En effet, non seulement ces réserves ont atténué la portée de l'article 5 de la charte africaine, mais en plus, elles légitiment l'attitude de l'État d'une part (qui a vainement tenté de justifier devant la Cour la particularité de la pratique de l'esclavage au Niger), et du juge nigérien d'autre part.

L'attitude laxiste du juge nigérien qui n'a pas condamné la pratique de l'esclavage remet en exergue les questions liées à la pénible invocabilité des droits de l'homme devant le juge national, car la faible application par les juges internes des instruments juridiques y relatifs dans de nombreux pays africains[149] est encore plus complexe lorsque ces conventions universelles et régionales ont été ratifiées avec des réserves, par les États chargés de les appliquer. En effet, le juge fait face à un réel obstacle juridique lorsque le justiciable invoque le respect d'un droit consacré par des dispositions universelles ou régionales, mais auxquelles l'État a formulé une ou plusieurs réserves au moment de la ratification.

La compétence de la Cour de justice de la CEDEAO en matière de droits de l'homme est déjà une véritable aubaine pour les justiciables, car la conséquence directe de cette jurisprudence est la création d'une obligation positive pesant sur les États membres de protéger leurs ressortissants contre l'esclavage, comparable à celle reconnue dans l'Affaire SILIADIN en 2005 par la Cour européenne des droits de l'homme sur le fondement de l'article 4

---

[149] EYIKE (V.), « *Le Droit international devant le juge camerounais : regards d'un Magistrat* », pp.100-106, In *Le droit international devant le juge camerounais : Bilan et perspectives* (Actes de la journée d'études du 18 juin 2004 à l'École Nationale d'Administration et de Magistrature (ENAM), Juridis périodique (Édition spéciale), Revue de Droit et de Science politique, Numéro 63, juillet-août-septembre 2005, 113 pages.

de la convention européenne des droits de l'homme sur l'interdiction de l'esclavage et du travail forcé[150].

---

[150] Le 26 juillet 2005, La France a été condamnée par la Cour européenne des droits de l'homme (CEDH) pour son non-respect de l'article 4 de la Convention européenne des droits de qui interdit l'esclavage et le travail forcé. Selon les faits, une plainte avait été déposée par Siwa-Akofa Siliadin, ressortissante togolaise de 26 ans, qui était arrivée en France illégalement avec l'aide d'une Française d'origine togolaise, Mme D. Arrivée en janvier 1994, alors âgée de 15 ans et demi, Mme D s'était engagée à régulariser la situation de Siwa-Akofa Siliadin et à la scolariser. Pour payer son billet d'avion, Mme D. l'avait prêté en octobre 1994 à un couple de Français, les époux B., pour qu'elle travaille pour eux. Son passeport lui fut retiré ; elle se retrouva obligée de travailler pour eux sans rémunération. Elle devait aider les époux B. aux différentes tâches ménagères et de leurs enfants, le temps que Mme B. arrive au terme de sa grossesse. Cependant, après l'accouchement, les époux B. décidèrent de la garder. Elle devait travailler de 7 h 30 à 22 h 30, tous les jours de la semaine. Elle n'avait le droit de sortir que certains dimanches pour aller à la messe. Elle dormait dans la chambre des enfants sur un matelas à même le sol et portait des vêtements usagés. Elle ne recevait aucune rémunération mis à part un ou deux billets de 500 francs (soit 76,22 euros). Sur l'affaire en France, en juillet 1998, Siwa-Akofa Siliadin se confia à une voisine, qui alerta le Comité contre l'esclavage moderne. Ce dernier porta plainte et les époux B. furent poursuivis au pénal pour « *obtention abusive d'une personne vulnérable ou dépendante* et *services non rétribués ou insuffisamment rétribués* », ainsi que pour « *soumission de cette personne à des conditions de travail ou d'hébergement incompatibles avec la dignité humaine* ». Ils ont été condamnés en première instance à 12 mois d'emprisonnement dont sept avec sursis, mais furent relaxés en appel le 19 octobre 2000. Suite à un renvoi en Cour de cassation, la Cour d'appel de Versailles estima le 15 mai 2003 que les époux B. étaient coupables d'avoir fait travailler Siwa-Akofa Siliadin, personne dépendante et vulnérable, sans rémunération, mais ses conditions de travail et d'hébergement n'étaient pas incompatibles avec la dignité humaine. Les époux B. ne furent alors condamnés qu'à des dommages et intérêts d'un montant de 15 245 euros. De son côté, le Conseil de prud'hommes lui accorda en octobre 2003 un rappel de salaires de 31 238 euros. Sur l'affaire à la Cour européenne des droits de l'homme, cette juridiction a pris acte de la requête de Siwa-Akofa Siliadin le 17 avril 2001 et l'a déclarée partiellement recevable le 1er février 2005. Une audience publique a eu lieu au Palais des droits de l'homme, à Strasbourg, le 3 mai 2005. Après délibération, les sept juges ont déclaré que Siwa-Akofa Siliadin avait bien été soumise à un travail forcé, mais la qualification d'esclavage au sens classique du terme n'a pas été retenue, car elle n'avait été pas réduite à l'état d'objet. Cependant, la servitude a été retenue, car elle n'avait aucune liberté de mouvement et aucun temps libre. Et sa non-scolarisation l'empêchait de se libérer de cet état. En se basant sur cela, la Cour a retenu que Siwa-Akofa Siliadin était une victime de l'esclavage domestique. Sur le non-respect par la France de l'article 4, la Cour a conclu que la France, à l'époque, ne condamnait pas expressément l'esclavage domestique et était donc en infraction par rapport à l'article 4 de la Convention européenne des droits de l'homme. Cette non-reconnaissance a permis aux époux B. d'être relaxés au pénal et de n'être poursuivis qu'au civil. Sources : Cour européenne des droits de l'homme, « Communiqué du Greffier - Arrêt de la Chambre dans l'affaire Siliadin contre la France ». *Cour européenne des droits de l'homme*, 26 juillet 2005 et Lemonde.fr et AFP, « Esclavage domestique : la France condamnée par la Cour européenne des droits de l'homme ». *Lemonde.fr*, 26 juillet 2005. L'article 4 (de la Convention européenne des droits de l'homme) interdisant l'esclavage et le travail forcé dispose que : 1) nul ne peut être tenu en esclavage ni en servitude ; 2) nul ne peut être astreint à accomplir un travail forcé ou obligatoire ; 3) n'est pas considéré comme « travail forcé ou obligatoire » au sens du présent article : a) tout travail requis normalement d'une personne soumise à la détention dans les conditions prévues par l'article 5 de la présente Convention, ou durant sa mise en liberté

Toutefois, la Cour de Justice de la CEDEAO aurait été encore plus percutante et virulente si elle avait également condamné les dispositions du droit interne nigérien qui définissaient la liste de leurs réserves à la charte africaine. La Cour aurait ainsi permis aux États africains qui pratiquent toujours l'esclavage[151] de comprendre que l'impraticabilité de l'interdiction de l'esclavage découle également de la non-justiciabilité dudit droit devant le juge interne, et ce notamment, du fait des réserves qui y ont été formulées.

Dans certains États africains, à l'instar du Cameroun, du Gabon du Congo, de la République démocratique du Congo qui ont ratifié la charte africaine sans aucune réserve, l'article 5 n'a pas encore fait cas de jurisprudence. Aussi notons-nous une présomption d'application de la charte africaine de bonne foi, en ce qui concerne l'interdiction de l'esclavage, et pour le cas particulier du Cameroun, le rapport 2008 du MINJUSTICE[152] et même ses autres rapports sur les droits de l'homme au Cameroun n'ont pas fait cas de la violation de cet article jusqu'à la période 2015 qui est le cadre temporel de notre étude.

Nous pouvons donc finalement en tirer quelques enseignements. L'intérêt majeur de ce premier chapitre qui se veut être le détonateur ou le fait générateur de notre thèse réside en ceci qu'il nous permet de constater que la pratique des réserves aux droits intangibles consacrés ou figurant dans les traités universels et régionaux des droits de l'homme est source de deux maux cumulativement : la limitation de la portée des dispositions conventionnelles

---

conditionnelle ; b) tout service de caractère militaire ou, dans le cas d'objecteurs de conscience dans les pays où l'objection de conscience est reconnue comme légitime, à un autre service à la place du service militaire obligatoire ; c) tout service requis dans le cas de crises ou de calamités qui menacent la vie ou le bien-être de la communauté ; d) tout travail ou service formant partie des obligations civiques normales.

[151] Le cas de la Mauritanie, qui était au départ, pays membres de la CEDEAO et a par la suite décidé de se retirer du traité en 1999-2000, est un des plus barbares en matière de pratique de l'esclavage. Nous aurions souhaité que cette jurisprudence s'appliquât à ce pays, ce d'autant plus qu'il a également formulé de nombreuses réserves y relatives à la charte africaine. Bien entendu, nous ne saurions nier qu'un État comme la République du Bénin, a non seulement ratifié la charte africaine sans aucune réserve, mais aussi, l'a entièrement insérée dans sa constitution en annexe (de telle sorte que même si la charte africaine venait à être supprimée à l'échelle régionale, les droits consacrés continueraient à s'appliquer à l'État et aux citoyens béninois) ; toutefois, cette valeur « très constitutionnelle » que le Bénin confère à la charte africaine ne l'empêche pas d'être l'un des pays africains de la sous-région où la pratique des enfants *« vendus »* ou *« loués »* comme esclaves employés ou domestiques de maisons (appelés « vidomédong » en langue fong), continue de sévir durement en ville comme dans les campagnes en dépit des efforts de cet État, de la CEEAC, de la CEMAC et des ONGs nationales et internationales pour y remédier. C'est malheureusement un truisme que nous ne pouvions manquer de rappeler dans le cadre de cette thèse. Ce constat n'a cependant pas d'incidence fondamentale dans notre démonstration.

[152] Lire MINJUSTICE, Rapport sur les droits de l'homme Rapport du ministère de la Justice sur l'État des droits de l'homme au Cameroun en 2008, Yaoundé, Octobre 2009, 327 pages (Version française).

chargées de protéger les droits dits indérogeables ; la légitimation de toutes sortes d'abus à certains voire à l'ensemble de ces droits.

Ce constat n'est pas uniquement vérifiable pour ce qui est des droits intangibles, car la pratique des réserves aux traités consacrant des droits économiques, sociaux et culturels pose des problèmes similaires, bien qu'il s'agisse de droits dérogeables.

CHAPITRE II :

LES RÉSERVES ET LES ATTEINTES AUX DROITS ÉCONOMIQUES, SOCIAUX ET CULTURELS

Le chapitre précédent nous a permis d'analyser les problèmes posés par les réserves aux traités universels et régionaux consacrant des droits civils et politiques ou droits de la première génération, en nous attardant exclusivement sur le cas des droits intangibles.

Dans le présent chapitre, il sera question de démontrer que la pratique des réserves au Pacte international relatif aux Droits économiques, sociaux et culturels (PIDESC), traité universel consacrant les droits de la deuxième génération, présente tout aussi des conséquences juridiques négatives d'une part, sur la portée des dispositions conventionnelles qui consacrent lesdits droits, et d'autre part sur l'effectivité des droits garantis.

Toutefois, il est indispensable de relever, au préalable, que les droits économiques, sociaux et culturels ont un caractère particulier que le régime juridique des réserves (Section 1) a contribué à complexifier (Section 2).

Section 1 : La particularité des droits économiques, sociaux et culturels objet de réserves

Tel que nous le démontrerons, le fait qu'il s'agisse de droits à caractère programmatoire et en réalité difficilement justiciables ou non (paragraphe 1) n'a pas empêché de nombreux États d'émettre des réserves au PIDESC (paragraphe 2).

Paragraphe 1 : Des droits programmatoires et non ou difficilement justiciables tant devant les juridictions internes qu'internationales

Les droits de la deuxième génération encore appelés droits économiques, sociaux et culturels (DESC) comprennent notamment le droit au travail, le droit à des conditions de travail équitables (article 7 du PIDESC), la liberté syndicale (article 8), le droit à la santé (article 12), le droit à la sécurité sociale (articles 7 et 8), le droit au logement (article 11), le droit à l'enseignement (article 13), le droit à la culture (article 15).

Classés parmi les droits créances (A), ces droits voient leur réalisation subordonnée à l'organisation des services publics par l'État, aussi est-il, *a priori*, assez difficile d'en garantir l'effectivité dans les pays sous-développés (B).

A. Les DESC : des droits -créances

Ils permettent en effet à l'individu de réclamer des prestations à l'État qui doit intervenir en mettant en place les institutions nécessaires à leur satisfaction[153] (1), ce qui est plus évident dans les pays développés (2).

1. Des droits nécessitant une intervention effective de l'État pour leur pleine réalisation

Comme le souligne le Professeur Jean RIVERO, les droits de créances... ne peuvent recevoir satisfaction qu'après la mise en place d'un appareil destiné à répondre aux exigences des particuliers. Le service public est donc pour la satisfaction de tels pouvoirs, le procédé le plus normal. Tant que le service n'a pas été créé, tant que l'État n'a pas réuni les moyens nécessaires pour s'acquitter de son obligation, le droit du créancier ne peut s'exercer[154]. C'est dans ces conditions que le Professeur Koffi AHADZI affirme d'ailleurs avec le Professeur Yves MADIOT[155] que l'interventionnisme de l'État aujourd'hui tant contesté au nom d'une vision paradisiaque des vertus du secteur privé ne fut ni subi ni le fruit d'un quelconque complot tendant à l'étouffement des libertés. Il fut voulu, appelé, exigé comme étant la seule possibilité de réalisation des droits économiques, sociaux et culturels. Plus que des droits au profit des individus, ils se présentent comme des devoirs incombant à l'État.

Ainsi présentés, ces droits sont apparemment très incompatibles avec les réalités du sous-développement puisque leur réalisation *« suppose en fait un certain niveau de développement »*, car *« beaucoup plus que la mise en œuvre des libertés, elle est étroitement dépendante des ressources dont l'État peut disposer »*[156].

2. Des droits plus concrets dans les pays développés

Les droits de la deuxième génération rentrent directement dans les objectifs de développement économique, social et culturel des États et plus particulièrement des pays du tiers-monde et surtout des pays africains. En œuvrant à la satisfaction de tels droits, l'État concourt au développement du niveau de vie de la population et par là au développement national puisque

---

[153] AHADZI (K.), *Droits de la personne et développement en Afrique, Séminaire, Chaire UNESCO des droits de la personne et de la démocratie*, Faculté des sciences juridiques, économiques et politiques, Université Nationale du Bénin, décembre 2004, 80 p.

[154] RIVERO (J.), *Les libertés publiques*, Tome I, op cit, p.122.

[155] MADIOT (Y.), *Droits de l'homme*, Paris, Masson, 1991, p. 76

[156] Voir RIVERO (J.), op cit, p. 122.

celui-ci doit se manifester, entre autres, par une amélioration des conditions de vie humaine.

Par conséquent et tel que le démontre le Professeur René DEGNI SEGUI[157], les DESC sont connus comme de *« véritables droits programmatoires non exigibles devant une instance juridictionnelle »,* comme c'est le cas pour les droits intangibles vus dans le précédent chapitre (et civils et politiques d'une manière générale). En effet, les droits économiques, sociaux et culturels sont définis comme des droits nécessitant un effort financier de l'État. C'est pour cette raison qu'ils ne peuvent être réalisés que progressivement, partiellement et sélectivement. Conformément à l'adage *« nul n'est tenu à l'impossible »,* un État ne peut être tenu à garantir plus qu'il n'est en mesure de réaliser[158].

C'est d'ailleurs en d'autres termes, ce qu'affirme la DUDH en son article 22 : « toute personne, en tant que membre de la société, a droit à la sécurité sociale. Elle est fondée à obtenir la satisfaction des droits économiques, sociaux et culturels indispensables à sa dignité et au libre développement de sa personnalité, grâce à l'effort national et à la coopération internationale, compte tenu de l'organisation et des ressources de chaque pays[159]. Dans le même sens, le PIDESC se montre encore plus explicite sur ce point en disposant en son article 2 (1) que : chacun des États parties... s'engage à agir tant par son effort propre que par l'assistance et la coopération internationales, notamment sur les plans économique et technique, au maximum de ses ressources disponibles[160], en vue d'assurer progressivement[161] le plein exercice des droits reconnus dans le présent pacte.

Les dispositions de la Charte sociale européenne signée à Turin le 18 octobre 1961 et entrée en vigueur en 1965 méritent également d'être évoquées ici pour montrer le caractère relatif des DESC. Les États signataires de cette charte contractent deux obligations différentes. Tout d'abord, ils s'engagent à tout mettre en œuvre pour assurer la réalisation des droits et principes énoncés dans la Partie I et qui sont considérés comme des objectifs à atteindre. Ensuite, chaque partie contractante détermine les articles et paragraphes qui doivent le lier, mais leur nombre total ne peut être inférieur à dix articles sur dix-neuf au total ou à quarante-cinq paragraphes sur un maximum de soixante-douze. Les États sont cependant obligés de choisir au moins cinq articles sur sept présentés comme noyau de droits prioritaires (il

---

157 DEGNI-SEGUI(R), *« les droits de l'homme en Afrique noire francophone : théorie et réalités »*, Abidjan, 1998, op cit, P.167.

158 Lire BOSSUYT (M.), *« La distinction juridique entre les droits civils et politiques et les droits économiques, sociaux et culturels »*, *Revue des droits de l'homme*, Volume VIII, n° 4, 1975, p. 806.

159 C'est nous qui soulignons.

160 C'est nous qui soulignons.

161 C'est nous qui soulignons.

s'agit du droit au travail, du droit syndical, du droit de négociation collective, du droit à la sécurité sociale, du droit à l'assistance sociale et médicale, du droit de la protection sociale, juridique et économique de la famille, du droit des travailleurs migrants et de leurs familles à la protection et à l'assistance). Ce mécanisme sophistiqué reposant sur des engagements *« à géométrie variable »* ne vise, ni plus ni moins, qu'à prendre en compte les différents niveaux de développement des États européens et leur capacité réelle à satisfaire les droits économiques et sociaux de leurs citoyens[162].

C'est ce caractère conditionné des droits de la deuxième génération qui fait dire au Professeur Jean RIVERO que ceux-ci sont des *« droits virtuels »* et *« relatifs »*. En effet, tant que l'État, faute de moyens, n'a pas créé les services publics nécessaires à leur satisfaction, ils ne peuvent être exercés par leur créancier. Or, celui-ci ne *« va pas, ne peut aller pratiquement, jusqu'à contraindre l'État à créer le service nécessaire : c'est à l'encontre de celui-ci, une fois la création effective, que le droit va s'exercer. Jusque-là, il demeure virtuel, à la différence des libertés dont la jouissance est immédiate »*[163]. Ce caractère virtuel, relatif, programmatoire et non justiciable des droits de la seconde génération entraîne que l'État en ce qui concerne les DESC est soumis à une obligation de moyens (alors qu'en ce qui concerne les droits civils et politiques en général et les droits intangibles en particulier, il se voit imposer une obligation de résultat). La particularité des DESC est très souvent invoquée par les États du Sud pour justifier les manquements à leurs obligations conventionnelles telles qu'elles découlent du PIDESC.

B. Les DESC : des droits de créances difficilement réalisables dans un contexte de sous-développement

Selon Keba M'BAYE[164], le non-respect des droits de l'homme est une caractéristique du sous-développement, car les moments déterminants du sous-développement (1) affectent obligatoirement les droits de l'homme (2).

1. Les moments déterminants du sous-développement pouvant affecter les droits de l'homme

Il s'agit notamment, d'après Keba M'BAYE, de l'absence de ressources financières, de l'insuffisance des connaissances scientifiques et technologiques, de la modicité de la recherche, de la priorité accordée aux *« besoins humains fondamentaux »*, de l'instabilité politique, de l'absence de

---

162 Sur tous ces points, voir BOSSUYT (M.), *« La distinction juridique entre les droits civils et politiques et les droits économiques, sociaux et culturels »*, *Revue des droits de l'homme*, op cit, p.787.

163 Voir RIVERO (J.), op cit, p.122

164 M'BAYE (K.), *« Droits de l'homme et pays en développement »*, op cit, pp.215-217, In *Humanité et Droit international,* Mélanges René Jean DUPUY.

sécurité extérieure, de l'autoritarisme des régimes politiques, de l'absence d'instructions publiques et privées s'occupant des droits de l'homme, du niveau de scolarisation très bas, de l'insuffisance d'éducation des citoyens, de la pesanteur de certaines traditions et coutumes, etc. Dans un tel contexte, les droits de l'homme peuvent difficilement prospérer. En outre, le débat sur la justiciabilité des DESC s'inscrit dans la même logique, car en ce qui concerne particulièrement l'Afrique, certains éléments attestent effectivement du malaise socio-économique dont souffre le continent. À titre illustratif, l'Afrique comprend les trois quarts des pays les moins avancés (PMA). De plus, environ la moitié de la main-d'œuvre africaine est soit non employée, soit sous employée. Par ailleurs, la perte annuelle des ressources extérieures dues à la détérioration des termes de l'échange équivaut au total des recettes en aide des pays africains en développement[165]. Beaucoup de dirigeants des pays en développement, partant du fait que leur politique doit essentiellement être tournée vers les pratiques susceptibles de faire progresser la qualité de vie des populations, mettent en veilleuse le respect des droits de l'homme et à cet égard, l'Afrique offre un exemple éloquent, car le sous-développement y est devenu, selon l'expression de KEBA M'BAYE[166], une *« excuse absolutoire du non-respect des droits de l'homme »*. Celle-ci peut se manifester, entre autres, par la pratique des réserves.

2. Le sous-développement : une cause légitime des réserves limitant les droits consacrés dans le PIDESC ?

À cette interrogation, nous répondons par la négative, car en dépit de ce réel handicap économico-financier, les États africains et du tiers-monde notamment, ne doivent pas continuer à multiplier les formules leur permettant de geler les droits de l'homme, y compris les DESC. En effet, si l'état de pauvreté dont souffrent la plupart des États est indéniable, la majorité des dirigeants fait preuve de manque de volonté politique pour rendre effective la portée de certains DESC. Cette attitude est observable à l'analyse des nombreuses réserves qui ont été formulées au PIDESC, tant par les pays du Nord que par ceux du Sud. Certaines de ces réserves ont d'ailleurs ceci de surprenant que les États mettent en exergue leur faible niveau de développement pour justifier toutes violations futures du PIDESC alors que comme le rappelle nettement le paragraphe 10 de la Déclaration de Vienne de 1993, *« l'insuffisance du développement ne peut être invoquée pour justifier une limitation des droits de l'homme internationalement reconnus »*[167].

---

[165]DIENG (A), *« le droit de vivre dans le contexte africain », In Association de consultants internationaux en droits de l'homme, essais sur le concept de « droit de vivre »*, Bruxelles, Bruylant, 1998, pp. 180-192.

[166] M'BAYE (K), op cit.

[167] COHEN-JONATHAN 2 (G), « *Les droits de l'homme, une valeur internationalisée* », In Revue droits fondamentaux, n° 1, juillet-décembre 2001 (www.revue-df.org).

L'étendue des réserves au PIDESC mérite d'être présentée pour mieux cerner notre réflexion.

Paragraphe 2 : Le contenu juridique des réserves au PIDESC

Nous distinguerons entre les réserves formulées par les pays africains (A) et les autres États (B).

A. Les réserves des États africains

Il s'agit des réserves formulées par le Congo-Brazzaville (1), Madagascar et le Rwanda (2) au sujet de l'article 13 du PIDCP relatif à la liberté de l'enseignement.

1. Les réserves du Congo-Brazzaville

À la suite de l'adhésion de la République du Congo au PIDESC le 5 octobre 1983, le Gouvernement congolais a formulé certaines réserves aux dispositions dudit traité à savoir[168] :

« Le Gouvernement de la République populaire du Congo déclare qu'il ne se sent pas lié par les dispositions des paragraphes 3 et 4 de l'article 13 (...) ».

Par ailleurs, *« Les paragraphes 3 et 4 de l'article 13 du PIDESC consacrent le principe de la liberté de l'enseignement en laissant les parents libres de choisir pour leurs enfants des établissements autres que ceux des pouvoirs publics et autorisent des particuliers à créer et à diriger les établissements d'enseignement ».*

En outre, cet État ajoute que : *« de telles dispositions violent dans notre pays le principe de la nationalisation de l'enseignement et le monopole donné à l'État dans ce domaine ».*

Les réserves de Madagascar et du Rwanda visent sensiblement le même objet, c'est-à-dire la question du droit à l'enseignement.

2. Les réserves de Madagascar et du Rwanda

La République malgache a émis sa réserve en ces termes :

Le Gouvernement malgache déclare qu'il se réserve le droit de différer l'application du paragraphe 2 de l'article 13 du Pacte, notamment en ce qui

[168] Toutefois, il est important de relever que le 21 mars 2001, le Gouvernement congolais a informé le Secrétaire général des Nations Unies qu'il retirait les réserves faites lors de l'adhésion au PIDESC. Dans le cadre de l'analyse des problèmes juridiques posés par les réserves congolaises au PIDESC, nous situerons la réflexion à la période allant du 5 octobre 1983 au 21 mars 2001.

concerne l'enseignement primaire, car si le Gouvernement malgache accepte pleinement les principes édictés par ledit paragraphe 2 de l'article 13, et s'engage à faire le nécessaire pour en assurer l'application intégrale à une date aussi rapprochée que possible, les difficultés de mise en œuvre et notamment les incidences financières sont telles que l'application intégrale desdits principes ne peut être présentement garantie.

Quant au Rwanda, cet État a déclaré : *« la République rwandaise ne (s'engage) toutefois, en ce qui concerne l'enseignement, qu'aux stipulations de sa constitution ».*

Le contenu juridique des réserves formulées par les autres États est plus varié que les précédentes.

B. Les réserves formulées par d'autres États

Il s'agit notamment des réserves[169] de la France (1) et du Gouvernement de la Principauté de Monaco (2).

1. Les réserves faites par la France

« 1) Le Gouvernement de la République considère que, conformément à l'article 103 de la charte des Nations Unies, en cas de conflit entre ses obligations en vertu du Pacte et ses obligations en vertu de la Charte (notamment des articles 1er et 2 de celle-ci), ses obligations en vertu de la Charte prévaudront ».

En outre : *« 2) Le Gouvernement de la République déclare que les articles 6, 9,11 et 13 ne doivent pas être interprétés comme faisant obstacle à des dispositions réglementant l'accès des étrangers au travail ou fixant des conditions de résidence pour l'attribution de certaines prestations sociales ».*

Enfin *« 3) le Gouvernement de la République déclare qu'il appliquera les dispositions de l'article 8 qui se rapportent à l'exercice du droit de grève conformément à l'article 6, paragraphe 4 de la charte sociale européenne selon l'interprétation qui en est donnée à l'annexe de cette charte. »*

Les réserves émises par le gouvernement princier de Monaco vont quasiment dans le même sens, c'est-à-dire qu'elles ont trait à la condition des travailleurs migrants en particulier, aux droits syndicaux et de grève.

---

[169] Certaines formulations sont des déclarations, d'autres des réserves. Sur le sens à donner à certaines déclarations Interprétatives en général, lire notre 2e partie qui analyse les conséquences juridiques des déclarations étatiques au Statut de la CPI et qui sont en réalité de véritables réserves.

2. Les réserves de Monaco

Le Gouvernement princier déclare interpréter la non-discrimination fondée sur l'origine nationale dont le principe est posé par l'article 2, paragraphe 2, comme n'impliquant pas nécessairement l'obligation pour les États de garantir d'office aux étrangers les mêmes droits qu'à leurs nationaux.

Le Gouvernement princier déclare que les articles 6, 9,11 et 13 ne doivent pas être interprétés comme faisant obstacle à des dispositions réglementant l'accès des étrangers au travail ou fixant des conditions de résidence pour l'attribution de certaines prestations sociales.

Le Gouvernement princier déclare considérer l'article 8, paragraphe 1, dans ses alinéas a), b), c) relatifs à l'exercice des droits syndicaux comme étant compatible avec les dispositions appropriées de la loi concernant les formalités, conditions et procédures qui ont pour objet d'assurer une représentation syndicale efficace et de favoriser des relations professionnelles harmonieuses.

Le Gouvernement princier déclare qu'il appliquera les dispositions de l'article 8 qui se rapportent à l'exercice du droit de grève en tenant compte des formalités, conditions, limitations et restrictions prévues par la loi et qui sont nécessaires dans une société démocratique pour garantir le respect des droits et des libertés d'autrui ou pour protéger l'ordre public, la sécurité nationale, la santé publique ou les bonnes mœurs. Ces différentes réserves présentent globalement le même effet pervers : elles limitent considérablement la portée de certaines dispositions conventionnelles du PIDESC et constituent parfois au même moment une cause de violation des libertés individuelles.

Section II : Les réserves et la portée limitée des dispositions conventionnelles du PIDESC aux niveaux substantiels et matériels

L'analyse des réserves faites au PIDESC conduit à considérer que le PIDESC a, en réalité, au sein de certains États, une valeur infraconstitutionnelle et surtout infra légale. En accordant à un traité international un caractère inférieur à la loi, cela peut porter atteinte à la protection des droits qui y sont consacrés (Paragraphe 1). Par contre, dans certains États où de telles réserves n'ont pas été formulées au PIDESC, on observe une applicabilité de bonne foi de certaines de ses dispositions (Paragraphe 2).

Paragraphe 1 : La pratique des réserves aux traités et la valeur juridique infraconstitutionnelle et infralégale du PIDESC au sein de certains États

Le contenu juridique des réserves formulées par les États nous amène à considérer que le droit à l'enseignement, comme consacré par l'article 13 du PIDESC a un caractère inférieur aux dispositions constitutionnelles congolaises et rwandaises tandis que la condition des étrangers, plus spécifiquement le droit des travailleurs migrants en France et à Monaco, tels que consacrés dans le Pacte, ont une valeur inférieure à la loi, ceci pose de sérieux problèmes juridiques, au regard de la relative importance accordée aux droits de l'homme dans l'ordonnancement juridique interne de certains États (A), ce qui ne devrait pas être le cas (B).

A. La portée limitée de certaines dispositions du PIDESC dans l'ordonnancement juridique interne des États réservataires

On constate, en effet, à l'analyse, le gel du PIDESC par le droit interne (1) qui semble contraire au principe de la primauté du droit international sur les normes internes (2).

1. Le gel du PIDESC par le droit interne

L'article 13 du PIDESC réglemente le droit à l'éducation sous toutes ses formes : éducation de base, enseignement primaire, secondaire, supérieur, et encourage également les États à favoriser progressivement la gratuité de l'enseignement pour tous et la liberté parentale dans le choix des établissements. La République du Congo estime que les alinéas 3 et 4 de cet article, relatifs à la liberté des parents dans le choix d'un établissement pour leurs enfants et à la liberté individuelle de créer les établissements privés violent l'ordonnancement juridique interne, car le Congo a consacré le principe de la nationalisation de l'enseignement ainsi que le monopole de l'État dans ce domaine.

Le gouvernement rwandais quant à lui estime que l'article 13 du PIDESC ne sera appliqué que pour autant que ces dispositions soient conformes à sa constitution[170]. Dans chacun de ces cas, le PIDESC, un traité international, semble gelé dans son exécution, par les constitutions[171], normes internes.

Les articles 6, 9, 11 et 13 du PIDESC consacrent respectivement le droit au travail, le droit à la sécurité sociale, le droit à un niveau de vie suffisant, et le droit à l'enseignement pour tous. La République française et le gouvernement princier de Monaco ont émis des réserves à ce sujet en ce qui concerne l'application desdits droits aux étrangers au regard de la loi. Dans l'un et l'autre cas, le PIDESC, un traité international, semble diminué, limité, fragilisé, par une loi[172], norme interne.

Ce constat constitue le centre de notre présente réflexion au regard des règles relatives aux rapports de hiérarchie entre les normes conventionnelles et les normes internes[173], règles consacrant le sacrosaint principe de la primauté du droit international sur les normes internes.

2. La mise en péril du sacrosaint principe de la primauté du droit international sur les normes internes

En effet, la constitution apparaît avant tout comme un ensemble de règles qui régissent l'organisation et le fonctionnement de l'État, en définissent sa structure et en déterminant la nature de son régime politique. Toutefois, au-delà de cette dimension politico-institutionnelle, la constitution est aussi l'expression d'une philosophie juridique à travers la vision qu'elle dessine des rapports entre l'ordre juridique interne et l'ordre juridique international. Une telle vision est constamment matérialisée par la reconnaissance du principe de la primauté du droit international sur les normes internes, car la quasi-totalité des constitutions dans le monde affirme le principe de la supériorité des traités par rapport aux lois.

[170] L'article 40 de la nouvelle constitution du Rwanda du 4 juin 2003 adoptée suite au référendum du 26 mai 2003 tel que confirmé par la Cour Suprême qui consacre le droit à l'éducation dispose que : Toute personne a droit à l'éducation. La liberté d'apprentissage et de l'enseignement est garantie dans les conditions déterminées par la loi. L'enseignement primaire est obligatoire. Il est gratuit dans les établissements publics. Pour les établissements conventionnés, les conditions de gratuité de l'enseignement primaire sont déterminées par une loi organique. L'État a l'obligation de prendre des mesures spéciales pour faciliter l'enseignement des personnes handicapées. Une loi organique définit l'organisation de l'Éducation.

[171] C'est nous qui soulignons.

[172] C'est nous qui soulignons.

[173] MOUELLE KOMBI (N.), « *Les dispositions relatives aux conventions internationales dans les nouvelles constitutions des États d'Afrique francophones* », In Revue juridique et politique, 2003, n° 1, pp. 5-38.

À titre illustratif, l'examen des constitutions[174] béninoise du 11 décembre 1990, burkinabé du 11 juin 1991 révisée le 27 janvier 1997, camerounaise du 18 janvier 1996 révisée en avril 2008, congolaise du 15 mars 1992 suspendue et remplacée par l'acte fondamental de la transition du 24 octobre 1997, ivoirienne du 3 novembre 1960 révisée le 26 juin 1995, djiboutienne du 15 septembre 1992, gabonaise du 26 mars 1991 révisée le 22 avril 1997, guinéenne du 23 décembre 1990, malienne du 25 février 1992, Nigérienne du 12 mai 1996, centrafricaine du 28 décembre 1994, sénégalaise du 7 mars 1963 révisée le 2 mars 1998, tchadienne du 14 avril 1992, de la IVe République togolaise du 14 octobre 1992, permet de déceler l'influence marquante du modèle de la constitution française de la Ve République de 1958 à travers une convergence vers l'option moniste avec primauté du droit international sur les lois internes[175].

Il se pose bien évidemment la question de savoir si la référence aux lois englobe les lois ordinaires et constitutionnelles[176].

Le principe de la supériorité du droit international, y compris des traités à l'instar du PIDESC, par rapport au droit interne, est d'une grande portée, car les dispositions conventionnelles chargées de protéger les libertés individuelles bénéficient d'un statut supralégislatif. Les instruments conventionnels priment donc sur les lois, les actes réglementaires et les décisions judiciaires internes. Toutefois, nous aimerons soulever une nuance dans les lignes qui suivent : certaines dispositions du PIDESC ont toutefois une portée limitée en dépit de la supériorité des traités internationaux aux lois internes, y compris les lois constitutionnelles.

B. La portée limitée de certaines dispositions du PIDESC en dépit de la supériorité des traités internationaux aux lois internes, y compris les lois constitutionnelles

Notre analyse est tirée des controverses de certains auteurs (1) et des exigences de l'article 27 de la Convention de Vienne (2).

1. La position favorable de la doctrine sur la supériorité du traité international à toutes les lois internes ?

La pyramide kelsénienne[177] concerne les normes en vigueur dans l'ordonnancement juridique interne d'un État et ne fait aucune allusion aux

---

[174] DE GAUDUSSON (J.D.B.), *Les constitutions africaines publiées en langue française*, 2 Tomes, Paris, La Documentation française, 1997/1998.

[175] C'est nous qui soulignons.

[176] MOUELLE KOMBI (N.), « *Les dispositions relatives aux conventions internationales dans les nouvelles constitutions des États d'Afrique francophones* », op cit, p. 33.

[177] Lire KELSEN (H), Théorie pure du droit, Dalloz, Paris, 1962, 496 p.

traités internationaux ; elle place la constitution au sommet. Avec les développements du droit positif, les traités ont été intégrés dans l'ordonnancement juridique interne et viennent après la constitution, mais avant les lois. Nous sommes d'avis avec le Professeur Dominique CARREAU[178] pour lequel ce principe, intégralement reconnu dans l'ordre juridique international positif, signifie que *« tout le droit international positif, y compris les traités évidemment, l'emporte sur l'ensemble du droit interne, qu'il s'agisse des normes constitutionnelles, législatives, réglementaires, ou des décisions judiciaires »*.

Cela étant, l'attitude de la France, de la Principauté de Monaco, du Congo et du Rwanda qui consiste à soumettre certaines dispositions du PIDESC à leur constitution ou à leurs lois respectives, par la pratique des réserves, constitue une limite grave à la portée desdites dispositions consacrant la protection de nombreux droits économiques, sociaux et culturels.

Du fait des réserves étatiques, les droits à l'éducation et à l'enseignement pour les nationaux, les droits au travail, à la sécurité sociale, à un niveau de vie suffisant, à l'enseignement pour les étrangers, ont une valeur infralégislative, du fait des réserves, dans certains États à l'instar de la France, de Monaco, du Congo et du Rwanda ; tandis que dans les États qui n'y ont pas formulé ces réserves, les mêmes droits ont une valeur internationale, universelle.

Ceci constitue déjà un problème juridique au regard de la précarité du système normatif de garantie desdits droits et à l'analyse de l'article 27 de la Convention de Vienne de 1969 sur le droit des traités.

2. Les exigences de l'article 27 de la Convention de Vienne de 1969 sur le droit des traités comme incompatibles avec de telles réserves ?

L'article 27 de la Convention de Vienne de 1969 sur le droit des traités dispose en effet qu'un État ne saurait invoquer vis-à-vis d'un autre État sa propre constitution ou les dispositions de son droit interne pour se soustraire aux obligations que lui impose le droit international en vertu des traités en vigueur (sinon il engagerait sa responsabilité internationale). En l'espèce, à travers les réserves ci-dessus formulées, la France, le gouvernement de la Principauté de Monaco, le Congo et le Rwanda se sont soustraits à certaines obligations du PIDESC, ce qui est une cause sérieuse d'atténuation de la portée des dispositions conventionnelles d'un traité international qui n'y est plus considéré comme une norme universelle, mais infra légale.

---

[178] CARREAU (D), Droit international, Paris, Pedone, 1986, p. 42.

Or, dans les États qui n'ont pas formulé de réserves au PIDESC, les obligations qu'il consacre gardent leur valeur universelle et sont même insérées dans la constitution, ce qui en fait des normes constitutionnelles. D'ailleurs, en matière d'instruments relatifs aux droits de l'homme, la ratification des traités constitue à elle seule un ticket d'accession à la dignité constitutionnelle[179].

De ce fait, une fois ratifié par l'État, le traité relatif aux droits de l'homme n'est plus une norme conventionnelle, mais plutôt une norme constitutionnelle.

Or une telle réalité, un tel arsenal juridique peuvent être battus en brèche, comme en l'espèce, par des réserves. Lorsqu'un État décide de restreindre l'application d'un traité à son champ juridique interne, ledit traité n'a quasiment plus la même portée juridique que dans un État où de telles réserves n'ont pas été émises.

À titre illustratif, le Cameroun se réclame du monisme qui postule que dès qu'un traité ratifié ou auquel l'État a adhéré (succédé ou donné son approbation) est en vigueur, les règles qu'il pose sont intégrées dans l'ordre juridique national et le Cameroun n'a pas formulé de réserves au PIDESC en ce qui concerne notamment l'application du droit à l'éducation aux nationaux et aux étrangers[180], ceci en dépit de l'article 2 (3) du PIDESC qui autorise certaines atténuations des DESC en ce qui concerne les étrangers se trouvant sur le territoire d'un pays en voie de développement (PVD)[181]. Toutefois, nous

---

[179] OLINGA (A.D.), cité par MINKOA SHE (A), *Droits de l'homme et droit pénal au Cameroun*, Paris, Economica, 1999, pp. 32 et 33.

[180] Nous tenons à préciser que dans l'ordonnancement juridique interne camerounais, il n'existe pas de lois qui limitent la garantie du droit à l'éducation aux étrangers ; le contenu de la loi N° 97/012 du 10 janvier 1997 fixant les conditions d'entrée, de séjour et de sortie des étrangers au Cameroun confirme notre point de vue. Et en plus de la loi de 1997, le régime juridique des étrangers est déjà défini dans le décret N° 90/1246 du 24 août 1990 abrogeant toutes les dispositions antérieures contraires, notamment celles du décret N° 80/004 du 7 janvier 1980 et son modificatif N° 82/342 du 9/8/1982. La loi de 1997 a repris, mais de façon plus précise, l'essentiel des dispositions du décret de 1990. Il a été promulgué la loi N° 2022/015 du 14 juillet 2022 modifiant et complétant les dispositions de la loi N° 97/012 suscitée ; par ailleurs, le décret N° 2023/147 du 2 mars 2023 fixant les modalités d'application de la loi de 1997 révisée a été pris.

[181] Cet article dispose que *« les pays en voie de développement, compte dûment tenu des droits de l'homme et de leur économie nationale, peuvent déterminer dans quelle mesure ils garantiront les droits économiques reconnus dans le présent pacte à des non-ressortissants »*. Toutefois, il est nécessaire de souligner qu'en application de cette disposition, le Cameroun a émis certaines restrictions dans la pratique quant à l'accès des étrangers à l'emploi, notamment en ce qui concerne l'entrée des non-nationaux à la fonction publique camerounaise. C'est dans le même sens que l'article 39 (4) du Traité de Rome instituant la Communauté européenne autorise les États membres à mettre sur pied des réglementations appropriées réservant pour leurs nationaux les emplois dans l'administration publique. Les emplois concernés sont liés à l'exercice de la puissance publique et à l'attribution des responsabilités pour la sauvegarde des intérêts généraux de l'État. Voir P DOLLA, *Libre circulation des personnes et citoyenneté européenne : enjeux et perspectives*, Bruxelles, Bruylant, 1998, pp.43-47. Par ailleurs, en ce qui

précisons que l'expression consacrée depuis le sommet de Marrakech est celle de *« pays en développement »*. En attendant que cette reformulation soit effective dans le PIDESC, les auteurs utilisent l'une ou l'autre formule.

L'étude de la pratique du droit à l'éducation au Cameroun mérite d'être relevée en détail dans notre thèse, car il s'agit d'un PVD qui après avoir ratifié le PIDESC sans aucune réserve[182], n'a pas mis en péril la portée juridique de certaines de ses disposions, notamment, cet État a fait montre de sérieux efforts pour s'accorder avec l'article 13 du PIDESC qui régit le droit à l'éducation sous toutes ses formes.

Paragraphe 2 : La non-pratique des réserves aux traités et la présomption d'applicabilité de certaines dispositions du PIDESC : cas illustratif du droit à l'éducation au Cameroun

Tel que nous le démontrons dans le cadre de cette thèse, la pratique des réserves aux traités peut constituer à la fois une limitation de la portée des dispositions conventionnelles chargées de protéger les libertés individuelles et une cause de violations de droits proclamés. Il est par ailleurs important de constater que des efforts de garantie des mêmes droits peuvent être objectivement relevés dans des États qui n'ont formulé aucune réserve auxdits traités.

À titre illustratif, en ce qui concerne la garantie du droit à l'enseignement en général, au Congo et au Rwanda, les réserves formulées par ces États constituent un facteur pouvant être à l'origine des problèmes rencontrés dans leur système éducatif national.

---

concerne la réglementation au Cameroun de l'emploi dans le secteur privé ainsi que pour ce qui est du statut des travailleurs exerçant dans le secteur public, mais régis par le Code du travail, l'étude du cas des travailleurs migrants démontre que contrairement aux nationaux, les étrangers demandeurs d'emploi doivent remplir certaines conditions fixées par le décret de 1990 susvisé. À titre illustratif, les travailleurs nationaux bénéficient d'une priorité d'emploi, car les étrangers ne peuvent travailler qu'après visa de leur contrat par le ministre du Travail. L'article 27 de la loi n° 97/007 du 14/08/1992 portant code du travail du Cameroun reprend d'ailleurs cette disposition du décret. D'aucuns ont, à cet effet, parlé à tort ou à raison, de la « *camerounisation de l'emploi* » : à tort au regard de l'article 2 (3) du PIDESC susvisé qui permet aux PVD, compte tenu des droits de l'homme et de leur économie nationale, de restreindre la garantie de ces droits aux étrangers, et avec raison, eu égard aux règles des traités de l'Organisation internationale du Travail (OIT) ratifiées par le Cameroun sans réserve et qui protègent universellement le travailleur migrant en consacrant l'égalité de travail entre les nationaux et les étrangers sans aucune discrimination.

[182] Le Cameroun est partie au PIDESC le 27 juin 1984.

En nous situant dans la vaste sous-région de l'Afrique Centrale à laquelle le Congo et le Rwanda appartiennent[183], les efforts remarquables de certains États tels que le Cameroun, en matière du droit à l'éducation, méritent d'être entièrement soulignés dans le cadre de cette recherche,[184] car nous allons démontrer qu'en plus d'être un PVD, tout comme le Congo et le Rwanda, l'État camerounais, en ne formulant aucune réserve au PIDESC, s'est véritablement engagé, par cette attitude à garantir le droit à l'éducation dans le sens du traité universel.

L'article 13 du PIDESC consacre le droit à l'éducation de base, à l'enseignement primaire, secondaire et universitaire. Aussi, dans l'esprit du PIDESC, les quatre départements ministériels que sont : le ministère de l'Éducation de base (MINEDUB), le ministère des Enseignements secondaires (MINESEC), le ministère de l'Emploi et de la Formation professionnelle (MINEFOP) et le ministère de l'Enseignement supérieur (MINESUP) ont chacun, dans son domaine de compétence, contribué de manière significative à la garantie du droit à l'éducation en 2008 au Cameroun. Que ce soit dans le domaine de l'enseignement maternel (éducation de base), primaire, secondaire (A) ou supérieur (B), des avancées notables ont été constatées dans chaque ordre d'enseignement en conformité avec les dispositions appropriées de l'article 13 du PIDESC.

A. Dans le domaine de l'enseignement maternel, primaire et secondaire : efforts de conformité de la réglementation interne au PIDESC

Nous évaluerons successivement le droit à l'éducation aux niveaux maternel et primaire conformément aux prescriptions de l'article 13 (2) (a) (d) du PIDESC (1) avant d'aborder le cadre de l'enseignement secondaire et l'esprit de l'article 13 (2) (b) du même traité (2).

---

183 Nous nous situons dans le champ géographique de la Communauté économique des États de l'Afrique centrale (CEEAC) qui est une organisation sous-régionale créée en 1983 et regroupant les onze États suivants : l'Angola, le Burundi, le Cameroun, le Gabon, la Guinée Équatoriale, la République centrafricaine, la République Démocratique du Congo, la République du Congo, le Rwanda, São Tomé et Príncipe ainsi que le Tchad.

184 Rapport du ministère de la Justice sur l'État des droits de l'homme au Cameroun en 2008, op cit, *« le droit à l'éducation »*, pp.151-168. Il s'agit du 4e rapport du ministère de la Justice sur l'état des droits de l'homme au Cameroun. Il intervient après ceux de 2005, 2006 et 2007. Comme les précédents, il vise à faire connaître à la communauté nationale et internationale les mesures prises par le Gouvernement et d'autres parties prenantes en matière de promotion et de protection des droits de l'homme. Ce rapport est essentiellement basé sur les données de 2008 ; toutefois, lorsque cela s'est avéré nécessaire, des éléments contenus dans des rapports de 2005, 2006, 2007 et dans une certaine mesure à des données de 2009, par souci d'y faire figurer les informations les plus récentes au moment de sa publication, sont mentionnés.

1. La conformité entre l'article 13 (2) (a) (d) du PIDESC non réservé et l'exercice du droit à l'éducation de base et à l'enseignement primaire au Cameroun

L'article 13 (2) (a) (d) du PIDESC dispose que les États parties au présent pacte reconnaissent qu'en vue d'assurer le plein exercice du droit de toute personne à l'éducation : l'enseignement primaire doit être accessible gratuitement à tous ; l'éducation de base doit être encouragée ou intensifiée, dans toute la mesure possible, pour les personnes qui n'ont pas reçu d'instruction primaire ou qui ne l'ont pas reçue jusqu'à son terme. Sans que l'État émette aucune réserve à l'application de ce droit, les actions menées par le MINEDUB en 2008 dans ce domaine ont principalement porté sur l'élargissement de l'accès à l'école et le renforcement de la qualité de l'enseignement.

En ce qui concerne le premier point, l'accès à l'école s'est amélioré en 2008 grâce à une nette progression des ressources mobilisées, à l'augmentation de la couverture préscolaire et à l'accroissement du taux brut de scolarisation dans le domaine de l'enseignement primaire. En effet, en 2008, les ressources publiques pour le secteur de l'éducation de base en rapport avec les recettes générées par l'État ont été évaluées à 16,6%, réalisant une progression par rapport à l'exercice 2007. En même temps, les dépenses courantes enregistrées dans l'enseignement primaire en rapport avec le produit intérieur brut (PIB) de 0,98% en 2007 ont augmenté pour atteindre un taux de 1,14% en 2008. La couverture du préscolaire s'est nettement améliorée avec une augmentation du taux de préscolarisation qui est passé de 17,4% en 2007 à près de 21% en 2008. Le préscolaire communautaire, inexistant il y a quelques années, a encadré en 2008 un effectif de 5360 enfants.

Dans l'enseignement primaire, la population scolarisable franchie au cours de l'année 2008, la barre de 3 millions pour un taux brut de scolarisation de 104%. Le nombre d'enfants effectivement scolarisés au primaire est passé à 3 202 511. De telles initiatives, conformes aux dispositions du PIDESC, sont également plus faciles à réaliser pour un État qui n'y a formulé aucune réserve.

En ce qui concerne le second point relatif à la qualité de l'enseignement au Cameroun, le renforcement des capacités des apprenants et des encadreurs au cycle des enseignements de base et primaire s'est réalisé à travers la mise sur pied du Programme d'enseignement aux droits de l'homme qui a débuté en 2004 et s'est poursuivi en 2008 avec le lancement effectif de l'éducation aux droits de l'homme dans 80 établissements pilotes sélectionnés dans les dix régions du pays, soit 50 pour l'éducation de base et 30 pour les enseignements secondaires.

2. La conformité entre l'article 13 (2) (b) du PIDESC non réservé et l'exercice du droit à l'enseignement secondaire au Cameroun

L'article 13 (2) (b) du PIDESC dispose que : les États parties au présent pacte reconnaissent qu'en vue d'assurer le plein exercice du droit de toute personne à l'éducation, l'enseignement secondaire, sous ses différentes formes, y compris l'enseignement secondaire technique et professionnel, doit être généralisé et rendu accessible à tous par tous les moyens appropriés et notamment par l'instauration progressive de la gratuité. Sans que l'État n'émette aucune réserve à l'application de ce droit, les actions menées par le MINESEC en 2008 dans ce domaine ont principalement porté sur les secteurs de la pédagogie, des infrastructures et des équipements. Ceci s'est matérialisé par un relèvement du taux global de couverture des programmes scolaires qui est passé de 72,80 % pendant l'année scolaire 2006/2007 à 82,88 % pendant l'année scolaire 2007/2008, soit un accroissement de 10,08 %. Par ailleurs, pour faire de l'adéquation formation-emploi une réalité, des initiatives visant à adapter davantage la formation dans l'enseignement technique aux soins du monde de l'emploi ont été multipliées à travers notamment la poursuite de l'opération de formation par alternance grâce à laquelle 528 enseignants de l'enseignement technique ont été mis en stage dans 118 entreprises.

Dans le but d'accroître l'accès à l'enseignement secondaire, la carte scolaire a été élargie en 2008 par des réalisations qui ont porté sur l'amélioration de la qualité et de l'offre d'éducation ainsi que sur l'amélioration des conditions de travail dans les services centraux et déconcentrés. Dans le domaine de l'enseignement supérieur, on peut noter quelques efforts de l'État de s'accorder au PIDESC.

B. Dans le domaine de l'enseignement supérieur : efforts de conformité de la réglementation interne à l'article 13 (2) (c)(e) du PIDESC non réservé

L'article 13 (2) (c)(e) du PIDESC dispose que les États parties au présent pacte reconnaissent qu'en vue d'assurer le plein exercice du droit de toute personne à l'éducation, l'enseignement supérieur doit être rendu accessible à tous en pleine égalité, en fonction des capacités de chacun, par tous les moyens appropriés et notamment par l'instauration progressive de la gratuité ; il faut poursuivre activement le développement d'un réseau scolaire à tous les échelons, établir un système adéquat de bourses (1) et améliorer de façon continue les conditions matérielles du personnel enseignant (2).

1. Le développement d'un réseau scolaire et d'un système adéquat de bourses dans l'esprit du PIDESC

Sans que l'État n'émette aucune réserve à l'application de ce droit, les actions menées par le MINESUP en 2008 dans ce domaine ont principalement porté sur la consolidation du système Licence-Master-Doctorat (LMD), l'élargissement de la Carte universitaire et l'amélioration de l'environnement secondaire. Ces initiatives se sont matérialisées par des chiffres concrets : pour le compte de l'année académique 2008/2009, le nombre d'étudiants ingénieurs est passé de 75 à 300 et il est envisagé d'atteindre les chiffres 1000 à 2000 dans les prochaines années.

Dans le cadre de la lutte contre la pauvreté en milieu universitaire, on peut citer en ce qui concerne les étudiants : la poursuite des paiements des compléments de bourse et d'allocation d'aides spéciales, la poursuite des paiements des arriérés de bourse, la poursuite du paiement des aides aux étudiants camerounais à l'étranger, les appuis divers apportés aux services culturels des Ambassades du Cameroun, l'octroi d'aides au fonctionnement des associations nationales et étrangères d'étudiants comme les années précédentes ; à cet effet, chaque université d'État a reçu au moins 3 000 000 de FCFA, l'harmonisation des prix des loyers dans les mini-cités des campus universitaires par la brigade spéciale des prix pour permettre aux étudiants de se loger à un prix raisonnable ; la réalisation des stages de vacances rémunérés dans les services centraux du ministère de l'Enseignement supérieur, dans les Universités d'État et dans les collectivités territoriales décentralisées (communes urbaines et rurales), la prise en charge inconditionnelle et gratuite des étudiants atteints du VIH/SIDA (sur leur demande).

En ce qui concerne le personnel enseignant, de nombreuses réformes sont notables.

2. L'amélioration continue des conditions matérielles du personnel enseignant

Ceci se matérialise à travers la réalisation des actions significatives suivantes : la poursuite de l'appui institutionnel au programme de mobilité académique, auquel l'on adjoint les crédits dégagés par les budgets autonomes des universités ; la revalorisation de plusieurs laboratoires de recherche ; la poursuite de l'opération « *un enseignant, un ordinateur* » ; la poursuite du renforcement de la rationalisation des procédures de finalisation des actes de gestion de la carrière des enseignants titulaires.

Dans le domaine de la formation professionnelle, il convient de rappeler que la Stratégie du Secteur de l'Éducation (SSE) adoptée en 2006 pose le principe suivant lequel la formation professionnelle qualifiante doit, à l'horizon 2015, accueillir au moins 50% des sortants des enseignements primaires, secondaires et supérieurs. Dès lors, il s'agit pour le MINEFOP de permettre à environ 30 000 jeunes de bénéficier chaque année d'une formation professionnelle centrée sur le métier pour améliorer l'efficacité externe du système éducatif. C'est ainsi que courant 2008, deux sessions d'examens de fin de formation ont été organisées sur le plan national dans 17 spécialités. L'on note que les effectifs des candidats sont passés de 1500 à plus de 2000 en 2008. Par ailleurs, pour accroître l'accès à la formation qualifiante propice à l'emploi, des bourses ont été offertes à 493 jeunes et le processus se poursuit depuis près de deux décennies.

Nous notons cependant, et ce d'une manière générale, quelques perturbations observables dans les pays économiquement et financièrement sous-développés, qui peuvent parfois, freiner les objectifs de réalisation des politiques gouvernementales, susciter quelques récriminations des apprenants, élèves et étudiants ainsi qu'affecter la motivation des formateurs, instituteurs, enseignants. Toutefois, nous pouvons affirmer en avril 2023 au moment où nous déposons ces travaux que le secteur éducatif dans son ensemble est bien tenu au Cameroun au regard des faits, de la pratique, des différents rapports produits par le ministère de la Justice, notamment, et ce malgré les difficultés liées à la gestion de plusieurs pandémies.

Néanmoins, nous pouvons faire nettement mieux en multipliant la construction des établissements scolaires jusque dans les zones les plus enclavées du pays, en favorisant le plus de recrutements possible des enseignants[185], en revalorisant davantage les salaires ci-après sans exclure les primes et avantages de recherches, ainsi que les formations et recyclages du personnel enseignant. Ceci est réalisable en passant par exemple par la multiplication des facilités de création d'emplois dans le secteur privé et la poursuite de la lutte contre la corruption.

Ce sont quelques propositions que nous présentons, car nous estimons que le secteur éducatif dans sa globalité fait partie des piliers de la société et constitue le noyau fondamental et la base d'un développement certain avant la santé, la justice, la communication, les affaires, la politique, l'économie, les finances, les impôts, la douane, et tous les autres secteurs de la société. C'est l'enseignant qui forme et prépare depuis la plus petite enfance aux emplois civils, militaires, privés, publics, politiques, formels et informels. C'est également lui qui éduque et instruit les jeunes citoyens d'aujourd'hui à prendre la relève demain. Capitaliser en maximisant dans l'enseignement et la recherche est un grand facteur de développement et demeure un énorme défi pour beaucoup de pays.

---

[185] Tous niveaux confondus, aux fins d'intégration dans la fonction publique quand le contexte l'impose, car l'État ne saurait absorber toute la masse employable du pays.

Comme il figure dans le rapport du ministère de la Justice sur l'État des droits de l'homme au Cameroun en 2008[186] et les rapports qui lui ont succédé jusqu'en 2019, notamment, on peut dire qu'avec la réaffirmation de la gratuité de l'éducation de base, la tendance à la généralisation de l'enseignement secondaire et la nouvelle orientation de l'enseignement supérieur, notamment la réforme de la carte universitaire, l'effort d'améliorer l'éducation s'est poursuivi et malgré les difficultés inhérentes à la nature de ce genre d'efforts, il demeure constant, au regard des actions menées, que les pouvoirs publics, avec l'appui des partenaires privés, notamment de la société civile, sont résolument engagés à la réalisation des droits de l'homme dans le domaine de l'éducation. Cette effectivité du droit à l'éducation, quoi qu'on en dise, est étroitement liée au fait que, contrairement à certains États tels que Madagascar, le Congo et le Rwanda, qui ont émis de sérieuses réserves à l'article 13 du PIDESC, le Cameroun l'a ratifiée sans aucune réserve. Par des actions concrètes, cet État s'est résolument engagé, en ce qui concerne notamment le droit à l'éducation, de se conformer aux exigences de l'article 13 du PIDESC, tel que vu précédemment.

Une telle initiative peut s'avérer assez pénible dans l'un de ces États réservataires, car en limitant déjà la portée des dispositions de l'article 13, ils en atténuent réellement l'applicabilité au regard de toutes les difficultés nées des problèmes juridiques liés à l'existence desdites réserves. C'est sûrement pour cette raison, comme nous l'avons souligné précédemment, que le 21 mars 2001, le Gouvernement congolais a informé le Secrétaire général des Nations Unies qu'il retirait les réserves faites lors de l'adhésion au PIDESC[187].

Il reste à en tirer des leçons.

Comme nous pouvons le constater aux termes de ce Chapitre, la ratification d'un traité relatif aux droits de l'homme sans réserve assure substantiellement une certaine garantie des droits et peut contribuer à encourager les États à développer un système institutionnel de garantie matérielle ou de mise en œuvre desdits droits ; c'est le cas du Cameroun en matière de droit à l'éducation défini par le PIDESC. Dans le sens contraire, la ratification d'un traité relatif aux droits de l'homme, avec des réserves, constitue une limite considérable à la portée juridique des dispositions conventionnelles chargées de protéger les libertés individuelles. C'est le cas des réserves ci-dessus présentées, de la France, du Rwanda, du Congo, de Monaco et de biens d'autres États au PIDESC. Une telle limitation peut d'ailleurs ouvrir la voie à de nombreux dérapages que nous n'avons de cesse de démontrer tout au long de cette recherche, et particulièrement aux termes du Titre 1er de la Première partie de la réflexion.

---

[186]Voir le Rapport du ministère de la Justice sur l'État des droits de l'homme au Cameroun en 2008, Yaoundé, Octobre 2009, 327 pages (Version française), *« le droit à l'éducation »*, p.168. Voir également les rapports des dix années qui ont suivi.

[187] Voir note infrapaginale N° 153.

Conclusion du Titre Premier

Dans le Titre 1er de la présente partie, il était question de nous étendre sur les problèmes juridiques des réserves aux traités au regard de la violation des droits généraux c'est-à-dire, des atteintes aux libertés civiles et politiques considérées comme intangibles par le droit positif et des atteintes aux droits économiques, sociaux et culturels. Cette analyse a, d'une part, remis en exergue la notion des droits invocables devant les juridictions nationales, droits considérés comme *« noyau dur »* des droits de l'homme en droit international et, d'autre part, n'a pas éludé le caractère très spécifique des droits économiques, sociaux et culturels, qui sont avant tout des droits-créances, car ils sont programmatoires et non justiciables au plan interne.

Aux termes de cette réflexion, il appert que les réserves constituent une limite juridique à la portée des dispositions conventionnelles chargées de garantir les libertés individuelles de la personne humaine, d'une part et d'autre part, elles sont également une cause de violations desdites libertés. Cette double conséquence juridique des réserves aux traités internationaux relatifs aux droits généraux de l'homme est pareillement observable dans l'exercice des droits catégoriels.

TITRE II :

LA PRATIQUE DES RÉSERVES AUX TRAITÉS ET LA VIOLATION DES DROITS CATÉGORIELS

Les droits catégoriels d'une manière générale, sont les libertés individuelles inhérentes aux personnes les plus vulnérables que le droit international a voulu protéger par des conventions spécifiques. Il s'agit notamment des enfants dont la protection des droits fondamentaux est assurée au niveau universel par la Convention des Nations Unies du 20 novembre 1989 relative aux droits de l'enfant, entrée en vigueur le 2 septembre 1990[188] et au niveau régional africain, la Charte Africaine des droits et du bien-être de l'enfant adoptée le 11 juillet 1990 par la 26e Conférence des chefs d'État et de gouvernement de l'OUA et entrée en vigueur le 29 novembre 1999[189]. On cite aussi les femmes dont la protection des droits fondamentaux est assurée au niveau universel par la Convention des Nations Unies sur l'élimination de toutes les formes de discrimination à l'égard des femmes, adoptée le 18 décembre 1979 et entrée en vigueur le 30 septembre 1981 et au niveau régional africain, par le Protocole à la Charte africaine des droits de l'homme et des peuples relatifs aux droits des femmes, dit Protocole de Maputo, adopté le 11 juillet 2003 et entrée en vigueur le 25 novembre 2005, 30 jours après la quinzième ratification, conformément à son article 29.

---

[188] Voir DE SCHUTTER (O), *Code de droit international des droits de l'homme*, 2e édition, Bruxelles, Bruylant, 2003, pp.189 à 208 et E DAVID et C VAN ASSCHE, Code de droit international public, 4e édition à jour au 1er janvier 2008, Bruxelles, Bruylant, 2008, pp.277-293 (Convention révisée).

[189] Voir O DE SCHUTTER et autres, *Code de droit international des droits de l'homme*, op. cit., pp.721 à 736. NB : nous tenons à rappeler que conformément à l'article 1er de la Convention des Nations Unies relatives aux droits de l'enfant et à l'article 2 de la Charte africaine des droits et du bien-être de l'enfant, celui-ci est défini comme tout être humain âgé de moins de 18 ans.

Par ailleurs, les réfugiés également protégés par le droit international à travers des conventions spécifiques, à savoir la Convention de Genève du 28 juillet 1951 relative au statut des réfugiés (entrée en vigueur le 22 avril 1954)[190] et la Convention de du 10 septembre 1969 de l'OUA régissant les aspects propres aux problèmes des réfugiés en Afrique, entrée en vigueur le 20 juin 1974[191] qui protègent le réfugié du fait qu'« *il est privé en fait ou en droit de l'appui de son gouvernement* »[192]. En plus des Conventions qui consacrent la protection des femmes, des enfants et des réfugiés, certaines conventions définissent les règles qui répriment spécifiquement la torture et la discrimination raciale à l'égard de la personne humaine.

Il était important de revenir en détail sur ces précisions, car dans le cadre de ce titre, nous démontrons que la plupart, sinon tous les textes suscités ont fait l'objet de nombreuses réserves étatiques qui ont un double impact ; d'une part, elles sont une cause non négligeable d'atteintes aux droits ainsi protégés ; d'autre part, elles constituent une limite sérieuse à la portée juridique des dispositions conventionnelles chargées de garantir lesdits droits. Il est présentement question d'analyser les problèmes juridiques posés par les réserves aux traités relatifs au statut du réfugié ainsi qu'à l'interdiction des discriminations raciales et à l'égard des femmes (Chapitre 1) d'une part. D'autre part, nous mènerons la réflexion sur les conséquences juridiques des réserves aux conventions régissant les droits des enfants et interdisant la torture d'autre part (Chapitre 2).

---

[190] DAVID (E) et VAN ASSCHE (C), Code de droit international public, op cit, pp.219-237.
[191] DE SCHUTTER (Olivier) et autres, op cit, pp. 692-697.
[192] SALOMON (Robert), Les Réfugiés, Vendôme, Puf, 1963, p.8.

CHAPITRE I :

LES RÉSERVES, UN FACTEUR DE RESTRICTIONS SUR LE STATUT DU RÉFUGIÉ ET SUR L'INTERDICTION DES DISCRIMINATIONS RACIALES ET À L'ÉGARD DES FEMMES

Les droits des femmes et de l'enfant en Afrique sont consacrés, bien que brièvement, par l'article 18 (3) de la Charte africaine des droits de l'homme et des peuples[193]. Les nombreux autres instruments juridiques universels et régionaux de protection de leurs droits ont été énumérés précédemment. Nous analyserons successivement la problématique des réserves aux traités consacrant les droits des femmes (Section 1), la condition des réfugiés et les réserves liées aux traités réprimant la torture (Section 2).

Section 1 : La pratique des réserves aux conventions qui consacrent les droits des femmes

Un regard approfondi sur le contenu des réserves auxdites conventions aux niveaux universel et régional (paragraphe 1) permet de mieux cerner les difficultés pratiques que posent ces réserves dans la réalisation concrète des droits ainsi proclamés (paragraphe 2).

Paragraphe 1 : Le contenu juridique des réserves aux conventions universelles et régionales protégeant les droits des femmes

Au niveau universel, il s'agit de la Convention sur l'élimination de toutes les formes de discrimination à l'égard des femmes (CEDEF) (A) et au niveau régional (africain), du Protocole de Maputo (B).

A. Sur le plan universel : l'étendue des réserves à la CEDEF (en date du 8 février 2002)

Nous distinguerons toujours, pour des raisons liées à notre analyse, selon que les réserves émanent des pays occidentaux et asiatiques (1) ou d'Afrique (2).

---

[193] L'article 18 (3) de la Charte africaine dispose que *« l'État a le devoir de veiller à l'élimination de toute discrimination contre la femme et d'assurer la protection des droits de la femme et de l'enfant comme stipulés dans les déclarations et conventions internationales »*.

1. Les réserves formulées à la CEDEF par les États occidentaux et asiatiques

Les réserves du Royaume de Belgique (a), de la République française (b), de la Suisse (c), du Liban et du Vietnam (d) font l'objet de cette analyse.

a. Les réserves du Royaume de Belgique

La première réserve belge à la CEDEF émise sur l'article 7 relatif à la vie politique et publique est libellée ainsi qu'il suit : l'application de l'article 7 n'affectera pas la validité des dispositions constitutionnelles, telles qu'elles sont prévues par l'article 60, réservant aux hommes l'exercice des pouvoirs royaux et par l'article 58, réservant aux fils du Roi ou à leur défaut, aux princes belges de la branche de la famille royale appelée à régner, la fonction de sénateur de droit à l'âge de dix-huit ans et avec voix délibérative à l'âge de vingt-cinq ans.

La seconde relative à l'article 15 (2) (3) sur la capacité juridique de la femme et de l'homme en matière civile est libellée ainsi qu'il suit : l'application de l'article 15, alinéas 2 et 3 n'affectera pas la validité des dispositions temporaires prévues en faveur des époux mariés avant l'entrée en vigueur de la loi du 14 juillet 1976 concernant les droits et devoirs réciproques des conjoints et leurs régimes matrimoniaux et qui auront, conformément à la faculté qui leur en est laissée en vertu de cette loi, fait une déclaration de maintien intégral de leur régime matrimonial antérieur.

Les réserves de la République française sont un peu plus étendues.

b. Les réserves de la République française

Elles sont d'abord relatives aux articles 5 (b) et 16 (1) (d) sur les rôles stéréotypés par sexe et préjugés, ainsi que l'égale autorité parentale des père et mère et libellées ainsi qu'il suit : *« le gouvernement de la République française déclare que l'article 5 (b) et le paragraphe 1 (d) de l'article 16 de la Convention ne doivent pas être interprétés comme impliquant l'exercice commun de l'autorité parentale dans des situations ou la législation française ne reconnaît cet exercice qu'à un seul des parents ».*

Par la suite, la réserve à l'article 14 sur les femmes rurales est ainsi formulée : *(1)* le Gouvernement de la République française déclare que le paragraphe 2 (c) de l'article 14 doit être interprété comme garantissant l'acquisition de droits propres dans le cadre de la sécurité sociale aux femmes qui satisfont aux conditions familiales ou d'activité professionnelle requises par la législation française pour bénéficier d'une affiliation à titre personnel. (2) Le gouvernement de la République française déclare que le paragraphe 2 (h) de l'article 14 de la convention ne doit pas être interprété comme impliquant la réalisation matérielle et gratuite des prestations prévues dans cette disposition.

Après, la réserve à l'article 16, paragraphe 1 (g) sur l'égal choix du nom de la famille est ainsi libellée : *« le gouvernement de la République française émet une réserve en ce qui concerne le droit au choix du nom de famille mentionné au paragraphe 1 (g) de l'article 16 de la convention ».*

Enfin, s'agissant de la réserve à l'article 29 sur la compétence de la CIJ sur tout différend liée à l'interprétation ou à l'application du traité-CEDEF, il est précisé que *« le gouvernement de la République française déclare, conformément au paragraphe 2 de l'article 29 de la convention, qu'il ne sera pas lié par les dispositions du paragraphe premier de cet article ».*

Les réserves de la Suisse sont légèrement différentes des cas français et belges.

c. Les réserves de la Suisse

Dans sa réserve portant sur l'article 7 (b), relatif à la vie politique et publique, il est dit qu'*« est réservée la législation militaire suisse, qui prescrit que les femmes ne peuvent exercer des fonctions impliquant un engagement armé allant au-delà de l'autodéfense ».* La réserve relative à l'article 16 (1) (g), il est dit que *« cette disposition est appliquée sous réserve de la réglementation relative au nom de famille (article 160 du Code civil et article 8 (a), titre final, code civil) ».* La réserve liée aux articles 15 (2) et 16 (1) (h) est ainsi libellée : *« ces dispositions sont appliquées sous réserve de diverses dispositions transitoires du régime matrimonial (articles 9 (e) et 10, titre final, code civil) ».*

Les réserves formulées par le Liban s'intéressent également à plusieurs dispositions de la convention CEDEF.

d. Les réserves du Liban et du Vietnam

À ce sujet, *« le gouvernement de la République libanaise formule des réserves à l'égard du paragraphe 2 de l'article 9, des alinéas c, d, f et g (en ce qui concerne le droit au choix du nom de famille) du paragraphe 1 de l'article 16 »*, d'une part ; et d'autre part, *« le gouvernement de la République libanaise déclaré, conformément au paragraphe 2 de l'article 29 de la convention qu'il ne sera pas lié par les dispositions du paragraphe premier de cet article ».* C'est dans le même esprit que la République socialiste du Vietnam déclare ne pas être liée par le paragraphe 1de l'article 29. Les réserves formulées par les États africains sont un peu plus subtiles que celles précédemment présentées, d'autant plus qu'elles sont parfois liées à des facteurs culturels ethnoreligieux.

2. Les réserves formulées à la CEDEF par les États d'Afrique

Les réserves de l'Égypte (a), du Maroc (b), du Niger (c), de la Tunisie et de l'Ile Maurice (d) sont concernées ici.

a. Les réserves de l'Égypte

Les réserves formulées lors de la signature et confirmées lors de la ratification par l'Égypte sont :

- ***Au moment de la signature :***

En ce qui concerne l'article 9 : réserve sur les dispositions du paragraphe 2 de l'article 9 relatif à l'octroi à la femme de droits égaux à ceux de l'homme en ce qui concerne la nationalité de ses enfants, à savoir que cet octroi doit se faire sans préjudice de l'acquisition par l'enfant né du mariage de nationalité du père en vue d'empêcher qu'il n'acquiert deux nationalités lorsque ses parents sont de nationalités différentes et d'éviter ainsi que l'avenir de l'enfant ne soit compromis. En outre, sans porter atteinte au principe de l'égalité entre l'homme et la femme, il est certes plus approprié pour l'enfant qu'il acquiert la nationalité de son père dans la mesure où l'usage veut qu'une femme qui épouse un étranger accepte que ses enfants acquièrent la nationalité de leur père.

En ce qui concerne l'article 16 : réserve sur les dispositions de l'article 16 relatives à l'égalité de l'homme et de la femme pour toutes les questions découlant du mariage, au cours du mariage et lors de sa dissolution, qui ne doivent pas aller à l'encontre des dispositions de la Charia garantissant à l'épouse des droits équivalents à ceux de son conjoint afin d'assurer un juste équilibre entre eux, compte tenu de la valeur sacrée des liens du mariage et des relations familiales en Égypte qui trouve sa source dans de profondes convictions religieuses qu'on ne saurait transgresser du fait que ces liens sont essentiellement fondés sur l'égalité des droits et des devoirs et sur la complémentarité qui réalise la véritable égalité entre les conjoints. Les dispositions de la Charia font notamment obligation à l'époux de subvenir totalement à ses besoins et de lui verser une allocation en cas de divorce, tandis qu'elle conserve la totalité de ses droits sur ses biens sans avoir à les utiliser pour subvenir à ses besoins. C'est pour cette raison que la Charia n'accorde le divorce à la femme que sur décision du tribunal tandis qu'elle n'impose pas cette condition à son époux.

En ce qui concerne l'article 29 : la délégation égyptienne est également en faveur du maintien de la réserve énoncée au paragraphe 2 de l'article 29 relative au droit de l'État signataire de la Convention de déclarer qu'il ne se considère pas lié par les dispositions du paragraphe 1 dudit article relatives à la soumission à un organe d'arbitrage de tout différend entre des États parties concernant l'interprétation ou l'application de la convention, se dégageant ainsi de toute obligation découlant d'une décision que l'organe pourrait prendre en ce domaine.

- ***Lors de la ratification de la CEDEF :***

En ce qui concerne l'article 2 (relatif aux mesures politiques à prendre pour l'application interne de cette convention) : Réserve sur l'ensemble des dispositions de l'article 2 dont la République arabe d'Égypte est prête à appliquer les différents alinéas à condition qu'ils n'aillent pas à l'encontre des dispositions de la Charia musulmane.

Les réserves du Maroc sont tout aussi complexes.

b. Les réserves du Maroc

En ce qui concerne le paragraphe 2 de l'article 9 sur le droit égal des parents au choix de la nationalité des enfants, le Gouvernement du Royaume du Maroc émet des réserves à l'égard de ce paragraphe, étant donné que le code de la nationalité marocaine ne permet à l'enfant d'avoir la nationalité de la mère que s'il est né d'un père inconnu, quel que soit le lieu de la naissance, ou d'un père apatride avec naissance au Maroc, et ce afin que le droit de nationalité soit garanti à tout enfant. De même, l'enfant né au Maroc d'une mère marocaine et d'un père étranger peut acquérir la nationalité de sa mère à condition qu'il déclare, dans les deux années précédant sa majorité, vouloir acquérir cette nationalité à condition qu'il ait, au moment de la déclaration, une résidence habituelle et régulière au Maroc.

En ce qui concerne l'article 16, le Gouvernement du Maroc émet des réserves à l'égard des dispositions de cet article, notamment celles relatives à l'égalité de l'homme et de la femme en ce qui concerne les droits et responsabilités au cours du mariage et lors de sa dissolution, du fait que l'égalité de genre, qui garantit à chacun des époux des droits et responsabilités dans un cadre d'équilibre et de complémentarité afin de préserver les liens sacrés du mariage, est contraire à la Charia islamique. En effet, les dispositions de la Charia islamique obligent l'époux à fournir la dot, lors du mariage, et à entretenir sa famille, alors que l'épouse n'est pas obligée, en vertu de la loi, d'entretenir la famille. De même, après la dissolution du mariage, l'époux est également obligé de payer la pension alimentaire. Par contre, l'épouse bénéficie, au cours du mariage ou après sa dissolution, d'une entière liberté d'administrer et de disposer de ces biens sans aucun contrôle du mari, ce dernier n'ayant aucun pouvoir sur les biens de son épouse. Pour ces raisons, la Charia islamique n'octroie le divorce à la femme que sur intervention du juge alors que le mari n'est pas astreint à une telle condition.

En ce qui concerne l'article 29, le Gouvernement du Maroc ne se considère pas comme lié par le paragraphe 1 de cet article qui dispose que tout différend entre deux ou plusieurs États concernant l'interprétation ou l'application de la convention qui n'est pas réglé par voie de négociation peut être soumis à l'arbitrage à la demande de l'un d'entre eux. Le Gouvernement du Royaume du Maroc estime, en effet, que tout différend de cette nature ne peut être soumis à l'arbitrage qu'avec le consentement de toutes les parties au différend.

Les réserves formulées par le Niger sont également perverses.

c. Les réserves du Niger

Par Ordonnance N° 99-30 du 13 août 1999 autorisant l'adhésion de la République du Niger à la CEDEF, le Niger a émis les réserves suivantes sur les articles 2 (d et f), 5 (a), 15 (4), 16 (1) (c) (e) (g) et 29.

Sur l'article 2 alinéas d et f, le Gouvernement de la République du Niger émet des réserves à l'égard des alinéas d et f de l'article 2 relatifs à la prise de mesures appropriées pour abroger toute coutume et pratique qui constituent une discrimination à l'endroit de la femme ; en particulier en matière de succession.

Sur l'article 5 (a), le Gouvernement de la République du Niger émet des réserves en ce qui concerne la modification des schémas et modèles de comportements socioculturels de l'homme et de la femme.

Sur l'article 15 (4), le Gouvernement de la République du Niger déclare qu'il ne pourrait être lié par les dispositions de ce paragraphe, notamment celles qui concernent le droit de la femme de choisir sa résidence et son domicile, que dans la mesure où ces dispositions ne concernent que la femme célibataire.

Sur l'article 16 (1) (c)(e) (g), le Gouvernement de la République du Niger émet des réserves relatives aux dispositions de l'article 16 indiquées plus haut, notamment en ce qui concerne les mêmes droits et responsabilités au cours du mariage et lors de sa dissolution, les mêmes droits de disposer librement et en toute connaissance de cause du nombre et de l'espace de naissance, le droit au choix du nom de famille.

S'agissant des dispositions des articles 2 (d et f), 5 (a) (b), 15 (4), 16 (1) (c) (e) (g) relatives aux rapports familiaux, le Gouvernement de la République du Niger déclare qu'elles ne peuvent faire l'objet d'application immédiate en ce qu'elles sont contraires aux coutumes et pratiques actuellement en vigueur, qui en raison de leur nature ne se modifient qu'au fil du temps et de l'évolution de la société, et ne sauraient, par conséquent, être abrogées d'autorité.

Sur l'article 29 de la CEDEF, cet État a formulé la même réserve que le Royaume du Maroc.

La Tunisie et l'ile Maurice ont émis des réserves restreintes.

d. Les réserves de la Tunisie et de l'ile Maurice

En ce qui concerne la Tunisie, le gouvernement tunisien ne se considère pas comme lié par les articles c, d et f de l'article 16 de la convention et déclare que les paragraphes g et h du même article ne doivent pas être en contradiction avec les dispositions du code du statut personnel relatives à l'octroi du nom de famille aux enfants et à l'acquisition de la propriété par voie de succession. Sur l'article 29, cet État fournit les mêmes réserves que le Niger et le Maroc. Par ailleurs, conformément à la Convention de Vienne sur le droit des traités, en date du 23 mai 1969, le Gouvernement tunisien souligne que les dispositions du paragraphe 4 de l'article 15 de la CEDEF, notamment celles qui concernent le droit de la femme de choisir sa résidence et son domicile, ne doivent pas être interprétées dans un sens qui irait à l'encontre des dispositions des chapitres 23 et 61 du code du statut personnel qui ont trait à la même question.

Pour ce qui est du cas du Gouvernement mauricien, cet État ne se considère pas lié par les alinéas b et d du paragraphe 1 de l'article 11 (relatif à l'emploi) et à l'alinéa g du paragraphe 1 de l'article 16. En outre, cet État ne se considère pas lié par le paragraphe 1 de l'article 29 de la convention, et ce en vertu du paragraphe 2 de l'article 29.

Les nombreuses réserves formulées à la CEDEF posent de sérieux problèmes juridiques. Avant d'en analyser les effets, nous présenterons au préalable les réserves émises par les États africains au Protocole de Maputo. Ceci nous permettra d'affiner notre analyse comparative au regard des deux traités universels et régionaux.

B. Sur le plan régional : l'étendue des réserves au Protocole de Maputo

Tout comme pour le cas de l'article 18 (3) de la charte africaine, au cours de la ratification du Protocole de Maputo, de nombreuses réserves ont été émises par plusieurs États. Nous citerons spécialement les cas de l'Afrique du Sud, du Niger, de la Gambie, de l'ile Maurice. Nous insisterons dans le cadre de notre étude sur les réserves formulées par la Gambie (1) et l'Afrique du Sud (2).

1. Les réserves de la Gambie

Au cours de la ratification du Protocole en septembre 2005, la Gambie avait émis des réserves quant aux articles suivants : l'article 5 sur l'élimination des pratiques néfastes ; l'article 6 sur le mariage ; l'article 7 sur la séparation de corps, le divorce et l'annulation du mariage ; l'article 14 sur le droit à la santé et le contrôle des fonctions de reproduction. Le Gouvernement a toutefois levé toutes les réserves en mai 2006, au regard des difficultés qu'elles entraînaient dans le cadre de la mise en œuvre au plan interne du Protocole de Maputo. Les réserves émises par l'Afrique du Sud au moment de la ratification de ce traité régional sont en plusieurs points différentes de celles suscitées.

2. Les réserves de l'Afrique du Sud

L'Afrique du Sud a émis des réserves quant à l'article 4 (j) sur la peine de mort, car elle a été abolie dans le pays. Une autre réserve concerne l'article 6 (d) sur l'enregistrement des mariages. L'Afrique du Sud indique que le mariage doit d'abord être enregistré conformément aux législations nationales pour être reconnu. Une autre réserve concernait l'article 6 (h) qui garantit à la femme le même droit que l'homme en ce qui concerne la nationalité de leurs enfants. L'Afrique du Sud estime que ses lois nationales sur la citoyenneté sont beaucoup plus avantageuses pour les enfants que dans les dispositions du Protocole.

Il était important pour nous de présenter ces réserves sud-africaines, car contrairement à toutes les réserves dont il a été fait cas jusqu'ici dans le cadre de notre recherche, elles ne portent pas fondamentalement atteinte au traité régional ; elles sont d'ailleurs en phase avec les dispositions du Protocole de Maputo ; elles peuvent être considérées comme valides au sens de l'article 19 de la Convention de Vienne de 1969, car conformes à l'objet et au but du traité. Toutefois, ce constat ne constitue pas une atténuation de notre thèse, car il ne s'agit que de l'exception qui nous permettra, à terme, de confirmer notre thèse, selon laquelle, les réserves, du simple fait de leur nature juridique, ne sauraient raisonnablement, et ce d'une manière générale, être compatible avec un traité relatif aux droits de l'homme. En outre, la pratique des réserves aux traités internationaux relatifs aux droits de l'homme pose de graves problèmes juridiques. Pour le démontrer dans le présent paragraphe, nous constaterons que les réserves aux différents traités relatifs aux droits de l'homme protégeant les droits de la femme sont la source de limitations des multiples libertés fondamentales qui leur sont conférées.

Paragraphe 2 : Les réserves aux traités et la limitation du statut juridique de la femme

Le statut juridique de la femme en Afrique comme partout ailleurs dans le monde continue d'être source de polémiques en dépit des réelles innovations apportées par les dispositions de la CEDEF, qui sont incompatibles avec la pratique des réserves, et du Protocole de Maputo (A) dont la portée ainsi que l'effectivité demeurent fragiles du fait de la pratique des réserves au regard des problèmes juridiques qu'elles posent (B).

A. L'incompatibilité des réserves avec les réelles innovations apportées par les textes universels et régionaux dans le domaine du droit des femmes

La pratique des réserves dans les conventions relatives aux droits des femmes nous amène à nous interroger sur l'intérêt majeur des droits qui y sont consacrés, car, qu'il s'agisse de la CEDEF (1) ou du Protocole de Maputo (2), les réserves ci-dessus présentées, qui sont loin d'être exhaustives, ne peuvent, d'une manière générale, être compatibles avec les valeurs protégées par lesdits traités (2).

1. L'incompatibilité des réserves avec les valeurs protégées par la CEDEF

La CEDEF est entrée en vigueur en tant que traité international le 3 septembre 1981 après avoir été ratifiée par 20 pays. Vingt ans après son adoption, en 1989, c'est plus d'une centaine de pays qui se sont engagés à en respecter les clauses. Malheureusement, il s'agit d'un engagement à géométrie variable, car certains États sont parties à la CEDEF en restreignant leurs obligations internationales par la pratique des réserves.

La convention marque pourtant l'aboutissement de plus de 30 années de travail de la Commission de la condition de la femme, organe fondé en 1946 par les Nations Unies pour examiner la situation des femmes et promouvoir leurs droits. Les travaux de la Commission ont contribué à mettre en évidence tous les domaines dans lesquels les femmes se voient dénier l'égalité avec les hommes. Or des États tels que la Belgique, la France, le Liban, le Maroc, le Niger, pour ne citer que ces pays-là, ont plus ou moins formulé de nombreuses réserves visant à restreindre, dans divers domaines, l'égalité entre les hommes et les femmes au niveau de la capacité juridique en matière civile, de l'accès à la vie publique et politique, du choix de la nationalité des enfants, des questions relatives aux modalités pratiques du mariage et de la vie de famille à l'instar du choix de résidence.

La CEDEF occupe pourtant une place importante parmi les traités internationaux relatifs aux droits de la personne humaine, car elle rappelle les droits inaliénables des femmes qui constituent plus de la moitié de la population mondiale. L'esprit de la convention s'inspire des principes fondamentaux des Nations Unies qui ont proclamé à nouveau leur foi dans les droits fondamentaux de l'homme, dans la dignité et la valeur de la personne humaine et dans l'égalité des droits des hommes et des femmes. En analysant en détail la signification de la notion d'égalité et les moyens de l'atteindre, la convention CEDEF, en plus d'être une déclaration internationale des droits des femmes, énonce aussi un programme d'action pour que les États garantissent l'exercice de ces droits. Mais comment est-ce possible pour un

État réservataire de respecter ledit programme d'action en toute objectivité ? Cela s'avère en pratique très difficile, en ce qui concerne notamment le droit à l'égalité d'accès dans les fonctions publiques et politiques d'un État qui émet de sérieuses restrictions à l'article 7 de la CEDEF, ou alors les droits liés à la vie familiale pour un État qui émet des réserves aux articles 5 et 16 tels que le Niger ou l'Égypte ne peuvent objectivement être compatibles avec cette disposition.

Dans son préambule, la convention reconnaît explicitement que *« les discriminations généralisées contre les femmes existent toujours »* et souligne qu'une telle discrimination *« viole les principes de l'égalité des droits et du respect de la dignité humaine »*. D'après l'article premier de la convention, on entend par discrimination *« toute distinction, exclusion ou restriction fondée sur le sexe dans les domaines politique, économique, social, culturel et civil ou dans tout autre domaine »*. La convention réaffirme le principe de l'égalité en demandant aux États parties de prendre toutes les mesures appropriées, y compris des mesures législatives, pour assurer le plein épanouissement et le progrès des femmes en vue de leur garantir l'exercice et la jouissance des droits de l'homme et des libertés fondamentales sur la base de l'égalité avec les hommes (article 3). Le programme d'action pour l'égalité est énoncé dans 14 articles. Dans son approche méthodologique, la convention a choisi de couvrir trois aspects de la situation des femmes. La convention expose en détail les droits civiques et le statut juridique des femmes, mais porte aussi, et c'est en cela qu'elle est différente des autres traités sur les droits de l'homme, sur la procréation ainsi que sur les incidences des facteurs culturels sur les relations entre les hommes et les femmes.

Une place particulièrement importante est faite au statut juridique des femmes. En effet, l'inquiétude quant à l'exercice du droit fondamental qu'est la participation à la vie politique est restée vive depuis l'adoption de la convention sur les droits politiques de la femme en 1952. C'est pourquoi ses clauses ont été rappelées dans l'article 7 de la convention qui garantit aux femmes le droit de voter, d'occuper des emplois publics et d'exercer des fonctions publiques. À ce titre, les femmes, ont dans des conditions d'égalité avec les hommes, la possibilité de représenter leur pays à l'échelon international (article 8). La convention sur la nationalité de la femme mariée, adoptée en 1957, est reprise dans l'article 9, aux termes duquel le mariage ne change pas automatiquement la nationalité de la femme. Par là même, la convention attire l'attention sur le fait que le statut de la femme sur le plan de la nationalité était souvent lié au mariage et évoluait en fonction de la nationalité de son mari, et de ce fait, les femmes n'étaient pas reconnues comme des personnes à part entière.

Les articles 10, 11 et 13 affirment chacun respectivement l'égalité des droits des femmes en matière d'éducation, d'emploi et d'activité économique et sociale. La convention insiste particulièrement sur la situation des femmes rurales auxquelles il convient d'accorder davantage d'attention au stade de la planification des politiques, compte tenu particulièrement de leurs problèmes spécifiques et de leur rôle économique important évoqué à l'article 14. L'article 15 affirme la pleine égalité des femmes en matière civile et commerciale et stipule que tout instrument visant à limiter la capacité juridique des femmes *« doit être considéré comme nul »*. Enfin, à l'article 16, la convention considère à nouveau le problème du mariage et des rapports familiaux et affirme que les femmes et les hommes ont le même droit de choisir librement leur conjoint, les mêmes droits de décider librement du nombre et de l'espacement des naissances, les mêmes droits personnels et les mêmes droits en matière de disposition des biens.

Toujours dans le cadre du statut juridique de la femme, la convention vise à élargir la conception que l'on a des droits de l'homme, car elle reconnaît officiellement que la culture et la tradition peuvent contribuer à restreindre l'exercice, par les femmes, de leurs droits fondamentaux. Ces influences se manifestant sous forme de stéréotypes, d'habitudes et de normes, de pratiques religieuses, qui donnent naissance à la multitude des contraintes juridiques, politiques et économiques qui freinent le progrès des femmes. Les États parties sont donc tenus de modifier les modèles de comportement socioculturel en vue de parvenir à l'élimination *« des préjugés et des pratiques coutumières, ou de tout autre type, qui sont fondés sur l'idée de l'infériorité ou de la supériorité de l'un ou de l'autre sexe ou d'un rôle stéréotypé des hommes et des femmes » (article 5).* Il est demandé à l'alinéa c de l'article 10 de réviser les livres, les programmes scolaires et les méthodes pédagogiques en vue d'éliminer toute conception stéréotypée des rôles de l'homme et de la femme dans le domaine de l'enseignement. D'une manière générale, les schémas culturels qui définissent le domaine public comme celui de l'homme et le foyer, celui de la femme, sont énergiquement remis en cause dans toutes les clauses de la convention. En effet, elle affirme l'égalité des responsabilités des deux parents dans la vie de la famille et l'égalité de leurs droits en ce qui concerne l'éducation et l'emploi. Dans l'ensemble, la CEDEF fournit ainsi un cadre de travail très complet pour lutter contre les diverses forces qui ont créé et maintenu les discriminations fondées sur le sexe.

Avec un tel système normatif de protection juridique, l'admission des réserves suscitées à la CEDEF est immensément préjudiciable et incompatible aux droits de la femme.

Dans le même sens, les réserves émises au récent Protocole de Maputo sont également incompatibles avec les dispositions conventionnelles régionales au regard des intérêts protégés et de la problématique liée au genre en Afrique[194].

2. L'incompatibilité des réserves avec les valeurs protégées par le Protocole de Maputo

Le Protocole de Maputo reconnaît le fait qu'en dépit de la large ratification, par les États africains, de la charte africaine des droits de l'homme et des peuples, de la CEDEF, et des instruments qui constituent la Déclaration internationale des droits de l'homme (la DUDH, le PIDCP et le PIDESC), les questions de genre figurent à peine dans les programmes politiques à travers l'Afrique. Cela peut être dû à plusieurs facteurs liés aux pesanteurs socioculturelles traditionnelles (telles que la marginalisation de la femme dans certaines tribus africaines, les mutilations génitales féminines, les mariages forcés, les lois sur l'héritage coutumier, ainsi que le traitement réservé aux veuves (le lévirat), les pratiques tendant à l'analphabétisation de la femme et à son interdiction d'exercer dans les sphères politiques...) qui entravent la jouissance des droits humains par les femmes.

Cela peut également être dû aux nombreuses réserves formulées par les États africains à l'article 18 (3) de la Charte africaine, à la CEDEF et au Protocole de Maputo qui visent à restreindre considérablement la portée juridique des dispositions desdits traités consacrant les droits individuels et libertés fondamentales de la femme d'une part, et d'autre part, à légitimer, par cette attitude, de nombreuses violations de leurs droits. Or, si la mise en œuvre de la CEDEF est contrôlée par le Comité pour l'élimination de la discrimination à l'égard des femmes conformément aux articles 17 à 30 de cette convention, et qu'en ce qui concerne la Charte africaine et le Protocole de Maputo, lorsque des recours internes n'ont pas garanti les droits de la femme, il est possible de demander à la Commission africaine des droits de l'homme et des peuples de se saisir d'un cas, nous avons une inquiétude. Les garanties juridictionnelles ci-dessus pourront-elles réellement produire l'effet escompté au regard des difficultés pratiques que posent les réserves aux diverses conventions relatives aux droits des femmes ? Le cas illustratif du Niger nous permettra, assurément, de répondre à la question.

---

[194] Bien que la plupart de ces réserves, notamment celles émises par la Gambie ont déjà été retirées, il est important d'étudier leur incompatibilité avec l'objet et le but du traité régional africain.

B. La relativité de certains droits de la femme au regard des réserves aux traités : cas illustratif des réserves du Niger à la CEDEF

Les réserves formulées par la Gambie au Protocole de Maputo en septembre 2005 auraient pu nous servir de porte d'entrée dans le cadre de cette réflexion. Mais comme vu précédemment, cet État a tôt fait de retirer toutes ses réserves en mai 2006, au regard de l'impact négatif qu'elles avaient déjà sur la garantie des droits fondamentaux consacrant le statut juridique de la femme. C'est la raison pour laquelle, nous étudierons, à titre illustratif, et toujours dans le souci de mieux conforter notre analyse, les rapports entre la précarité des droits de la femme (1) et les réserves du Niger (2).

1. La condition précaire des femmes au Niger

Les femmes nigériennes représentent 50,13% de la population. Leur condition est faite de pauvreté et d'extrême vulnérabilité. Des disparités existent entre hommes et femmes dans le domaine juridique et dans tous les domaines : accès aux ressources productives, emploi, santé, éducation...

En ce qui concerne notamment les inégalités dans le domaine juridique, même si des efforts ont été réalisés, le cadre juridique actuel reste insuffisant. La position du Niger par rapport à la CEDEF (et même au récent Protocole additionnel à la Charte africaine des droits de l'homme et des peuples) illustre cette situation, car cet État a formulé certaines réserves à ces textes. En effet, tel que présenté précédemment, le Niger a émis cinq réserves à la CEDEF par une ordonnance n° 9-30 du 13 août 1999. Cet État ne reconnaît pas aux hommes et aux femmes les mêmes droits et responsabilités au cours du mariage et sa dissolution (article 16). Les dispositions sur l'âge minimum du mariage, l'équité homme-femme en matière d'héritage, la possibilité de choisir son domicile, etc. n'ont pas été adoptées par le Niger. Ces réserves de l'État nigérien laissent donc peser de lourdes contraintes sur le processus de l'égalité homme-femme et d'autonomisation des femmes. La situation d'extrême précarité de la femme nigérienne est réellement plus ou moins liée aux différentes réserves émises par cet État tant à la CEDEF qu'au Protocole de Maputo.

Toutefois, nous ne saurions nier dans le cadre de notre travail que la question du genre demeure un leurre en Afrique d'une manière générale, car même dans certains États qui ont ratifié la CEDEF et le Protocole de Maputo sans aucune réserve, le statut juridique de la femme s'améliore timidement. Le cas du Cameroun pourrait servir d'exemple à propos, car, au regard de plusieurs rapports du MINJUSTICE sur l'état des droits de l'homme[195], et de quelques faits actuels, l'institutionnalisation de l'approche *« genre »* demeure assez lente.

À titre illustratif, il est vrai que les femmes au Cameroun accèdent aux postes civils et militaires et participent aux élections en tant que candidates ou électrices. Toutefois, il reste que le pourcentage des fonctions occupées par les femmes demeure très faible et est approximativement de 16% si l'on compte celles qui coiffent les différentes administrations d'État (ministères, secrétaires généraux et directrices des sociétés parapubliques). Bien plus, la majorité d'entre elles occupent des postes assimilés sans réel pouvoir de décision : nous n'avons pas encore de femme au grade de général d'armée ou aux postes de gouverneur de région, présidente d'un Conseil régional, présidente de la Cour suprême, procureur général près ladite Cour, présidente d'un conseil constitutionnel. Par ailleurs, aucune femme n'est à la tête de l'une des Communautés urbaines du pays.

En ce qui concerne les fonctions électives, personnellement, nous ne sommes pas très satisfaite au regard du pourcentage de femmes lors de la proclamation des résultats des dernières élections municipales, et législatives, mais surtout aux récentes élections sénatoriales. Par exemple, le Département du Mfoundi comprend sept communes et aucune d'elles n'est dirigée par une femme. En outre, nous avons trente-et-une femmes sur cent au Sénat. En notant une très légère augmentation par rapport au dernier mandat au cours duquel elles étaient au nombre de vingt et un, cela demeure tout de même insuffisant. Nous espérons que ces insuffisances seront rattrapées par les deux principaux détenteurs du pouvoir discrétionnaire, ainsi que lors des futures échéances électorales.

Ceci reste une réflexion que nous entendons approfondir dans un article scientifique, car le principal objectif de notre démonstration et de notre réflexion est constant, aussi, est-il important de démontrer clairement le rapport très étroit entre les réserves et les atteintes aux droits des femmes. Nous nous intéresserons particulièrement aux droits politiques de la femme.

2. La relativité des droits politiques de la femme au Niger

Le cas du Niger est l'un des plus illustratifs[196]. En effet, en ratifiant la CEDEF, le Niger a fait une déclaration et émis des réserves dont la portée est

---

[195] *Rapport du MINJUSTICE sur l'état des droits de l'homme au Cameroun en septembre 2008*, op cit, Chapitre 4, *« La promotion des droits de la femme »*, pp.289-299, note 834, p. 294. Voir aussi les autres rapports produits durant les dix années qui suivent.

[196] Pour plus de détails sur les problèmes posés par les réserves du Niger à la CEDEF, sur les droits politiques des femmes, lire HASSANE HAMADOU (N.), *L'effectivité des droits politiques de la femme sous la Ve République au Niger*, Université de Nantes (France), Diplôme

considérable sur le plan des droits de la femme. En devenant partie à la CEDEF, le Niger a contracté l'obligation d'aligner sa législation et sa pratique sur les dispositions de cet instrument et d'observer *de jure* comme *de facto* ces dispositions. Les réserves du Niger portent essentiellement sur le droit de la famille, mais leur portée est générale, car s'étend aux droits politiques de la femme et a un lien direct avec l'objet de notre analyse.

Le Niger exclut la possibilité de prendre toute mesure législative pour abroger toute coutume et pratique qui constituent une discrimination à l'endroit de la femme. Le gouvernement de la République du Niger refuse de bousculer les traditions culturelles et les modèles de société qu'elles ont engendrés. Il maintient la persistance des traditions qui consacrent la prééminence de l'homme dans la détermination de la résidence ou du domicile conjugal. Ces réserves sont manifestement contraires à l'objet même de la convention. À ce propos, selon l'Association des Femmes Juristes du Niger (AFJN), en excluant la possibilité de prendre des mesures législatives pour abroger toute coutume ou pratique qui constitue une discrimination à l'endroit des femmes, le Niger ampute la CEDEF de beaucoup de normes égalitaires et de ce fait, laisse persister des discriminations à l'égard des femmes[197]. Le gouvernement en est pleinement conscient, car selon la Direction de la Promotion de la Femme (DPF) au ministère du Développement social (MDS), de la Population (P), de la Promotion de la Femme (PF) et de la Protection de l'Enfant (PE), *« les réserves nigériennes vident la CEDEF d'une grande partie de sa substance normative et constituent une source de discriminations à l'égard de la femme »*[198].

Seuls la France et le Royaume des Pays-Bas ont fait objection aux réserves du Niger sans toutefois s'opposer à l'application du traité entre l'un ou l'autre État et le Niger. Mais la question de leur validité se pose d'autant plus que l'article 28, alinéa 2 de la CEDEF dispose qu'*« aucune réserve incompatible avec l'objet et le but de la présente convention n'est autorisée »,* car même s'il faut appliquer le régime de Vienne en l'espèce, régime que nous n'approuvons pas dans le cadre de cette thèse en ce qu'il autorise la pratique des réserves, un État peut formuler une réserve, mais il ne doit pas s'agir d'une réserve interdite par le traité ou incompatible avec l'objet et le but du traité[199].

Les réserves du Niger à la CEDEF sont d'abord contraires aux articles 2 de la DUDH et de la Charte africaine auxquelles font précisément référence

---

d'Université de Troisième cycle en Droits fondamentaux. Voir également dans www.memoireonline.com.

197 Association des Femmes Juristes du Niger (AFJN), AFJN, Rapport parallèle des organisations non gouvernementales nigériennes sur la CEDEF, juillet 2002, p.87.

198 DPF (MDS/P/PF/PE), Étude sur le statut juridique de la femme et la loi au Niger, Niamey, avril 2002, p.57.

199 Cf articles 19 alinéas a et c de la Convention de Vienne du 13 mai 1969 sur le droit des traités.

le préambule de la constitution de la Vème République. Ces réserves sont également incompatibles avec les articles 8 et 10 de la constitution qui garantissent l'égalité, le respect et la protection de la personne humaine ainsi que son plein épanouissement, car au niveau de l'épanouissement politique, on note au Niger de grandes disparités entre les hommes et les femmes ; les droits politiques de ces dernières étant marginalisés.

Aussi, sous la Ve République, des réformes ont été entreprises pour adapter l'environnement juridique aux exigences de la CEDEF, d'un État moderne, d'un État de droit, car ces réserves produisent ou sont potentiellement en mesure de produire encore des effets alors qu'il devrait y mettre fin du fait même de leur contrariété avec le traité universel et la norme fondamentale. C'est ainsi que la loi n° 2000-008 du 7 juin 2000 instituant le système de quota dans les fonctions électives au gouvernement et dans l'administration de l'État a été adoptée. L'adoption de cette loi doit beaucoup à l'action des associations féminines qui, déçues des réserves émises par le Niger, vidant la CEDEF de sa substance, ont exigé l'application des dispositions de la Convention que l'État nigérien a librement acceptées. Cette loi découle donc de la volonté de mettre en œuvre les engagements de l'État du Niger dans le sens d'éliminer certaines discriminations basées sur le sexe et légitimées par les réserves à la CEDEF. En effet, cette loi vise la constitution, la DUDH, la convention sur les droits politiques de la femme[200] et la CEDEF. Par la suite, le décret N° 2001-056/PRN/MDSP/PF/PE du 28 février 2001 portant application de la loi sur le quota a été pris.

Bien que cette loi ne cible pas spécifiquement les femmes, elle a été en réalité adoptée en leur faveur. Son article 1er déclare qu'elle est instituée à titre transitoire. Ce qui est d'ailleurs conforme à l'article 4 (1) de la CEDEF prévoyant que l'adoption par les États parties de mesures temporaires spéciales visant à accélérer l'instauration d'une égalité de fait entre les hommes et les femmes n'est pas considérée comme un acte de discrimination tel qu'il est défini dans la présente convention, mais ne doit en aucune façon avoir pour conséquences le maintien de normes inégales ou distinctes ; ces mesures doivent être abrogées dès que les objectifs en matière d'égalité de chances et de traitement ont été atteints.

Cette loi sur les quotas a essayé de résoudre les problèmes juridiques pratiques posés par les réserves du Niger à la CEDEF. Il est important de savoir que la Fédération internationale des ligues des droits de l'homme (FIDH) a mandaté une mission internationale d'enquête au Niger du 20 au

---

200 Dans ses visas, la loi fait plutôt référence à la convention sur les droits publics de la femme de 1952. Les recherches ne permettent pas de confirmer l'existence d'une telle convention. Aussi faut-il en déduire qu'il s'agit inéluctablement de la convention sur les droits politiques de la femme ouverte à la signature et à la ratification par l'AGNU dans sa Résolution 640 (VII) du 20 décembre 1952 et à laquelle le Niger est partie le 7 décembre 1964.

28 février 2007 afin de recueillir des informations sur la situation des droits des femmes et a appelé les députés nigériens à suivre les préconisations de la société civile nigérienne, notamment les associations de femmes, en adoptant le Protocole de Maputo sans réserve lors de sa présentation à l'Assemblée nationale à sa session de mars 2007, à lever les réserves à la CEDEF. Ces principales recommandations de la FIDH n'ont malheureusement pas été suivies par l'État du Niger. En plus de favoriser les atteintes multiples aux droits de la femme, les réserves formulées par les États à la CEDEF constituent une limite considérable à la portée des dispositions conventionnelles chargées de les garantir. Certains États tels que l'Afghanistan ont émis tellement de réserves au traité CEDEF que finalement la convention y a perdu sa valeur[201].

On peut rappeler, au regard de ce qui précède, s'agissant des conséquences juridiques des réserves à la convention sur l'élimination de toutes les formes de discrimination à l'égard des femmes[202], qu'elle a été adoptée le 18 décembre 1979 par l'Assemblée générale des Nations Unies, puis est entrée en vigueur le 3 septembre 1981 après avoir été ratifiée par 20 pays. Cependant, les États-Unis l'ont signée en 1980, mais ne l'ont toujours pas ratifiée. Les États qui n'avaient pas signé le traité lors de son entrée en vigueur y adhèrent aujourd'hui, sans le signer. Le dernier État en date à l'avoir fait[203] est le Qatar le 29 avril 2009. De nombreux pays l'ont signé, en émettant toutefois des réserves, de nature à fortement en affaiblir la portée. Aujourd'hui, les seuls membres de l'ONU à n'avoir pas adhéré à la Convention sont : le Vatican, l'Iran, la Somalie, le Soudan et les iles Tonga. De nombreux pays y ont émis des réserves.

Il est évident que plus d'un tiers des États parties ont limité la portée de leurs obligations conventionnelles. La plupart de ces réserves soumettent l'application de la Convention au respect des prescriptions religieuses. D'autres insistent sur la primauté du texte constitutionnel national. Certaines réserves plus ponctuelles limitent sous quelques aspects les droits civils, politiques ou sociaux des femmes. D'autres réserves, enfin, restreignent la lutte contre les stéréotypes. En particulier, des pays musulmans ont fait prévaloir la primauté du Droit musulman (la Charia[204]). La réflexion sur les conséquences juridiques des réserves sur le statut de la femme est loin d'être

---

[201] Haut-Commissariat des Nations Unies aux Droits de l'Homme, Centre des Nations Unies pour les droits de l'homme et la Démocratie en Afrique Centrale, Yaoundé - Cameroun, *Journée Séminaire à l'occasion de la Commémoration du 58e anniversaire de la DUDH*, 10 décembre 2006, N. SANGARE, *« Les organes de traités, les droits de la personne en action »*.

[202] En version anglaise, *Convention on the Elimination of All Forms of Discrimination Against women*, CEDAW.

[203] Jusqu'aux années 2010.

[204] Rappelons également que quarante (40) pays ont signé la compétence obligatoire de la Cour internationale de justice de La Haye en cas de litiges portant sur l'application ou l'interprétation du traité.

épuisée, bien qu'elle ait été longuement débattue. Elle vise un seul but : démontrer que les réserves aux traités relatifs aux droits de l'homme en général limitent la portée des dispositions conventionnelles chargées de consacrer les libertés individuelles d'une part, et d'autre part, constituent une cause de violation desdits droits.

Cette situation est également vérifiable au regard des réserves formulées aux traités relatifs au statut des réfugiés et de l'interdiction des discriminations raciales.

Section II : Les problèmes juridiques posés par les réserves aux conventions relatives aux réfugiés et à l'élimination de toutes les formes de discriminations raciales

Tel que cela ressort de notre intitulé, nous analyserons successivement la problématique du droit des réfugiés (paragraphe 1) et de la non-discrimination raciale (paragraphe 2) au regard de la pratique des réserves aux traités y relatifs.

Paragraphe 1 : Les problèmes juridiques posés par les conventions relatives aux réfugiés

L'état des réserves aux conventions relatives au statut des réfugiés (A) permet de conclure à l'incompatibilité entre lesdites réserves et l'objet et le but des traités (B).

A. L'état des réserves aux conventions relatives au statut des réfugiés

Bien que les États africains aient également formulé des réserves à la Convention de l'OUA de 1969, nous insisterons uniquement sur les réserves des États à la Convention de Genève de 1951 sur le statut des réfugiés (1) et au Protocole du 31 janvier 1967 relatif au statut des réfugiés et entré en vigueur le 4 octobre 1967 (2) ; les réserves que nous analyserons ont été formulées jusqu'au 9 octobre 2001.

1. Les réserves à la Convention de Genève de 1951

Il s'agit notamment des réserves formulées par la Belgique, le Canada et la France (a), le Luxembourg, Monaco et la Pologne (b), l'Égypte (c) et Madagascar (d).

a. Les réserves formulées par la Belgique, le Canada et la France

En ce qui concerne la Belgique, cet État a formulé deux réserves :

1. Dans tous les cas où la convention confère aux réfugiés le traitement le plus favorable accordé aux ressortissants d'un pays étranger, cette clause ne sera pas interprétée par le Gouvernement belge comme devant comporter le régime accordé aux nationaux des pays avec lesquels la Belgique a conclu des accords régionaux, de caractère douanier, économique ou politique ;

2. L'article 15 de la convention (relatif au droit d'association) ne sera pas d'application en Belgique ; les réfugiés résidant régulièrement sur le territoire belge jouiront, en matière de droit d'association, du régime accordé aux étrangers en général.

Dans ses réserves aux articles 23 et 24 (relatifs à l'assistance publique, la législation du travail et la sécurité sociale), le Canada interprète l'expression *« résidant régulièrement »* comme ne s'appliquant qu'aux réfugiés autorisés à résider sur le territoire canadien de façon permanente ; les réfugiés autorisés à résider sur le territoire canadien à titre temporaire bénéficieront, en ce qui concerne les questions visées aux articles 23 et 24, du même traitement que celui qui est accordé aux visiteurs en général.

En procédant au dépôt de son instrument de ratification, le Gouvernement de la République française, se prévalant des dispositions de l'article 42 de la convention, fait la déclaration suivante : a) il considère que le paragraphe 2 de l'article 29 (relatif aux charges fiscales) ne fait pas obstacle à l'application sur le territoire français des dispositions de la Loi du 7 mai 1934 autorisant la perception du droit Nansen au profit des œuvres d'assistance, d'établissement et de secours aux réfugiés ; b) l'article 17 (sur les proportions salariées) ne saurait faire obstacle à l'application des lois et règlements qui fixent la proportion de salariés étrangers que les employeurs sont autorisés à occuper en France et aux obligations imposées à ceux-ci lors de l'engagement de la main-d'œuvre étrangère.

Les réserves luxembourgeoises, monégasques et polonaises sont un peu plus vagues et subtiles.

b. Les réserves formulées par le Luxembourg, Monaco et la Pologne

Lors de la signature, le Luxembourg a fait la réserve suivante : *« dans tous les cas où la convention confère aux réfugiés le traitement le plus favorable accordé aux ressortissants d'un pays étranger, cette clause ne sera pas interprétée comme devant comporter le régime accordé aux nationaux des pays avec lesquels le Grand-duché du Luxembourg a conclu des accords régionaux, douaniers, économiques ou politiques »*.

Quant à Monaco, cet État déclare être partie à la convention *« sous réserve que les stipulations figurant aux articles 7 (2) (sur la dispense de réciprocité), 15 (relatif au droit d'association), 22 (1) (sur l'enseignement primaire), 23 et 24 soient provisoirement considérées comme des recommandations et non comme des obligations juridiques ».*

Quant à la République de Pologne, elle déclare qu'elle ne se considèrera pas liée par les dispositions du paragraphe 2 de l'article 24 (relatif aux droits à prestations liés au décès d'un réfugié du fait d'une maladie professionnelle, notamment).

Les réserves émises par les gouvernements malgaches et égyptiens sont un peu plus denses.

c. Les réserves formulées par l'Égypte

L'Égypte a formulé des réserves à l'égard du paragraphe 1 de l'article 12 (relatif au statut personnel), au paragraphe 1 des articles 20 (sur le rationnement) et 22 (sur l'éducation publique), et à l'égard des articles 23 et 24 de la Convention de 1951. Elle a fourni quelques éclaircissements reçus le 24 septembre 1981.

Cet État a formulé des réserves au sujet du paragraphe 1 de l'article 12 parce que les dispositions de ce paragraphe s'opposent aux lois intérieures de l'Égypte. En effet, ce paragraphe stipule que le statut personnel de tout réfugié sera régi par la loi du pays de son domicile, ou à défaut de domicile, par la loi du pays de sa résidence, ce qui est en contradiction avec l'article 25 du droit civil égyptien qui stipule que le magistrat précise la loi qu'il convient d'appliquer aux personnes dont la nationalité est indéterminée, ou qui possèdent plusieurs nationalités à la fois. C'est la loi égyptienne qui s'applique aux personnes qui sont réputées posséder simultanément la nationalité égyptienne du point de vue de l'Égypte, et la nationalité d'un ou plusieurs autres États du point de vue de ces autres États.

Les instances égyptiennes compétentes ne sont pas prêtes à modifier cet article du droit civil. Par ailleurs, les autorités égyptiennes compétentes souhaitent formuler une réserve générale à propos de l'article 20, du paragraphe 1 de l'article 22, et des articles 23 et 24 de la Convention de 1951, car ces articles confèrent aux réfugiés le même traitement qu'aux nationaux. L'Égypte explique avoir formulé cette réserve générale afin d'éviter toute entrave au pouvoir discrétionnaire par lequel l'Égypte peut accorder les privilèges aux réfugiés, selon chaque circonstance.

Ces réserves sont tout aussi générales que celles malgaches.

d. Les réserves formulées par Madagascar

Le gouvernement de Madagascar précise que les dispositions du premier paragraphe de l'article 7 ne seront pas interprétées comme devant comporter le régime accordé aux nationaux des pays avec lesquels la République malgache a conclu des conventions d'établissement ou des accords de coopération. Par ailleurs, les dispositions des articles 8 (sur les dispenses de mesures exceptionnelles) et 9 (sur les mesures provisoires) ne sauraient être interprétées comme interdisant au Gouvernement malgache de prendre en temps de guerre, ou dans d'autres circonstances graves et exceptionnelles, dans l'intérêt de la sécurité nationale, des mesures à l'égard d'un réfugié en raison de sa nationalité. En outre, les dispositions de l'article 17 ne sauraient être interprétées comme faisant obstacle à l'application des lois et règlements qui fixent la proportion de salariés étrangers que les employeurs sont autorisés à occuper à Madagascar, et aux obligations imposées à ceux-ci lors de l'engagement de la main-d'œuvre étrangère. Comme nous pourrons le constater, les réserves des États au Protocole sont moins nombreuses.

2. Les réserves au Protocole relatif au statut des réfugiés

Il s'agit notamment des réserves émises par le Burundi, le Cap-Vert, le Congo et le Rwanda.

En adhérant au présent Protocole, le Gouvernement de la République du Burundi formule les réserves ci-après : dans la mesure où elles s'appliquent à l'enseignement public, à l'exclusion de l'enseignement privé, les stipulations figurant à l'article 22 de la Convention de 1951 ne sont acceptées, en ce qui concerne l'enseignement primaire, que si le traitement applicable aux réfugiés sera le plus favorable accordé aux ressortissants d'autres États. Les stipulations figurant à l'article 17 (1 et 2) ne sont acceptées que comme de simples recommandations et, en tout état de cause, elles ne sauraient être interprétées comme devant comporter le régime accordé aux nationaux des pays avec lesquels la République du Burundi aurait conclu des accords régionaux, douaniers, économiques ou politiques.

Les dispositions de l'article 26 (relatif à la liberté de circulation) ne sont acceptées que sous réserve que les réfugiés : a) ne choisissent leur lieu de résidence dans une région limitrophe des leurs pays d'origine et s'abstiennent, en tout état de cause, dans l'exercice de leur liberté de circulation ou de mouvement, de toute activité ou incursion de nature subversive à l'égard du pays dont ils sont les ressortissants. Quant au Cap-Vert, il a fait la réserve suivante : dans tous les cas où la Convention de 1951 relative au statut des réfugiés reconnaît aux réfugiés le traitement le plus favorable accordé aux ressortissants d'un pays étranger, cette clause ne sera pas interprétée de façon à comprendre le régime accordé aux nationaux des pays avec lesquels cet État a célébré des accords régionaux, douaniers, économiques et politiques. Le

Congo accepte le Protocole à l'exception de l'article IV relatif au Règlement des différends par la CIJ à la demande de l'une des parties. Le Rwanda formule presque la même réserve en précisant toutefois que le recours à la CIJ soit introduit suite à l'accord préalable de cet État. La particularité des problèmes liés aux réfugiés amène à nous interroger sur l'influence négative que pourrait avoir la pratique des réserves suscitées sur leurs droits fondamentaux.

B. L'influence négative des réserves aux traités consacrant les droits des réfugiés

La particularité du statut du réfugié au niveau universel est assez complexe au regard de l'article 7 du Protocole qui admet les réserves à certains droits ; ce qui explique l'existence de toutes les réserves étatiques citées précédemment (1) et sa protection est bien plus complexe au niveau régional africain notamment, car les États réservataires à la Convention de 1951 et qui n'ont toujours pas retiré leurs réserves ont tendance à oublier que la Convention de l'OUA de 1969 a étendu et renforcé le statut des réfugiés (2).

1. L'article 7 du Protocole relatif au statut des réfugiés : un frein à la protection universelle du réfugié

Au préalable, il convient de rappeler que le statut du Haut Commissariat des Nations unies pour les réfugiés (HCR), adopté par l'AG dans sa Résolution 428 (V) du 14 décembre 1950[205], indique que la protection internationale des réfugiés doit être assurée par le HCR dans le respect des règles en vigueur. Ces règles ont été définies par la Convention de Genève du 28 juillet 1951 relative au statut des réfugiés, entrée en vigueur le 22 avril 1954[206] ainsi que par son Protocole en vigueur depuis le 4 octobre 1967 comme vu précédemment[207].

En ce qui concerne la Convention de 1951, les États ont émis des réserves qui constituent déjà une limite substantielle à la portée des droits suivants, leur liste n'étant pas exhaustive : le droit d'association des réfugiés pour les cas de la Belgique et du Royaume de Monaco ; en ce qui concerne d'ailleurs ce dernier, le droit d'association y est provisoirement considéré comme des recommandations et non comme des obligations juridiques. Le droit à l'assistance publique, à la législation du travail et à la sécurité sociale pour les réfugiés du Canada, de l'Égypte, de la Pologne, de Madagascar ; le droit à l'éducation publique à l'instar de l'éducation primaire en ce qui concerne les réfugiés d'Égypte, du Burundi, du Luxembourg.

---

205 DE SCHUTTER (O.) et autres, op. cit, pp. 54-58.

206 Idem, pp. 58-72.

207 Idem, pp. 72-74.

Ces réserves consistent pour chacun de ces États à refuser que les réfugiés, en ce qui concerne les droits ci-dessus proclamés, ne bénéficient d'un traitement plus favorable qu'à celui accordé aux ressortissants d'autres États en général.

De telles réserves ne peuvent que desservir l'objet et le but des traités relatifs aux réfugiés.

Lorsque l'article 7 du Protocole de 1967 autorise les réserves à tous les droits consacrés par la Convention de 1951, à l'exclusion des articles 3 (non-discrimination), 4 (religion), 16 (1) (libre accès d'ester en justice), et 33 (défense d'expulsion et refoulement), on a tendance à croire que les réserves ainsi formulées, dans le respect strict de cette disposition sont conformes à l'objet et au but dudit Protocole et partant, de la Convention de 1951. Nous ne sommes pas d'avis avec cette opinion.

En effet, bien qu'il soit vrai qu'aucun État, au 9 octobre 2001, n'ait formulé de réserves contraires aux dispositions de l'article 7, il reste que ces réserves étatiques ne peuvent, en toute objectivité, servir l'intégrité du traité et l'article 7 en lui-même constitue un frein à la portée normative des dispositions conventionnelles chargées de protéger les droits fondamentaux et les libertés individuelles des personnes bénéficiant du statut de réfugié.

À titre illustratif, l'article 7 du Protocole interdit des réserves à l'article 33 de la Convention de 1951 qui consacre la défense d'expulsion et de refoulement[208] des réfugiés. L'article 32 de la convention, relatif à l'expulsion, est donc susceptible de réserves conformément à l'article 7 du protocole. Un cas pourrait se poser : en se fondant sur l'article 32 qui est étroitement lié à l'article 33, un État peut légitimement expulser un réfugié dans un autre pays sans par exemple lui accorder un délai raisonnable pour s'y faire admettre régulièrement.

---

208 Au regard de la loi camerounaise n° 97/012 du 10 janvier 1997 relative au statut des étrangers telle que modifiée en 2022, l'expulsion est la mesure administrative prise à l'encontre d'un étranger dont la présence est jugée indésirable sur le territoire national soit parce que ladite présence met en péril l'ordre public ou les bonnes mœurs, soit parce qu'il est condamné définitivement à une peine au moins égale à un an d'emprisonnement sans sursis ou pour une infraction liée, par exemple, à la législation sur le commerce illicite des stupéfiants. Le refoulement en revanche est la mesure administrative prise à l'encontre de tout étranger qui se présente à l'entrée du territoire national sans avoir respecté les conditions exigées ; il doit quitter immédiatement le territoire. Ces notions sont à distinguer de la reconduite à la frontière qui est également une mesure administrative qui vise l'étranger entré et séjournant clandestinement, irrégulièrement ; l'administration doit cependant lui faire bénéficier des garanties judiciaires en cas de contestations (droits de la défense). D'après Jean SALMON, les étrangers sont les individus qui ne possèdent pas la nationalité de l'État dans lequel ils séjournent, raison pour laquelle ils sont indifféremment appelés : immigrés, expatriés, non nationaux. Les réfugiés sont une catégorie particulière d'étrangers. Dictionnaire de droit international public, 3e édition, Québec, Éditions Yvon Blais Inc., 1997, p. 359 g

Or, l'article 33 de la convention qui est insusceptible de réserves au regard de l'article 7 du protocole n'admettra jamais qu'un État expulse un réfugié dans un pays où sa vie ou sa liberté serait menacée !

En conclusion, on ne peut logiquement vouloir protéger les réfugiés dont le statut est déjà fragilisé du fait même de leur état de réfugiés et accepter dans le même temps, certaines réserves à une telle convention. C'est certainement pour cette raison que le législateur universel admet et autorise au 3e alinéa de l'article 7 du protocole de 1967 relatif au statut des réfugiés, l'éventualité du retrait de la réserve à tout moment par l'État.

En effet, quand on a conscience des droits protégés par cette convention, on ne peut raisonnablement imaginer la pratique des réserves. L'autorité et l'esprit même du Protocole de la convention auraient dû suffire à empêcher l'hypothèse d'un article 7 ouvrant la voie aux réserves.

La convention qui régit les aspects propres aux problèmes des réfugiés sur le plan universel entend dans son article premier, le réfugié comme toute personne qui, depuis la fin de la Seconde Guerre mondiale, craint d'être persécutée, notamment, du fait de sa race, de sa religion et de sa nationalité. Elle ne s'applique pas aux auteurs de crimes internationaux ou de crimes de droit commun. Par ailleurs, elle fait obligation aux États de garantir aux réfugiés les droits dévolus à toute personne humaine. L'article 31 interdit aux pays d'accueil d'appliquer des sanctions pénales aux réfugiés en situation irrégulière ; il les encourage plutôt à leur accorder le bénéfice du droit d'asile. En outre, aucun État ne doit expulser des réfugiés ni les refouler dans un territoire où leur vie serait en danger ; pourtant l'article 32 de la Convention de 1951 relatif à l'expulsion peut faire l'objet de réserves au regard de l'article 7 du protocole. Par ailleurs, la convention encourage les États à leur concéder d'autres droits tels que l'assimilation et la naturalisation. Il faut aussi souligner que cet instrument juridique impose aux États le principe du traitement identique avec les nationaux dans un certain nombre de domaines[209] tels que l'article 22 qui promeut l'enseignement primaire, l'article 17 (1) sur les professions salariées qui précise que les États contractants sont tenus d'accorder aux réfugiés *« le traitement le plus favorable accordé, dans les mêmes circonstances, aux ressortissants d'un pays étranger »*. Or, ces dispositions ont justement fait l'objet de réserves émanant de nombreux États, tels qu'examinés précédemment.

Les dispositions consacrant ces droits réservés ne peuvent donc plus avoir la même portée juridique que pour un autre État non-réservataire.

---

[209] Dictionnaire de droit international public, 3e édition, Québec, Éditions Yvon Blais Inc., 1997, p. 359 (D), *« Le dispositif international du droit de l'asile-rapport général »*, IN Société française pour le droit international (SFDI), Colloque de Caen : droit d'asile et des réfugiés, Paris, Pedone, 1997, pp.13-81.

La pratique des réserves aux droits des réfugiés, bien qu'autorisée au niveau universel par l'article 7 du protocole de 1967 a comme conséquence fondamentale la limitation de la portée juridique des dispositions conventionnelles ainsi consacrées.

En ce qui concerne la question des réfugiés en Afrique, les réserves formulées par certains États posent de sérieux problèmes au regard de la particularité du droit africain des réfugiés.

2. La particularité du droit africain des réfugiés face à la pratique des réserves

De nombreux États africains tels que l'Égypte, Madagascar, le Rwanda, le Burundi, le Cap-Vert et le Congo comme précédemment vu ont émis des réserves à la Convention de 1951 ainsi qu'à son Protocole de 1967 et ne les ont pas retirées jusqu'à nos jours.

Au-delà de la protection universelle des réfugiés, le texte fondamental qui réglemente la condition des réfugiés dans la région est la Convention de l'OUA régissant les aspects propres aux problèmes des réfugiés en Afrique, convention à laquelle plusieurs États ont d'ailleurs émis des réserves. Nous précisons que l'OUA est devenue l'Union africaine ; l'Acte constitutif de l'Union africaine a été signé à Lomé au Togo le 11 juillet 2000. En application de l'article 33 dudit acte : les prérogatives, les biens, les droits et les obligations de l'OUA ont été transférés à l'UA ; les instruments juridiques pris sous l'égide de l'OUA sont intégrés dans le corpus juridique de l'UA. Lors du Sommet spécial de l'Union africaine, tenu le 22 octobre 2009 à Kampala (Ouganda), a été adoptée, la Convention de l'Union africaine sur la protection et l'assistance aux personnes déplacées en Afrique. Elle a pu résoudre le cas des personnes en situation vulnérables dans leur propre pays au même titre que les réfugiés.

Adoptée le 10 septembre 1969 et entrée en vigueur le 20 juin 1974[210], la Convention de l'OUA a étendu et renforcé le statut du réfugié en Afrique[211] ; ce qui permet déjà de constater l'incompatibilité entre les droits des réfugiés et la pratique des réserves.

En effet, relativement à l'extension de la notion de réfugié, la Convention de l'OUA donne une définition plus dense et détaillée que la Convention de Genève en lui consacrant deux critères d'éligibilité : le premier est tiré de la *« persécution »* et le second, de la *« violence »*. D'une part, l'instrument juridique africain reprend presque intégralement le contenu des articles premiers de la convention précitée et de son protocole, car dans l'article 1 (1),

---

[210] DE SCHUTTER (O) et autres, op cit, pp.692-697.

[211] Lire DEGNI SEGUI (R), *« L'action des institutions africaines en matière de réfugiés »*, IN SFDI, Colloque de Caens-droit d'asile et des réfugiés, op cit, pp.229-230.

la Convention de 1969 définit également le réfugié comme la personne qui fuit son pays d'origine et ne peut ou ne veut y retourner par crainte d'être persécutée du fait de sa race, sa religion, sa nationalité, son appartenance à un certain groupe social ou ses opinions politiques. D'autre part, elle élargit la notion de réfugié en couvrant d'autres personnes non protégées par la Convention de Genève. Ainsi, aux termes de son paragraphe 2, celui-ci est entendu comme toute personne qui fuit sa résidence habituelle du fait d'une agression, d'une occupation extérieure, d'une domination étrangère, ou d'évènements troublant l'ordre public dans une partie ou dans la totalité de son pays d'origine ou du pays dont elle a la nationalité. À travers ces deux critères, la convention franchit un pas important dans la protection des réfugiés, car en plus des victimes du totalitarisme, elle met sous son ombrelle protectrice celles des guerres civiles et des conflits. Les réserves de l'Égypte, de Madagascar, du Cap-Vert, du Congo et du Rwanda aux conventions universelles de protection des réfugiés constituent déjà un obstacle juridique à la portée normative et substantielle des dispositions suscitées de la Convention de l'OUA qui constitue le modèle le plus approprié de mise en œuvre du droit de Genève en Afrique vu qu'elle a renforcé le statut du réfugié.

En effet, la Convention de l'OUA établit un lien dialectique entre les droits et les devoirs du réfugié. Pour ce qui est des droits notamment, elle met l'accent sur trois principes fondamentaux : l'asile, le non-refoulement et le rapatriement volontaire. La question de l'asile est réglementée par l'article 2 dans ses alinéas 1, 4 et 5 qui prescrit aux États membres de faire tout leur possible pour accueillir les réfugiés. Contrairement à la Convention de Genève, la Convention de l'OUA n'admet aucune limite au principe du non-refoulement, et pas même par la voie des réserves autorisées telles que le prévoit l'article 7 du protocole de 1967. En effet, l'article 2 (3) de la Convention de 1969 en fait une règle absolue, car il interdit d'obliger un réfugié de retourner ou de demeurer dans un territoire où sa vie, son intégrité corporelle ou sa liberté seraient menacées. Le titre V consacre le rapatriement volontaire en mettant un certain nombre d'obligations à la charge du pays d'asile, du pays d'origine et de la communauté internationale.

Cela étant, au regard de la complexité du statut du réfugié en Afrique, on peut difficilement concevoir que les réserves formulées aux différents traités y relatifs soient conformes à leur intégrité. Aussi est-il important que les États ratifient les traités relatifs au statut des réfugiés sans réserve ; ceci permettra de mettre plus facilement les moyens légaux pour faire l'effort d'en assurer au quotidien l'exacte application.

À ce titre, on peut citer parmi tant d'autres États le cas du Cameroun, qui sans réserve, est partie à la Convention de Genève de 1951 depuis le

23 octobre 1961 et à son protocole depuis le 19 septembre 1972[212]. Par ailleurs, cet État a également adopté la Convention de l'OUA de 1969 le 9 octobre 1969, ratifié le 09 juillet 1975 et déposé ses instruments de ratification le 1er octobre 1986[213] sans réserve. Le Cameroun, État non-réservataire, a mené deux actions très positives dans la protection des droits des réfugiés qui méritent d'être soulignées, car elles vont dans le sens de l'esprit des conventions de 1951 et de 1969.

En premier lieu, il s'agit d'une réussite du droit extraditionnel camerounais, car cet État a refusé d'extrader huit réfugiés politiques au Rwanda au lendemain du génocide d'avril 1994. En effet, la Cour d'appel du Centre a estimé que les réfugiés risquaient d'être soumis à la torture[214]. En second lieu, nous notons une évolution véritable du droit interne relatif à la protection de ces étrangers, car la loi n° 2005/006 du 27 juillet 2005 portant statut des réfugiés au Cameroun a été adoptée et promulguée. Ce texte qui comprend cinq chapitres s'imprègne suffisamment des conventions universelles et régionales en la matière, définit les réfugiés et réglemente leurs droits et obligations.

En effet, pareil système rigoureux normatif et institutionnel de protection des réfugiés est rarement observable au sein des États réservataires, car les réserves constituent déjà une limite en soi à la portée juridique des règles définissant le statut des réfugiés, car, comme c'est notamment le cas pour le Cameroun, un traité ratifié sans réserve peut déjà susciter au plan interne le souci de faire des efforts pour en rendre les droits effectifs.

Cependant, lorsqu'un droit fait déjà l'objet d'une réserve, il est ineffectif. Le traité en lui-même paraît illusoire, car certaines voire la plupart de ses dispositions réservées sont inappliquées, parce qu'entre autres, dépourvues de véritable portée juridique tandis que d'autres dispositions non réservées bénéficient d'une réelle valeur juridique au plan normatif, ce qui peut constituer, même pour ces droits-là, la base d'une garantie éventuelle de leur protection.

Or, le traité est un tout, et toutes ses dispositions sont liées, inter-reliées, indispensables et indissociables, car c'est leur mise en commun qui en constituent le traité ; le fait d'en sacrifier quelques-unes par la pratique des réserves à l'initiative des États ou de la convention, comme c'est le cas de

---

[212] Publications de l'Institut International des droits de l'homme, Institut René Cassin de Strasbourg, *La Convention de Genève du 28 juillet 1951 relative au statut des réfugiés 50 ans après : Bilan et Perspectives*, Bruxelles, Bruylant, 2001, 456 p., p.448.

[213] *Lawyers Committee for human rights: African exodus, refugee crisis, human rights and the 1969 OAU convention, A report of the Lawyers Committee for human rights*, S.V., Juillet 1995, p. 253.

[214] Décision de la Cour d'Appel du Centre, In Affaire N° 337/COR, 21 février 1997, Yaoundé, Cameroun.

l'article 7 du Protocole de 1967, ouvre généralement la voie à de multiples abus. En effet, tout comme la question s'est posée pour le droit des femmes, le statut des réfugiés ne peut être compatible avec la permissivité des réserves, quand bien même le traité les autoriserait explicitement.

Les réserves formulées à la Convention des Nations Unies sur l'élimination de toutes les formes de discriminations raciales confortent également notre position.

Paragraphe 2 : Les problèmes juridiques des réserves à la Convention des Nations Unies sur l'élimination de toutes les formes de discriminations raciales

Adoptée le 21 décembre 1965 par la résolution 2106 A (XX) de l'AGNU, la convention est entrée en vigueur le 4 janvier 1969.

Son application au sein des États présente encore des difficultés sérieuses au regard des réserves (B) qui ont été formulées par les États (A).

A. L'étendue des réserves à la convention

Il s'agit des réserves émises par certains États européens (1), africains et asiatiques (2).

1. Les réserves formulées par les États européens

Les réserves de la France, de Monaco, du Liban, de Roumanie et de la Suisse sont concernées.

En ce qui concerne l'article 4 (relatif à la répression des actes antiraciaux), la France tient à préciser qu'elle interprète la référence qui y est faite aux principes de la DUDH ainsi qu'aux droits énoncés dans l'article 5 de la même convention comme déniant les États parties de l'obligation d'édicter des dispositions répressives qui ne soient pas compatibles avec les libertés d'opinion et d'expression, de réunion et d'associations pacifiques qui sont garanties pas ces textes. En ce qui concerne l'article 6 (relatif au droit de tous d'ester en justice sans distinction de race), la France déclare que la question du recours devant les tribunaux est réglée, en ce qui la concerne, selon les normes du droit commun.

Quant à Monaco, la réserve portant sur l'article 2, alinéa 1er (sur l'interdiction de discrimination raciale) est libellée ainsi qu'il suit : *« Monaco se réserve le droit d'appliquer ses dispositions légales relatives à l'admission des étrangères et étrangers sur le marché du travail de la Principauté »* ; par ailleurs, en ce qui concerne à l'article 4, Monaco formule la même réserve que la France.

La République de Roumanie déclare qu'elle ne se considère pas liée par les dispositions de l'article 22 de la convention, d'après lesquelles les différends entre deux ou plusieurs États parties, touchant l'interprétation ou l'application de la Convention qui n'auront pas été réglés par voie de négociation ou au moyen des procédures expressément prévues par la Convention seront portés, à la requête de toute partie au différend, devant la CIJ. La République de Roumanie estime que de pareils différends pourraient être soumis à la CIJ, seulement avec le consentement de toutes les parties en litige pour chaque cas particulier. Le Liban formule la même réserve.

La Suisse, sur l'article 4, se réserve le droit de prendre les mesures législatives nécessaires à la mise en œuvre de l'article 4, en tenant dûment compte de la liberté d'opinion et de la liberté d'association, qui sont notamment inscrites dans la DUDH. En ce qui concerne l'article 2 (1) (a), cet État se réserve, tout comme Monaco, le droit d'appliquer ses dispositions légales relatives à l'admission des étrangères et des étrangers sur le marché du travail suisse.

Les réserves formulées par les États africains et asiatiques sont plus ou moins semblables à celles présentées ci-dessus.

2. Les réserves formulées par les États africains et asiatiques

L'Égypte, Madagascar, le Maroc, le Rwanda et le Vietnam, ont formulé la même réserve que les États européens à l'article 22, à savoir que ces États ne se considèrent pas liés par les dispositions de l'article 22 de la convention, d'après lesquelles les différends entre deux ou plusieurs États parties, touchant l'interprétation, ou l'application de la Convention qui n'auront pas été réglés par voie de négociation ou au moyen des procédures expressément prévues par la Convention seront portés, à la requête de toute partie au différend, devant la CIJ. Leurs gouvernements respectifs estiment en effet que de pareils différends pourraient être soumis à la CIJ, seulement avec le consentement de toutes les parties en litige pour chaque cas particulier.

Ces réserves posent certains problèmes juridiques concrets.

B. Les problèmes juridiques liés aux différentes réserves à la convention sur l'élimination de toutes les formes de discriminations raciales

La plupart des réserves émises par les États européens, africains et asiatiques, ont essentiellement trait au refus de la compétence de la CIJ en cas de différends tels qu'exigés par l'article 22 de la convention, soit 7 États sur 10, à l'exclusion de la France, de la Pologne et de Monaco. Or, au regard du rôle joué par la CIJ dans la résolution des différends interétatiques liés à l'interprétation des traités en général et à l'application des traités internationaux relatifs aux droits de l'homme en particulier, le refus de la justiciabilité des droits protégés peut rendre illusoire, fragile et stérile, la convention internationale sur la non-discrimination raciale. En effet, tant les États que le juge international[215] ont la responsabilité de veiller au respect des traités et de prévenir les litiges internationaux y relatifs.

C'est la raison pour laquelle certains États réservataires à la convention ont attiré l'attention du Comité pour l'élimination des discriminations raciales sur l'impact que causaient les réserves à sa bonne application (2). Bien plus, il ressort de la pratique des États que les réserves à la convention peuvent légitimer certaines violations liées au principe de non-discrimination notamment (1).

1. Les réserves à la convention et les violations du principe de non-discrimination

Des États tels que la France, le Royaume de Monaco, ont émis des réserves que nous estimons assez vagues et générales à l'article 4 de la convention qui consacre, entre autres, l'obligation de réprimer toute discrimination raciale visant un quelconque droit civil, politique, économique, social ou culturel. En ce qui concerne les droits civils et politiques, ces trois États interprètent l'article 4 comme les déliant de l'obligation d'édicter des dispositions répressives qui ne soient pas compatibles avec les libertés d'opinion, et d'expression, de réunion et d'association pacifiques qui sont garanties par les articles 19 et 20 de la DUDH ainsi que par les articles 5 (d) (VIII) (IX) de la Convention.

Ceci revient à dire qu'en ce qui concerne ces droits politiques, les États suscités se réservent le droit ou la faculté de réprimer ou non les discriminations raciales et leurs victimes d'une part, et d'autre part, d'instaurer un dispositif normatif de répression des violations du principe de non-discrimination raciale.

Une telle réserve bat en brèche le fondement juridique de la convention, à savoir le respect de l'intégrité du principe de non-discrimination raciale.

Au-delà des droits civils et politiques, il est intéressant de s'interroger sur le sort réservé par la France, notamment, aux droits économiques, sociaux et culturels (DESC) consacrés par l'article 5 de la convention. En effet, cet État fait référence aux droits proclamés par les articles 4 et 5, dans sa réserve vague et générale. Or, l'article 4 (c) dispose que les États ne doivent pas permettre aux autorités nationales ou locales d'inciter à la discrimination raciale ou de l'encourager : l'article 5 (e) (i) stipule que les États s'engagent à interdire et à éliminer la discrimination raciale sous toutes ses formes dans la jouissance des

[215] CAFLISCH (L), *'cent ans de règlement pacifique des différends interétatiques'*, IN RCADI, Tome 288, 2001, pp. 249-461.

droits au travail, à des conditions équitables et satisfaisantes de travail, à la protection contre le chômage, à un salaire égal pour un travail égal, à une rémunération équitable et satisfaisante.

Une jurisprudence française rendue par le juge des référés du tribunal administratif de Marseille le 26 mars 2008[216] a pourtant attiré notre attention, au regard des DESC consacrés par la convention et de la réserve vague et générale de cet État.

Cette ordonnance est relative au refus de renouvellement d'une autorisation de travail à un travailleur saisonnier agricole marocain. Cette décision, à la date ci-dessus indiquée, est l'une des 23 décisions rendues dans l'affaire des travailleurs saisonniers agricoles marocains. En l'espèce, le requérant contestait le refus par la décision en date du 10 novembre 2007 par la Préfecture des Bouches-du-Rhône de renouvellement de son autorisation de travail (et par la décision en date du 10 janvier 2008, de délivrance d'un titre de séjour). Le requérant, titulaire tous les ans, entre 1983 et 2007, d'un contrat de travailleur étranger saisonnier pour une durée indéterminée se voyait de manière systématique prolonger son contrat et n'était pas affecté à des tâches saisonnières. Aussi, au regard de la discrimination de fait qu'il a subi notamment à cause de la violation des engagements internationaux de la France sur ces travailleurs migrants, et d'une rupture de l'égalité de traitement en se référant à la directive européenne 200/43/CF du 29 juin 2000 relative à la mise en œuvre de l'égalité de traitement sans distinction de race et d'origine ethnique, à la convention N° 111 concernant la discrimination en matière d'emploi et de profession de 1958, la présente ordonnance indique qu'il existe un doute sérieux quant à la légalité de la décision du Préfet. Le Président du Tribunal de céans considère en outre que l'urgence liée à la précarité financière aggravée et au défaut de titre de séjour auxquels le requérant se trouve exposé, justifie la suspension de cet acte administratif ainsi que la délivrance d'une autorisation provisoire de travail jusqu'à ce que le Tribunal statue au fond sur la demande d'annulation.

Sachant que les principaux instruments juridiques internationaux invoqués par le juge que sont la directive européenne et la convention N° 111 s'inspirent fondamentalement de la DUDH qui consacre le principe de la non-discrimination raciale, clairement défini par la Convention des Nations Unies sur l'élimination de toutes les formes de discriminations raciales, à savoir la Convention-Mère en la matière, il nous est très facile de lier l'attitude des Préfets, représentants de l'État français, aux réserves de la France analysées plus haut. En effet, il s'agit du 23e contentieux au moins et les victimes sont des ressortissants marocains, personnes humaines de race arabe et non de race

[216] Tribunal administratif de Marseille, Ordonnance du 26 mars 2008, N° 0801291, Audience du 19 mars 2008, présidée par Madame DOL, Vice-présidente déléguée, Présidente de la Première Chambre du tribunal administratif de Marseille

blanche, comme les autres travailleurs agricoles saisonniers migrants européens qui ne sont pas victimes de cette discrimination. Il est important de rappeler que déjà, dans le cadre de ses observations finales sur les rapports examinés au cours de la 56e Session tenue du 06 au 24 mars 2000 à Genève[217], le Comité pour l'élimination de la discrimination raciale a estimé que la France devrait mettre en place des mesures plus efficaces pour interdire toute action discriminatoire fondée sur la race ou l'origine ethnique.

Il est toutefois vrai que dans le cadre de cette session, dans de nombreux États tels que le Zimbabwe qui ont ratifié la convention sans réserve, le comité a constaté que la loi sur la prévention raciale ne prend pas suffisamment en compte les dispositions de l'article 4 de la convention, aux termes duquel, les États parties s'engagent à prendre les mesures nécessaires en vue d'éliminer toute incitation à la discrimination raciale. Il est également vrai que pour d'autres États, tels que le Rwanda qui n'ont pas émis de réserve à l'article 4, le comité a constaté les efforts que le pays a déployés afin d'éliminer toutes références à des distinctions ethniques dans les actes officiels et sur les cartes d'identité.

Il reste cependant certain que du fait de leurs réserves, de nombreux États limitent la portée des droits consacrés par la convention, ce qui est susceptible d'entraîner des violations. Le Comité pour l'élimination des discriminations raciales a d'ailleurs mis en garde les États à ce sujet.

2. Certaines observations du Comité pour l'élimination des discriminations raciales au sujet des réserves étatiques

À titre illustratif, dans le cadre des réserves formulées à la Convention des Nations Unies pour l'élimination des discriminations raciales, après le 8 février 2002, le cas des BAHAMAS[218] est un réel sujet de préoccupation pour le Comité.

Dans son paragraphe 10 du point D, le comité pour l'élimination des discriminations raciales, dans ses observations finales, relève avec inquiétude les réserves formulées à la convention par l'État partie, notamment, la Déclaration, trop vague et trop étendue, selon laquelle l'État partie n'accepte pas les obligations dépassant les limites de la constitution ni l'obligation d'introduire une procédure judiciaire qui ne serait pas prescrite dans le cadre de la constitution. Une telle réserve peut en effet ouvrir la voie à des abus de

---

217 Mars 2000, Genève, 56e Session du Comité pour l'élimination de la discrimination raciale dans onze pays : France, Zimbabwe, Danemark, Malte, Espagne, Tonga, Rwanda, Estonie, Lesotho, Bahreïn et Australie.

218 Comité pour l'élimination de la discrimination raciale, 64e Session, 23 février – 12 mars 2004, Examen du Rapport présenté par les BAHAMAS conformément à l'article 9 de la convention – Observations finales du Comité pour l'élimination des discriminations raciales, D) *« sujets de préoccupation et recommandation »*, point 10.

toutes sortes dans le cadre des garanties judiciaires offertes à la personne humaine, ceci au risque de légitimer des actes de torture en raison de la race de l'intéressée.

Au terme de ce chapitre, on peut estimer que la problématique des réserves aux traités internationaux relatifs aux droits de l'homme demeure pertinente au regard de leur influence négative sur la portée juridique et l'effectivité des droits des femmes, du statut des réfugiés, et du respect du principe de la non-discrimination raciale. La réflexion semble plus subtile en ce qui concerne la protection des enfants et la lutte contre la torture.

CHAPITRE II :

LES RÉSERVES COMME LIMITES AUX DROITS DE L'ENFANT ET À L'INTERDICTION DE LA TORTURE

Les droits des enfants constituent assurément la catégorie la plus vulnérable devant être protégée par les règles universelles et régionales (Section 1). La question des réserves à la Convention des Nations Unies contre la torture est tout aussi sensible, tant l'effectivité de l'interdiction de la torture au sein des États, demeure très mitigée, en dépit du fait que certains gouvernements se soient résolument engagés, et par des ratifications sans réserve, à veiller scrupuleusement à son respect scrupuleux (Section 2).

Section 1 : Les réserves aux traités et les restrictions aux droits de l'enfant

À la date du 8 février 2002, de nombreux États avaient formulé des réserves à la Convention des Nations Unies relatives aux droits de l'enfant. Il s'agit de réserves pour la plupart vagues, générales et très rigoureuses sur l'applicabilité des droits proclamés (paragraphe 2), qu'elles émanent des pays de l'Occident ou du continent africain (paragraphe 1).

Paragraphe 1 : Le contenu juridique des réserves à la Convention des Nations Unies relatives aux droits de l'enfant

Nous distinguerons, selon que les réserves émanent des pays du Nord (A) ou du Sud (B).

A. L'état des réserves émises par les gouvernements occidentaux

Les six États suivants sont concernés : le Canada, la France et le Luxembourg d'une part (1) ; d'autre part, Monaco, la Slovénie et la Suisse (2).

1. Les réserves canadiennes, françaises et luxembourgeoises

Le Canada a en premier lieu formulé des réserves à l'article 21 de la Convention des Nations Unies relative aux droits de l'enfant ; cet article traite des règles relatives à l'adoption. Il y est dit qu'en vue de s'assurer le plein respect de l'objet et de l'intention recherchés au paragraphe 20 (3) et à l'article 30 de la convention, le gouvernement du Canada se réserve le droit de ne pas appliquer les dispositions de l'article 21, dans la mesure où elles pourraient entrer en conflit avec les formes de garde coutumière au sein des peuples autochtones du Canada. En second lieu, cet État a fait des réserves à l'article 37 (c) de la convention. Ce dernier consacre l'interdiction de la torture contre les mineurs et recommande qu'un régime pénitentiaire spécifique soit appliqué aux mineurs. Le gouvernement du Canada a accepté les principes généraux prévus à l'article 37 (c), mais se réserve le droit de ne pas séparer les enfants des adultes dans les cas où il n'est pas possible ou approprié de le faire.

Sur les réserves faites par la France[219], cet État déclare que l'article 6 de la convention (sur le droit à la vie), ne saurait être interprété comme faisant obstacle à l'application des dispositions de la législation française relative à l'interruption volontaire de la grossesse. Par ailleurs, cet État déclare, compte tenu de l'article 2 de la constitution de la République française[220], que l'article 30 (relatif aux droits des enfants issus d'une minorité ethnique, religieuse ou linguistique) n'a pas lieu de s'appliquer en ce qui concerne la République. En outre, cet État interprète l'article 40, paragraphe 2 (b) (V) relatif aux garanties d'un procès équitable et au droit de faire appel, comme posant un principe général auquel la loi peut apporter des exceptions limitées. Il en est ainsi, notamment, pour certaines infractions relevant en premier et dernier ressort du tribunal de police ainsi que pour les infractions de nature criminelle. Au demeurant, les décisions rendues en dernier ressort peuvent faire l'objet d'un recours devant la Cour de cassation qui statue sur la légalité de la décision intervenue.

Quant au Luxembourg, cet État a émis cinq réserves assez vagues et générales. Dans sa première réserve, le Gouvernement luxembourgeois considère qu'il est dans l'intérêt des familles et des enfants de maintenir les dispositions de l'article 334-6 du Code civil[221]. Dans la deuxième réserve, cet État déclare que la présente convention n'exige pas de modification du statut juridique des enfants nés de parents entre lesquels existe une prohibition absolue au mariage, ce statut étant justifié par l'intérêt de l'enfant, comme prévu à l'article 3 de la convention. Le Gouvernement luxembourgeois déclare, troisièmement, que l'article 6 de la présente convention (sur le droit

[219] La France a intitulé l'ensemble de ces dispositions *« déclarations et réserves faites par la France »* lors de la signature et les a confirmées au moment de la ratification. Aussi nous les considérons toutes comme des réserves ; dans notre 2e partie, il sera démontré que des déclarations étatiques peuvent avoir les mêmes effets que les réserves.

[220] Cet article dispose que : *« la langue de la République est le français. L'emblème national est le drapeau tricolore, bleu, blanc, rouge. L'hymne national est la "Marseillaise". La devise de la République est "Liberté, Égalité, Fraternité". Son principe est : gouvernement du peuple, par le peuple et pour le peuple »*.

[221] L'article 334-6 du Code civil luxembourgeois stipule que *« si au temps de la conception, le père ou la mère était engagé dans les liens du mariage avec une autre personne, l'enfant naturel ne peut être élevé au domicile conjugal qu'avec le consentement du conjoint de son auteur »*.

à la vie) ne fait pas obstacle à l'application des dispositions de la législation relative à l'information sexuelle, à la prévention de l'avortement clandestin et à la réglementation de l'interruption de la grossesse.

En quatrième lieu, cet État considère que l'article 7 de la convention (sur le droit de l'enfant nouveau-né à un acte d'état civil de naissance et la lutte contre le phénomène de l'apatridie) ne fait pas obstacle à la procédure légale en matière d'accouchement anonyme qui est considéré comme étant dans l'intérêt de l'enfant, comme prévu à l'article 3 de la convention. En cinquième lieu enfin, le Gouvernement luxembourgeois déclare que l'article 15 de la présente convention (sur la liberté d'association et de réunion pacifique) ne tient pas en échec les dispositions de la législation en matière de capacité d'exercice des droits. Les réserves des autres États européens à la Convention des Nations Unies relatives aux droits de l'enfant méritent d'être présentées pour mieux cerner notre position dans le cadre de la réflexion.

2. Les réserves monégasques, slovènes ou slovéniennes[222] et suisses

La Principauté de Monaco déclare que la présente convention, notamment en son article 7 (sur le droit de l'enfant nouveau-né à un acte d'état civil de naissance et la lutte contre le phénomène de l'apatridie), ne saurait affecter les règles définies par la législation monégasque en matière de nationalité.

La République de Slovénie se réserve le droit de ne pas appliquer le paragraphe 1 de l'article 9 de la convention (relatif à l'obligation de protéger les droits de l'enfant maltraité) du fait que sa législation interne donne droit aux autorités compétentes (centres de service social) de déterminer au sujet de la séparation d'un enfant de son/ses parents sans une révision judiciaire préalable.

La Suisse a formulé cinq réserves plus ou moins précises sur le plan de la définition des droits consacrés. Dans sa réserve à l'article 5 (sur la responsabilité des parents à respecter les droits des enfants), la législation suisse concernant l'autorité parentale demeure réservée. Sur l'article 7, est réservée la législation suisse sur la nationalité, qui n'accorde pas un droit à l'acquisition de la nationalité suisse. Sur l'article 10, paragraphe 1 (sur la demande d'un enfant à bénéficier de la réunification familiale pour entrer dans un État partie), est réservée la législation suisse, qui ne garantit pas le regroupement familial à certaines catégories d'étrangers.

Dans sa réserve à l'article 37 (c), la séparation des jeunes et des adultes privés de liberté n'est pas garantie sans exception. Dans sa réserve à

[222] La Slovénie ou la République de Slovénie est un pays d'Europe centrale dont les habitants sont appelés les Slovènes ou les Slovéniens. On parle d'ailleurs des Alpes slovéniennes. C'est pourquoi nous parlons des réserves slovènes ou slovéniennes.

l'article 40 de la convention (sur toutes les garanties judiciaires et juridictionnelles du mineur auteur d'une infraction pénale) sont concernées :

- la procédure pénale suisse des mineurs qui ne garantit ni le droit inconditionnel à une assistance ni la séparation, au niveau personnel et de l'organisation, entre l'autorité d'instruction et l'autorité de jugement ;
- la législation fédérale en matière d'organisation judiciaire sur le plan pénal, qui prévoit une exception au droit de faire examiner par une juridiction supérieure la déclaration de culpabilité ou la condamnation, lorsque l'intéressé a été jugé en première instance par la plus haute juridiction ;
- la garantie de la gratuité de l'assistance d'un interprète ne libère pas définitivement le bénéficiaire du paiement des frais qui en résultent.

Le contenu de ces réserves occidentales à la Convention des Nations Unies sur les droits de l'enfant est, dans une certaine mesure, assez distinct du cas des pays africains.

B. L'état des réserves émises par les gouvernements africains

Il s'agit des réserves formulées par sept États à savoir, d'une part Djibouti, l'Égypte et le Mali (1) ; d'autre part, on peut citer le Maroc, les iles Maurice, la Mauritanie et la Tunisie (2).

1. Les réserves djiboutiennes, égyptiennes et maliennes

Le gouvernement de la République de Djibouti déclare dans sa réserve vague et générale, qu'il ne se considère pas lié par les dispositions ou articles de la convention incompatibles avec sa religion et ses valeurs traditionnelles.

L'Égypte, dans sa réserve formulée lors de la signature et confirmée lors de la ratification, précise qu'attendu que la loi islamique est l'une des principales sources de son droit positif interne et tout en considérant qu'il est impératif d'assurer par tous les moyens aux enfants la protection dont ils ont besoin, ne reconnaît pas l'adoption. Par ailleurs, le Gouvernement de la République arabe d'Égypte émet des réserves sur toutes les dispositions de la Convention concernant l'adoption, et en particulier celles des articles 20 (protection par l'État de l'enfant privé de son milieu familial) et 2 (respect de l'intérêt supérieur de l'enfant dans la réglementation interne de l'adoption).

Le Gouvernement de la République du Mali déclare dans sa réserve, très vague et générale que, compte tenu du Code de la Parenté du Mali, l'article 16 (sur l'interdiction de violer le droit à la vie privée et familiale, à l'honneur et la réputation de l'enfant) de la Convention n'a pas lieu de s'appliquer.

L'étude des réserves formulées par le Maroc, les iles Maurice, la Mauritanie, et la Tunisie sont plus spécifiques que celles-ci.

2. Les réserves marocaines, mauriciennes, mauritaniennes et tunisiennes

Le gouvernement du Royaume du Maroc, dont la constitution garantit à chacun l'exercice de la liberté du culte, formule une réserve concernant les dispositions de l'article 14, qui reconnaît à l'enfant le droit à la liberté de religion, puisque l'Islam est religion d'État. Le gouvernement des iles Maurice, ayant examiné la Convention des Nations Unies relatives aux droits de l'enfant, adhère à celle-ci en formulant une réserve expresse au sujet de son article 22 qui traite spécifiquement du droit des enfants réfugiés. Il s'agit d'une réserve très vague et générale vu qu'elle remet en question l'ensemble des droits des réfugiés accordés aux mineurs[223]. En signant cette importante convention, la République islamique de Mauritanie formule des réserves à l'égard des articles ou dispositions susceptibles d'aller à l'encontre des croyances et des valeurs de l'Islam, religion du Peuple et de l'État. Cette réserve est tout aussi vague que celle du Royaume du Maroc.

Quant à la Tunisie, cet État émet tout d'abord une réserve sur les dispositions de l'article 2 de la convention (sur l'obligation pour les États de garantir les droits sans aucune distinction) qui ne peuvent constituer un obstacle à l'application des dispositions de sa législation nationale relative au statut du personnel, notamment en ce qui concerne le mariage et les droits de succession. Le gouvernement de la République tunisienne considère ensuite que les dispositions de l'article 40, paragraphe 2 (b) (V) (sur les garanties judiciaires) posent un principe général auquel la loi nationale peut apporter des exceptions comme c'est le cas pour les jugements prononcés en dernier ressort par les tribunaux cantonaux et les chambres criminelles sans préjudice du droit de recours devant la Cour de cassation chargée de veiller à l'application de la loi. Le gouvernement tunisien considère enfin que l'article 7 de la convention (sur l'état civil de l'enfant et la lutte contre le phénomène de l'apatridie) ne peut être interprété comme interdisant l'application de sa législation nationale en matière de nationalité et en particulier les cas de la perte de la nationalité tunisienne. Les réserves ci-dessus présentées posent exactement les mêmes problèmes juridiques examinés précédemment, à savoir une limitation des droits des enfants du fait

---

[223] Dans le chapitre précédent, notamment dans sa section première et au premier paragraphe, sur les problèmes que posent les réserves au statut des réfugiés, nous avons démontré que du fait des réserves, les réfugiés en général, y compris les enfants réfugiés en particulier, connaissent certaines discriminations. La réserve mauricienne permet de confirmer que les mêmes causes peuvent produire les mêmes effets.

de l'atténuation de la portée juridique des dispositions conventionnelles y relatives.

Paragraphe 2 : La pratique des réserves et la limitation des droits des enfants

Les réserves à la Convention des Nations Unies relatives aux droits de l'enfant remettent en cause certains éléments substantiels liés au statut juridique de l'enfant (A) et ceci peut « encourager » certaines violations des droits qui y sont consacrés tandis que les États non-réservataires font souvent montre de beaucoup de volonté pour y remédier du fait des facilités liées à l'inexistence des réserves (B).

A. L'atténuation substantielle ou normative des dispositions conventionnelles du fait des réserves

L'analyse des réserves suscitées permet de relever que d'une manière générale, elles limitent substantiellement les droits de l'enfant ou du mineur qu'il soit (1) ou non (2) en liberté.

1. La limitation substantielle des droits du mineur en liberté

Le Royaume de Monaco et la Suisse, ont par exemple émis des restrictions à l'état civil de l'enfant, notamment aux droits à la nationalité en le soumettant à leur législation interne qui ne confère pas un droit à la nationalité Suisse ou Monégasque. La question que l'on se pose est celle de savoir ce qu'il advient, au vu de ces réserves, de l'enfant nouveau-né en Suisse sous « X », c'est-à-dire de père inconnu et abandonné par sa mère à la naissance ? En outre, qu'advient-il d'un enfant nouveau-né, trouvé dans la rue par des citoyens suisses ou par des autorités du Royaume de Monaco ? Ne deviennent-ils pas, au regard des réserves suisses et monégasques, pour ne citer que ces cas-là, des enfants apatrides[224] ?

---

[224]Un apatride désigne une personne qu'aucun État ne considère comme ressortissant par application de sa législation. Plusieurs millions d'individus sont en effet pris au piège de ce vide juridique, et bénéficient d'un accès limité à la protection juridique nationale et internationale ou à des droits de base comme la santé et l'éducation. Les conventions internationales sur l'apatridie ont été établies le 28 septembre 1954 (Convention des Nations Unies relative au statut des apatrides) et le 30 août 1961 (Convention des Nations Unies sur la réduction des cas d'apatridie). À notre connaissance, la Suisse et Monaco ne les ont pas encore ratifiées. Ces deux conventions ont également fait l'objet de nombreuses réserves et déclarations étatiques (notamment du Danemark, de la Belgique et du Royaume-Uni d'Angleterre et d'Irlande du Nord pour la première et du Royaume-Uni d'Angleterre et d'Irlande du Nord, de l'Autriche et de l'Irlande pour la seconde), que nous n'avons cependant pas jugé nécessaire d'étudier dans le cadre de cette analyse. En 1974, l'Assemblée générale des Nations Unies a demandé au HCR de fournir aux apatrides une assistance juridique limitée et,

Les gouvernements suisses et monégasques ne doivent pas oublier que tous les ans, environ 40 millions d'enfants ne sont pas enregistrés à leur naissance ; ils sont privés de nationalité et d'ascendance juridiquement reconnue[225]. Comment pourront-ils « s'intégrer juridiquement » à un État qui ne leur reconnaît pas sa nationalité ?

La question de l'intégration et l'étendue des discriminations que peut subir un enfant nouveau-né, dans une telle situation en Suisse, à Monaco, ou dans tout autre État ayant émis les mêmes réserves peuvent tendre à complexifier davantage l'incertitude du statut de l'apatride. Aussi, ces pays gagneraient, comme l'article 32 de la convention relative au statut des apatrides encourage les États, à faciliter, dans la mesure du possible, l'assimilation et la naturalisation des intéressés. Il ne faudrait pas oublier qu'on est national d'origine ou par naturalisation et hormis les procédures classiques prévues par chaque droit interne, les États reconnaissent en général deux modes classiques d'octroi de la nationalité. En effet, tant les règles du *jus sanguini*[226] que du *jus solis*[227] peuvent également permettre à un enfant né sur le territoire d'un État d'en avoir la nationalité.

Les réserves de la Suisse et de la Principauté de Monaco à la Convention des Nations Unies sur les droits de l'enfant, qui n'octroient pas de droit, la nationalité à des enfants, s'avèrent donc délicates en ce qui concerne les enfants nouvellement nés victimes du phénomène de l'apatridie. Ces réserves pourraient constituer une exclusion des apatrides, du droit à une nationalité, qui ne répond aucunement aux normes du droit international en vigueur vu la lutte contre le phénomène de l'apatridie.

Substantiellement dépourvus de nationalité du fait de ces réserves, ces enfants apatrides peuvent souffrir de *« fragilité juridique »* et peuvent être considérés comme *« civilement morts »*. L'article 15 de la DUDH qui dispose

---

en 1996, a étendu le mandat de l'agence pour la prévention et la réduction de l'apatridie au plan mondial. Cette même résolution a appelé le HCR à promouvoir activement l'adhésion des États aux Conventions internationales sur l'apatridie, ainsi que les États à adopter une législation nationale pour réduire l'apatridie, suivre les principes du droit international et prévenir la destitution arbitraire de nationalité. Le Comité exécutif du HCR a exprimé sa préoccupation à propos de la durée prolongée de situations d'apatridie et a appelé le HCR à leur accorder une attention particulière et à étudier, avec les États concernés, des mesures pour les améliorer et éventuellement y mettre un terme. Il est également important de savoir que certains réfugiés peuvent être apatrides (on les appelle les apatrides-réfugiés), mais toutes les personnes apatrides ne sont pas reconnues comme réfugiés. D'une manière générale, les réserves précitées émises par le Royaume de Monaco et la Suisse, notamment, peuvent poser des problèmes juridiques quant à la définition des droits de l'enfant apatride-réfugié.

[225] UNHCR, Réfugiés, Volume1, n° 122, Milan, p.7.

[226] C'est le droit à la nationalité par le lien du sang c'est-à-dire que l'enfant a de droit la nationalité de ses parents ou de l'un d'eux s'ils ne sont pas ressortissants d'un même État.

[227] C'est le droit à la nationalité par le lien du sol c'est-à-dire par rattachement au territoire, l'enfant a d'office la nationalité du pays qui l'a vu naître.

que *« tout individu a droit à une nationalité »* ne peut donc être en phase avec les réserves suisses et monégasques, car il est reconnu qu'accorder une citoyenneté à l'apatride constitue l'un des plus grands « droits » que puisse accorder un gouvernement[228]. L'attitude contraire contribuerait à favoriser l'apatridie[229].

Les États tels que Djibouti, le Maroc, la Mauritanie ont émis des réserves vagues et générales sur la liberté de religion du fait que l'Islam y est une religion d'État. Une telle réserve pose un problème juridique sérieux, car la liberté de religion doit être garantie par tous les États sans aucune exception conformément aux règles universelles des droits de l'homme et aux principes des Nations-Unies.

L'attitude de ces pays constitue sans aucun doute une limite juridique sérieuse au principe de la laïcité de l'État. Par ailleurs, ces États ne devraient pas oublier que conformément à l'article 4 (2) du PIDCP, la liberté de religion est un droit indérogeable et comme démontré dans le premier chapitre du premier titre de notre première partie[230], il s'agit d'un droit intangible insusceptible de réserves.

La diminution, du fait des réserves, des droits proclamés de l'enfant en liberté, est encore plus complexe lorsque le mineur fait l'objet des poursuites judiciaires.

2. La limitation normative des droits du mineur faisant l'objet de poursuites judiciaires

Le Canada, la France, la Suisse et la Tunisie ont, d'une manière générale, émis des réserves aux différentes dispositions juridiques de la convention consacrant l'ensemble des droits garantissant, pour le mineur, le droit à un procès équitable, l'obligation d'un régime pénitentiaire spécifique distinct de celui des adultes, le droit de faire appel.

L'article 3 de la convention dispose pourtant clairement en son alinéa premier que *« dans toutes les décisions qui concernent les enfants, qu'elles soient le fait des institutions publiques ou privées de protection sociale, des tribunaux, des autorités administratives ou des organes législatifs, l'intérêt supérieur de l'enfant doit être une considération primordiale »*. Aucune de ces réserves n'est compatible ni à l'esprit de la convention ni à son but, à la seule lecture de son article 3 (1) qui en constitue l'un des fondements à savoir, la protection de l'enfant.

---

[228] UNHCR, Réfugiés, Volume 2, n° 112, Milan, 1998, pp.14-15.

[229] PACAUD (C), *« Ni d'ici ni d'ailleurs ? Analyse du processus de construction sociale de l'apatridie »* (http://www.uhb.fr/sc_humaines/ceriem/documents/cc4cecil.htm).

[230] Voir le premier chapitre sur les réserves aux droits civils et politiques : le cas des droits intangibles.

Ces réserves atténuent considérablement les règles relatives aux droits des enfants à la justice, à une juste justice. Or, il s'agit dans l'ensemble de droits indérogeables consacrés par l'article 4 (2) du PIDCP et comme démontré dans le premier chapitre du premier titre de notre première partie[231], il s'agit d'un droit intangible qui ne peut faire l'objet d'aucune réserve.

Les différentes réserves étatiques à la convention relative aux droits de l'enfant peuvent constituer des causes de limitations, voire de violations des droits. Mais le plus important est de savoir que certains États qui l'ont ratifiée sans réserve font de nombreux efforts pour s'y conformer.

B. La pratique des réserves et l'inapplicabilité des droits de l'enfant ou la ratification sans réserve et l'évolution positive des droits de l'enfant

Tel que démontré précédemment, les réserves constituent déjà une limite juridique aux droits de l'enfant et cette limite peut avoir des effets dans la portée pratique des droits, car les États adoptent généralement des législations internes conformes aux réserves qu'ils ont formulées pour restreindre leurs obligations conventionnelles internationales.

Dans le sens contraire, il arrive qu'un État qui ratifie un traité sans aucune réserve s'engage objectivement à le respecter. En ce qui concerne le cas des droits des enfants, des États tels que le Cameroun ont renforcé le cadre juridique de protection des enfants en se conformant aux normes universelles et régionales de protection des enfants par l'adoption de législations multiples à l'instar de la loi n° 2005/015 du 29 décembre 2005 sur la lutte contre la traite et le trafic des enfants[232]. Par ailleurs, contrairement aux États canadien et égyptien, qui ont émis de sérieuses réserves à l'article 21 relatif à l'adoption dans l'intérêt supérieur de l'enfant, l'État camerounais fait beaucoup d'efforts

---

231 Voir le premier chapitre sur les réserves aux droits civils et politiques : le cas des droits intangibles.

232 À titre illustratif, l'article 3 de la loi précitée punit d'un emprisonnement de cinq (5) à dix (10) ans et d'une amende de dix mille (10 000) à cinq cent mille (500 000) FCFA, toute personne qui met en gage un enfant. Selon la qualité de l'auteur, le délit est puni comme un crime, c'est-à-dire d'une peine d'emprisonnement de dix ans (10) minimum ; c'est le sens de l'alinéa 2 de l'article 3. L'alinéa 3 punit plus sévèrement la personne qui reçoit l'enfant mis en gage. La peine est de dix ans et l'amende de dix milles (10 000) à un million (1 000 000) de FCFA. Pour plus de détails sur la pertinence de cette loi au regard des textes universels protecteurs des droits de l'enfant, lire TANEKE (E), *« un cadre juridique de lutte contre la traite et le trafic des enfants au Cameroun : Loi N° 2005/015 du 29 décembre 2005 »*, Séminaire de vulgarisation de la loi relative à la lutte contre le trafic et la traite des enfants, Ebolowa, 27 et 28 janvier 2009, ministère de la Justice au Cameroun.

pour veiller au respect de certaines dispositions des conventions internationales y relatives ratifiées sans réserve[233].

En effet, la convention relative aux droits de l'enfant a été ratifiée sans réserve par le Cameroun le 11 janvier 1993. Elle protège universellement les droits de tous les enfants sans aucune discrimination. Ainsi, qu'ils soient ou non les nationaux du territoire sur lequel ils se trouvent, les enfants bénéficient des mêmes privilèges. Son article 10 indique que toute demande faite par un enfant, en vue d'entrer dans un État partie ou de le quitter aux fins de réunification familiale, est considérée dans un esprit positif avec humanité et diligence.

En outre, l'article 11 recommande aux États membres de prendre des mesures pour lutter contre les déplacements et les non-retours illicites d'enfants à l'étranger. L'article 22 est plus explicite à propos des enfants réfugiés, car il exige que les pays concernés les protègent et assistent ceux qui cherchent à obtenir ce statut. Il a été élaboré un Protocole facultatif se rapportant à la Convention relative aux droits de l'enfant, concernant la vente d'enfants, la prostitution des enfants, et la pornographie mettant en scène des enfants. Ce texte est entré en vigueur le 18 janvier 2002[234]. Il vient renforcer la protection des enfants en général et implicitement, celle des enfants étrangers, prévue par la convention. Il les préserve contre toute forme d'exploitation et d'asservissement. Son article 3 (1) est suffisamment expressif à propos.

En effet, il exige que chaque État veille à ce que certains actes et activités soient pleinement réprimés par son droit pénal, que ces infractions soient commises au plan interne ou transnational par un individu ou de façon organisée. À titre illustratif, nous pouvons citer : le fait d'offrir, de remettre ou d'accepter un enfant, quel que soit le moyen utilisé, aux fins de l'exploiter à des fins sexuelles. Il s'agit également du fait de le soumettre au travail forcé et d'offrir, d'obtenir, de procurer ou de fournir un enfant à des fins de prostitution.

---

233 Cependant, les règles relatives à l'adoption n'étant pas les plus aisées à mettre en œuvre, quelques difficultés liées à la pratique judiciaire demeurent que ce soit devant le Tribunal du Premier degré ((juridiction de droit traditionnel) qui en 2004 a retenu sa compétence et fait droit à 15 demandes d'adoption introduites par des étrangers ou par des personnes ayant perdu la nationalité camerounaise alors qu'il applique la coutume des parties, c'est-à-dire des nationaux) ou devant certains Tribunaux de Grande Instance. Pour plus de détails sur ce point, lire NGATCHA (I), *« L'adoption en droit camerounais : risques en rapport avec le phénomène du Trafic et de la Traite des enfants »*, Séminaire de vulgarisation de la loi relative à la lutte contre le trafic et la traite des enfants, Ebolowa, 27 et 28 janvier 2009, ministère de la Justice du Cameroun.

234 De SCHUTTER (O) et autres, Idem, pp. 208-215. Nous tenons à préciser que le Cameroun a participé à l'adoption de ce Protocole.

En outre, le 5 septembre 1997, le Cameroun a ratifié sans réserve la charte africaine des droits et du bien-être de l'enfant qui garantit les droits et privilèges de tous les enfants de la région.

Cela étant, dans l'esprit des textes universels et régionaux susvisés, l'analyse de plusieurs rapports du ministère camerounais de la Justice[235], permet de constater que dans le cadre d'une meilleure sauvegarde des droits des enfants, des mesures visant à renforcer leur protection juridique ont été prises ainsi qu'un rappel sur la thématique de l'adoption qui a d'ailleurs été au centre de la réunion annuelle des chefs de Cours d'appel d'octobre 2008 (1). Bien plus, de nombreuses procédures et sanctions judiciaires rendent également compte de la protection des enfants dans le sens des textes internationaux (2).

1. Le renforcement du cadre juridique de l'adoption conformément à l'article 21 de la Convention des Nations Unies sur les droits des enfants

Le thème sur l'adoption a été inscrit à l'ordre du jour de la réunion des chefs de Cours d'appel, suite aux dérapages et fraudes constatés dans le processus d'adoption des enfants mineurs, aux prescriptions des conventions internationales relatives à la protection de l'enfant et aux interpellations de la communauté nationale et internationale au sujet de la traite des enfants. Le droit positif en matière d'adoption est double selon que l'on se retrouve dans la zone anglophone (a) ou francophone (b) du pays.

a. Le droit positif romano-germanique en zone francophone

L'adoption se traduit par un acte juridique passé entre l'adoptant et l'adopté ou son représentant légal. Il s'agit d'un acte solennel soumis à l'homologation de la justice. Deux types d'adoption sont prévus par la loi, notamment le Code civil français de 1804,[236] encore applicable au Cameroun. Il s'agit de l'adoption simple régie par les articles 344 à 349 du Code civil et de la légitimation adoptive, appelée aussi adoption plénière réglementée par l'article 369 du Code civil. Cette réglementation n'est pas la même que dans la zone anglophone du Cameroun, mais reste conforme, à l'esprit de l'article 21.

b. L'adoption selon la Common Law en zone anglophone

Il n'existe en réalité pas dans les régions anglophones du Cameroun un droit positif qui régit l'adoption, parce que toutes les lois antérieures à 1960 importées d'Angleterre ne comportaient aucune disposition relative à la matière.

---

[235] Cf. Rapport 2008, op cit, pp. 277-285, « *La promotion et la Protection des droits des enfants* ». Voir aussi les rapports suivants.

[236] Encore appelé *« Code Napoléon »*.

Les tribunaux saisis de demandes d'adoption recourent donc aux conventions internationales ratifiées par le Cameroun, notamment la Convention des Nations unies de 1989 sur les droits de l'enfant et la Charte africaine des droits et du bien-être de l'enfant de 1990, aux lois nationales telles que l'ordonnance de 1981 sur l'état civil, au droit coutumier et aux actes britanniques épars sur l'adoption, dont la loi anglaise de 2002.

Ainsi les procédures d'adoption sont connues par le Tribunal de grande instance s'agissant de l'état des personnes, en application de la loi camerounaise portant organisation judiciaire. L'enfant doit être âgé de moins de 18 ans, les parents adoptifs doivent être âgés de plus de 21 ans, jouir d'une bonne santé et ne doivent aucun lien de sang avec l'enfant à adopter. Le parquet intervient obligatoirement dans la procédure pour défendre les intérêts de la société ; le principe de base étant la recherche de la protection de l'intérêt supérieur de l'enfant.

De nombreuses procédures et sanctions judiciaires ont été initiées en cas de violations des règles ci-dessus ainsi que des règles générales liées à la protection des droits de l'enfant. L'effectivité de ces sanctions permet de confirmer l'application saine et rigoureuse au Cameroun, des conventions internationales universelles et régionales sur les droits des enfants.

2. Les procédures et sanctions judiciaires applicables pour garantir les droits de l'enfant dans le sens de la législation internationale

Les dispositions du Code pénal et du Code de procédure pénale ont été appliquées par les tribunaux dans les procédures qui impliquent les mineurs, dans l'esprit de la législation internationale susvisée. Le tableau ci-dessous illustre la participation de la Justice dans la protection des mineurs dont les droits sont bafoués ou violés. Il s'agissait, notamment des cas de poursuites et condamnations pour viol, outrage à la pudeur, enlèvement d'enfants, corruption de la jeunesse, traite et trafic d'enfants en 2008.

Cour d'appel	Juridictions/nombres d'affaires connues
ADAMAOUA	- Tribunal de Première Instance de Tibati (TPI) : **06** - TPI Banyo : **07** - TPI Ngaoundéré : **03**
EST	- TPI Batouri : **03** - TPI Yokadouma : **08** - TPI Bertoua : **08**
LITTORAL	- TPI Yabassi : **07** - TPI DoulaBonajo : **02** - TPI Nkongsamba : **02** - TPI Douala Ndokoti : **06** - Tribunal de Grande Instance (TGI) du Moungo : **20** - TGI Wouri : **33**
NORD	- TPI Garoua : **03** - TPI Guider : **03** - TPI Tcholliré : **03** - TPI Poli : **01**
NORD-OUEST	- TPI Kumbo : **06** - TPI Ndp : **01** - TPI Batibo : **06** - TPI Bamenda : **01** - TPI Menchum : **01** - TPI Wum : **01** - TPI Nkambe : **06** - TPI Donga/Mantung : **02** - TPI Mbengwi : **06** - TGI Mezam : **13**
OUEST	- TPI Bafoussam : **02** - TPI Mifi : **17** - TPI Dschang : **05** - TGI Menoua : **05**

Les procédures et sanctions judiciaires en cas de violation des droits des mineurs au Cameroun démontrent la participation de la justice dans la protection des mineurs qu'il s'agisse de procédures en cours devant le juge d'instruction ou la juridiction de jugement ou encore de procès définitivement réglés, ceci à la lumière des différents rapports du MINJUSTICE, tel que le tableau précédent le démontre[237]. Par ailleurs, dans les cas de procédures civiles ou en matière de droit traditionnel, les juges

[237] Tableau illustratif dans les rapports du ministère de la Justice de 2008 sur les aux droits de l'homme la participation de la Justice dans la protection des mineurs dont les droits sont bafoués ou violés. Il s'agissait, notamment, des cas de poursuites et condamnations pour viol, outrage à la pudeur, enlèvement d'enfants, corruption de la jeunesse, traite et trafic d'enfants en 2008.

font les efforts de respecter les conventions universelles et régionales qui protègent les droits des enfants dans le rendu de leurs décisions, car le Cameroun n'a émis aucune réserve. Les matières sont diverses : reconnaissance d'enfants, matières successorales, jugements d'hérédité, tutelle, adoption, partage, notamment. Le juge camerounais veille à protéger l'intérêt supérieur de l'enfant conformément à l'article 3 de la Convention des Nations Unies sur les droits de l'enfant et à l'article 4 de la charte africaine des droits et du bien-être de l'enfant[238].

La situation des droits des enfants demeure donc un sujet d'actualité dont la complexité est certes tributaire de la volonté des gouvernants, mais aussi de leur attitude de réservataires ou de non-réservataires au moment de l'expression du consentement à être lié par le traité. Les droits des mineurs, comme nous l'avons démontré, deviennent plus complexes quand il y est fait de réserves, en ce qui concerne notamment les réserves à l'exercice du droit à la justice, celles-ci légitiment bien souvent des actes de torture à leur encontre.

Section 2 : Les réserves aux traités et la violation de la Convention des Nations Unies relatives à l'interdiction de la Torture

La convention contre la Torture et autres peines ou traitements cruels, inhumains ou dégradants du 10 décembre 1984 est entrée en vigueur le 26 juin 1987. Son protocole facultatif adopté le 18 décembre 2002 est entré en vigueur le 22 juin 2006 et a pour but, conformément à l'article premier, l'établissement d'un système de visites régulières, effectuées par des organismes internationaux et nationaux indépendants, sur les lieux où se trouvent des personnes privées de liberté afin de prévenir la torture et autres peines ou traitements cruels, inhumains ou dégradants.

Quatre États ont émis des réserves à la convention, à la date du 8 février 2002[239]. Il s'agit de la France, du Maroc, de Monaco et de la Pologne. Ces réserves sont ainsi libellées :

---

[238] Voir les statistiques au Greffe du Tribunal de première instance de Yaoundé-Ekounou statuant en matière de droit local, au sujet des centaines de jugements rendus trimestriellement par l'ensemble des juges relatives pour la plupart aux causes concernant les mineurs et qui leur sont favorables. Cela est vérifiable dans toutes les autres juridictions du pays d'une manière générale. En outre, en tant que Juge, nous rendons en moyenne depuis près de dix ans, une vingtaine de jugements civils par mois concernant les droits des enfants : gardes d'enfants, tutelle, reconnaissance, adoptions, et autres dans le sens des conventions des Nations Unies sur les droits de l'enfant et la Charte africaine des droits et du bien-être de l'enfant. En matière pénale, la procédure concernant les mineurs est également respectée conformément aux instruments juridiques suscités.

[239] Il s'agit des indications les plus récentes reçues dans le site des instruments internationaux ratifiés et des réserves y relatives ; consulter le moniteur général de recherches Google, op cit.

Le Gouvernement de la République française déclare, conformément au paragraphe 2 de l'article 30 de la convention, qu'il ne sera pas lié par les dispositions du paragraphe 1er de cet article.

Le gouvernement du Royaume du Maroc ne reconnaît pas la compétence accordée au Comité des Nations Unies contre la torture aux termes de l'article 20. En outre, conformément au paragraphe 2 de l'article 30 de la convention, qu'il ne sera pas lié par les dispositions du paragraphe 1er de cet article.

Conformément au paragraphe 2 de l'article 30 de la convention, la Principauté de Monaco déclare qu'elle ne sera pas liée par les dispositions du paragraphe 1er de cet article.

La République populaire de Pologne ne reconnaît pas la compétence accordée au Comité des Nations Unies contre la torture aux termes de l'article 20. En outre, elle ne se considère pas liée par le paragraphe 1er de l'article 30 de la Convention.

À l'analyse, l'ensemble de ces réserves ont trait à l'article 30 relatif à la saisine de la Cour internationale de Justice en cas de différend concernant l'interprétation ou l'application de la convention et plus précisément à l'alinéa 2 qui permet aux États d'émettre des réserves à ce sujet.

Comme vu pour le cas de certaines réserves visant le même objet, à la convention sur l'élimination de toutes les formes de discriminations raciales, le déni de compétence de la CIJ, bien que, dans le cas présent, prévu par la convention elle-même, met en jeu le problème de la justiciabilité des droits protégés, au niveau universel et ceci présente un sérieux problème de garantie desdits droits au regard du rôle que joue la CIJ dans l'évolution du droit international en général. C'est sûrement la raison pour laquelle l'alinéa 3 permet aux États réservataires de lever cette réserve à tout moment. Par ailleurs, les réserves formulées portent sur la compétence du Comité des Nations Unies contre la Torture au regard de l'article 20 de la Convention. Cet article fixe les conditions de coopération des États avec le comité lorsqu'il a reçu des renseignements crédibles semblant contenir des indications bien fondées que la torture est pratiquée systématiquement sur le territoire d'un État partie. À ce niveau, le Maroc et la Pologne sont les seuls États, à la date du 8 février 2002, à avoir émis de telles réserves. Elles constituent une limite juridique considérable au rôle pratique du comité dans le cadre des enquêtes confidentielles qui peuvent contribuer à légitimer des actes de Torture dans certains États, alors que l'interdiction de la torture, des peines ou traitements cruels, inhumains et dégradants est un principe intangible au regard de l'article 4 (2) qui, considérant nos précédents développements[240], est insusceptible de réserves.

---

240 Lire l'entame du premier chapitre du titre premier en première partie.

En effet, l'impossible coopération des États réservataires dans le cadre des enquêtes confidentielles du comité contre la torture est la principale critique qu'on peut faire. Du fait de la réserve à l'article 20, il devient pratiquement impossible pour le comité, d'obtenir des renseignements de la part des États, relatif aux actes de torture ou d'effectuer des visites afin d'établir un compte rendu sur l'état des travaux, conformément à l'article 24 qui exige que le comité présente un rapport annuel sur les activités entreprises dans le cadre de cette convention. En ce qui concerne particulièrement les cas du Maroc (paragraphe 1) et de la Pologne (paragraphe 2) qui ont émis ces réserves à l'article 20, il sera démontré qu'elles jouent un rôle direct et immédiat dans la perpétration des actes de torture au sein de ces États[241].

Paragraphe 1 : La réserve marocaine à l'article 20 et la pratique de la Torture

En dépit de la criminalisation de la torture au Maroc[242] que nous ne saurons éluder pour une meilleure réflexion (A), la réserve formulée à l'article 20 de la convention constitue jusqu'à nos jours, un frein sérieux à l'effectivité de l'interdiction de la torture (B).

A. Quelques efforts indéniables de criminalisation de la torture au Maroc en dépit de la réserve à l'article 20

Le Maroc est le premier pays de la région d'Afrique du Nord à avoir désigné la torture comme un crime spécifique dans son code pénal. Ceci représente une étape très importante, non seulement pour le respect de ses obligations envers sa population et la communauté internationale, mais aussi pour toute la région, le Maroc pouvant servir d'exemple pour d'autres pays. La criminalisation de la torture comporte plusieurs éléments qui permettent d'examiner la conformité de la loi marocaine avec certaines conditions exigées par la convention internationale contre la torture, dans ses dispositions non réservées bien évidemment. Ces éléments peuvent consister aux modalités légales (1) et juridictionnelles (2) de répression de la torture au Maroc.

---

241 Bien entendu, il existe d'une manière générale des actes de torture dans tous les États du monde (ne serait-ce que dans les cellules de commissariat, les brigades de gendarmerie, les prisons) qu'ils aient ou non, ratifié, avec ou sans réserve la convention contre la torture. L'intérêt de cette section sera de faire le lien direct et immédiat entre l'intensité des actes de torture au Maroc et en Pologne du fait de la réserve à l'article 20.

242 Pour plus de détails, lire REILLY (E), « *La criminalisation de la torture au Maroc : Commentaires et recommandations* », février 2008, Association pour la prévention de la torture (APT).

1. Les modalités légales de répression de la torture au Maroc

Il s'agit notamment de la définition de la torture (a) et de sa criminalisation (b).

a. La définition de la torture

Le comité contre la torture a souligné à plusieurs reprises l'importance que la définition de la torture dans la loi nationale soit en pleine conformité avec l'article premier de la convention contre la torture et autres peines ou traitements cruels, inhumains ou dégradants (« ***la Convention*** »)[243]. Il ressort de l'article 1er alinéa 1 de la convention que le terme « torture » désigne tout acte par lequel une douleur ou des souffrances aiguës, physiques ou mentales, sont intentionnellement infligées à une personne aux fins notamment d'obtenir des aveux, de la punir d'un acte qu'elle ou une tierce personne a commis ou est soupçonnée d'avoir commis, de l'intimider ou de faire pression sur elle ou d'intimider ou de faire pression sur une tierce personne. Il s'agit également de tout autre motif fondé sur une forme de discrimination quelle qu'elle soit, lorsqu'une telle douleur ou de telles souffrances sont infligées par un agent de la fonction publique ou toute autre personne agissant à titre officiel ou à son instigation ou avec son consentement exprès ou tacite. La torture ne s'étend pas à la douleur ou aux souffrances résultant uniquement de sanctions légitimes, inhérentes à ces sanctions ou occasionnées par elles. Aussi, selon l'alinéa 2, *« cet article est sans préjudice de tout instrument international ou de toute loi nationale qui contient ou peut contenir des dispositions à portées plus larges. »*

D'après l'article 231 (1) du Code pénal marocain, le terme torture désigne tout fait qui cause une douleur ou une souffrance aiguë physique ou mentale, commis intentionnellement par un fonctionnaire public ou à son instigation ou avec son consentement exprès ou tacite, infligé à une personne aux fins de l'intimider ou de faire pression sur elle ou de faire pression sur une tierce personne, pour obtenir des renseignements ou des indications ou des aveux, pour la punir pour un acte qu'elle ou une tierce personne a commis ou est soupçonnée d'avoir commis, ou lorsqu'une telle douleur ou souffrance est infligée pour tout autre motif fondé sur une forme de discrimination quelle qu'elle soit. Ce terme ne s'étend pas à la douleur ou aux souffrances résultant uniquement de sanctions légales, ou occasionnées par ces sanctions ou qui leur sont inhérentes.

---

[243] À titre illustratif, voir, Comité contre la torture, Rapport du Comité contre la torture, UN Doc. A/62/44, 2007. Dans sa 38e session, en avril et mars 2007, le Comité a adressé cette question dans ses conclusions et recommandations concernant six des sept pays considérés lors de la session (Danemark, Italie, Japon, Pays-Bas, Pologne et Ukraine), et en a fait référence lors de la discussion verbale avec le septième État partie (Luxembourg : compte-rendu de la 762e séance, UN Doc. CAT/C/SR.762, 2007, paragraphe 8).

Plusieurs différences avec la convention peuvent être relevées selon qu'elles lui sont ou non incompatibles. À titre illustratif, la loi marocaine remplace la référence à un *« acte »* par lequel une douleur ou des souffrances sont infligées, par une référence générale à *« tout fait qui cause »* une douleur ou une souffrance. Cette modification sert à clarifier que les omissions ainsi que les actes peuvent constituer une torture, quand les autres éléments de la définition sont réunis. Elle est non seulement compatible avec la définition de l'article 1er de la convention, mais aussi intéressante dans la mesure où elle clarifie la portée de la prohibition de la torture.

Par ailleurs, la plupart des objectifs de la torture, tels qu'explicitement définis dans la convention, apparaissent dans la loi marocaine. La seule exception est l'omission de l'intimidation d'une tierce personne. La loi marocaine ne reprend pas la phrase *« aux fins notamment de »* de la convention, donc la liste d'objectifs dans l'article 231 (1) du Code pénal marocain est, en principe, restrictive. Cette omission est donc incompatible avec l'obligation de l'État sous l'article 4 de la convention. Une interprétation en conformité avec la convention reste cependant possible en faisant référence à cet instrument. L'analyse de l'article 4 de la convention tel que repris par le Code pénal marocain permet presque de présenter les mêmes observations.

b. L'article 4 de la convention ou la criminalisation des actes de torture au plan interne

L'article 4 de la convention prévoit que *« tout État partie veille à ce que tous les actes de torture constituent des infractions au regard de son droit pénal. Il en est de même de la tentative de pratiquer la torture ou de tout acte commis par n'importe quelle personne qui constitue une complicité ou une participation à l'acte de torture. 2. Tout État partie rend ces infractions passibles de peines appropriées qui prennent en considération leur gravité ».*

La torture, telle que définie par l'article 231 (1) du Code pénal marocain, introduit par la loi n° 43-04, constitue un crime selon le Code pénal, seuls les fonctionnaires publics qui *« ont pratiqué »* la torture peuvent encourir une responsabilité criminelle. Cette disposition devrait être interprétée en pleine conformité avec la Convention ; tout agent de la fonction publique qui a donné son consentement tacite à la torture doit également encourir une peine, même s'il n'a pas directement infligé la souffrance. Aucune personne exerçant une autorité quelconque ne devrait pouvoir éviter la responsabilité pour la torture commise par un subordonné quand elle savait ou aurait dû savoir que de tels faits étaient probables[244].

[244] Voir le Comité contre la torture, General Comment 2, paragraphe 26 (disponible uniquement en anglais).

En ce qui concerne la tentative de pratiquer la torture, celle-ci constitue également un crime selon l'article 114 du Code pénal, qui prévoit que toute tentative de crime qui a été manifestée par un commencement d'exécution ou par des actes non équivoques tendant directement à le commettre, si elle n'a été suspendue ou si elle n'a manqué son effet que par des circonstances indépendantes de la volonté de son auteur, est assimilée au crime consommé et réprimé comme tel.

L'article 4 (1) de la convention dispose que « *n'importe quelle personne* » devrait pouvoir encourir une responsabilité criminelle pour complicité ou participation à un acte de torture. L'article 128 du Code pénal marocain prévoit que *« sont considérés comme auteurs, tous ceux qui, personnellement, ont pris part à l'exécution de l'infraction »*. Le crime de la torture ne pouvant être commis que par les fonctionnaires publics selon le même code, il est impossible que d'autres personnes soient considérées comme auteurs. En ce qui concerne la participation directe, la loi marocaine ne semble pas alors entièrement conforme aux dispositions de la convention.

Les dispositions concernant la complicité apparaissent dans les articles 129 et 130 du Code pénal. L'article 129 définit un complice d'un crime comme une personne qui, sans participation directe, provoque ou, avec connaissance, aide ou assiste l'auteur ou les auteurs du crime. L'article 130 prévoit que *« le complice d'un crime... est punissable de la peine réprimant ce crime »*. Bien que la peine pour le crime de torture ne s'applique qu'aux fonctionnaires publics, il est possible d'interpréter l'article 130 en conformité avec la Convention. La police, les procureurs et les juges pourraient alors, en principe, mettre en examen pour complicité de torture toute personne, qu'elle soit fonctionnaire ou non. Cependant, une déclaration de la part des autorités compétentes serait bienvenue pour clarifier l'étendue du crime de complicité dans la torture.

Le comité contre la torture n'a pas explicitement formulé des directives concernant la durée de la réclusion qui serait appropriée pour le crime de torture. Toutefois, un examen des avis exprimés par les membres du Comité lors de l'examen des rapports suggère qu'une réclusion de six à vingt ans est en général considérée en conformité avec les obligations de l'État[245]. La peine minimum de cinq ans de réclusion et une amende de 10 000 dirhams, prévue par l'article 231 (2) du Code pénal, semble alors appropriée.

Dans toutes ses considérations, le procureur devrait garder à l'esprit l'article 118 du Code pénal, qui prévoit que *« le fait unique susceptible de plusieurs qualifications doit être apprécié suivant la plus grave d'entre elles »*. Cette disposition est en conformité avec la convention, telle qu'elle a

---

[245] INGLESE (C), *The UN Committee against Torture: An Assessment, Kluwer Law International*, 2001, p. 342.

été interprétée par le comité dans son Observation générale n° 2. Dans ce commentaire, le Comité a souligné que chaque fait qui constitue une torture doit être poursuivi comme tel, et ne devrait pas faire l'objet d'une infraction moindre[246].

Ce dispositif normatif est complété par un système institutionnel tout aussi répressif.

2. La juridiction universelle attribuée aux juridictions nationales en cas de répression des actes de torture

La Convention dispose à travers les articles 5 à 8 que les États parties peuvent exercer une juridiction universelle sur le crime de la torture. Tout État partie doit établir sa compétence en ce qui concerne les infractions commises sur tout territoire sous sa juridiction, et quand l'auteur présumé de l'infraction est l'un de ses ressortissants. Quand la victime est un ressortissant de l'État, l'exercice de sa juridiction est à la discrétion de l'État. L'article 10 du Code pénal marocain dispose que « *sont soumis à la loi pénale marocaine, tous ceux qui, nationaux, étrangers ou apatrides, se trouvent sur le territoire du Royaume, sauf les exceptions établies par le droit public interne ou le droit international* ». L'article 12 de ce code, lu en conjonction avec les articles 707 à 712 du code de procédure pénale, prévoit que la loi pénale marocaine s'applique aux infractions commises hors du Royaume en certains cas. Quand l'auteur présumé du crime est marocain, ou quand la victime est marocaine, l'auteur présumé peut être poursuivi et jugé d'après les dispositions de la loi marocaine.[247]

En plus, l'article 5 (2) de la convention prévoit que tout État partie doit prendre « *les mesures nécessaires pour établir sa compétence aux fins de connaître lesdites infractions : la torture, la tentative de torture, la participation à la torture et la complicité de torture dans le cas où l'auteur présumé de celles-ci se trouve sur tout territoire sous sa juridiction et où ledit État ne l'extrade pas* ». Le Code pénal et le Code de procédure pénale sont utilisés dans les cas où ni l'auteur présumé ni la victime ne sont marocains. Il serait souhaitable que la législature modifie la loi pour établir une telle compétence, en conformité avec les exigences de la Convention.

En dépit de cet arsenal juridique soucieux de respecter la convention, le Maroc, du seul fait de la réserve à l'article 20, peut aisément causer certains actes de torture qui passeraient inaperçus aux yeux du Comité contre la Torture. C'est le véritable problème juridique qu'il est indispensable d'analyser.

---

246 Le Comité contre la Torture, Observation générale 2, paragraphe 10 (disponible uniquement en anglais).

247 Cf. article 707 et 710 du code de procédure pénale.

A. La perpétuation de certains actes de Torture au Maroc du fait de l'article 20 réservé

Cette question est d'autant plus cruciale que l'AGNU par la voix la plus autorisée à savoir le Secrétaire général des Nations Unies (1) et le Comité des Nations Unies contre la Torture (2) s'est inquiété des réserves à l'article 20 et de la recrudescence de la pratique de la torture au Maroc.

1. Les inquiétudes du Secrétaire général de l'ONU au sujet des réserves à l'article 20

Lors de la 57ᵉ session de l'AGNU tenue le 30 août 2002 sur l'état de la convention contre la torture et autres peines ou traitements cruels, inhumains ou dégradants[248], le Secrétaire général dans le cadre de son Rapport a relevé plusieurs observations, nous ne citerons que celles relatives à la réflexion en cours.

Il a en effet relevé, dans sa Résolution 56/14 du 19 décembre 2001, que l'Assemblée s'est félicitée des travaux du Comité contre la Torture et pris note de son Rapport[249]. Par ailleurs, l'AGNU a instamment demandé à tous les États qui ne l'avaient pas encore fait de devenir parties à la convention à titre prioritaire. En outre, l'AGNU a invité tous les États qui ont ratifié la convention ou y ont adhéré, et ceux qui y sont parties et ne l'ont pas encore fait, à envisager de se joindre aux États parties ayant déjà déposé les déclarations prévues aux articles 21 (relatives aux communications interétatiques présentées au Comité) et 22 (sur les communications individuelles) de la convention. Le Secrétaire général de l'ONU, dans le cadre de son rapport, a enfin rappelé aux États d'envisager la possibilité de retirer leurs réserves à l'article 20 en les priant instamment de s'acquitter rigoureusement des obligations que leur impose la convention, notamment celle de présenter les rapports prescrits à l'article 19.

Nous partageons cette interpellation du Secrétaire général de l'ONU, car les réserves étatiques à l'article 20 rendent pratiquement impossible la coopération entre les États et le comité avec comme conséquence logique, la production des rapports suite à certaines enquêtes confidentielles sur les pratiques de torture dans ledit pays. C'est dans ce sens que dans le cadre de la 57ᵉ session précitée, le Secrétaire général de l'ONU a rappelé que la Commission des droits de l'homme des Nations Unies (actuel Conseil des Droits de l'Homme), par sa

---

[248] AGNU, cinquante-septième session, point 111 (a) de l'ordre du jour provisoire, questions relatives aux droits de l'homme : état de la convention contre la Torture et autres peines ou traitements cruels, inhumains ou dégradants ; Distribution générale A/57/400, 30 août 2002, version française (original en anglais), 8 pages.

[249] Documents officiels de l'AGNU, cinquante-sixième session, Supplément N° 44 (A/56/44).

résolution 2002/38 en date du 22 avril 2002[250] a aussi encouragé les États parties à envisager de limiter les réserves qu'ils pourraient émettre à l'égard de la convention, à donner à ces réserves un libellé aussi précis et une portée aussi étroite que possible, à faire en sorte qu'aucune réserve ne soit incompatible avec l'objet et le but de la convention et à revoir régulièrement toute réserve formulée à l'égard des dispositions de la convention en vue de la retirer. Le Maroc qui a signé la Convention le 8 janvier 1989 et l'a ratifiée le 21 juin 1993 est bel et bien concerné par ces observations vu qu'il a formulé des réserves à l'article 20 et que celles-ci constituent une porte d'entrée à toutes sortes d'abus tels que le Comité le précise.

2. Les inquiétudes du Comité des Nations Unies contre la torture au sujet de la recrudescence de la pratique de la torture au Maroc

Dans ses recommandations et conclusions rendues publiques le 20 novembre 2003[251], le Comité des Nations Unies contre la Torture s'était déjà déclaré préoccupé par *« l'accroissement du nombre d'allégations de torture, et de peines ou traitements cruels, inhumains ou dégradants »* au Maroc. À l'occasion de l'examen par le Comité du rapport du Maroc, la FIDH et l'OMDH[252], l'une de ses organisations membres au Maroc, avaient présenté au Comité des observations et recommandations relatives au 3e rapport gouvernemental du Maroc en vertu de la convention.

La FIDH et l'OMDH s'étaient surtout inquiétées des mesures introduites par la loi antiterroriste du 29 mai 2003 et des pratiques développées dans le cadre de la lutte contre ce phénomène au Maroc. En effet, la police judiciaire et d'autres services de sécurité jouissent actuellement de pouvoirs étendus et de nombreux témoignages font état d'une augmentation importante des cas de torture, ainsi que des cas d'enlèvements qui révèlent un recours de plus en plus fréquent à des centres de détention secrets. Le Comité s'est ainsi déclaré très préoccupé par « *l'extension considérable des délais de garde à vue, période pendant laquelle le risque de torture est le plus grand, tant dans le droit pénal général que dans la loi antiterroriste* ». La FIDH a ainsi rappelé dans son rapport que le Maroc doit mettre en œuvre au plus vite les recommandations du Comité, et en particulier, faire les déclarations prévues aux articles 21 et 22 de la Convention et lever les réserves à l'article 20 de la Convention contre la torture et autres peines ou traitements cruels inhumains

[250] Documents officiels du Conseil économique et social, 2002, Supplément N° 23 (E/2002/23), Chap.II, Section A.
[251] Cf. Rapport de la fédération internationale des ligues des droits de l'homme : *« Maroc : Le Comité des Nations Unies contre la Torture s'inquiète de la recrudescence de la pratique de la Torture au Maroc »*, 21 novembre 2003 (source : www.figh.org).
[252] Organisation marocaine des droits humains

et dégradants, car de telles réserves ont des implications sérieuses dans la pratique de la Torture au Maroc.

C'est dans le même sens que le 26 juin 2007, en dépit de la loi marocaine de 2007 analysée précédemment et incriminant les actes de torture, d'autres associations marocaines de défense des droits de l'homme[253] ont déclaré que la torture est toujours d'actualité au Maroc. En ce qui concerne le CMDH, il a d'ailleurs publié un rapport accablant sur les supplices physiques, psychologiques et sexuels que subissent les détenus et les prévenus dans les commissariats de police, de la gendarmerie, des centres de détention secrets et dans les prisons. De tels sévices ne figurent pas dans les rapports que le Maroc envoie au Comité, contrairement aux prescriptions de l'article 20 de la convention auxquelles cet État a formulé une réserve. Les réserves à l'article 20 constituent donc un problème crucial dans la lutte répressive contre les actes de torture perpétrés en Afrique à l'instar du Maroc, ou en Europe à l'exemple de la Pologne, pour ne citer que ces deux cas.

Paragraphe II : La réserve polonaise à l'article 20 et la pratique de la torture

Dans le cadre des examens des rapports soumis au comité par les États parties en application de l'article 19 de la convention, le Comité contre la torture a interpellé la Pologne au sujet des réserves formulées à l'article 20 (A) qui tendent à légitimer la pratique systématique des actes de torture à l'insu de la communauté internationale (B).

A. L'interpellation de la Pologne par le Comité des Nations Unies contre la Torture sur les risques causés par les réserves à l'article 20

Parmi les nombreuses questions qui ont fait l'objet de l'examen du 4e rapport périodique de la Pologne[254] (1), celle relative à l'intérêt d'une réserve à l'article 20 peut être considérée comme la plus capitale, car elle suscite de nombreuses interrogations liées à la réelle application par la Pologne de la Convention (2).

---

[253] En l'occurrence l'OMDH, l'Association marocaine des droits de l'homme (AMDH), Amnesty Maroc, la Ligue marocaine des droits de l'homme (LMDH), le Centre marocain des droits de l'homme (CMDH).

[254] Convention contre la Torture et autres peines ou traitements cruels, inhumains ou dégradants, Distribution générale, CAT/C/POL/4/Rev.1, 26 février 2007, Comité contre la Torture, trente-huitième session, Genève, 30 avril -18 mai 2007, Liste des points à l'occasion de l'examen du quatrième rapport périodique de la Pologne (CAT/C/67/Add.5).

1. Les questions techniques posées au sujet de l'article 20 réservé

Le Comité s'est, à plus d'une occasion, interrogé sur le point de savoir : *« est-ce que la Pologne envisage de retirer sa réserve concernant l'article 20 de la Convention et, dans la négative, d'indiquer pourquoi elle ne souhaite pas le faire ? »*.

Cette réserve suscite en effet bien des difficultés en ce qui concerne la coopération de l'État avec le Comité lorsqu'il s'agit de fournir, en toute objectivité, certains renseignements tels que la description des mesures prises par l'État partie pour lutter contre la violence à l'égard des femmes, notamment le viol et le harcèlement sexuel, en particulier dans les centres de détention, en se basant éventuellement sur les cas dénoncés, les mises en accusation et les condamnations ; la même incertitude est observable s'il s'agit de savoir, comme l'a demandé le Comité, dans le cadre dudit rapport, s'il existe en Pologne une législation ayant pour objet de prévenir et d'interdire la production, le commerce, l'exportation, et l'utilisation du matériel spécialement conçu pour infliger des tortures ou d'autres peines ou traitements cruels, inhumains ou dégradants.

De même, il est difficile, au regard de la réserve polonaise à l'article 20 de la convention, que cet État justifie le cadre juridique et administratif régissant l'usage excessif de la force par la police. Dans quelles circonstances et situations les forces de sécurité sont-elles autorisées à utiliser des armes à feu ? Le comité s'est d'ailleurs demandé s'il y a eu une quelconque étude ou vérification scientifique des effets et des risques de l'utilisation de munitions non pénétrantes.

Les dispositions d'une convention constituent un Tout indissociable et une seule réserve au moins porte ostensiblement atteinte à l'intégrité du Traité dans son entièreté. C'est la raison pour laquelle, dans le cadre de la liste des points à traiter par le Comité récemment en 2007, à l'occasion de l'examen du 4e rapport périodique de la Pologne, l'une des dernières questions, n'en était pas la moindre, mais plutôt au contraire, la plus fondamentale, celle de savoir si la Pologne envisage de retirer sa réserve concernant l'article 20 de la Convention et, dans la négative, d'indiquer pourquoi elle ne souhaite pas le faire.

L'article 20 peut à juste titre être considéré comme l'un des piliers de la convention, car sa mise en œuvre réelle permet de lutter contre des actes de torture les plus secrets, dès lors qu'en vertu de ses dispositions, le Comité peut ordonner des enquêtes confidentielles sur l'ensemble du territoire de l'État concerné. Une réserve à cet article a pour suite logique, la prolifération des actes de torture dans le secret au sein des États à l'insu du Comité, et la Pologne pourrait être un cas très illustratif à ce sujet.

2. Quelques actes de torture clandestins perpétrés en Pologne : un lien avec la réserve à l'article 20 ?

À titre illustratif, en avril 2009, un rapport du Comité international de la Croix-Rouge (CICR)[255] a été clandestinement communiqué à la presse polonaise. Ce rapport faisait état d'allégations de torture et d'autres mauvais traitements infligés à 14 détenus « *de grande valeur* » incarcérés en Pologne dans le cadre du programme de détentions secrètes de la Central Intelligence Agency (CIA)[256], qui ont par la suite été transférés dans le camp de détention de Guantanamo, au Cuba. Ces détenus disent avoir été frappés, enfermés dans des espaces exigus, privés de sommeil et soumis en permanence à de la musique diffusée à plein volume.

Trois des 14 détenus ont signalé au CICR qu'ils avaient été soumis au « *water boarding* » (simulacre de noyade). Ils avaient été tous victimes d'une disparition forcée. En mars 2008, le parquet de Varsovie a ouvert une enquête sur des allégations de crimes commis dans les centres de détention en Pologne dans le cadre du programme de la CIA et en juin de la même année, l'enquête a été confiée au parquet national. Au regard de faits ci-dessus relatés, nous nous interrogeons sur l'attitude que peut avoir la Pologne si le comité contre la torture, inquiété d'une telle affaire, décide de mettre en application l'article 20 qui lui permet de faire des enquêtes confidentielles, des visites sur le territoire, dès lors qu'il est établi, d'après des renseignements crédibles, comme c'est le cas en l'espèce, que la torture y est pratiquée systématiquement et en secret ? La réserve à l'article 20 constitue un réel blocage dans ce cadre à l'exercice de la compétence du comité. Or, on ne peut évidemment pas toujours ni dans tous les cas se fier aux seuls renseignements fournis par les États en matière de violations des droits de l'homme, pour en faire un bilan crédible. Il faut en plus des renseignements fournis par les Organisations non gouvernementales (ONG), des renseignements fournis par les organes des Nations Unies spécialisés en la matière, en l'occurrence le Comité contre la torture. Par ailleurs, en limitant les compétences du Comité, la réserve à l'article 20 permet à la Pologne de poser tous les actes de torture dans le secret le plus absolu sans être inquiétée d'un contrôle du Comité.

C'est la raison pour laquelle, dans ses conclusions et recommandations, le comité a établi un bilan très mitigé du fait de la pratique des réserves en Pologne.

---

[255] Voir documents du CICR, Rapport d'avril 2009 sur la Torture en Pologne.

[256] La Central Intelligence Agency ou CIA est l'Agence centrale de renseignements fondée en 1947 par le *National Security Act*. Il s'agit de l'une des agences de renseignement les plus connues des États-Unis. Elle est chargée de l'acquisition du renseignement (notamment par l'espionnage) et de la plupart des opérations clandestines effectuées hors de ce pays. Elle a le statut juridique d'Agence indépendante du Gouvernement des États-Unis.

B. Les réserves à l'article 20 et le bilan mitigé du comité sur l'applicabilité de la convention par la Pologne

Le comité a en effet relevé quelques aspects positifs (1) et énormément d'aspects négatifs (2) au regard de la réserve à l'article 20.[257]

1. Quelques aspects positifs

Le comité a noté avec satisfaction que pendant la période écoulée depuis l'examen du dernier rapport périodique, l'État partie a ratifié plusieurs conventions et protocoles internationaux relatifs aux droits de l'homme, à l'instar de la Convention des Nations Unies contre la torture et autres peines ou traitements cruels, inhumains ou dégradants et de son Protocole facultatif. Le comité note en outre avec satisfaction les efforts entrepris par la Pologne pour introduire des réformes législatives et modifier ses politiques et procédures en vue d'assurer une meilleure protection des droits de l'homme, y compris du droit de ne pas être soumis à la torture et à d'autres peines ou traitements cruels, inhumains ou dégradants.

Toutefois, le comité a soulevé de nombreux sujets de préoccupations liés à la réserve polonaise à l'article 20.

2. Les nombreux aspects négatifs

Le Comité regrette que l'État partie maintienne sa position de ne pas incorporer la convention dans la législation polonaise et rappelle la préoccupation qu'il a exprimée dans ses précédentes conclusions et recommandations[258] concernant l'absence dans la législation polonaise d'une qualification pénale de la torture, conformément à l'article premier et au paragraphe 2 de l'article 4 de la convention (articles 1 et 4). Par ailleurs, le comité prend note avec préoccupation des informations selon lesquelles les membres des services de répression font un usage excessif de la force, et des mauvais traitements ; il s'inquiète en particulier de la rareté des enquêtes dans le cas où il existe de fortes présomptions d'actes de torture ou de mauvais traitements commis par les forces de l'ordre contre des citoyens libres ou détenus.

Lorsque le Comité contre la torture invite la Pologne à soumettre son sixième rapport périodique d'ici au 30 juin 2011, nous regrettons que dans le cadre de cet examen, le comité n'ait reçu aucune explication de la part de la Pologne au sujet de sa réserve à l'article 20 et des conséquences juridiques

---

257 Convention contre la Torture et autres peines ou traitements cruels, inhumains ou dégradants, Distribution générale, CAT/C/POL/4/Rev.1, 16 juillet 2007, Comité contre la Torture, trente –huitième session, Genève, 30 avril -18 mai 2007, Examens des Rapports soumis par les États Parties en application de l'article 19 de la convention, Conclusions et recommandations du Comité contre la Torture à propos de la Pologne.

258 Voir Document précitée, Note A/55/44, paragraphes 85 à 95.

qu'elles posent dans l'effectivité de la convention et la pratique du Comité. Cette problématique a été éludée par le gouvernement polonais au moment de la transmission de son rapport. Or il s'agit inéluctablement du point focal de la discussion.

Certains États qui ont ratifié la convention sans aucune réserve ni à l'article 20, ont des jurisprudences très illustratives pour contribuer effectivement à la répression des auteurs des actes de torture. Ces cas illustratifs sont d'ailleurs intégrés dans les rapports que lesdits États envoient au comité contre la torture. Nous citerons l'exemple du Cameroun.

Le 21 septembre 2000, le tribunal militaire de Bafoussam au Cameroun, dans l'Affaire ministère public et Dame TONFACK Julienne c/KAMDEM Robert,[259] rend cette décision dont nous ne présentons qu'un extrait :

Attendu qu'à la suite d'un différend foncier opposant KAMDEM Robert (K. R.) à Dame TONFACK Julienne (T.J), cette dernière s'est présentée à la Brigade des Recherches de Dschang où son beau-frère, le Maréchal des Logis X, officiait comme adjoint au Commandant de Brigade, pour se plaindre ;

Attendu que la plaignante a expliqué qu'à l'aide d'un pistolet de fabrication locale, K.R. a proféré des menaces à sa personne et à ses enfants ;

Qu'il a fait partir un coup de feu en l'air dans le but de l'intimider ;

Attendu qu'ayant reçu cette plainte, le Maréchal des Logis X s'est immédiatement transporté sur les lieux pour appréhender manu militari K.R. ;

Attendu qu'il résulte des débats publics à l'audience et des pièces de la procédure qu'arrivé à la brigade, fort de ses alliances avec Dame T. J., X a soumis K.R à un traitement inhumain ;

Que non seulement ce dernier a été gardé à vue pendant 20 jours sans autorisation alors que les délais en la matière sont de 48 heures renouvelables 3 fois sur autorisation du commissaire du Gouvernement, mais encore l'intéressé a été battu à plusieurs reprises par son bourreau dans l'intention de lui extorquer des aveux ;

Qu'il s'en est sorti avec des blessures sur la plante des pieds, sur le dos et l'avant-bras gauche ;

Attendu que fort de ces sévices à lui infligés, K.R., à bout de forces, et sous la contrainte, finira par avouer ;

---

[259] Voir Jugement N° 69/00 du 21 septembre 2000, tribunal militaire de Bafoussam (Cameroun).

Mais attendu que les conditions dans lesquelles les aveux du prévenu ont été obtenus traduisent s'il en était encore besoin un exemple patent de violations flagrantes et manifestes des droits de l'homme ;

Qu'aucune procédure judiciaire digne de ce nom ne peut s'élaborer sur une base faussée au préalable ;

Qu'il échet en conséquence d'annuler purement et simplement ladite procédure, objet de l'ordre d'informer du 16 juillet 1999 de Monsieur le Ministre délégué à la Présidence chargé de la Défense.

Il en ressort que dans cette affaire relative à un empiètement de propriété, le prévenu KAMDEM R a été gardé à vue sans titre de détention, et a subi de mauvais traitements et des sévices corporels interdits par la convention contre la torture. Sur la base de ce jugement, le juge pénal camerounais, officiant dans les juridictions militaires de surcroît, a ordonné, conformément aux principes internationaux relatifs aux droits de l'homme en général et à l'interdiction de la torture en particulier, la libération immédiate du prévenu KAMDEM Robert.

Dans le même sens, le Tribunal de Première Instance d'Abong-Mbang au Cameroun déclare le 24 février 2005[260] dans un jugement dont nous ne présentons que cet extrait :

Que dans le cas d'espèce, en gardant à vue MENGUE Junette pendant 8 jours au lieu de 24 heures et en lui administrant une sévère correction après l'avoir attachée sur une potence, les éléments de la Brigade de gendarmerie de Ngoyla ont violé les textes internationaux ainsi que les principes fondamentaux de la procédure pénale ;

Que le Tribunal ne saurait valider cette manière de procéder qui est le signe d'une civilisation aux mœurs primaires portant gravement atteinte à une règle fondamentale de la procédure pénale, notamment la prohibition de la torture et son corollaire, le respect de la dignité de l'homme.

Ces deux décisions prouvent que dans certains États qui n'ont pas émis de réserves à cette convention, les juges chargés d'appliquer la loi vérifient que les personnes traduites à la barre n'ont pas subi des tortures durant leurs auditions à l'enquête préliminaire. En effet, ces jurisprudences permettent de vérifier le souci, que peuvent avoir certains gouvernements, de respecter la convention internationale contre la torture, quand ils ne l'ont pas ratifiée avec réserve, car des actes de torture commis dans des centres de détention et ce dans le plus grand secret sont effectivement réprimés et leurs auteurs sanctionnés. Il peut être bien difficile, comme on l'a vu avec le Maroc et la Pologne, de faire de tels efforts, quand on a ratifié cette convention avec

[260] Voir Jugement N° 182/COR du 24 février 2005, du TPI d'Abong-Mbang (Cameroun).

certaines réserves à l'article 20, car elles tendent à légitimer des actes secrets de torture. Cela exprime d'ailleurs le problème crucial des difficultés posées par les réserves aux traités consacrant les droits catégoriels en particulier.

Conclusion du Titre 2

L'épineuse question des réserves comme obstacle à l'effectivité des droits catégoriels vient d'être profondément analysée dans le cadre de ce second titre, quel que soit le domaine étudié : les droits des femmes, les droits des enfants, les droits des réfugiés, l'interdiction de la torture, l'interdiction des discriminations raciales. Les problèmes posés par les réserves restent les mêmes :

- La limitation de la portée juridique des dispositions conventionnelles chargées de protéger les droits de l'homme, mais surtout,
- une cause inéluctable et indéniable de violations des droits fondamentaux de la personne humaine.

En somme, le constat est vérifiable que ce soit dans le cadre des droits généraux ou catégoriels étudiés tout au long de cette première partie.

Conclusion de la première partie

La première partie nous a permis de mener une réflexion sur le phénomène des réserves dans les traités qui définissent de nombreux droits humains qu'ils soient civils et politiques à l'instar des droits intangibles amplement analysés pour mieux cerner la problématique. Dans cette phase, il était également question de recentrer le débat sur les droits économiques, sociaux et culturels qui ont également un caractère particulier sur lequel nous devions absolument nous attarder avant de poursuivre cette étude. Comme vu précédemment, il était aussi d'intérêt majeur de faire un travail de fond sur les questions juridiques qui nous interpellent au sujet des réserves aux traités qui s'attachent à protéger une catégorie spécifique de personnes.

Il est important, au terme de cette première partie, de rappeler qu'en prélude à la 59e session de la Commission des droits de l'homme (actuel Conseil des droits de l'homme) en 2003[261], le Parlement européen dans sa Résolution, dans le paragraphe 5, invitait l'Union européenne (UE) à œuvrer en vue de la ratification universelle des principaux instruments relatifs aux droits de l'homme proposés aux différents pays. Il s'agissait notamment du Pacte international relatif aux droits civils et politiques, du pacte international relatif aux droits économiques, sociaux et culturels, de la convention sur l'élimination de toutes les formes de discrimination à l'égard des femmes, de la convention relative aux droits de l'enfant, de la convention sur l'élimination de toutes les formes de discrimination raciale, de la convention contre la torture et autres traitements cruels, inhumains ou dégradants de l'homme. Cette résolution invitait les gouvernants à ratifier sans délai et sans réserve ces instruments et à les mettre en œuvre. Il s'agit dans l'ensemble, des textes que nous avons étudiés dans le cadre de cette première partie, en plus des traités relatifs aux droits des réfugiés, qui n'ont pas été cités dans la Résolution par le Parlement européen.

Dans l'article 6, le Parlement européen poursuit en invitant les membres de la commission des droits de l'homme à traduire dans les faits leurs engagements en matière de droits de l'homme, notamment, à coopérer sans réserve dans le contexte des procédures spéciales de la commission des droits

---

[261] Consulter 59e Session de la Commission des droits de l'homme, Genève, 17 mars au 25 avril 2003, Parlement européen, Textes adoptés par le Parlement-édition provisoire du 30 janvier 2003, Résolution du Parlement européen sur les droits, les priorités et les recommandations de l'Union européenne dans la perspective de la 59e session de la commission des droits de l'homme des Nations Unies de Genève du 17 mars au 25 avril 2003.

de l'homme, par exemple en émettant une invitation permanente à participer aux instruments essentiels en matière de droits de l'homme et à coopérer pleinement avec les organismes chargés du contrôle des conventions.

Le problème des réserves demeure donc une question sérieuse et cruciale à l'époque contemporaine puisqu'elle ne cesse de faire l'objet de résolutions, recommandations et décisions d'importantes structures et autres organismes internationaux de promotion et de protection des droits de l'homme. C'est dire que les réserves ne peuvent, objectivement, être conformes à l'objet et au but d'un traité au regard des difficultés réelles qu'elles entraînent dans l'applicabilité du droit international des droits de l'homme. Étant donné qu'elles ont pour effet de modifier, limiter, moduler, les engagements internationaux des États, leurs effets ne peuvent qu'être négatifs tant sur le plan formel que matériel.

Dans d'autres situations, les États qui s'engagent à ratifier des traités qui interdisent expressément l'usage des réserves formulent désormais des déclarations interprétatives. Ces déclarations interprétatives sont malheureusement des formules juridiques qui présentent le même effet pervers que les réserves proprement dites et ces États en sont conscients. Le cas le plus illustratif qui mérite d'être souligné est celui du statut de la Cour Pénale Internationale, car les déclarations interprétatives émises par les États parties sont en réalité des réserves déguisées et prohibées, constituant un facteur réel de limitation de la portée juridique de ce traité universel pourtant chargé de réprimer les plus grandes violations des droits de l'homme à l'époque contemporaine.

SECONDE PARTIE :

LES RÉSERVES, UN OBSTACLE À LA RÉPRESSION EFFECTIVE DES PLUS GRANDES VIOLATIONS DES DROITS DE L'HOMME

Étant donné que le statut de la CPI n'admet pas de réserves, nous avons constaté que les États ont imaginé d'autres formules juridiques pour limiter la compétence de la CPI dans ses fonctions de définition et de répression des plus grandes violations des droits de l'homme. Ces formules juridiques sont pour la plupart des déclarations interprétatives qui ont le même effet que les réserves proprement dites et sont à l'origine des atteintes spécifiques aux droits de l'homme. Nous étudierons donc les conséquences juridiques des déclarations interprétatives équivalant à des réserves, sur l'effectivité du Statut de la Cour Pénale Internationale. À ce propos, une analyse des déclarations faites par certains États à l'instar de la France, du Royaume-Uni, de Grande-Bretagne et d'Irlande du Nord, de l'Australie, de Malte, de la Colombie et de l'Uruguay confortera notre démonstration. Les arguments dont il s'agit seront ainsi défendus à travers deux idées principales : la pratique des réserves et la limitation ou la modification de la définition des crimes internationaux d'une part, et la pratique des réserves et la limitation de l'exercice des compétences de la Cour Pénale Internationale d'autre part.

Au préalable et avant d'amorcer chacun des titres qui constitueront cette seconde partie, il est indispensable pour nous de préciser que l'expression « *plus grandes violations des droits de l'homme* » renvoie à la notion de crimes internationaux qui ne date guère d'aujourd'hui. En effet, de nombreuses conventions internationales ont vu le jour dans le but d'humaniser la guerre, à l'instar de la Convention de Genève sur le traitement des militaires blessés[262], la Déclaration de Saint-Pétersbourg sur l'interdiction des balles explosives[263], les Conventions de La Haye II et III sur la guerre sur Terre et la conduite des hostilités[264], les conventions de La Haye III (couverture des hostilités), IV (lois et coutumes de la guerre sur Terre), VII (crimes), IX (bombardement par des forces navales)[265].

Le constat de l'inefficacité de ces textes a abouti à la nécessité pour la communauté internationale de créer une juridiction internationale susceptible de garantir l'application de ces conventions. L'ère des juridictions entraîne ainsi un processus de construction qui aboutit à la mise en œuvre de la Cour pénale internationale[266] (CPI) après les expériences avortées du Traité de

---

[262] 22 août 1864

[263] 11 décembre 1868

[264] 29 juillet 1899

[265] 18 juillet 1907

[266] La Cour pénale internationale a été créée le 17 juillet 1998 par le Traité de Rome entré en vigueur le 1er juillet 2002. Nous reviendrons sur les fonctions de la CPI dans la suite de l'analyse.

Versailles[267], du tribunal militaire international de Nuremberg[268] (TMIN) et du Tribunal de Tokyo[269]. Il était également impérieux de créer la Cour Pénale Internationale, vu la spécificité des trois Tribunaux que sont : le Tribunal pénal international pour l'ex-Yougoslavie[270] (TPIY), le Tribunal Pénal international pour le Rwanda[271] (TPIR) et le Tribunal pénal spécial pour la Sierra Leone[272].

La CPI a pour principale fonction de juger les auteurs de quatre crimes internationaux[273] que sont : le crime de génocide, le crime contre l'humanité, le crime de guerre, le crime d'agression. En ce qui concerne en particulier la répression du crime de génocide, il est important, pour mieux cerner l'analyse de cette deuxième partie, de nous attarder sur certains problèmes juridiques posés par les réserves à la convention pour la prévention et la répression du crime de génocide adoptée le 9 décembre 1948 à Paris et entrée en vigueur le 12 janvier 1951[274].

---

[267] Les articles 227, 228 et 229 du Traité de Versailles créé le 28 juin 1919 au lendemain de la Première Guerre mondiale (1914-1919) prévoyaient l'instauration d'une juridiction pénale internationale destinée à juger l'ancien Kaiser d'Allemagne Guillaume II pour « *offense suprême* » contre la morale internationale et l'autorité sacrée des traités. Cependant, les Pays-Bas refusèrent de livrer Guillaume II qui avait trouvé refuge sur leur territoire d'une part, et d'autre part, les vainqueurs manquèrent de volonté politique pour contraindre l'Allemagne à livrer 890 « *présumés criminels de guerre* » (or on est présumé innocent et non pas coupable).

[268] Il est né de l'Accord de Londres du 08 août 1945 instituant le tribunal militaire international de Nuremberg. Le principe de cet accord conclu par le gouvernement provisoire de la République française, les États-Unis d'Amérique, l'Union des Républiques Soviétiques Socialistes et la Grande-Bretagne (URSS), avait été retenu dès 1942. La révélation au monde entier de l'extermination de millions de personnes pour des raisons raciales ou religieuses par les nazis en a été le fait générateur.

[269] Le Tribunal de Tokyo a été créé par décision unilatérale américaine du 19 janvier 1946 et s'appliquait seulement au Japon.

[270] Le TPIY créé par la Résolution N° 808 du 22 février 1993 du Conseil de Sécurité des Nations Unies est chargé de juger les personnes présumées responsables des violations graves du droit international humanitaire commises sur le territoire de l'ex-Yougoslavie depuis le 1er janvier 1991. C'est un TPI ad -hoc.

[271] Le TPIR créé par la résolution du Conseil de Sécurité N° 955 du 8 novembre 1994 a été institué à la suite des massacres qui ont eu lieu au Rwanda en avril 1994 pour sanctionner les responsables. Il s'agit également d'un TPI ad -hoc.

[272] Le Tribunal Spécial pour la Sierra-Leone est une juridiction créée par accord conclu entre l'ONU et le gouvernement sierra-léonais signé en janvier 2002 et ratifié par le Parlement de Sierra Leone en mars 2002 à l'instigation du Conseil de Sécurité par la Résolution 1315 d'août 2000. Il a pour but de juger les principaux responsables de crimes commis depuis le 30 novembre 1996. Il ne s'agit pas d'un TPI ad hoc.

[273] L'article 5 du Statut de la CPI (SCPI) définit la compétence ci-dessus de cette juridiction et les articles 6 à 8 précisent les éléments caractéristiques de chaque crime à l'exclusion du crime d'agression sur lequel nous reviendrons dans les prochains développements.

[274]DAVID (E), *Code de droit international humanitaire*, 3e édition à jour au 1er juillet 2007, Bruylant, Bruxelles, 2007, p. 391-398.

Sur les problèmes juridiques posés par les réserves à la convention sur la prévention et la répression du crime de génocide[275]

Par lettre du 17 novembre 1950 du Secrétaire général de l'ONU adressée au Président de la Cour internationale de justice (CIJ), l'Assemblée générale, suite à une résolution adoptée le 16 novembre 1950 lors de sa 305e séance plénière au sujet des « *réserves aux conventions multilatérales* » demande à la CIJ un avis sur les questions suivantes :

En ce qui concerne la convention pour la prévention et la répression du crime de génocide, dans l'hypothèse du dépôt par un État d'un instrument de ratification ou d'adhésion contenant une réserve formulée soit au moment de la ratification ou de l'adhésion, soit au moment de la signature suivie de ratification :

1) l'État qui a formulé la réserve peut-il être considéré comme partie à la convention aussi longtemps qu'il maintient sa réserve si une ou plusieurs parties à la convention font une objection à cette réserve, les autres parties n'en faisant pas ?
2) En cas de réponse affirmative à la première question, quel est l'effet de cette réserve dans les relations entre l'État qui a formulé la réserve et :

   a) les parties qui ont fait une objection à la réserve ?

   b) celles qui l'ont acceptée ?

3) En ce qui concerne la réponse à la question 1, quel serait l'effet juridique d'une objection à une réserve si cette objection est faite par :

   a) un signataire qui n'a pas encore ratifié la convention ?

   b) un État qui a le droit de signer ou d'adhérer, mais qui ne l'a pas encore fait ?

La position des États et des organisations internationales a été diversifiée sur la question durant les débats. La quasi-totalité des États membres de l'AGNU est restée très favorable à l'émission des réserves au sein de cette convention en général et des différents traités multilatéraux en particulier, ceci en vertu des principes de souveraineté qui confèrent un droit incontestable à chaque État de faire une réserve à n'importe quel traité au regard de la pratique internationale.

---

[275]Cour internationale de Justice, *Mémoires, Plaidoiries et Documents, Réserves à la Convention pour la prévention et la répression du crime de génocide,* Avis consultatif du 28 mai 1951, CIJ, La Haye, 1951, 514 pages. Voir aussi Cour internationale de justice, Annuaire 1951-1952, p. 61-62 et 71-72.

Le 1er décembre 1950, le Président de la CIJ a intimé à l'Organisation internationale du Travail (OIT) et à l'Organisation des États américains (OEA) d'éclairer la Cour sur les questions qui lui sont soumises relativement à la convention sur la prévention et la répression du crime de génocide.

L'article 9 (1) de l'Accord entre les Nations Unies et l'OIT qui entre en vigueur le 14 décembre 1946 dispose que « *l'OIT accepte de fournir toute information qui peut être demandée par la CIJ en vertu de l'article 34 du Statut de ladite Cour* ». Aussi, le Bureau international du Travail (BIT) a-t-il fourni le mémorandum suivant qu'il est nécessaire d'analyser dans le souci de clarifier notre démonstration sur les problèmes juridiques des réserves aux traités relatifs aux droits de l'homme :

Les conventions internationales du travail sont adoptées et entrent en vigueur selon une procédure qui diffère dans de nombreux aspects de celle applicable dans les autres instruments internationaux. Les caractéristiques spéciales de cette procédure ont toujours été considérées comme rendant impossible la ratification des conventions internationales avec n'importe quelle réserve[276].

Par ailleurs, la plupart de ces conventions sont d'un tel caractère que la pratique des réserves porterait grandement préjudice à la possibilité d'atteindre les objectifs poursuivis, car les obligations résultant des conventions ratifiées sont diversifiées, mais fondamentales.[277] Elles sont relatives à la protection des travailleurs employés dans des pays autres que le leur, notamment. Bref, le principe selon lequel les réserves formulées dans les ratifications des Conventions internationales du travail ne sont pas admissibles fut formulé par le BIT pour la première fois en 1920 et ce principe a constamment été appliqué par les membres de l'OIT[278]. À la suite de l'exposé

[276]En effet, les conventions internationales du Travail ne sont pas négociées par les représentants des parties contractantes potentielles et signées en leur nom. Elles sont adoptées par la Conférence générale de l'OIT communément appelée la Conférence internationale du Travail et composée de représentants des gouvernants, des travailleurs et des employeurs. L'article 19 de la constitution de l'organisation telle qu'amendée en 1946 précise qu'une majorité des 2/3 des votes effectués par les délégués présents est nécessaire sur le vote final pour l'adoption d'une convention ou d'une recommandation. En outre, l'article 19 (5) (d) dispose que la ratification d'une convention internationale du travail requiert une obligation pour les États membres de prendre les mesures nécessaires afin de rendre effectives les dispositions de la convention.

[277]*International labour conference*, 29th Session, Montréal, 1946, Report II, *Constitutionnal questions, Part I, Reports of the Conference Delegation Constitutional* Questions, pp. 36-37.

[278] À titre illustratif, en 1920, le gouvernement polonais demande au BIT s'il serait possible pour lui de ratifier trois conventions internationales du travail avec des réserves ; le BIT l'estime impossible et la Pologne qui accepte ce point de vue a ratifié l'une des conventions sans y formuler de réserve et ne ratifie pas les deux autres. En 1928, le gouvernement cubain communique au SG de la Société des Nations (SDN) les instruments de ratification de huit conventions dont trois assorties de réserves ; avant d'enregistrer les ratifications, le SG consulta

du BIT qui permet de comprendre qu'aucune réserve ne peut en réalité être compatible avec l'objet et le but des traités de l'OIT en raison de leur objectif d'humanité poursuivi, le Bureau international du Travail (BIT) a souhaité que compte tenu du caractère fondamental de la Convention de 1948, aucune réserve n'y soit admise, ceci pour en garantir l'efficacité, car le génocide est un crime en droit international et doit être sévèrement réprimé. À la fin des plaidoiries, la CIJ par 7 votes contre 5, a rendu l'avis suivant le 28 mai 1951 :[279]

Question 1 : un État qui a fait et maintient une réserve, faisant l'objection d'une ou plusieurs parties à la convention, mais pas par d'autres, peut être considéré comme partie à la convention si la réserve est compatible avec l'objet et le but de la convention. Autrement, cet État ne peut pas être considéré comme partie à la convention.

Question 2 :

a) si une partie à la convention fait une objection à une réserve qu'elle considère comme incompatible avec l'objet et le but de la convention, un État peut en fait considérer que l'État réservataire n'est pas partie à la convention.
b) Si, d'autre part, une partie accepte la réserve comme étant compatible avec l'objet et le but de la convention, cet État peut en fait considérer que l'État réservataire est partie à la convention.

Question 3 :

a) Une objection à une réserve faite par un État signataire qui n'a cependant pas ratifié la convention peut avoir l'effet juridique indiqué dans la réplique à la question 1 seulement sous ratification. Jusqu'à ce moment, cette objection sert uniquement comme une information à un autre État de l'éventuelle attitude de l'État signataire.
b) Une objection à une telle réserve, objection faite par un État qui est autorisé à signer ou adhérer, mais ne l'a pas encore fait est sans effet juridique.

---

le Directeur du BIT et le BIT estima que les réserves étaient inadmissibles ; le Cuba l'a accepté et a ratifié l'une des conventions sans réserve en 1934 ; les deux autres ratifiées avec réserves n'ont pas été enregistrées. En 1936, le gouvernement péruvien soumet au Congrès péruvien un projet de loi relatif à la ratification avec réserves de certaines Conventions internationales du Travail. Le BIT attira l'attention du gouvernement péruvien sur l'inadmissibilité des réserves. Le ministre péruvien des Affaires étrangères reconnaît la validité de cette thèse émise par le BIT et transmet la communication reçue au Bureau du Congrès en lui suggérant l'abandon des réserves proposées.

[279] International court of justice, Yearbook 1950-1951, pp. 88-93.

Deux opinions dissidentes ont été annexées à l'avis de la CIJ. Elles émanèrent de cinq juges[280] qui estimaient en substance que la CIJ devait proscrire les réserves à la Convention de 1948 suscitée, car elles en limitaient le contenu et la portée juridique. Cette précision est indispensable, car les opinions dissidentes exercent une influence favorable sur la mise au point du droit international ; leur plus grande utilité est d'empêcher qu'une sentence manifestement inexacte n'acquière une autorité qui ne lui appartient pas. C'est la raison pour laquelle il a été soutenu que les opinions dissidentes dans l'affaire des réserves à la convention précitée sur le génocide (1951) avaient influencé les solutions élaborées par la Commission du Droit international (CDI) dans son projet sur le droit des traités pour la question des réserves aux traités multilatéraux[281].

Cet aperçu historique sur le problème des réserves à la Convention de 1948 s'avère indispensable en l'espèce, car plusieurs de ses dispositions ont fait l'objet de réserves quand la question a été posée devant la CIJ ; ce qui a entraîné des polémiques relatives à leur adoption. Il s'agit surtout des articles 4, 6, 7, 8, 9, 12 et beaucoup plus des articles 9 et 12 :[282] l'article 9 de la Convention de 1948 par exemple, est relatif à la compétence de la Cour en cas de différends. Le fait pour la CIJ dans son avis consultatif de consacrer l'existence, la permissivité des réserves susceptibles d'être conformes à

---

[280] Il s'agit pour la première opinion dissidente, du Vice-président GUERRERO, des Juges Sir Arnold Mc NAIR, READ et HSU MO ; l'autre opinion dissidente émanait du Juge ALVAREZ.

[281]SERENI (A.P.), *« les opinions individuelles et dissidentes des juges des Tribunaux internationaux »*, *Revue générale de Droit international public*, octobre-décembre 1964, N° 4, 68e année, 3e série, Tome XXXV, pp. 819-857.

[282] L'article 4 concerne les personnes responsables des génocides et ne leur confère aucune immunité. Dans le texte, le comité ad hoc les décrit comme étant « *des gouvernants, des fonctionnaires ou des particuliers* » (texte français) or, il s'avère que dans le texte anglais, le comité parle plutôt de « *Heads of States* » (« *Chefs d'État* »). Ceci a donc entraîné que certains dirigeants de Monarchies constitutionnelles précisent que d'après les constitutions de leur pays, les Chefs d'État bénéficient de l'immunité et ne peuvent pas pour cette raison être traînés en justice devant un tribunal national. L'article 6 qui traite du jugement des personnes poursuivies pour génocide est l'une des dispositions ayant fait l'objet de plus de débats, car il précise que les personnes poursuivies pour génocides ou pour d'autres actes énumérés par la convention seront jugées par un Tribunal compétent de l'État sur le territoire duquel l'acte a été commis ou par un tribunal international compétent. La question de tribunal pénal international tomba sous le coup de longues discussions. Lors de la 130e session du 30 novembre 1948, un amendement conjoint par les États-Unis d'Amérique, la France et la Belgique ajouta la phrase suivante au texte de l'article 6 : « *ou par un tribunal pénal international qui peut avoir juridiction sous réserve que les parties contractantes concernées aient accepté la juridiction d'un tel tribunal* ». L'article 7 du texte final concerne l'extradition qui a également fait l'objet de nombreuses discussions. La plupart des États firent des réserves aux articles 9 (relatif à la compétence de la CIJ à connaître de ces litiges) et 12 (relatif à l'applicabilité de la convention). Ils estiment que pour ce qui est de l'article 9, seuls les États doivent s'entendre pour aller devant la CIJ et pour ce qui concerne l'article 12, ils estiment que la Convention devrait s'appliquer aux territoires sous-tutelle. Parmi les États réservataires (à l'époque des faits), on peut citer : l'Union soviétique, la Bulgarie, les Philippines, la Roumanie et la Pologne.

l'objet et au but du traité limite considérablement le rôle majeur que doit jouer la CIJ dans la mise en œuvre de la responsabilité internationale de l'État pour crime de génocide ou tout autre acte réprimé à l'article 3 du présent texte[283]. En effet, de telles réserves soumettent la compétence de la CIJ au consentement préalable des États qui sont généralement les principaux auteurs de ces génocides. Le système international de répression apparaît donc comme vicié dès la base du fait des réserves.

La pratique des réserves dans les conventions internationales qui répriment les plus grandes violations des droits de l'homme ne peut donc que produire les pires résultats. Ce constat est vérifiable à l'analyse du statut de la Cour pénale internationale, notamment sur les effets juridiques néfastes qu'entraînent les réserves y relatives. En effet, elles ont causé la limitation ou la modification de la définition des crimes internationaux (Titre 1) et la limitation de l'exercice des compétences de la CPI (Titre 2).

---

[283] L'article 3 de la Convention de 1948 réprime : le génocide, l'entente en vue de commettre le génocide, l'incitation directe et publique à commettre le génocide, la tentative de génocide et la complicité dans le génocide.

TITRE I :

LA PRATIQUE DES RÉSERVES ET LA LIMITATION OU LA MODIFICATION DE LA DÉFINITION DES CRIMES INTERNATIONAUX

Le 17 juillet 1998, 120 pays sont favorables à l'adoption du Statut de Rome créant la CPI, contre 7 oppositions venant des États-Unis d'Amérique, de l'Inde, de la Chine, d'Israël, du Vietnam, du Bahreïn et du Qatar, et 21 abstentions.

La gestation de cette juridiction à portée universelle a été longue et douloureuse. En effet, on constate des vices congénitaux de la Cour au regard des nombreuses déclarations interprétatives faites par les États et présentant exactement les mêmes conséquences négatives que les réserves proprement dites.

Aussi, les considérons-nous dans cette analyse comme de véritables réserves constituant une faille qui pendant de longues années encore jouera le pire des rôles sur l'efficacité de la CPI.

Ces réserves ont en effet modifié la définition des crimes de guerre dans le temps et dans l'espace (Chapitre 1) et constituent déjà une limite à la définition future de la notion de crime d'agression par la CPI (Chapitre 2).

CHAPITRE I :

LES RÉSERVES ET LA MODIFICATION DE LA DÉFINITION DES CRIMES DE GUERRE DANS LE TEMPS ET DANS L'ESPACE

Bien que l'article 120 du Statut de Rome n'admette aucune réserve, les déclarations unilatérales précisant ou clarifiant le sens ou la portée de certaines dispositions ne sont pas interdites[284]. Nous sommes sérieusement préoccupée par le fait que des déclarations formulées par certains États lors de leur ratification constituent en réalité des réserves déguisées prohibées au statut de Rome, [285] car ces déclarations sont en toute contradiction avec le traité de 1998. Ces réserves constituent la restriction par les États d'un engagement conventionnel[286].

En effet, la Commission du droit international (CDI) a estimé que *« les déclarations visant à limiter les obligations de leur auteur »* équivalent à des réserves : *« une déclaration unilatérale formulée par un État ou par une organisation internationale au moment où cet État ou l'organisation internationale exprime son consentement à être lié par un traité par laquelle son auteur vise à limiter les obligations qui lui sont imposées par le traité constitue une réserve* [287] *»*.

Vu qu'il est cependant souvent difficile de distinguer les réserves des déclarations interprétatives, car la distinction repose plus sur les effets juridiques de la déclaration unilatérale de l'État (ou de l'organisation internationale) que sur le nom qu'il (ou elle) lui donne, le fait qu'un État, lors de la ratification d'un traité, qualifie une déclaration unilatérale de déclaration interprétative (ou tout autre terme similaire) n'est pas décisif. Si le véritable but de la déclaration unilatérale est d'altérer, limiter ou modifier la portée des

---

[284] Voir *Doc N.U.A/CONF .183/9, 17 juillet 1998*, conformément aux Procès-verbaux du 10 novembre 1998 tels qu'amendés les 12 juillet 1999, 30 novembre 1999, 8 mai 2000, 17 janvier 2001 et 16 janvier 2002.

[285] Au regard d'un rapport effectué par l'ONG Amnesty International en novembre 2005 (référence : AI : Index IOR 40/032/2005 et publié le 22 novembre 2007 portant sur « *cour pénale internationale : Déclaration constituant des réserves prohibées au statut de Rome* », nous examinerons ces déclarations pour conforter l'analyse.

[286] COMBACAU (J), *Droit international public*, 4e édition, Paris, Montchrestien, 1999, pp.133-135.

[287] *Rapport de la CDI sur les travaux de sa 51e session*, du 03 mai au 23 juillet 1999 (A/54/10 (Rapport de la CDI de 1999), Chapitre VI, 1-1 (www.un.org/law/ilc/reports/1999/english/99refra.htm, en anglais).

obligations de l'État (ou de l'organisation) au regard d'un traité, elle doit être considérée comme une réserve.

Il est aisé de le vérifier à l'analyse de certaines déclarations interprétatives faites par la France (Section 1) et le Royaume-Uni de Grande-Bretagne et d'Irlande du Nord (section 2) constituant des réserves proscrites par le statut de Rome.

Section 1 : Les déclarations faites par la France et constituant des réserves prohibées au statut de Rome

Au préalable, nous tenons à relever que l'exclusion des réserves est conforme à la nature du statut de Rome, qui est un traité constitutionnel établissant une organisation intergouvernementale et qui, comme la Charte des Nations Unies[288], établit un nouveau composant fondamental de la structure du droit international. Le statut de Rome est également un traité normatif garantissant les droits des parties tierces, y compris des victimes, de leurs familles, des témoins, des suspects et des accusés.

Par conséquent, et tel que nous le démontrerons dans les lignes suivantes, les réserves de la France (paragraphe 1) affaiblissent l'effet dissuasif de la Cour ainsi que sa valeur éducationnelle, encouragent l'acceptation partielle des obligations résultant du statut de Rome, nuisent à l'autorité morale du statut et le privent de son application uniforme[289] (paragraphe 2).

Paragraphe 1 : Le contenu juridique de ces réserves

Les déclarations interprétatives de la République française au Traité de Rome portant création de la Cour pénale internationale, au 10 février 2003, sont libellées en huit paragraphes qu'il convient de subdiviser en deux groupes dont l'un est constitué des trois premières réserves (A) et l'autre, des cinq dernières (B).

---

[288] Lors de l'adoption de la Charte des Nations Unies en 1945, il était communément considéré, bien que ce ne fût pas unanime, qu'aucune réserve aux traités multilatéraux n'était permise en l'absence d'un consentement unanime des autres États parties. Voir CREDGWELL, *The Law of Reservations in Respect of Multilateral Conventions, Chinkin et al., ed., Human Rights as General Norms and State's Right to opt out* (Londres: Gardner (J.P.), B.I.C.L. 1997). Lire également CASSESE (A), *International Law,* 173, Oxford : Oxford University Press, 2nd ed., 2004.

[289] Pour une analyse exhaustive de l'histoire et de l'interprétation de l'article 120 dans HAFNER (G), Article 120, in TTRIFFTERER (O), *Commentary on the Rome Statute : Observers Notes,* Article by Article, 1251 (Baden-Baden : NomosVerlagsgesellschaft 1999).

A. L'étendue des trois premières réserves

Elles ont, globalement, trait aux notions d'armes nucléaires et de conflit armé (2), mais, également à celle de légitime défense (1).

1. La réserve relative à la notion de légitime défense

Dans sa première réserve, cet État déclare que les dispositions du statut de la Cour pénale internationale ne font pas obstacle à l'exercice par la France de son droit naturel de légitime défense, et ce conformément à l'article 51 de la Charte[290]. Il s'agit d'une réserve assez vague et générale. Elle se distingue des réserves suivantes qui sont formulées à l'article 8 du Statut de la CPI.

2. Les réserves liées aux notions d'armes nucléaires et de conflit armé

Dans la deuxième réserve, cet État déclare que les dispositions de l'article 8 du statut, en particulier celles du paragraphe 2 (b), concernent exclusivement les armements classiques et ne sauraient ni réglementer, ni interdire l'emploi éventuel de l'arme nucléaire, ni porter préjudice aux autres règles du droit international applicables à d'autres armes, nécessaires à l'exercice par la France de son droit naturel de légitime défense, à moins que l'arme nucléaire ou ces autres armes ne fassent l'objet dans l'avenir d'une interdiction générale et ne soient inscrites dans une annexe au statut, par voie d'amendement adopté selon les dispositions des articles 121 et 123.

Le Gouvernement de la République française considère dans sa troisième déclaration interprétative que l'expression « conflit armé » dans l'article 8, paragraphe 2 (b) et (c), d'elle-même et dans son contexte, indique une situation d'un genre qui ne comprend pas la commission de crimes ordinaires, y compris les actes de terrorisme, qu'ils soient collectifs ou isolés. L'étendue des cinq dernières réserves françaises est également aussi détaillée que les deux précédentes.

B. L'étendue des cinq dernières réserves

Elles ont trait de façon générale aux moyens de guerre (1) et à la compétence de la CPI (2).

1. Les réserves liées aux moyens de guerre

Elles ont également trait à l'article 8 du SCPI.

Dans sa quatrième déclaration interprétative, l'État français déclare que la situation à laquelle les dispositions de l'article 8, paragraphe 2 (b) (xxiii) du

[290] Cette déclaration fera l'objet de notre commentaire dans le chapitre 2 du présent titre, relatif aux *« réserves et la limitation du crime d'agression »*.

Statut font référence ne fait pas obstacle au lancement par la France d'attaques contre des objectifs considérés comme des objectifs militaires en vertu du droit international humanitaire.

Le gouvernement de la République française déclare, cinquièmement, que l'expression « avantage militaire » à l'article 8, paragraphe 2 (b) (iv) désigne l'avantage attendu de l'ensemble de l'attaque et non de parties isolées ou particulières de l'attaque.

Le Gouvernement de la République française déclare en sixième lieu qu'une zone spécifique peut être considérée comme un « objectif militaire », tel qu'évoqué dans l'ensemble du paragraphe 2 (b) de l'article 8, si, à cause de sa situation ou de sa nature, de son utilisation ou de son emplacement, sa destruction totale ou partielle, sa capture ou sa neutralisation, compte tenu des circonstances du moment, offre un avantage militaire décisif. Le Gouvernement de la République française considère que les dispositions de l'article 8, paragraphe 2 (b) (ii) et (v) ne visent pas les éventuels dommages collatéraux résultant des attaques dirigées contre des objectifs militaires.

En septième lieu, le Gouvernement de la République française considère que le risque de dommages à l'environnement naturel résultant de l'utilisation des méthodes et moyens de guerre, tel qu'il découle des dispositions de l'article 8, paragraphe 2 (b) (iv), doit être analysé objectivement sur la base de l'information disponible au moment où ledit risque est apprécié. La présentation descriptive des réserves françaises ci-dessus fera l'objet d'une analyse dans les développements ultérieurs. Nous tirerons les conclusions desdites réserves dans le paragraphe 2 de cette section. La France a également fait une réserve en application de l'article 124 du SCPI.

2. La réserve liée à la compétence de la CPI

En application de l'article 124 du SCPI, la République française déclare qu'elle n'accepte pas la compétence de la Cour en ce qui concerne la catégorie de crimes visés à l'article 8 lorsqu'il est allégué qu'un crime a été commis sur son territoire ou par ses ressortissants. La France, qui s'est battue pour l'autorisation des réserves lors de la conférence de Rome a émis les huit déclarations ci-dessus lors de sa ratification[291] qui posent un double problème juridique que nous analyserons en profondeur dans des développements ultérieurs[292].

---

[291] Voir le débat qui s'est tenu à l'Assemblée nationale, Commission des Affaires étrangères, *compte rendu n° 23, mardi 8 février 2000, Sommaire* (disponible à la page www.assembleenationale.com/cr-cafe/99-00/c990023.asp).

[292] Nous procédons dans cette seconde partie tout comme dans la démarche adoptée lors de la première, car nous décrivons d'abord l'étendue des réserves en un premier point, puis nous en étudions les effets négatifs dans un second.

Paragraphe 2 : les problèmes juridiques créés par les réserves françaises au statut de Rome

En effet, certaines visent à limiter ou à modifier les définitions du statut de Rome en ce qui concerne la notion de crime de guerre (A) et celle de la compétence relative de la Cour pénale internationale dans la répression des crimes de guerre (B). Aussi, est-il fort déplorable qu'aucun État partie n'ait émis d'objection à ces déclarations qui sont en fait des réserves.

A. La modification de la notion de crimes de guerre

La France a formulé sept déclarations interprétatives sur l'article 8 du SCPI relatif aux crimes de guerre comme relevé ci-dessus. Le fait que ces déclarations visent à produire l'effet de réserve est démontré au regard de la pratique française (1) et à l'analyse de la jurisprudence internationale (2).

1. Les déclarations françaises : des réserves au regard de la pratique de cet État

En effet, on les retrouve toutes reprises dans le texte des dix-huit déclarations faites dix mois plus tard sous la dénomination *« réserves et déclarations »* au protocole additionnel aux conventions de Genève du 12 août 1949 relatif à la protection des victimes des conflits armés internationaux (Protocole I)[293].

La deuxième déclaration de la France, qui prévoit que *« les dispositions de l'article 8 du statut, en particulier celles du paragraphe 2 (b), concernent exclusivement les armements classiques et ne sauraient ni réglementer ni interdire l'emploi éventuel de l'arme nucléaire... »*, semble contraire au droit international et cherche à limiter les obligations juridiques de la France au regard du statut de Rome et du droit international humanitaire.

Pour mieux cerner les dangers de cette attitude de la France, il est nécessaire de rappeler le sens de certains concepts. Une arme[294] est un engin ou un objet destiné à l'attaque ou à la défense, soit par nature (poignard, revolver...), soit par l'usage qui en est fait (couteau, canne, ciseaux), plus précisément tout objet conçu pour tuer ou blesser (arme par nature) ; les armes de guerre sont constituées de tout genre : classique, nucléaire, bactériologique, chimique). Une arme classique est une arme conventionnelle conforme aux conventions internationales qui régissent les guerres (Conventions de La

[293] Cette inquiétude a été soulevée par le Rapporteur de l'Assemblée nationale française de la Commission, Monsieur Pierre BRANA. Dans son rapport, il mentionne spécialement les dispositions insatisfaisantes du droit français et souligne qu'elles ne sont pas conformes à l'article 8.

[294] CORNU (G), Association Henri Capitant, 13e édition, *Vocabulaire juridique*, op. cit., p. 80.

Haye, Convention de Genève notamment) ; ce sont des armes qui ne sont ni biologiques, ni chimiques, ni nucléaires, ni radiologiques ; elles sont différentes des armes présentant une capacité de destruction massive. Une arme nucléaire est une arme non conventionnelle qui utilise l'énergie dégagée par la fission de noyaux atomiques lourds (uranium, plutonium dans le cas des bombes A) ou par une combinaison de ce phénomène avec celui de la fusion de noyaux légers (hydrogène dans le cas des bombes H).

En 2021, parmi les États possédant l'arme nucléaire, on peut citer les États-Unis d'Amérique, le Royaume-Uni, la France, la République populaire de Chine ; Israël possède l'arme nucléaire sans reconnaissance officielle. Parmi les États ayant reconnu posséder l'arme nucléaire, on peut citer l'Inde, le Pakistan et la Corée du Nord. Quant aux pays hébergeant l'arme nucléaire à travers l'Organisation du traité de l'Atlantique Nord à cette date, on a la Belgique, l'Allemagne, les Pays-Bas, l'Italie et la Turquie ; comme États anciennement dotés de l'arme nucléaire, on notera la Biélorussie, le Kazakhstan, l'Ukraine et l'Afrique du Sud.

Les intentions de la France à travers cette réserve sont évidentes, car le débat sur l'utilisation des armes classiques et des armes nucléaires reste d'actualité en droit international. Lors de la soixante-seizième session de l'Assemblée générale des Nations Unies, la première commission siégeant en sa septième (7e) séance plénière du 12 octobre 2021[295] a entamé un débat sur la thématique relative aux armes de destruction massive, espace extra-atmosphérique et armes classiques. Le premier groupe de questions incluait les armes nucléaires, les autres armes de destruction massive, les aspects du désarmement dans l'espace extra-atmosphérique et les armes classiques.

Les questions relatives aux armes classiques ont été de nouveau abordées, en particulier par les États de la Communauté des Caraïbes (CARICOM), région où la prolifération d'armes à feu et de munitions illicites engendre un sentiment d'insécurité qui pèse sur son développement. La CARICOM a rappelé son soutien au programme d'action des Nations Unies sur les armes légères et de petit calibre (ALPC), à l'instrument international de traçage et au Traité sur le commerce des armes. Le Nigéria a appelé tous les États à veiller à ce que les ALPC ne soient livrées qu'à des gouvernements ou des entités qu'ils autorisent, et le Cameroun a demandé que l'action internationale dans ce domaine intègre le risque d'acquisition et d'utilisation d'armes classiques par des groupes terroristes. Les pays africains ont également mis en avant les initiatives régionales, notamment, le projet « *Faire taire les armes en Afrique* » de l'Union africaine. Les intervenants qui ont évoqué les armes de destruction massive non nucléaires ont tous condamné l'utilisation d'armes chimiques ou biologiques.

---

[295] Consultation des différents sites de l'Assemblée générale des Nations Unies.

Toutefois, c'est l'incontournable question des armes nucléaires qui a dominé tant le début du débat thématique que la fin du débat général, laquelle a été marquée notamment par l'intervention d'Israël. Les appels à la mise en place d'une zone exempte d'armes nucléaires et autres armes de destruction massive au Moyen-Orient se sont poursuivis. Mais le représentant d'Israël a affirmé qu'une telle zone ne pourrait pas fonctionner dans la région au motif qu'il faudrait pour cela *« une volonté politique de toutes les parties »* qui n'existe pas. Pour cet État, les défis particuliers du Moyen-Orient, présenté comme une région souffrante d'une perte chronique de conformité à l'égard des règles et obligations des États, nécessitent des réponses spécifiques et Israël n'entend pas contribuer à l'émergence d'un droit coutumier portant sur l'interdiction des armes nucléaires. Plusieurs groupes de pays ont salué l'entrée en vigueur du Traité sur l'interdiction des armes nucléaires.

Le Comité international de la Croix-Rouge (CICR) a rappelé que le recours aux armes nucléaires ou la simple menace de les utiliser était inacceptable en termes humanitaires, moraux et juridiques. Il est évident au regard de la conflictualité internationale, que la déclaration de la France ne cherche pas à clarifier la signification ou la portée de telle ou telle disposition, mais bien à restreindre le sens et l'étendue de la notion de crimes de guerre d'une part, car les États qui adoptent la même attitude que la France estiment que l'article 8 du SCPI ne concerne pas les armes nucléaires. D'autre part, elle vise à réduire la compétence de la Cour en matière de crimes de guerre[296]. Les mêmes arguments sont confirmés par la jurisprudence internationale.

2. Les déclarations françaises : des réserves au regard de la jurisprudence internationale

Pour mieux comprendre notre position, il faut analyser *l'Avis consultatif sur la licéité de la menace ou de l'emploi d'armes nucléaires*[297] (Nicaragua contre États-Unis d'Amérique) rendu le 8 juillet 1996[298]. Sur la vue d'ensemble de l'affaire, le 9 avril 1984, le Nicaragua a déposé une requête introductive d'instance contre les États-Unis d'Amérique, ainsi qu'une demande en indication des mesures conservatoires, au sujet d'un différend relatif à la responsabilité que ceux-ci auraient encore du fait d'activités militaires et paramilitaires au Nicaragua et contre celui-ci. La Cour a rendu le 10 mai 1984 une ordonnance indiquant des mesures conservatoires. L'une d'elles tendait à ce que les États-Unis mettent immédiatement fin à toute action ayant pour effet d'entraver l'accès des ports nicaraguayens, en

[296] Pour ce qui est de la limitation de la compétence de la CPI, voir le point B ci-dessous.
[297] Faits consultés sur le site de la Cour internationale de justice.
[298] *Avis consultatif sur la licéité de la menace ou de l'emploi d'armes nucléaires, Rapport de la Cour Internationale de Justice*, Note 82, N° 86 (disponible en anglais à la page http://www.icj-cij.org/icjwww/icases/iunan/iunanframe.htm).

particulier par la pose de mines, et s'abstiennent désormais de toute action semblable. La Cour indiquait aussi que le droit à la souveraineté et à l'indépendance politique que possède le Nicaragua, comme tout autre État, devait être pleinement respecté, sans être compromis par des activités contraires au principe du non-recours à la menace ou à l'emploi de la force et au principe de non-intervention dans les affaires relevant de la compétence nationale d'un État. La Cour a aussi décidé dans l'ordonnance précitée que la procédure porterait d'abord sur la question de la compétence de la Cour et de la recevabilité de la requête nicaraguayenne. Seulement, juste avant l'expiration du délai imparti pour la présentation de la dernière pièce de procédure écrite dans cette phrase, El Salvador a déposé une déclaration d'intervention en l'affaire sur la base de l'article 63 du Statut, demandant qu'il lui soit permis de soutenir que la Cour n'avait pas compétence pour connaître de la requête du Nicaragua. La Cour a décidé dans son ordonnance du 4 octobre 1984 que la déclaration d'intervention d'El Salvador était irrecevable en ce qu'elle se rapportait à la phase juridictionnelle de l'instance.

Après avoir entendu les deux Parties dans des audiences qui se sont déroulées du 08 au 18 octobre 1984, la Cour a rendu le 26 novembre 1984, un arrêt dans lequel elle a dit qu'elle avait compétence pour connaître de l'affaire et que la requête du Nicaragua était recevable. Elle a considéré en particulier que la déclaration nicaraguayenne de 1929 était valable et que le Nicaragua était donc fondé à invoquer la déclaration des États-Unis de 1946 comme base de compétence de la Cour (article 36, paragraphes 2 et 5, du Statut). La suite de la procédure s'est déroulée en l'absence des États-Unis, qui ont fait savoir le 18 janvier 1985 qu'ils n'avaient « l'intention de participer à aucune autre procédure relative à cette affaire ». La Cour a entendu, du 12 au 20 septembre 1985, les plaidoiries du Nicaragua et les dépositions des cinq témoins cités par lui. Le 27 juin 1986, la Cour a rendu son arrêt sur le fond. Entre autres décisions, elle a rejeté la justification de légitime défense collective avancée par les États-Unis relativement aux activités militaires ou paramilitaires au Nicaragua ou contre celui-ci, et dit que les États-Unis avaient violé les obligations imposées par le droit international coutumier de ne pas intervenir dans les affaires d'un autre État, de ne pas recourir à la force contre un autre État, de ne pas porter atteinte à la souveraineté d'un autre État, et de ne pas interrompre le commerce maritime pacifique. La Cour a en outre dit que les États-Unis avaient violé certaines obligations d'un traité bilatéral d'amitié, de commerce et de navigation de 1956 et commis des actes de nature à priver celui-ci de son but et de son objet.

Elle a décidé que les États-Unis étaient tenus de mettre immédiatement fin et de renoncer à tout acte constituant une violation de leurs obligations juridiques, et qu'ils devaient réparer tout préjudice causé au Nicaragua par des violations constatées du droit international coutumier et du traité de 1956, la fixation du montant devant faire l'objet d'une autre procédure si les Parties ne pouvaient se mettre d'accord. La Cour a ensuite fixé par ordonnance les délais pour le dépôt de pièces de procédure par les parties sur les formes et le montant de la réparation, et le mémoire y afférent du Nicaragua a été déposé le 29 mars 1988, les États-Unis maintenant leur refus de participer à la procédure. En septembre 1991, le Nicaragua a fait connaître à la Cour, notamment, qu'il ne souhaitait pas poursuivre la procédure. Après que les États-Unis eurent informé la Cour qu'ils se félicitaient de la demande en désistement du Nicaragua, l'affaire a été rayée du rôle par Ordonnance du président datée du 26 septembre 1991.

Dans *l'Avis consultatif sur la licéité de la menace ou de l'emploi d'armes nucléaires* (Nicaragua contre États-Unis d'Amérique), la Cour internationale de justice déclare que *« la menace ou l'emploi d'armes nucléaires serait généralement contraire aux règles du droit international applicable dans les conflits armés »* et conclut que le droit international humanitaire s'applique également à l'utilisation d'armes nucléaires, exactement de la même manière que pour les autres armes. Elle déclare en effet que de l'avis de la grande majorité des États et de la doctrine, il ne fait aucun doute que le droit humanitaire s'applique aux armes nucléaires. La Cour partage cet avis. Les armes nucléaires ont certes été inventées après l'apparition de la plupart des principes et règles du droit humanitaire applicable dans les conflits armés, on ne peut cependant conclure que les principes et règles établis du droit humanitaire applicable dans les conflits armés ne s'appliquent pas aux armes nucléaires.

La CIJ poursuit en disant qu'une telle conclusion méconnaîtrait la nature intrinsèquement humanitaire des principes juridiques en jeu, qui imprègnent tout le droit des conflits armés et s'appliquent à toutes les formes de guerre et à toutes les armes, celles du passé, comme celles du présent et de l'avenir. Comme l'a donc souligné la CIJ, aucune déclaration faite devant elle, à l'occasion de son avis consultatif, par d'autres États que la France n'a d'aucune manière défendu la liberté d'utiliser les armes nucléaires sans tenir compte du droit international humanitaire.

Par exemple, le Royaume-Uni a déclaré qu' : « *en ce qui concerne le droit coutumier de la guerre, le Royaume-Uni a toujours admis que l'emploi d'armes nucléaires est assujetti aux principes généraux du jus in bello* [299]». Les États-Unis d'Amérique ont exprimé un point de vue similaire en déclarant que : *« cela fait longtemps que les États-Unis pensent que le droit des conflits armés régit l'emploi des armes nucléaires de la même manière qu'il régit celui des armes classiques »*[300]. La Fédération de Russie elle aussi considère que le droit international humanitaire s'applique à l'emploi des armes nucléaires : *«*

---

[299] Avis consultatif, Supra, Note 82, N° 86.
[300] Avis consultatif, Supra, Note 82, N° 86.

les restrictions imposées par les règles applicables aux conflits armés en ce qui concerne les moyens et méthodes de guerre s'étendent assurément aux armes nucléaires »[301].

Aucune disposition du statut de Rome ne prévoit qu'un comportement considéré comme un crime de guerre lorsqu'il est commis avec des armes classiques cesserait d'être un crime de guerre lorsqu'il est commis avec des armes nucléaires. Aussi, considérons-nous que la deuxième déclaration de la France est en réalité une réserve, car elle vise à limiter la définition des crimes de guerre.

À cet égard, la Nouvelle-Zélande a déclaré lors de sa ratification que le Gouvernement néo-zélandais note que la plupart des crimes de guerre énumérés à l'article 8 du statut de Rome, notamment ceux visés aux articles 8 (2) (b) (i) à (v) et 8 (2) (e) (i) à (iv) (qui concernent diverses sortes d'attaques menées contre des objectifs civils, ne mentionnent pas le type d'arme utilisée pour commettre chacun de ces crimes. Le gouvernement néo-zélandais rappelle que le principe fondamental qui sous-tend le droit international humanitaire est d'atténuer et limiter la cruauté de la guerre pour des raisons humanitaires ,et que cette branche du droit, ne se limitant pas aux armes du temps passé, a évolué et continue de le faire pour rester en prise sur le monde actuel. Par conséquent, le Gouvernement néo-zélandais estime qu'il ne serait pas conforme aux principes du droit international humanitaire de prétendre restreindre la portée de l'article 8, notamment de son paragraphe 2 (b), à des cas impliquant uniquement l'utilisation d'armes classiques.

La position ferme adoptée par la Nouvelle-Zélande devant la CIJ dans le cadre de l'avis consultatif nous amène à nous demander pour quelles raisons cet État n'a-t-il pas émis d'objection à la déclaration de la France[302]. Cette déclaration semblerait suggérer que la Nouvelle-Zélande considère implicitement la déclaration de la France comme non conforme avec les principes du droit international humanitaire, en particulier dans des cas qui n'impliquent que des armes classiques. La Suède a elle aussi émis une déclaration similaire, sans toutefois soulever d'objection formelle[303]. Le reste

---

301 Avis consultatif, supra, note 82, N° 86.

302 La Nouvelle-Zélande a déclaré devant la CIJ qu'en général, le droit international humanitaire traite la menace ou l'emploi d'armes nucléaires de la même manière que pour les autres armes. Le droit international humanitaire a évolué pour s'adapter aux circonstances actuelles et ne limite pas son champ d'application à l'artillerie d'une époque révolue. Les principes fondamentaux dudit droit perdurent : atténuer et limiter la cruauté de la guerre pour des raisons humanitaires. (Nouvelle-Zélande, traduction non officielle de la déclaration écrite, p.15, paragraphes 63 & 64, citée dans l'avis consultatif, supra, notes 82 et 86).

303 La Suède a déclaré qu'à l'occasion du dépôt de son instrument de ratification du statut de Rome de la CPI, et s'agissant des crimes de guerre visés à l'article 8 du statut, qui a trait aux méthodes de guerre, le gouvernement du Royaume de Suède tient à rappeler l'avis consultatif de la CIJ en date du 8 juillet 1996 sur la licéité de la menace ou de l'utilisation des armes

des déclarations de la France vise à donner aux autorités nationales le pouvoir de décision sur l'interprétation de certains éléments de crimes de guerre. La complexité de l'utilisation des armes nucléaires demeure donc et la réserve française montre la volonté affirmée de cet État d'en faire usage. La position des États reste variante sur la question malgré la réticence d'autres pays. Durant la fin des débats du 13 octobre 2021 au sein de l'AGNU[304], sur les questions relatives au désarmement et à la sécurité internationale, Monsieur F. R. BONZANINI, en tant que Secrétaire général de l'Organisme pour l'interdiction des armes nucléaires en Amérique latine et dans les caraïbes (OPANAL), a déclaré que l'existence de plus de treize mille armes nucléaires dans le monde constitue une menace inacceptable pour l'humanité, un danger qui s'aggravait de jour en jour. Il a regretté qu'il n'y ait eu aucune avancée en matière de désarmement nucléaire ou, du moins, un signal clair d'un tel objectif de la part des États dotés d'armes nucléaires. Il a conclu en réaffirmant l'engagement historique des États membres de l'OPANAL à œuvrer pour un monde sans armes nucléaires, tout en se réjouissant de contribuer, en 2022, à la dixième Conférence d'examen du Traité sur la non-prolifération des armes nucléaires (TNT) et à la première réunion des États parties au traité sur l'interdiction des armes nucléaires. Le TNT est un traité international signé par un grand nombre de pays qui vise à réduire le risque que l'arme nucléaire se répande à travers le monde et son application est garantie par l'Agence internationale de l'énergie atomique (AIEA).

Madame V.G. CHISTORY[305], Conseillère principale en matière de maîtrise des armements, au sein du Comité international de la Croix-Rouge, a estimé que le désarmement nucléaire continuait d'être un impératif humanitaire urgent, compte tenu des conséquences humanitaires catastrophiques potentielles des armes. Pour le CICR en effet, l'entrée en vigueur du Traité sur l'interdiction des armes nucléaires (TIAN), a envoyé un signal clair que toute utilisation, menace d'utilisation ou possession d'armes nucléaires est inacceptable en termes humanitaires, moraux et juridiques. Il est question d'exhorter les États à faire des progrès tangibles vers un monde exempt d'armes nucléaires. Au regard des développements précédents, nous considérons que les déclarations de la France ne sont pas destinées à clarifier la définition des dispositions concernées, mais bien à restreindre les compétences de la CPI[306]. Bien qu'elles soient présentées comme des « *déclarations interprétatives* », certaines de ces déclarations équivalent en

---

nucléaires, et en particulier les paragraphes 85 à 87, où la Cour dit qu'il ne peut y avoir de doutes sur l'applicabilité du droit humanitaire aux armes nucléaires.

304 Voir Sites de l'AGNU pour les détails.

305 Idem.

306 Pour un commentaire sur ces crimes de guerre, voir DORMANN(K), *Elements of War Crimes under the Rome Statute of International Criminal Court*, Cambridge, Cambridge university press 2003.

réalité à des réserves dans la mesure où elles « *suppriment ou modifient l'effet juridique de certaines dispositions d'un traité* ». Elles sont contraires à l'article 120 du statut de Rome et par conséquent, elles limitent la CPI dans l'exercice de ses compétences.

B. La compétence relative de la CPI dans la répression des crimes de guerre

Tels que présentés ci-dessus et au regard de la huitième réserve formulée par la France, des efforts ont débouché sur l'article 124 du Statut de Rome[307]. La déclaration de la France à l'article 124 est une véritable réserve (1) qui pose des difficultés de répression des crimes de guerre devant les tribunaux français (2).

1. La Déclaration française à l'article 124, une véritable réserve

Il est déplorable que l'interdiction des réserves qui préserve l'intégrité du statut de Rome soit tempérée par la disposition transitoire de l'article 124, exception à la règle. Comme l'a relevé le Professeur Alain PELLET[308], en ce qui concerne la catégorie des crimes de guerre pour une période limitée dans le temps, l'article 124 en vertu duquel un État partie peut déclarer qu'il n'accepte pas la compétence de la Cour « *peut être analysé purement et simplement comme une réserve* ». Un autre éminent auteur a conclu que « *l'exclusion des réserves préserve l'intégrité du texte, qui n'est atteinte que par la disposition transitoire de l'article 124* »[309].

La France a ainsi déclaré qu'en vertu de cet article, elle n'accepte pas la compétence de la Cour pour les 7 années qui suivraient[310], en ce qui concerne

---

[307] L'article 124 du SCPI dispose (dispositions transitoires) que, nonobstant les dispositions de l'article 12, paragraphes 1 et 2, un État qui devient partie au présent statut peut déclarer que, pour une période de sept ans à partir de l'entrée en vigueur du statut à son égard, il n'accepte pas la compétence de la Cour en ce qui concerne la catégorie de crimes visés à l'article 8 lorsqu'il est allégué qu'un crime a été commis sur son territoire ou par ses ressortissants. Il peut à tout moment retirer cette déclaration. Les dispositions du présent article seront réexaminées à la conférence de révision convoquée conformément à l'article 123, paragraphe 1. Le 04 novembre 2005, seulement deux des 100 États parties au statut de Rome, la France et la Colombie, avaient émis une telle réserve. La portée des déclarations faites en vertu de l'article 124 n'est pas aussi grande qu'il y paraît. L'acceptation de la compétence de la Cour n'est pas requise pour les États dont les ressortissants ont commis un crime sur le territoire d'un État partie. En effet, les ressortissants d'États non parties sont soumis à la compétence de la Cour lorsqu'ils commettent des crimes sur le territoire d'un État partie sans qu'il y ait besoin d'aucune acceptation de la compétence de la Cour.

[308]PELLET (A), *Entry into force and amendment of the statute*, IN CASSESE (Antonio), eds 1, *The Rome statute of the international criminal court: a commentary 156 (Oxford: Oxford university press 2002), Note 19, N° 157.*

[309] HAFNER (G), supra, note 21, N° 1255.

[310] C'est-à-dire, à l'époque, jusqu'en 2008.

les crimes de guerre lorsqu'il est allégué que ceux-ci ont été commis par ses ressortissants ou sur son territoire, malgré les inquiétudes formulées par la commission des affaires étrangères de l'Assemblée nationale à propos de l'effet que pourrait avoir une telle déclaration sur d'autres pays qui pourraient être tentés de suivre cet exemple[311]. Le Quai d'Orsay, dirigé à l'époque par Hubert VEDRINE[312], indique au Sénat qu'il s'agit d'« *éviter que les dispositions relatives aux crimes de guerre puissent aisément faire l'objet de plaintes abusives, sans fondement, teintées d'arrière-pensées politiques et dont le seul objet serait d'embarrasser publiquement pendant quelques mois le pays concerné* ». La France renoncera finalement à l'application de l'article 124 en 2008, soit un an seulement avant la fin programmée de cette disposition.

2. La réserve à l'article 124 et les difficultés de répression des crimes de guerre devant les tribunaux français

La déclaration temporaire formulée en application de l'article 124, bien que permise selon les termes du statut de Rome, est particulièrement préoccupante vu la circonstance que la France n'a pas rempli l'obligation que lui font les conventions de Genève, le Protocole I et le statut de Rome de définir clairement les crimes de guerre en droit interne. Elle limite de plus les crimes de guerre dans le temps et dans l'espace, ce qui rend très difficile, voire impossible, la poursuite de tels crimes devant les tribunaux français[313].

---

[311] Lors de la ratification du Protocole I le 11 avril 2001, la France a émis plusieurs réserves et déclarations ; certaines d'entre elles sont identiques à celles que cet État a faites concernant le statut de Rome. Voir entre autres, sa réserve à l'article 51 *« protection de la population civile »* concernant les droits de la France à la légitime défense et la définition de « *l'avantage militaire* » au même article. Disponible à la page www.icrc.org/ihl.nsf/db8c9c8d3ba9d16f41256739003e6371/d8041036b40ebc44c1256a34004897b2?OpenDocument.

[312] Voir sur Internet, Journal « SURVIE » dans survie.org.

[313] *Affaire JAVOR*, N.° Parquet 94 052 2002/7, Ordonnance, Tribunal de Grande Instance de Paris (Juge GETTI), 6 mai 1994. Pour une analyse de cette décision et d'autres décisions françaises relatives aux crimes de guerre, voir Amnesty International, Universal Jurisdiction : the duty of States to enact and enforce legislation, Chapter four, Part A (Algeria to Hungary), War crimes : States practice at the national level, AI Index : IOR 53/006/2001 (disponible en anglais à la page web.amnesty.org/library/index/engior530062001?OpenDocument). Sur les faits : le 20 juillet 1993, Javor, Kusuran, Softic et Mujdzic, ressortissants bosniaques, déposent une plainte avec constitution de partie civile pour torture, crimes de guerre, crimes de génocide et crimes contre l'humanité. Les plaignants sont des rescapés des camps de détention serbes. Le TGI de Paris rend le 6 mai 1994 une *« Ordonnance d'incompétence partielle et de recevabilité de constitutions de parties civiles »*. Pour infirmer cette ordonnance, la Chambre d'accusation de Paris s'est appuyée sur deux motifs : elle a considéré d'une part, que la Convention de 1984 contre la torture ne pouvait s'appliquer, faute pour les parties civiles d'avoir démontré d'indices de la présence en France des auteurs présumés des crimes. Elle a d'autre part, contesté l'applicabilité directe des conventions de Genève en droit interne et relève qu'aucun texte portant adaptation n'était intervenu. La Cour de cassation reviendra sur ce

Ce dilemme peut être observé dans les textes français et dans leur interprétation par les tribunaux dans les *Affaires BARBIE et TOUVIER* et, concernant particulièrement la compétence universelle pour les crimes de guerre, dans *l'Affaire JAVOR*[314]. Dans ces différentes affaires, est consacrée, l'absence de la compétence universelle des juridictions françaises dans les crimes contre l'humanité (*Affaires BARBIE et TOUVIER*[315]) et dans les crimes de génocide (*Affaire JAVOR*).

De l'*Affaire BARBIE et TOUVIER*, on peut retenir qu'il s'agit d'une série de procès de la collaboration de l'administration française sous l'occupation allemande. L'on a noté le procès en France de l'ancien nazi Klaus BARBIE en 1987 condamné à perpétuité. Il lui était reproché à cet ancien chef de la Gestapo de Lyon la rafle de l'Union générale des israélites de France (UGIF) le 9 février 1943, la rafle des enfants d'Izeu le 06 avril 1944 et le dernier convoi ayant quitté Lyon pour Auschwitz le 11 août 1944. En ce qui concerne le cas de Paul TOUVIER, il est responsable de la milice sous vichy et condamné en 1994 à la prison à perpétuité pour complicité de crime contre l'humanité. Il est le premier jugé de nationalité française condamné pour crimes contre l'humanité. C'est un ancien fonctionnaire antisémite qui a commis de nombreux crimes commis en tant que chef de la Milice lyonnaise durant l'occupation de la France par l'Allemagne nazie, dont l'exécution de sept juifs au cimetière de Rillieux. Pour ce qui est de l'Affaire JAVOR, le 20 juillet 1993, Elvir JAVIR, Kasim KUSURAN, Munib SOFTIC, Senada SOFTOC et Meho MUJDZIC, cinq ressortissants bosniaques victimes des exactions commises en ex-Yougoslavie, déposent plainte avec constitution de partie civile en France pour tortures, crimes de guerre, crimes contre l'humanité et génocide.

Le 6 mai 1994, le Tribunal de grande instance de Paris a rendu une ordonnance de recevabilité des actions civiles et d'incompétence partielle. En

---

dernier motif, une fois, la loi portant adaptation du Statut du TPI-Y fut adoptée. L'interprétation de la chambre d'accusation concernant la mise en œuvre de la compétence universelle conformément aux conventions de Genève, demeure et empêche ainsi toute application des conventions de Genève par les juges français.

[314]*Commentaire du Comité international de la Croix-Rouge* sur l'article 51, Protocole I, N.° 1927, disponible sur HTTP : www.icrc.org/dih.nsf/com/470-750065, Open Document.

[315] Dans *l'Affaire BARBIE* par exemple, l'arrêt de la chambre d'accusation énonçait qu'en raison de leur nature, les crimes contre l'humanité dont KLAUS BARBIE, de nationalité allemande selon sa propre revendication, est inculpé en France où ils auraient été commis, ne relèvent pas seulement du droit pénal interne français, mais également d'un ordre répressif international auquel la notion de frontière et les règles extraditionnelles qui en découlent, sont fondamentalement étrangères (...) ; les crimes de guerre, les crimes contre la paix, les crimes contre l'humanité et les principes qu'ils posent, celui du châtiment des coupables comme celui de la coopération internationale pour y parvenir, ne sont ni de circonstance ni d'opportunité. Pour plus de détails, voir Cour d'Appel de Lyon, Chambre d'accusation, 8 juillet 1983 et Cour de cassation française, Chambre criminelle, 6 oct. 1983, JDI, 1983, pp. 782-785, note Edelman.

effet, le tribunal se déclare incompétent pour instruire la plainte en ce qu'elle concerne le crime de génocide et les crimes contre l'humanité, au motif que la législation française ne prévoit pas de compétence universelle pour ces infractions. Par ailleurs, le tribunal se déclare compétent pour instruire les crimes de tortures et autres traitements inhumains et dégradants sur les fondements de la Convention de New York de 1984 et de l'article 689 (alinéa 2) du Code de procédure pénale, ainsi que pour les crimes de guerre sur le fondement des Conventions de Genève, qui imposent expressément aux États parties d'engager les poursuites et de les juger. La chambre des accusations de la Cour d'appel de Paris, dans un arrêt du 24 novembre 1994, infirme la décision du 6 mai 1994. Après avoir confirmé l'incompétence du Tribunal pour instruire les crimes contre l'humanité et le génocide, la Chambre déclare l'incompétence du tribunal pour instruire les crimes de tortures au motif que la présence de l'accusé sur le territoire est obligatoire et pour instruire les crimes de guerre, les dispositions des Conventions de Genève n'étant pas directement applicables en droit interne. Le 26 mars 1996, la Cour de cassation rejette le pourvoi formé par les parties civiles et confirme le raisonnement de la Chambre des accusations. Elle y ajoute simplement un autre fondement : la loi du 2 janvier 1995 portant adaptation de la législation française à l'institution du tribunal pénal international pour l'ex-Yougoslavie, adoptée après la décision de la Chambre et applicable aux procédures en cours. Selon cette loi, les juridictions françaises ne peuvent instruire une affaire que si l'accusé est présent sur le territoire.

En réalité, il n'existe pas d'incrimination spécifique des crimes de guerre dans le Code pénal français et ceci pose donc des conséquences pratiques dans la répression de ces faits par les juridictions pénales françaises. Pour mieux cerner les problèmes juridiques que posent les réserves au SCPI, l'analyse des déclarations françaises mérite d'être complétée, par l'étude des déclarations anglaises qui semblent également complexes.

Section 2 : L'étendue des déclarations interprétatives faites par le Royaume-Uni et constituant des réserves prohibées au statut de Rome

Nous nourrissons des inquiétudes similaires concernant la déclaration du Royaume-Uni. Lors de la ratification du statut de Rome, cet État a fait une déclaration qui contraste fortement avec son point de vue précédent dans l'affaire des armes nucléaires (paragraphe 1). Pour appréhender la signification réelle de cette « *déclaration* » du Royaume-Uni, la longue déclaration faite lors de la ratification du Protocole I aux conventions de Genève du 12 août 1949 mérite d'être préalablement analysée (paragraphe 2).

Paragraphe 1 : Le contenu de la réserve formulée par le Royaume-Uni de Grande-Bretagne et d'Irlande du Nord

Il est important de savoir que la réserve anglaise (B) porte essentiellement sur l'article 8 du SCPI qu'il convient de présenter (A).

A. Le contenu de l'article 8 du SCPI (relatif aux crimes de guerre), objet de la réserve anglaise

L'article 8 du SCPI fait l'objet de réserve en son alinéa 2 aux paragraphes « b » et « e ». Le paragraphe 2 définit les actes qualifiés de crimes de guerre. En son alinéa « b », il s'agit d'une liste d'autres violations graves des lois et coutumes applicables aux conflits armés internationaux dans le cadre du droit international (1). En son alinéa « e », il s'agit d'une liste d'autres violations graves des lois et coutumes applicables aux conflits armés ne présentant pas un caractère international, dans le cadre établi du droit international (2).

1. La typologie des violations graves des lois et coutumes applicables aux conflits armés internationaux dans le cadre du droit international

L'article 8 (2) (b) du SCPI, objet de la réserve anglaise, énumère, notamment, comme violations graves des lois et coutumes applicables aux conflits armés internationaux dans le cadre du droit international, l'un quelconque des actes ci-après : le fait de diriger intentionnellement des attaques contre la population en général ou contre des civils qui ne participent pas directement aux hostilités, le fait de diriger intentionnellement des attaques contre des biens de caractère civil, le fait de diriger intentionnellement des attaques contre le personnel, les installations, le matériel, les unités ou les véhicules employés dans le cadre d'une mission d'aide humanitaire ou de maintien de la paix conformément à la Charte des Nations Unies, pour autant qu'ils aient droit à la protection que le droit international des conflits armés garanti aux civils et aux biens de caractère civil, le fait de diriger intentionnellement une attaque en sachant qu'elle causera incidemment des pertes en vies humaines dans la population civile, des blessures aux personnes civiles, des dommages aux biens de caractère civil ou des dommages étendus, durables et graves à l'environnement naturel qui seraient manifestement excessif par rapport à l'ensemble de l'avantage militaire concret, direct et absolu. Il s'agit également du fait d'attaquer ou de bombarder par quelque moyen que ce soit, des villes ou habitations qui ne sont pas défendues et qui ne sont pas des objectifs militaires, le fait de tuer ou de blesser un combattant qui s'est rendu ; le fait d'utiliser indûment le drapeau de l'ennemi ou de l'ONU, ainsi que les signes distinctifs prévus par les conventions de Genève et ce faisant de causer la perte de vies humaines ou des blessures graves, le fait d'utiliser du poison ou des armes empoisonnées, les atteintes à la dignité humaine, notamment les traitements inhumains et dégradants.

Le contenu de l'article 8 (2) (e) réservé est moins exhaustif et un peu plus spécifique.

2. La particularité des violations graves des lois et coutumes applicables aux conflits armés ne présentant pas un caractère international, dans le cadre établi du droit international

L'article 8 (2) (e) du Statut de la CPI énumère comme violations graves des lois et coutumes applicables aux conflits armés ne présentant pas un caractère international, dans le cadre établi du droit international l'un quelconque des actes ci-après : le fait de diriger intentionnellement des attaques contre la population civile en tant que telle ou contre des personnes civiles qui ne participent pas directement aux hostilités ; le fait de diriger intentionnellement des attaques contre les bâtiments, le matériel, les unités, et les moyens de transport sanitaires, et le personnel utilisant, conformément au droit international, les signes distinctifs des conventions de Genève ; le fait de diriger intentionnellement des attaques contre le personnel, les installations, le matériel, les unités ou les véhicules employés dans le cadre d'une mission d'aide humanitaire ou de maintien de la paix conformément à la Charte des Nations Unies, pour autant qu'ils aient droit à la protection que le droit international des conflits armés garantit aux civils et aux biens de caractère civil.

Il s'agit également du viol, de l'esclavage sexuel, de la prostitution forcée, la stérilisation forcée ou toute autre forme de violence sexuelle constituant une violation grave de l'article 3 commun aux quatre des conventions de Genève. Cette présentation brève de l'article 8 (2) (b) nous permet de mieux analyser la réserve proprement dite.

B. L'expression de la réserve anglaise proprement dite

Le contenu juridique de la réserve du Royaume-Uni (1) présente quelques similitudes avec les déclarations précédentes formulées par le Royaume-Uni de Grande-Bretagne et d'Irlande du Nord (2).

1. Le contenu juridique de la réserve

Le Royaume-Uni de Grande-Bretagne et d'Irlande du Nord, dans sa réserve, interprète l'expression « *cadre établi du droit international* », utilisée aux alinéas « b » et « e » du paragraphe 2 de l'article 8, présentés précédemment, comme comprenant le droit international coutumier, conformément à la pratique des États et à l'*opinio juris*. Cette réserve présente des similitudes avec des déclarations précédentes.

2. Les similitudes de cette réserve avec des déclarations précédentes

Dans ce contexte en effet, le Royaume-Uni, réaffirme les vues qu'il a exprimées, entre autres, dans les déclarations qu'il a faites le 8 juin 1977 à l'occasion de la ratification des instruments de droit international pertinents, notamment le Protocole additionnel aux conventions de Genève du 12 août 1949 relatif à la protection des victimes des conflits armés internationaux (Protocole I) et appelle l'attention de la CPI sur ces vues.

Cette déclaration est en réalité une réserve déguisée au statut de Rome, car elle pose des problèmes juridiques réels dans l'applicabilité de l'article 8 (2) (b) (e) ci-dessus sur l'incrimination des violations décrites comme étant des crimes de guerre.

Paragraphe 2 : Les effets juridiques de cette « déclaration »

Les problèmes juridiques que pose la déclaration de cet État au statut de Rome sont observables à l'analyse (B) de la longue déclaration faite au Protocole I des quatre conventions de Genève (A).

A. Les premières déclarations faites par le Royaume-Uni : un préalable aux problèmes juridiques posés par les réserves à l'article 8

Elles sont liées aux armes classiques (1) et aux obligations du Royaume-Uni pendant les conflits armés internationaux (2).

1. La déclaration relative à l'usage des armes classiques

Le Royaume-Uni, dans sa première déclaration[316], continue de penser que les règles introduites par le Protocole s'appliquent exclusivement aux armes classiques sans tenir compte d'aucune règle du droit international applicable aux autres types d'armes. En particulier, les règles introduites ainsi n'ont aucun autre effet et ne régulent pas ou n'interdisent pas l'utilisation d'armes nucléaires.

Le débat sur l'acceptation par les États de l'interdiction de l'utilisation des armes nucléaires est loin d'être achevé. En effet, une coalition d'organisations non gouvernementales (ONG), rassemblées sous le sigle *« campagne internationale pour l'abolition des armes nucléaires »* (ICAN), déploie durant la décennie 2010/2020 une activité intense pour mettre hors la loi les armes nucléaires. En 2017, malgré l'opposition des puissances nucléaires, l'AGNU

[316] Voir le point « a » du corpus de la déclaration.

adopte le Traité sur l'interdiction des armes nucléaires[317] qui prohibe l'utilisation, le développement, la production, les essais, le stationnement et la menace d'utilisation de telles armes. L'entrée en vigueur du traité requiert sa ratification par cinquante (50) États, seuil qui est franchi le 24 octobre 2020. Bien que le traité n'ait pas été signé par les pays détenteurs de l'arme atomique, les militants pro-abolition espèrent que le texte aura une portée plus que symbolique. La réflexion menée sur les réserves touchant aux questions de l'utilisation ou non des armes nucléaires pour définir les crimes de guerre est dense et continue de soulever de nombreux développements. Cette première réserve anglaise est plus ou moins liée à la seconde relative au rôle des chefs militaires dans la planification des attaques.

2. La déclaration relative au rôle des chefs militaires dans la planification des attaques

Dans sa deuxième réserve[318], il est dit que les chefs militaires et autres supérieurs hiérarchiques responsables de la planification, de la décision d'entreprendre ou de l'exécution d'attaques doivent nécessairement arriver à des décisions sur la base de leur jugement de l'information provenant de toutes les sources qui sont à leur disposition d'une manière raisonnable à un moment approprié. Ceci pose un problème sérieux lié aux obligations des États pendant les conflits armés, objet de la dernière déclaration faite au Protocole I des quatre conventions de Genève.

A. Le contenu de la dernière déclaration au Protocole additionnel I et ses implications juridiques sur les réserves anglaises au statut de la CPI

Tel que spécifié ci-dessus, nous démontrerons que la longue déclaration anglaise au 1er Protocole additionnel, notamment dans son troisième paragraphe (1), a un lien direct avec la réserve anglaise au Statut de la CPI (2).

---

[317] Voir *le Traité sur l'interdiction des armes nucléaires* (Archives), Recueil des traités de l'ONU, 7 juillet 2017.

[318] Voir le point « c » du corpus de la déclaration.

1. La particularité de la troisième déclaration au 1er Protocole additionnel

Dans ce cadre, cet État déclare[319] que les obligations au regard des articles 51[320] et 55[321] sont acceptées à condition que toute partie adverse du Royaume-Uni se soit elle-même engagée à respecter scrupuleusement ces obligations. Si toute partie adverse mène des attaques graves et délibérées, en violant les articles 51 et 52[322], contre la population civile ou les biens à caractère civil, ou en violant les articles 53[323], 54[324] et 55, contre des biens protégés par ces articles, le Royaume-Uni se considèrera en droit de prendre les mesures qui en d'autres circonstances sont interdites par les articles en question dans la mesure où il considère de telles mesures nécessaires uniquement dans le but de contraindre la partie adverse à cesser de commettre des violations en vertu de ces articles. Cette déclaration permet finalement d'analyser la déclaration anglaise au SCPI comme une véritable réserve.

2. Les déclarations au 1er Protocole additionnel et les déclarations au Statut de la CPI : de véritables réserves

Le Royaume-Uni a déclaré que la déclaration faite au 1er Protocole additionnel contient une liste de réserves[325]. Il s'agit des éléments que nous avons précédemment présentés. Cet État a reconnu que les déclarations citées ont exactement le même effet négatif que les réserves sur le Protocole additionnel I, d'une part et ont des implications sérieuses sur le SCPI, notamment les paragraphes b et e de l'article 8 (2) analysés en début de section, sur les violations qualifiées de crimes de guerre pendant les conflits armés internationaux et non internationaux.

---

319 Voir le point « m » du corpus de la déclaration.

320 L'article 51 du 1er Protocole additionnel (aux quatre conventions de Genève) sur les conflits armés internationaux, constitué de huit paragraphes, traite des règles liées à la protection de la population civile.

321 L'article 55 du 1er Protocole additionnel (aux quatre conventions de Genève) sur les conflits armés internationaux, traite des règles liées à la protection de l'environnement naturel.

322 L'article 52 du 1er Protocole additionnel (aux quatre conventions de Genève) sur les conflits armés internationaux, traite des règles liées à la protection générale des biens de caractère civil.

323 L'article 53 du 1er Protocole additionnel (aux quatre conventions de Genève) sur les conflits armés internationaux, traite des règles liées à la protection des biens culturels et des lieux de culte.

324 L'article 54 du 1er Protocole additionnel (aux quatre conventions de Genève) sur les conflits armés internationaux, traite des règles liées à la protection des biens indispensables à la survie de la population civile.

325Voir HAFNER (supra), Note 21. Lire SCHABAS (W), *Reservations to human rights treaties : Time for Innovation and Reform,* 32 can. YBIL 71-1994.

Les préoccupations, objet de notre réflexion dans la section traitant des réserves françaises à l'article 8 du SCPI sont donc quasiment les mêmes qui nous animent dans le contexte des déclarations du Royaume-Uni.

Par conséquent, nous considérons que la déclaration faite par le Royaume-Uni lors de la ratification du Statut de Rome, dans laquelle cet État déclare qu'il réaffirme les vues qu'il a exprimées dans les déclarations faites à l'occasion de la ratification du Protocole additionnel aux conventions de Genève de 1949 et appelle l'attention de la Cour sur ces vues, est une réserve au sens de l'article 120. Cette réserve restreint la définition des crimes de guerre que doivent réprimer la CPI.

Que pouvons-nous retenir aux termes de ce chapitre ?

Ce chapitre s'est recentré sur un traité spécifique, en l'occurrence celui créant la Cour Pénale Internationale. Il était question dans ce chapitre de nous attarder sur les problèmes liés à la définition des crimes de guerre, à l'incrimination interne de ces infractions internationales, à la recherche des caractères qualifiant une action ou omission étatique de crimes de guerre, que ce soit dans le cadre de conflits armés internationaux ou nationaux, à la compétence de la CPI dans la répression des auteurs de ces infractions. Pour ce qui est de la France, l'analyse des réserves faites par cet État aux articles 8 et 124 a permis de démontrer que la notion de crime de guerre est diminuée et la compétence de la CPI est amoindrie.

En ce qui concerne le cas du Royaume-Uni de Grande-Bretagne et d'Irlande du Nord, l'analyse, quoique moins approfondie de sa réserve à l'article 8 du statut de la CPI au regard de l'étude comparative des trois déclarations faites au 1er Protocole additionnel, nous a permis de conclure à la limitation de la notion de crimes de guerre. La suite de notre réflexion permet de comprendre qu'en ce qui concerne le crime d'agression qui relève également de la compétence de la CPI, les mêmes problèmes juridiques se posent.

CHAPITRE II :

LES RÉSERVES ET LA LIMITATION DE LA NOTION DE CRIME D'AGRESSION

L'interdiction catégorique des réserves édictée à l'article 120 du statut de Rome s'applique au statut dans son ensemble ainsi qu'aux futurs amendements, y compris à la définition potentielle du crime d'agression ou d'autres crimes examinés lors de la conférence de révision. En ce qui concerne plus exactement le crime d'agression, l'article 5 (2) du Statut de la CPI dispose que la Cour exercera sa compétence à l'égard du crime d'agression quand une disposition aura été adoptée conformément aux articles 121 et 123[326], qui définira ce crime et fixera les conditions de l'exercice de la compétence de la Cour à son égard. Cette disposition devra être compatible avec la charte des Nations Unies. C'est justement le chapitre 7 de la Charte des Nations Unies qui traite de l'action du conseil de Sécurité des Nations Unies en cas de menace contre la paix, de rupture de la paix et d'acte d'agression.

La première déclaration faite par la France[327], selon laquelle le statut de Rome ne fait pas obstacle, à l'exercice par la France, de son droit naturel à la légitime défense, ne semble pas directement contraire au statut de Rome, mais l'étendue de ce droit courait le risque d'être modifiée lorsque le crime d'agression serait universellement défini. En effet, bien que le crime d'agression ne soit pas encore très précis en droit international, les éléments caractéristiques de l'acte d'agression contenus dans la résolution 3314 (XXIX) de l'Assemblée générale des Nations Unies, adoptée le 14 décembre 1974[328], nous confortent dans la théorie selon laquelle la déclaration suscitée de la France est déjà une limite à la future définition la plus acceptée du crime d'agression, au Sommet de Kampala comme nous le verrons plus loin.

Dans le cadre de la réflexion, nous essaierons de rechercher dans le sens de l'acte d'agression, certains fondements juridiques probables au contenu du crime d'agression. À titre illustratif, dans l'article 3 de cette résolution, l'AGNU reconnaît l'acte d'agression comme étant « *l'attaque du territoire*

---

[326] Les articles 121 et 12 sont relatifs aux amendements et à la révision du statut. Voir également le Statut de la Cour pénale internationale dans DAVID (E), *Code de droit international humanitaire*, op cit, pp. 611-677.

[327] Source : état des ratifications et des réserves au SCPI à la date du 10 février 2003, site internet de l'Organisation internationale de la francophonie, espace francophone des droits de l'homme, de la démocratie et de la paix.

[328] Lire Résolution dans DAVID (E) et VAN ASSCHE (C), *Code de droit international public*, op cit, pp. 84-87.

d'un État par les forces armées d'un État, ou toute occupation militaire, même temporaire », ainsi que « le bombardement, par les forces armées d'un État, du territoire d'un autre État ». Par ailleurs, l'article 5 de la même résolution dispose qu'aucune considération (...) ne saurait justifier une agression ; une guerre d'agression est un crime contre la paix internationale.

Ceci étant, si des éléments constitutifs de l'acte d'agression permettent de dessiner les contours juridiques d'une guerre d'agression, et que la guerre d'agression est considérée comme un crime international au sens de la résolution 3314, il s'agirait à plus d'un égard du crime d'agression. Aussi, avec sa réserve, la France en modifiant la définition de la notion de légitime défense (Section 1), contribue déjà, bien que virtuellement, à la limitation du contenu juridique du crime d'agression (section 2).

Section 1 : La réserve française et la modification de la notion de légitime défense

Dans le cadre des débats en prélude à *l'avis consultatif sur la licéité de la menace ou de l'emploi d'armes nucléaires* cité dans le chapitre précédent, le Comité international de la Croix rouge (CICR) a expliqué qu'il paraît évident que le droit de légitime défense ne comporte pas le recours à des mesures qui seraient contraires au droit international humanitaire même s'il s'agit d'une agression établie, reconnue comme telle par le Conseil de Sécurité. Les conventions de Genève de 1949 et le présent Protocole doivent être appliqués selon leur article 1er en « *toutes circonstances* », le préambule du Protocole réaffirme que leur application doit se faire « *sans aucune distinction défavorable fondée sur la nature ou l'origine du conflit armé ou sur les causes soutenues par les parties au conflit ou attribuées à celles-ci* »[329].

La déclaration française est une réserve déguisée en ce qu'elle crée un droit à la légitime défense dont les mesures peuvent être défavorables au DIH (paragraphe 2) parce qu'elles ne respecteront pas, en réalité l'article 51 de la Charte des Nations Unies (paragraphe 1).

Paragraphe 1 : Le droit naturel de légitime défense : un droit strictement non conforme à l'article 51 de la Charte des Nations Unies au regard de la réserve de la France

La première réserve de la France, à l'analyse, permet de déceler quelques contradictions entre la légitime défense vue par les Nations Unies et la légitime défense dont elle fait allusion, ceci au regard de l'article 51 de la

[329] Voir Commentaire CICR dans le Rapport de la CIJ sur l'avis précité.

Charte des Nations Unies (A) et des articles 6 et 8 de la résolution 3314/1974 de l'AGNU relative à la définition de l'agression (B).

A. Les divergences entre la légitime défense invoquée dans la première réserve française au statut de Rome et l'article 51 de la Charte des Nations Unies

À l'article de l'article 51, il faut une certaine gravité de l'attaque pour légitimer la mise en application de la légitime défense (1). Malheureusement, la réserve française ne prend pas cette obligation en considération (2).

1. L'article 51 et l'obligation d'une certaine gravité de l'attaque justifiant la légitime défense

L'article 51 de la charte des Nations Unies autorise, en cas d'agression armée, un droit à la légitime défense individuelle ou collective[330] qui est le pouvoir d'un État d'utiliser la force sous respect du Conseil de Sécurité qui décide des mesures nécessaires à prendre pour maintenir la paix et la sécurité internationales. La réserve de la France nous cause un souci majeur en ce que ce n'est que par rapport à une agression qu'une utilisation de la force pourra être justifiée par la légitime défense. Or, ce n'est qu'en 1974 que l'AGNU a adopté, mais sans vote, la résolution 3314 (XXIX) qui définit, en son article 1er, l'agression comme l'emploi de la force armée par un État contre la souveraineté, l'intégrité territoriale ou l'indépendance politique d'un autre État, ou de toute autre manière incompatible avec la Charte des Nations Unies.

---

[330] La légitime défense collective consiste en la faculté pour un État non directement agressé d'intervenir au nom d'accords de défense le liant au pays agressé. La légitime défense collective a été invoquée par les USA au Liban en 1958, au Vietnam et à Saint-Domingue, contre le Nicaragua en 1985, et par l'URSS pour justifier ses interventions à Prague en 1968 et en Afghanistan en 1979. Des concepts tirés de la légitime défense collective, mais en réalité, très distincte et opposée méritent d'être cités pour mieux cerner notre analyse. Pour justifier leur intervention au Vietnam, les USA ont invoqué une notion de légitime défense permanente, nécessitée selon eux, par les incursions continues de bandes armées venues du Nord. Cette notion n'a cependant jamais été consacrée en droit international public. Quant à la légitime défense préventive, qui pose le problème du risque d'un retour au droit naturel, il a été invoqué par Israël à quatre reprises : en 1967 contre l'Égypte (guerre des six jours), en 1975 contre les camps palestiniens au Liban, en 1981 contre l'Irak (destruction d'un réacteur nucléaire susceptible d'utilisation militaire), en 2008 contre le Hamas (guerre de Gaza 2008-2009). Elle a également été invoquée par les USA à l'adresse de son opinion interne (et non devant le Conseil de Sécurité des Nations Unies) à l'occasion de la guerre en Irak (2003-2005). Cette conception de la légitime défense préventive a été rejetée dès le début par la majorité des États. Pour plus de détails sur la notion de légitime défense et les concepts voisins ou opposés, et dans l'intérêt de cerner notre analyse y relative, lire COT (J.P.) et PELLET (A.), *La Charte des Nations Unies*, Economica, 1991 ; GREIG (D.W.), *'Self-Defence and the security council : What does Article 51 require ?'*, *International and Comparative Law Quaterly*, 40 (19991) ; ZOUREK (J), « *La notion de légitime défense en droit international-Rapport provisoire* », *AIDI* 56 (1975), pp. 1-80.

Nous citerons l'invasion, l'attaque du territoire d'un État, toute occupation militaire, le blocus des ports et côtes d'un État, l'attaque des forces armées marines, aériennes, navales d'un État par un autre État et aussi l'envoi de bandes armées ou de mercenaires.

En effet, à l'analyse de l'article 1er de la Résolution précitée, une agression peut être une invasion, mais aussi un blocus ou un bombardement. En outre, dans l'Affaire des activités militaires et paramilitaires des États-Unis au Nicaragua et contre celui-ci en date du 27 juin 1986, la CIJ y ajoute « *l'envoi par un État ou en son nom de bandes et de groupes armés (...) contre un autre État d'une gravité telle qu'il équivaut à une véritable agression accomplie par les forces régulières* »[331].

Il faut donc une certaine gravité de l'acte pour que le droit à la légitime défense puisse s'appliquer conformément à l'article 51 de la Charte des Nations Unies.

Lorsque la France déclare que « *le statut de Rome ne fait pas obstacle à l'exercice par elle de son droit à la légitime défense* », cet État oublie que toute attaque armée contre un État n'est pas susceptible d'ouvrir pour autant le droit de légitime défense à un autre État ; mais cela ne veut pas dire qu'une telle attaque n'est pas contraire à la charte, notamment en son article 2 (4)[332] et si l'État attaqué ici, à titre illustratif, puisqu'il s'agit d'une réserve française, si la France attaquée réagit par la force en invoquant la légitime défense, c'est une violation du droit international, car il n'existe pas un droit à la légitime défense dans ce cadre. En effet, quand l'attaque est de moindre ampleur, ce n'est plus la légitime défense au sens de l'article 51 et si la France réagit en vertu de sa réserve au SCPI, ce sont plutôt les représailles armées et de telles mesures sont interdites par la Charte. Les polémiques liées aux attaques américaines en Afghanistan en octobre 2001 nous confortent sur ce point de vue, car quand les USA invoquaient la légitime défense, pour se justifier, certains États l'ont acceptée, d'autres en majorité, non[333]. Ceci accentue les difficultés de la réserve française.

---

[331] En revanche, il est important de savoir que l'ONU a refusé la demande des pays du Tiers-Monde d'ajouter à la liste l'agression idéologique ou économique.

[332] L'article 2 (4) de la charte des Nations Unies dispose que « *les membres de l'organisation s'abstiennent, dans leurs relations internationales, de recourir à la menace ou à l'emploi de la force, soit contre l'intégrité territoriale ou l'indépendance politique de tout État, soit de toute autre manière incompatible avec les buts des Nations Unies* ».

[333] L'intervention de la France en Libye pour faire tomber Mouammar KADHAFI et son régime il y a quelques années ainsi que, la guerre actuelle de la Russie contre l'Ukraine, peuvent être des exemples, parmi tant d'autres, considérés comme une violation du concept de la légitime défense et même de l'interdiction par un État du recours à la force dans un autre État ; ce sont de sacrosaints Principes du droit international constamment violés par les grandes puissances occidentales.

2. La réserve française : une limite à l'exigence de gravité de l'attaque justifiant la mise en œuvre de la légitime défense

La réserve française constitue une forte limite à la définition onusienne de la légitime défense, car quand un État veut utiliser ce moyen que lui offre le droit international, il doit au préalable s'assurer que les conditions sont nécessaires (nécessité cruciale) pour repousser l'acte d'agression, l'État doit démontrer la proportionnalité de la réaction. En fait, historiquement, le concept de légitime défense n'apparaît qu'en 1919 avec la création de la SDN, car avant cette date, il ne trouvait pas d'application en droit international puisque le recours à la force en droit international n'était absolument pas prohibé avant 1919 s'il s'agissait de défendre les intérêts d'un État. Après la création de la SDN et les grandes restrictions aux recours de la guerre, la norme spécifique de légitime défense apparaît et le Pacte Briand-Kellor de Paris du 26 août 1928 interdit la guerre de manière totale sauf précisément en cas de légitime défense individuelle. Après 1928, la pratique internationale s'oriente clairement dans le sens de la licéité de l'emploi de la force pour repousser une attaque armée.

Il existait donc avant l'adoption de la Charte une norme coutumière qui posait l'interdiction générale de recourir à la guerre et qui permettait l'emploi de la force armée pour répondre à une attaque armée illicite de la part d'un autre État. La France doit donc garder à l'esprit que la légitime défense est à la fois une réponse à la violation des droits souverains de la victime, mais aussi une certaine licéité de l'emploi de la force. Il s'agit d'une règle primaire de l'ordre juridique international[334] au regard de la réserve française et de ses implications futures. Nous sommes d'avis avec Julien DETAIS qui estime que les dérives qui affectent le droit de légitime défense sont notamment dues au fait qu'il soit abusivement invoqué par les États afin de fonder juridiquement un emploi de la force contraire à la Charte des Nations Unies et au champ d'application de l'article 51.

En effet, le crime d'agression ayant été clairement défini au Sommet de Kampala tel que nous le verrons en détail dans nos prochaines analyses, la France peut, par sa réserve, interpréter toute sorte d'attaques armées

---

[334] Lire DETAIS (J), « *les Nations Unies et le droit de légitime défense* », In Professeur KHERAD (R) (Dir.), *Légitimes Défenses*, Collection Faculté de droit et des sciences sociales, Laboratoire Angevin de Recherche sur les Actes Juridiques (LARAJ), Université d'Anger, Librairie Générale de droit et de Jurisprudence (LGDJ), Paris, 26 juin 2007, ouvrage collectif regroupant les contributions présentées lors du colloque organisé par le Professeur Rahim KHERAD les 5 et 6 octobre 2006 par le LARAJ en collaboration avec le Centre d'études sur la coopération juridique internationale (CECOJI), 304 p. Voir également DETAIS (J), « *les Nations Unies et le droit de légitime défense* », Thèse de doctorat en droit public, École Doctorale d'Angers, Directeur-Professeur Rahim KHERAD, Professeur à l'Université de Poitiers, présentée et soutenue publiquement le 30 novembre 2007, Université d'Angers 2007, 2007, Numéro d'ordre 844.

éventuelles sur son territoire (ou sur celui d'un autre État) comme lui conférant un droit à la légitime défense (individuelle ou collective).

Il ne s'agit donc pas d'un droit absolu. Son exercice doit être proportionné à l'agression subie et la riposte doit être immédiate, mais juridiquement encadrée dans l'esprit du chapitre 51 de la charte. Aussi, en plus d'apparaître contraire à l'esprit de la Charte des Nations Unies, le sens français de la légitime défense est également, à plus d'un égard, incompatible avec certaines dispositions de la résolution 3314.

B. Les incompatibilités entre la légitime défense invoquée dans la première réserve française au statut de Rome et les articles 6 et 8 de la résolution 3314 du 14 décembre de l'AGNU relative à la définition de l'agression

L'étude des articles 6 (1) et 8 (2) de la résolution 3314 consacrant l'interdiction de modification de la notion d'agression donnant droit à la légitime défense permet de constater de nombreux contrastes avec la réserve française.

1. Les contrastes entre la réserve française et l'article 6 de la résolution 3314

La France précise dans sa réserve que rien dans le statut de Rome ne l'empêchera de faire valoir son droit naturel à la légitime défense. Or l'article 6 de la Résolution 3314 indique que « *rien dans la présente définition ne sera interprété comme élargissant ou diminuant d'une manière quelconque la portée de la charte, y compris ses dispositions concernant les cas dans lesquels l'emploi de la force est légitime* ».

Cette dernière disposition est donc fortement liée à l'article 51 de la Charte des Nations Unies en ce sens que la notion d'agression ouvrant la voie à la légitime défense est loin d'être absolue, car elle repose tant dans ses fondements que dans son application sur l'esprit et la logique de la Charte des Nations Unies. La réserve de la France est susceptible d'ouvrir la voie à une légitime défense basée sur toutes formes d'agressions, y compris celles non couvertes par l'article 51.

Cette situation est également observable à l'analyse de l'article 8.

2. Les contrastes entre la réserve française et l'article 8 de la résolution 3314

En effet, l'article 8 de la résolution 3314, qui en est le dernier, précise que dans leur interprétation et leur application, les dispositions qui précèdent sont liées entre elles et chaque disposition doit être interprétée dans le contexte des autres dispositions. Ceci étant, les articles 1er (sur la définition de l'agression) et 6 sont indissociables, et leur lien avec l'article 51 de la charte des Nations Unies permet de confirmer que la légitime défense ne couvre pas toutes sortes d'agressions.

La France, du fait de sa réserve, pourra, une fois le crime d'agression clairement défini, constituer une grave limite au sens onusien de la légitime défense et encourager de graves abus dans la pratique internationale par l'application de son droit naturel à la légitime défense et contraire au DIH.

Paragraphe II : La possibilité d'un droit français à la légitime défense contraire au droit international humanitaire

La réserve française est délicate à gérer, car elle est susceptible d'ouvrir la voie à une légitime défense abusive qui va au-delà des restrictions imposées par l'article 51 de la Charte des Nations Unies et en ce sens, qui peut conduire la France à adopter des mesures contraires au droit international humanitaire (B) alors que la légitime défense ne justifie ni les violations du DIH ni des droits de l'homme ou du droit international dans son ensemble, car le DIH est le minimum à respecter et constitue le noyau dur des droits de l'homme[335] (A).

A. Le droit français à la légitime défense : un droit incompatible aux règles humanitaires du fait de la réserve

La légitime défense est un concept auquel il est souvent fait référence pour justifier l'emploi de la force en droit international. Mais l'utilisation d'une telle justification peut révéler des ambiguïtés[336]. En effet, cette notion est bien encadrée par l'article 51 de la charte des Nations Unies qui présente différentes pratiques d'emploi de la force faites par les États ou par le Conseil de sécurité, chacune fondée sur la légitime défense. Certains États en ont plutôt fait abusivement usage au mépris du Conseil de Sécurité des Nations Unies en invoquant une légitime défense préventive en estimant être victime d'actes de terrorisme. Ces États assimilent l'expression *« agression armée »* de l'article 51 de la Charte des Nations Unies à l'hypothèse d'acte de terrorisme. Cette position est défendue depuis longtemps par Israël et les États-Unis qui s'appuient sur la légitime défense pour prétendre lutter contre le terrorisme. Les conditions de la légitime défense ont été reprises par la CIJ

---

[335] Dans le chapitre 1er du titre I de la première partie, nous avons établi les liens entre le DIH et les droits de l'homme. Dans le 2e chapitre du Titre II de cette partie, nous reviendrons sur le sujet, in fine.

[336]SIERPINSKI (B) *« La légitime défense en droit international : quelques observations sur un concept juridique ambigu »*, Revue québécoise de droit international, 2006.

dans l'affaire du Nicaragua suscitée qui exige le respect du minimum humanitaire. Toutefois, c'est surtout l'analyse de l'avis consultatif de la CIJ sur la licéité de la menace ou de l'emploi d'armes nucléaires précité qui nous permet de conclure que le droit à la légitime défense ne peut autoriser la violation des règles du DIH (1) ni la violation d'autres règles du droit international (2).

1. Le droit de légitime défense et l'interdiction de violer les normes du DIH

En effet, depuis au moins deux siècles, l'idée selon laquelle le DIH s'applique de façon égale à toutes les parties à un conflit, quelle que soit celle qui se trouve en situation de légitime défense, est un dogme absolu. Cette conception est confirmée par la pratique des États, établie de longue date, et elle est universellement admise dans les textes juridiques. L'unique source de controverse a été la question de savoir si, dans un conflit armé, les restrictions inhérentes au droit de légitime défense, notamment la nécessité et la proportionnalité au sens général, s'appliquent en sus des restrictions spécifiques du droit humanitaire[337].

Dans son analyse générale du droit, la Cour a estimé à son tour, dans les paragraphes 41 et 42 de son Avis consultatif, que les limitations définies dans ces deux domaines juridiques s'appliquaient concurremment : la soumission de l'exercice du droit de légitime défense aux conditions de nécessité et de proportionnalité est une règle du droit international coutumier. Mais en même temps, un emploi de la force qui serait proportionnée conformément au droit de la légitime défense doit, pour être licite, satisfaire aux exigences du droit applicable dans les conflits armés, dont en particulier les principes et règles du droit humanitaire[338].

Par ailleurs, la doctrine, aujourd'hui tombée dans le discrédit, dite de la « *Kriegsräsongeht vor Kriegsmanier* » ou « *les nécessités de la guerre priment la manière de la faire* », suggérant que dans les circonstances extrêmes de danger, on pouvait abandonner l'application des règles du droit

[337] Une discussion de ce type s'est engagée pendant la rédaction du Manuel de San Remo sur le droit international applicable aux conflits armés en mer, qui contient une section consacrée à l'effet du droit de légitime défense sur le droit de la guerre en mer (voir Manuel de San Remo, 1994, section II, par. 3 à 6. Une partie de cette discussion est décrite dans les « *travaux préparatoires* », In Bochumer Schriften N° 24, pp. 133 à 206). La majorité des experts ayant considéré que les restrictions propres au droit de légitime défense devaient s'appliquer en sus de celles du DIH, le document se prononce en ce sens. Les experts minoritaires considéraient quant à eux qu'une fois établie la nécessité de légitime défense, seules s'appliquaient les limitations définies par le droit humanitaire (voir, op. cit., note 52, pp. 75 à 78).

[338] Avis, paragraphes 41 et 42.

humanitaire afin de faire face au danger, a été rejetée par le Tribunal de Nuremberg dans les *affaires Peleus, Milch et Krupp*[339].

Le procès Milch, officiellement The United States of America Vs. Erhad MILCH est le deuxième des douze procès pour crimes de guerre organisés par les autorités américaines dans leur zone d'occupation en Allemagne, à Nuremberg, après la fin de la Seconde Guerre mondiale. Dans ce procès, l'ancien Generalfeldmarschall de la Luftwaffe Erhard Milch a été accusé d'avoir commis des crimes de guerre et des cimes contre l'humanité. Milch plaida non coupable de toutes les charges le 20 décembre 1946. Le procès dura de 2 janvier à avril 1947. Il fut reconnu coupable sur deux des trois chefs de l'accusation et fut condamné à la prison à vie. Emprisonné à la Landsberg, sa sentence fut commuée par John Mc Cloy, Haut-commissaire allié en Allemagne à quinze ans de prison en 1951. Il fut libéré en juin 1954. Quant au procès Krupp, officiellement The United State of America Vs Alfried Krupp, il a été le dixième procès de la série sus-évoquée. Ces douze procès ont été menés par des tribunaux militaires américains et non par le tribunal international de Nuremberg, mais ils se sont tenus au même endroit, sous l'appellation « *Procès de criminels de guerre devant le tribunal militaire de Nuremberg* ».

Dans le procès Krupp, douze anciens dirigeants du groupe sont accusés d'avoir permis l'armement des forces armées allemandes, et ce faisant, d'avoir activement participé à la préparation des guerres d'agression menées par les nazis. Ils sont également poursuivis pour avoir eu recours à de la main-d'œuvre forcée. L'acte d'accusation est présenté le 17 novembre 1947 et le procès se déroule du 8 décembre 1947 au 31 juillet 1948. L'accusé Karl Heinrich Pfirsch est acquitté, tous les autres sont condamnés à des peines de prison variant de trois à douze ans d'emprisonnement. En outre, le principal accusé, Alfried Krupp, nie toute culpabilité et se voit contraint de vendre ses actions de la société. Le groupe Krupp a prospéré sous le régime nazi. Selon des estimations prudentes, il employait près de cent mille (100 000) personnes, dont vingt-trois mille prisonniers de guerre.

Le rappel des faits de ces jurisprudences permet de mieux comprendre que la réserve française est source d'incertitudes dans la relation incontournable entre le droit international humanitaire et la légitime défense[340] ; elle peut

[339] Nous n'avons pas pu trouver les faits détaillés du procès de PELEUS. Consulter également le site du tribunal militaire international de Nuremberg, le site Wikipédia et celui du comité international de la Croix-Rouge.

[340] En effet, dans son avis sur la licéité de la menace ou de l'emploi d'armes nucléaires, au paragraphe 105, alinéa 2 (e), la CIJ dans ses conclusions, précise dans un premier alinéa que l'emploi d'armes nucléaires serait généralement contraire au droit humanitaire ; elle poursuit en affirmant dans le deuxième alinéa, que « *la Cour ne peut cependant conclure de façon définitive que la menace ou l'emploi d'armes nucléaires serait licite ou illicite dans une circonstance extrême de légitime défense dans laquelle la survie même d'un État serait en*

permettre la menace d'employer des armes illicites. Or l'avis de la Cour est clair : « *dans le cas où l'emploi envisagé d'une arme ne satisferait pas aux exigences du droit humanitaire, la menace d'un tel emploi contreviendrait elle aussi à ce droit* »[341].

Dans la même lancée, l'exercice de la légitime défense ne peut objectivement mettre en péril le respect des autres règles du droit international public général.

2. La légitime défense et l'interdiction de violer les autres règles du droit international public général

La réserve française ouvre la voie à plusieurs interprétations de la notion de légitime défense et en ce sens peut être source de nombreux abus du droit humanitaire comme analysé précédemment et d'autres règles à l'instar des droits de l'homme, du droit de l'environnent.

En ce qui concerne le droit relatif aux droits de l'homme, nous nous référons toujours à l'étude de l'avis de la CIJ sur la menace de l'emploi d'armes nucléaires, car elle mentionne fort éloquemment qu' : « *en principe, le droit de ne pas être arbitrairement privé de la vie vaut aussi pendant ses hostilités. C'est toutefois, en pareil cas, à la lex specialis applicable, à savoir le droit applicable dans les conflits armés, conçu pour régir les hostilités, qu'il appartient de déterminer ce qui constitue une privation de la vie*[342] ». Cette déclaration d'une très grande portée revient à dire que le droit humanitaire doit être utilisé pour interpréter une règle des droits de l'homme et réciproquement, tout au moins dans le contexte de la conduite des hostilités, le droit relatif aux droits de l'homme ne saurait donner une interprétation différente du droit humanitaire, car tout comme les droits de l'homme, le droit humanitaire abonde de règles spécifiques visant à protéger la vie, dans la mesure du

---

cause ». En dépit de cette nuance que la Cour veut apporter sur les relations entre l'exercice de la légitime défense et le respect du droit humanitaire, il est important de savoir que sur les sept juges qui ont voté pour cette conclusion, quatre indiquent dans leur opinion individuelle que l'emploi d'armes nucléaires est indubitablement illégal au regard des règles du droit humanitaire (juges BEDJAOUI, RANJEVA, HERCZEGH et FLEISCHHAUER), et un cinquième juge considère ces armes illégales en droit coutumier (Juge FERRARI BRAVO). Sur les sept juges qui ont voté contre, trois considèrent que leur emploi pourrait être licite au regard du droit humanitaire dans certaines circonstances extrêmes (juges SCHWEBEL, GUILLAUME et HIGGINS), trois estiment que leur emploi est forcément illicite du point de vue du droit humanitaire (juges SHAHABUDDEEN, WEERAMANTRY et KOROMA), et le septième (juge ODA) pense que la Cour aurait dû s'abstenir de rendre l'avis. D'une manière générale, il en ressort que, contrairement à la réserve de la France, la légitime défense ne saurait être absolue au point de mettre en péril les règles du droit humanitaire.

[341] Voir Avis, paragraphe 78.

[342] Avis, paragraphe 25.

possible, dans les conflits armés[343], et l'exercice de la légitime défense ne saurait constituer un obstacle à cette réalité, ni même par l'usage de réserves. Pourtant, sous le couvert d'un prétendu lien dépassé d'ailleurs entre *« opération de maintien de la paix et légitime défense »*, la France, État réservataire au SCPI, a essayé de justifier les évènements de novembre 2004 en Côte d'Ivoire.

L'armée française est intervenue avec emploi de la force armée, dans le cadre d'un accompagnement de l'opération de maintien de la paix dans ce pays effectuée par la Mission des Nations Unies en Centrafrique (MINUSCA). Il en va de même des demandes de précisions faites entre autres, par la France avant d'envoyer des militaires dans le cadre de la Force intérimaire des Nations unies au Liban en juillet-août 2006 après l'attaque du Hezbollah en Israël du 12 juillet 2006. Ce pays voulait des précisions quant au mandat donné aux Casques bleus sur la base de la Résolution 1701, mandat particulièrement large, intégrant implicitement différentes approches de la légitime défense.

À la suite des attentats du 11 septembre 2001 à l'origine de l'intervention militaire en Afghanistan, les États-Unis ont favorisé tout un argumentaire, explicite ou implicite, préconisant la légitime défense en général, voire la légitime défense préventive. Dès janvier 2002, dans le discours sur l'état de l'Union devant le Congrès, G. W. BUSH dénonce *« un axe du mal armé pour menacer la paix du monde »,* axe auquel appartient la Corée du Nord, l'Iran et l'Irak. À partir de cette période, les États-Unis, très largement suivis par la Grande-Bretagne, n'auront de cesse de démontrer le caractère potentiellement dangereux de l'Irak pour la paix du monde en l'accusant de posséder des armes de destruction massive et d'être en lien avec le terrorisme international.

Le Conseil de Sécurité des Nations Unies reste très divisé sur la question[344]. Certains membres permanents voulaient une intervention militaire en Irak, implicitement fondée sur la défense de la paix, voire sur une

---

[343] Dans une affaire plaidée devant la Commission interaméricaine des droits de l'homme, concernant le bombardement d'un hôpital dans un conflit armé, les plaignants ont prié la Commission d'interpréter le « droit à la vie » à la lumière des règles du droit humanitaire. Voir WEISSBRODT (D.) et ANDRUS (B.), « The right to life during armed conflict: Disabled People's International V. United States », 29, Harvard International Law Journal, 1988, p.59. Une demande similaire a été formulée à l'adresse de la même Commission dans l'affaire numéro 10 573.

[344]Le Conseil de Sécurité des Nations Unies restait divisé sur la position à adopter vis-à-vis de l'Irak, notamment sur les preuves présentées par les États-Unis et la Grande-Bretagne quant au danger que représente l'Irak ; ainsi en août 2002, Saddam HUSSEIN accepte enfin le retour en Irak des experts en désarmement dont il avait interdit la présence en décembre 1998, alors que le Conseil de sécurité avait demandé à l'Irak de remplir des obligations fixées par lui depuis 1991 dans une résolution de 1999. En critiquant le changement d'attitude de Saddam HUSSEIN, les États-Unis et la Grande-Bretagne restent sceptiques et *« dénoncent les manœuvres dilatoires de Bagdad »*.

légitime défense préventive. D'autres membres, dont la France, la Russie et la Chine, refusaient une telle intervention et préféraient un règlement pacifique par le biais des inspecteurs envoyés par l'ONU. Les États de la première catégorie n'ont pas obtenu l'accord de l'ONU, mais ont pratiqué une intervention militaire en Irak. C'est pratiquement ce qui se passe avec l'actuel conflit russo-ukrainien.

En ce qui concerne le droit de l'environnement, la Cour a établi l'existence d'un droit de l'environnement coutumier en rapport avec le droit non absolu de légitime défense qui, à l'analyse, constitue un fait capital au regard de la réserve française : « *l'obligation générale qu'ont les États de veiller à ce que les activités exercées dans les limites de leur juridiction ou sous leur contrôle respectent l'environnement dans d'autres États ou dans des zones ne relevant d'aucune juridiction nationale fait maintenant partie du corps de règles du droit international de l'environnement*[345] ».

Quant à la pertinence et l'intérêt de cet état de fait pour le droit humanitaire, la Cour considère que les traités relatifs à la protection de l'environnement n'ont pu avoir pour objectif de priver un État de son droit de légitime défense, mais que « *les États doivent aujourd'hui tenir compte des considérations écologiques lorsqu'ils décident de ce qui est nécessaire et proportionné dans la poursuite d'objectifs militaires légitimes*[346] ». Les caractères de *nécessité et de proportionnalité* renvoient certainement aux contraintes inhérentes au droit de légitime défense, que la réserve vague et générale de la France, a tôt fait d'écarter, ce qui peut, conduire cet État à causer de graves atteintes aux principes du DIH, vu le crime d'agression défini, au détriment de la jurisprudence internationale.

B. La réserve française et la probabilité d'une prise des mesures défavorables au droit international humanitaire dans l'exercice d'une légitime défense

La réserve française peut causer des abus mettant en péril le DIH[347]. Il est possible que la France, victime potentielle d'une quelconque agression armée,

[345] Avis, paragraphe 29.

[346] Ibid, paragraphe 30. Dans ce contexte, la Cour cite, pour l'approuver, le principe 24 de la Déclaration de Rio sur l'environnement et le développement (suite à la Conférence des Nations Unies sur l'environnement et le développement réunie à Rio de Janeiro du 03 au 14 juin 1992, elle contient 27 principes), qui stipule que « *la guerre exerce une action intrinsèquement destructrice sur le développement durable. Les États doivent donc respecter le droit international relatif à la protection de l'environnement en temps de conflit et participer à son développement, selon que de besoin* ».

[347] Pour aboutir à de telles conclusions, nous avons analysé l'avis consultatif de la CIJ sur la licéité de la menace ou de l'emploi d'armes nucléaires et l'article de DOSWALD-BECK (L), « *le Droit international humanitaire et l'avis consultatif de la Cour internationale de justice*

et soucieuse d'exercer « *son droit naturel de légitime défense* », prenne des mesures contraires aux décisions rendues par la CIJ dans l'arrêt sur le Nicaragua et l'avis consultatif sur la licéité de la menace ou de l'emploi d'armes nucléaires, c'est-à-dire des mesures qui constituent principalement des infractions graves au DIH[348]. Il est également possible que la France, à travers cette réserve, en souhaitant *« démocratiquement aider »* un État qu'elle estime *« opprimé par la dictature d'un leader »* dénature le droit à la légitime défense sous prétexte qu'il faut sauver un peuple d'un régime répressif.

À titre illustratif, la France est le principal instigateur de la crise libyenne en 2011. En mars 2011, durant la révolution libyenne, des combats sanglants opposent les forces fidèles au colonel Mouammar KADHAFI[349] à celles des rebelles.

Le 10 mars 2011, le Président SARKOZY reçoit à Paris les représentants du Conseil National de transition. Il est le premier chef de l'État à reconnaître officiellement cet organe de l'insurrection comme seul représentant de la Libye. Le 11 mars 2011, la France avec le soutien du Royaume-Uni, soumet

---

sur la licéité de la menace ou de l'emploi d'armes nucléaires », *Revue internationale de la Croix-Rouge* N° 823, 28-02-1997, pp. 37-59, LLM (Londres), Chef Adjoint de la division juridique du CICR.

[348] Pour une lecture plus exhaustive de la liste des infractions graves au DIH, lire MAHOUVE (M), « *La répression des violations du Droit international humanitaire au niveau national et international* », pp. 63-80, In Juridis périodique, N° 62, chapitre IV, « *Intégration juridique, droit international, droit comparé* ». Cet article est la version remaniée d'un exposé fait par son auteur lors du Cours panafricain francophone de Droit international humanitaire, organisé par le CICR à Yaoundé, du 14 au 25 mars 2005, à l'intention des enseignants de DIH des Universités d'Afrique.

[349] Né en juin 1942 à Qasr Abou Hadi (Libye italienne), Mouammar KADHAFI, Officier des forces armées libyennes, arrive au pouvoir lors du coup d'État de 1969 qui renverse la monarchie. Il se distingue d'emblée par une politique volontariste visant à concrétiser les objectifs du panarabisme social. En 1977, il réorganise les institutions de la Libye en faisant du pays une Jamahiriya (littéralement un « *État des masses* »), gouvernée par le peuple lui-même selon un système de démocratie directe. En 1979, il renonce au poste officiel de Chef de l'État, mais demeure de facto aux commandes de la Libye avec le titre de « *guide de la Révolution de la Grande Jamahiriya arabe libyenne populaire et socialiste* » (ou plus simplement « guide de la Révolution » ou « *frère guide* »), exerçant un pouvoir absolu en dehors de tout cadre temporel ou constitutionnel. Sur le plan intérieur, son régime utilise les ressources financières et la manne pétrolière de la Libye pour en développer les infrastructures, l'éducation et le système de santé. Sur la scène internationale, Kadhafi milite pour le panarabisme et le panafricanisme. Sa politique vaut un temps à la Libye d'être isolée sur le plan international et il est notamment accusé d'être le responsable de l'attentat de Lockerbie en 1988 et de l'attentat contre le vol 772 UTA en 1989 qui ont coûté la vie à 440 personnes. Malgré ses détracteurs, Mouammar KHADAFI fait de la Libye un pays riche et prospère, un véritable eldorado en Afrique et ses prouesses n'ont pas été bien accueillies par tous. À partir de février 2011, le « printemps arabe » gagne la Libye et le pouvoir de Mouammar KHADAFI est contesté de toutes parts. Il s'agit d'un ensemble de contestations populaires, d'ampleur et d'intensité très variable, qui se produisent dans de nombreux pays du monde arabe à partir de décembre 2010.

au Sommet de Bruxelles une demande d'instauration d'une zone d'exclusion aérienne. La chancelière allemande Angela MERKEL refuse et recueille le soutien de la majorité des vingt-sept États de l'Union européenne. Le Président SARKOZY se retrouve isolé lors du Sommet du G8 à Paris. Cependant, la Ligue arabe (encouragée par l'Arabie Saoudite qui avait des comptes personnels à régler avec KADHAFI) demande l'instauration de cette zone d'exclusion aérienne. C'est ce qui permet au président français et à son ministre des Affaires étrangères Alain JUPPE de lancer une bataille diplomatique au Conseil de Sécurité des Nations Unies.

Les États-Unis et le Royaume-Uni rejoignent la France. Le 19 mars 2011, deux jours après le vote de la Résolution 1973 du Conseil de Sécurité des Nations Unies instaurant une zone d'exclusion aérienne au-dessus du territoire libyen, les pays concernés se réunissent à Paris pour un sommet spécial sur les éventuelles frappes contre les forces gouvernementales. C'est une attitude mettant en branle l'article 51 de la charte des Nations Unies et causant des infractions graves aux conventions de Genève et ceci est le fait de la réserve française.

Il s'agit notamment des infractions graves (1) définies par les différentes conventions de Genève (2).

1. La notion d'infractions graves comme mesures défavorables au DIH dans l'exercice d'une légitime défense

Les infractions graves sont, d'une manière générale, celles qui entraînent l'obligation pour les parties de poursuivre ou d'extrader toute personne accusée de leur commission, en application du principe de la compétence universelle obligatoire. Dans le commentaire officiel du CICR sur l'élaboration des conventions de Genève, il est rappelé que l'expression elle-même « infractions graves » a donné lieu à d'assez longues discussions. La délégation de l'URSS aurait préféré l'emploi des mots « crimes graves » ou l'expression « crimes de guerre ». Si finalement la Conférence a préféré l'expression « infractions graves », c'est parce qu'elle a estimé que, bien que de tels faits soient qualifiés de crimes dans la législation pénale de presque tous les pays, il n'en demeure pas moins que le mot crime a des acceptions différentes selon les législations.

L'assimilation entre les deux notions sera toutefois faite par le premier protocole additionnel de 1977 qui dans son article 85 (5) précise que « *sous réserve de l'application des Conventions et du présent protocole, les infractions graves à ces instruments sont considérées comme des crimes de guerre* ». La notion d'infractions graves a donc un contenu un peu plus varié que celui des crimes de guerre[350]. À travers sa réserve, la République française, dans l'exercice de « sa » légitime défense, au regard du crime d'agression clairement défini que nous analyserons dans des développements ultérieurs, peut prendre des mesures qui rentreront dans les diverses catégories d'infraction graves.

2. La typologie d'infractions graves comme mesures défavorables au DIH dans l'exercice d'une légitime défense

La réserve française nous permet de croire que de nombreuses infractions peuvent être commises pour justifier l'exercice de légitime défense.

Il peut s'agir des infractions graves définies par les quatre conventions de Genève de 1949 (articles 50, 51, 130 et 147 respectivement). Il s'agit des infractions qui comportent l'un ou l'autre des actes suivants, s'ils sont commis contre des personnes ou des biens protégés par l'une de ces conventions : l'homicide intentionnel, la torture ou les traitements inhumains, le fait de porter des atteintes graves à l'intégrité physique ou à la santé.

Ces infractions graves peuvent également être celles définies par les IIIe et IVe conventions de Genève de 1949 (articles 130 et 147 respectivement), notamment le fait de priver un prisonnier de guerre ou une personne protégée de son droit d'être jugée régulièrement et impartialement selon les prescriptions des conventions. Elles peuvent également consister en infractions graves définies par la Ive Convention de Genève de 1949 (article 147). On peut citer, à titre illustratif, l'homicide intentionnel, la torture ou les traitements inhumains, y compris les expériences biologiques, le fait de causer intentionnellement de grandes souffrances ou de porter des atteintes graves à l'intégrité physique ou à la santé, la détention illégale d'une personne protégée ou la prise d'otages.

La réserve française peut ouvrir droit à toutes sortes d'abus au regard du crime d'agression clairement défini ; les infractions graves définies dans le Protocole additionnel I de 1977 (articles 11 et 85) telles que la soumission de la population civile ou des personnes civiles à une attaque ou les pratiques inhumaines et dégradantes fondées sur la discrimination raciale, donnant lieu à des outrages à la dignité personnelle, peuvent également être employées au titre de son droit naturel à la légitime défense. Les infractions graves prévues par la Convention de La Haye de 1954 sur la protection des biens culturels en cas de conflit armé et son deuxième Protocole du 26 mars 1999, ainsi que les

[350] Sur cette position, voir notamment, ABI-SAAB (G), « *Crimes de guerre* », In ASCENCIO (H), *Droit international pénal*, ed. Pedone, Paris, 2002, p. 280 et Commentaires des Protocoles additionnels du 8 juin 1977 aux conventions de Genève du 12 août 1949, ed. Martinus Nijhoff, Genève, 1986, N° 3521-3522. Il y est précisé la position de certaines délégations sur la nécessité de l'autonomie de la terminologie d'infractions graves, vu les objectifs purement humanitaires des Conventions de Genève et des Protocoles.

infractions graves prévues par le Protocole III de 1996 sur l'interdiction ou la limitation de l'emploi des mines, pièges et autres dispositifs, complétant la Convention de 1980 sur l'interdiction ou la limitation de l'emploi de certaines armes classiques, peuvent être commises par cet État du fait de sa réserve.

Les développements précédents nous ont permis de soulever un certain nombre de problèmes juridiques liés à la limitation de la notion de légitime défense du fait de la première réserve française au statut de Rome. Ces problèmes juridiques sont loin d'être les plus complexes, car du fait même des limitations de la notion de légitime défense, le concept de crime d'agression, clairement défini conformément à l'article 5 (2) du SCPI, connaîtra, assurément, certaines modifications sérieuses tant dans sa substance que sa portée pratique, du fait de la réserve française.

Section II : La réserve française sur la légitime défense et la limitation de la notion de crime d'agression

Au moment où nous entamions la réflexion sur la notion de crime d'agression, cette infraction n'est pas encore universellement définie en droit international[351]. Toutefois, des éléments juridiques et historiques permettent de constater que la définition qui sera retenue en 2010 aboutit à la conclusion que le crime d'agression demeure déjà complexe à appréhender du fait de sa nature (paragraphe I). La tâche sera bien plus difficile quand il s'agira d'apprécier la définition dans des faits concrets, ceci en raison de la réserve française (Paragraphe II).

Paragraphe I : Les difficultés théoriques de la définition du crime d'agression du fait de sa nature complexe

Nous avons pu nous fonder sur l'article 6 du statut du Tribunal de Nuremberg[352] comme sur les articles 3 à 5 de la résolution 3314 des Nations Unies pour rechercher, dans les notions de crime contre la paix et d'actes d'agressions, les éléments constitutifs du crime d'agression (A). Cependant, une commission préparatoire a été chargée de rédiger un article sur le crime d'agression qui sera adopté dans les mois à venir, par voie d'amendement, conformément à l'article 5 (2) du SCPI (B).

[351] En effet, la définition du crime d'agression n'est pas universellement acceptée de manière absolue, car elle continue de faire l'objet de nombreuses réflexions et controverses tel que nous le démontrons dans nos développements, que ce soit entre 1951 et 2015, espace temporel réel de notre analyse actualisée jusqu'en avril 2023 au moment du dépôt de notre thèse devant être soutenue au mois de mai de la même année.

[352] DAVID (E) et autres, *Code de Droit international humanitaire*, op. cit., pp. 448-455.

A. Les dispositions de l'article 6 (a) du Tribunal de Nuremberg et des articles 3 à 5 de la Résolution 3314 comme éléments constitutifs du crime d'agression : essai d'analyse sur la notion de crime d'agression

Il existe une légère différence entre la définition donnée par l'article 6 (a) (1) et les articles 3 à 5 (2).

1. La définition des éléments constitutifs du crime d'agression d'après l'article 6 (a) du Tribunal de Nuremberg

Le crime contre la paix est défini dans l'article 6 (a) du Statut du tribunal militaire international de Nuremberg du 08 août 1945 comme « *la direction, la préparation, le déclenchement ou la poursuite d'une guerre d'agression, ou d'une guerre en violation des traités, assurances ou accords internationaux, ou la participation à un plan concerté ou à un complot pour l'accomplissement de l'un quelconque des actes qui précèdent* ».

Ainsi, au regard de l'article 6 (a) du statut du Tribunal de Nuremberg, les critères relatifs à un crime contre la paix sont au nombre de cinq[353]. Ces critères sont indépendants et l'existence de l'un au moins caractérise déjà le crime contre la paix. Et l'un de ces éléments constitutifs du crime contre la paix est la poursuite d'une guerre d'agression. La guerre d'agression permet de définir le crime contre la paix, car au sens de cet article 6 (a), la guerre d'agression est un crime international.

Cette définition du crime contre la paix, nous conduit sensiblement vers les critères d'un crime d'agression, car, tout comme c'est le cas pour le crime d'agression, la notion d'agression est au cœur de la définition de la guerre d'agression. La résolution 3314 est un peu plus explicite sur le rapprochement avec la notion d'agression et de crime d'agression.

2. La définition des éléments constitutifs du crime d'agression d'après les articles 3 à 5 de la Résolution 3314

Dans l'article 5 (2) de la résolution 3314 sur la définition de l'acte d'agression, il est dit qu'une guerre d'agression est un crime contre la paix internationale. Les articles 6 du Statut du tribunal militaire de Nuremberg (TMN) et 5 de la résolution 3314 des Nations Unies aboutissent à la même conclusion selon laquelle une guerre d'agression est un crime contre la paix. Par ailleurs, l'article 3 de la résolution donne, conformément aux dispositions de l'article 4, une liste non limitative des actes susceptibles d'être qualifiés d'actes d'agressions constitutifs d'un crime d'agression, à avoir l'un quelconque des actes suivants, notamment : invasion ou attaque d'un

[353] Il s'agit évidemment de ceux que nous avons soulignés.

territoire, bombardement interétatique, blocus des ports ou des côtes étatiques, utilisation des forces armées, de bandes, de groupes armés, d'un territoire, aux fins d'agression contre un État.

Les éléments ci-dessus tirés de l'article 5 de la résolution ne sont pas fondamentalement différents de la définition de l'article 6 du TMIN, car il s'agit assurément d'actes pouvant servir soit à diriger, préparer, ou poursuivre une guerre d'agression. Cela étant, il résulte des articles 5 et 6 ci-dessus combinés, que la guerre d'agression, caractérisée par un ou plusieurs actes d'agression contre un État, est un crime contre la paix. Bien que le « *crime contre la paix* » ne soit pas mentionné dans le statut de Rome, il doit être rapproché du « *crime d'agression* » à l'égard duquel la CPI est compétente, car il s'agit déjà d'une question commune à ces trois textes (résolution 3314, STMI, SCPI) à savoir le problème de l'agression contre un État[354]. Cependant, lors des négociations relatives à l'adoption du SCPI, les États ne sont pas parvenus à s'entendre sur une définition du crime d'agression. Une Commission préparatoire a donc été chargée de mener une réflexion sur le crime d'agression. Les conclusions[355] (provisoires) à ce sujet méritent qu'on s'y attarde, car elles rejoignent assez notre essai de définition du crime d'agression et nous permettent de mieux cerner les problèmes que posera la réserve française une fois la définition du crime d'agression clairement adoptée dans le SCPI.

B. L'Élaboration récente des propositions de dispositions sur le crime d'agression par l'Assemblée des États parties au SCPI

À l'occasion de la reprise de la septième session de l'assemblée des États parties au Statut de Rome créant la CPI[356], le groupe de travail spécial sur le crime d'agression[357] a achevé l'examen de la définition du crime d'agression et des conditions d'exercice des compétences de la Cour sur ce crime (1). Par ailleurs, des actes préparatoires à la révision du SCPI ont lieu au cours du premier semestre de l'année 2010 en cours (2).

---

[354] Pour d'autres analyses sur les liens entre le crime d'agression et le crime contre la paix, consultez également LEMASSON (A.T.), « *Le crime contre la paix ou crime d'agression : de la réactivation d'une infraction de droit international classique* », *Revue de science criminelle et de droit pénal comparé*, 2006, N° 2, pp. 275-292, Dalloz, Paris, France.

[355] Il s'agit des résultats des travaux faits par le groupe dirigé par Mr Christian WENAWESER, Représentant permanent du Liechtenstein auprès des Nations Unies et Président de l'Assemblée des États parties au SCPI. Les débats ont eu lieu du 09 au 13 février 2009 au siège de l'ONU à New York. Nous les avons consultés dans des rapports et sur internet.

[356] Comme dit précédemment, elle s'est tenue du 09 au 13 février 2009, au siège de l'ONU à New York.

[357] Comme vu supra, ce groupe est dirigé par Mr Christian WENAWESER, Représentant permanent du Liechtenstein auprès des Nations Unies et Président de l'Assemblée des États parties au SCPI.

1. L'élaboration de propositions de dispositions sur le crime d'agression en 2009

Le groupe propose de définir le « *crime d'agression* » comme le « fait, pour une personne qui est effectivement en mesure de contrôler ou de diriger l'action politique ou militaire d'un État, de planifier, de préparer, de déclencher ou de commettre un acte d'agression qui, par ses caractéristiques, sa gravité et son ampleur, constitue une violation manifeste de la Charte des Nations Unies. « *L'acte d'agression* » s'entend de l'emploi de la force armée par un État contre la souveraineté, l'intégrité territoriale ou l'indépendance politique d'un autre État, ou de toute autre manière incompatible avec la Charte des Nations Unies.

À l'analyse des éléments que nous avons choisi de souligner, il existe des points communs entre notre essai de définition du crime d'agression et les définitions apportées par le groupe de travail. En outre, toujours dans le cadre de la septième session de l'assemblée des États parties au Statut de Rome créant la CPI, le rôle dont pourrait être investi le Conseil de Sécurité, avant que le Procureur n'ouvre une enquête, a suscité des divergences de vues.

Certaines délégations estiment en effet que le procureur ne pourrait ouvrir d'enquête en ce qui concerne un crime d'agression, que si le Conseil de Sécurité a préalablement constaté qu'un acte d'agression a été commis par un État. D'autres s'opposent en revanche à cette constatation préalable du Conseil de Sécurité. Est également débattue la question de savoir si les États peuvent accepter ou refuser les amendements au Statut de Rome qui seront le cas échéant adoptés en ce qui concerne le crime d'agression.

Des travaux supplémentaires sur le crime d'agression ont été entrepris lors d'une réunion informelle tenue du 08 au 10 juin 2009 lors de la huitième session. Une autre assemblée a eu lieu en novembre 2009 à La Haye, aux Pays-Bas. Les propositions sur le crime d'agression devaient ensuite être soumises à l'examen lors de la Conférence de révision, au cours du premier semestre 2010 à Kampala (Ouganda)[358].

2. Les actes préparatoires à la révision du SCPI sur la définition du crime d'agression en 2010

L'Assemblée des États parties a préparé en fin 2009 la tenue de la Conférence de révision du Statut de Rome, qui s'est tenue à Kampala, en Ouganda, au premier semestre 2010. Dans ce contexte, une réunion

[358] Rappel historique des différentes sessions de travail qui ont eu lieu pour aboutir à une définition universelle du crime d'agression.

d'intersession s'est tenue[359] sur le crime d'agression, dont l'inclusion éventuelle au statut de Rome demeure un sujet particulièrement sensible.

En guise de rappel, il a été dit que par une résolution adoptée sur recommandation de sa sixième commission (chargée des questions juridiques), l'Assemblée générale avait défini en 1974, l'agression comme l'emploi de la force armée par un État contre la souveraineté, l'intégrité territoriale ou l'indépendance politique d'un ou de plusieurs autres États.

Le crime d'agression n'a pas été véritablement défini par le Statut de Rome, qui régit le fonctionnement de la CPI, mais plutôt douze ans plus tard, lors du Sommet de Kampala. Ceci permet aux Chefs d'État ou de gouvernement, ayant commis un tel crime, d'être poursuivis devant la Cour. On observe d'ailleurs depuis quelques années une multiplicité de mandats d'arrêt internationaux émis par la CPI contre de nombreux chefs d'État accusés de différents crimes internationaux. Nous pouvons citer le cas il y a douze ans en 2011, de l'ancien président ivoirien Laurent GBAGBO poursuivi pour crimes contre l'humanité après les élections présidentielles, puis acquitté il y a deux ans en 2021 ; et plus récemment le président russe Vladimir POUTINE, accusé de crimes de guerre depuis un an environ pour avoir déporté illégalement des centaines d'enfants retirés d'orphelinats et de foyers ukrainiens pour la Russie, État non partie au Statut de Rome ; la Russie a signé le traité sans le ratifier. Le président ukrainien Volodymyr ZELENSKY réclame en outre aux Nations Unies la création d'un Tribunal spécial afin de juger le président russe et ses acolytes pour crimes d'agression depuis l'invasion de cet État par la Russie en 2022.

Sur les circonstances des crimes reprochés à Laurent GBAGBO[360], on peut retenir ce qui suit : à l'issue de l'élection présidentielle de 2010, qui devait se tenir en 2005, mais qu'il a repoussée à plusieurs reprises, il est déclaré battu par la Commission électorale indépendante ; refusant de quitter le pouvoir, il est déclaré vainqueur par le Conseil constitutionnel et officiellement investi pour un second mandat. Cette situation entraîne une crise politico-militaire de plusieurs mois alors que la victoire de son adversaire est reconnue par la quasi-totalité de la communauté internationale. Il est finalement arrêté le 11 avril 2011 par les forces d'Alassane OUATTARA. Incarcéré à la Cour pénale internationale de La Haye, il est acquitté en 2019 et rentre en Côte d'Ivoire en 2021.

---

[359] Cette réunion s'est tenue sous la Présidence du Prince ZEID RA'AD AL-HUSSEIN de Jordanie.

[360] Né le 31 mai 1945 à Gagnoa, c'est un historien, écrivain et Homme d'État ivoirien, Président de la République de Côte d'Ivoire du 26 octobre 2000 au 11 avril 2011. Fondateur avec son ex-épouse Simone du parti de gauche Front populaire ivoirien, il est un opposant historique à Félix Houphouët-Boigny. Il est élu à la tête de la Côte d'Ivoire en 2000 face au président sortant, Robert Guéï. Son mandat est marqué pendant plusieurs années par une crise politico-militaire.

L'autre divergence principale, lors des discussions, portait sur le fait que seul le Conseil de Sécurité était capable de déterminer si un crime d'agression a été commis ou non, comme le prévoit le Chapitre VII de la Charte des Nations Unies. En février 2009, le groupe de travail spécial sur le crime d'agression avait achevé ses travaux sans réussir, après cinq ans d'activité, à surmonter les divergences de vues sur les conditions d'exercice des compétences de la Cour et le rôle du Conseil de Sécurité. En dépit de ces difficultés intrinsèques réelles liées à la définition du crime d'agression que nous ne pouvions cependant pas éluder dans le cadre de cette recherche, il reste toutefois qu'en raison de la réserve française, le crime d'agression, tel que défini, a un contenu très limité.

Paragraphe II : Les difficultés pratiques de définition du crime d'agression au regard de la réserve française

Après deux semaines de rencontres, de débats et d'échanges, la Conférence de révision du statut de Rome instaurant la Cour pénale internationale (CPI) s'est achevée à KAMPALA, en Ouganda. La Conférence a fondé la définition du crime d'agression sur la résolution 3314 de l'AGNU, datée du 14 décembre 1974.

Est ainsi qualifiée *« crime d'agression »*, un crime commis par un dirigeant politique ou militaire qui constitue une violation manifeste de la Charte de l'ONU, en raison de sa nature, de sa gravité et de son ampleur. La CPI sera compétente pour juger un acte d'agression, si elle a été saisie par le Conseil de Sécurité en vertu du chapitre VII de la Charte de l'ONU. En pratique, cet élargissement des compétences de la CPI aux crimes d'agression ne devait pas intervenir avant le 1er janvier 2017, par une décision prise par la majorité des États parties, indispensable pour l'adoption d'amendements. On est à se demander s'il y a une réelle différence de fond entre le concept d'agression contenu dans la Résolution 3314 (XXIX) de l'AGNU et l'article 8 bis du statut de Rome[361]. Dans tous les cas, la réserve française, pose de sérieux problèmes juridiques, car elle contribue à modifier les critères liés à l'existence et à la constatation de l'acte d'agression (A) ainsi qu'à sa qualification (B).

---

[361] Voir KAMTO (M), *L'agression en droit international*, Paris, Ed. À Pedone, 2010 (ces données sont trouvées sur internet et non dans le document physique, raison pour laquelle la page est imprécise) ; REUTER (P), *Institutions Internationales*, Paris, PUF-THEMIS, 1962 ; METANGMO (M.V.), *Le crime d'agression : recherches sur l'originalité d'un crime à la croisée du droit international pénal et du droit international du maintien de la paix*, Law. Université du droit et de la santé-Lille II, 2012 ; Thèse en Droit, disponible en ligne sur https//tel.archives-ouvertes.fr/tel-00790864/document ; FATAKI LUNGWE(O), *Le crime d'agression en droit international pénal, portée et enjeux de la révision de Kampala*, Université Catholique de Bukavu, Mémoire de Licence 2016. (Toutes ces données sont trouvées sur internet et non dans les documents physiques, raison pour laquelle les références sont imprécises) ;

A. La réserve française et les difficultés liées à l'existence et à la constatation de l'acte d'agression

Avant la Conférence de KAMPALA, il y a eu une définition provisoire du crime d'agression par l'Assemblée des États parties au statut de Rome créant la CPI[362], il s'agissait du fait d'une personne (...), auteur d'un acte d'agression qui par ses caractéristiques, sa gravité et son ampleur, constitue une violation manifeste de la Charte. En outre, l'acte d'agression est l'emploi de la force armée par un État. La Commission préparatoire établit donc une distinction selon que l'auteur du crime d'agression est un individu (1) ou un État (2) et la réserve française pose certaines difficultés à ce sujet.

1. Les difficultés liées à la réserve française selon qu'il s'agit d'un individu auteur de l'acte d'agression

Au sens desdites conclusions provisoires et des recommandations, l'acte en plus de violer la Charte, doit avoir une certaine gravité, une certaine ampleur. Ainsi, la gravité à laquelle nous faisions précédemment allusion au début de notre réflexion sur la légitime défense est mise en exergue dans la définition du crime d'agression. C'est dire que la France ne doit pas, considérer toute agression comme rentrant dans la catégorie du crime d'agression. Il est exigé pour un crime d'agression, commis par un individu, au sens du droit virtuel du SCPI en la matière, certaines caractéristiques, une certaine gravité, une certaine ampleur... À travers la réserve relative à « *son droit naturel à la légitime défense* », la France modifie le sens de la légitime défense en s'attribuant un droit de réagir à toute forme d'agressions individuelles ou étatiques ou toutes ces formes d'agression ne rentrent pas

---

[362] Précisons que la notion de terrorisme a été définie au niveau universel et régional, mais les travaux pour une définition commune n'étaient pas encore véritablement achevés durant les débuts de nos recherches. Avant la Conférence de Kampala, de nombreux textes réprimant le terrorisme sous différentes formes existent. La convention internationale pour la répression des actes de terrorisme nucléaire a été adoptée le 15 avril 2005 par l'Assemblée générale des Nations Unies dans sa résolution A/RES/59/290, en plus des douze conventions et protocoles sectoriels que, progressivement, la communauté internationale a mis en place pour lutter efficacement contre le terrorisme. Au niveau régional, la Convention de l'OUA du 15 juin 1994 (adoptée en Tunisie) sur la prévention et la lutte contre le terrorisme définit en son article 1 (3) l'acte de terrorisme comme tout acte ou menace d'acte en violation des lois pénales de l'État partie susceptible de mettre en danger la vie, l'intégrité physique, les libertés d'une personne, ou d'un groupe de personnes, qui occasionne ou peut occasionner des dommages aux biens privés ou publics, aux ressources naturelles, à l'environnement ou au patrimoine culturel, et commis dans l'intention (i) d'intimider, provoquer une situation de terreur, forcer, exercer des pressions ou amener tout gouvernement, organisme, institution, population ou groupe de celle-ci, d'engager toute initiative ou de s'en abstenir, d'adopter, de renoncer à une position particulière ou d'agir selon certains principes ; ou (ii) de perturber le fonctionnement normal des services publics, la prestation de services essentiels aux populations ou de créer une insurrection générale dans un État Partie ; (iii) de créer une insurrection générale dans un État partie.

dans le cadre du crime d'agression, car il nécessite une certaine gravité, ampleur, certaines caractéristiques. La réserve française peut donc déjà modifier considérablement la définition du crime d'agression commis par un individu, du seul fait des changements apportés au concept de légitime défense.

Nous aboutissons exactement aux mêmes conclusions en ce qui concerne la définition du crime d'agression commis par un État.

2. Les difficultés liées à la réserve française selon qu'il s'agit d'un État auteur de l'acte d'agression

Le problème est plus complexe, car la définition provisoire (d'avant la Conférence de KAMPALA) ne parle ni de gravité ou de l'ampleur de l'acte. Elle se borne à présenter trois caractéristiques précises du crime d'agression à savoir l'emploi de la force armée contre la souveraineté, l'intégrité territoriale ou l'indépendance politique d'un autre État et une caractéristique très imprécise c'est-à-dire « *emploi de force armée contre toute autre manière incompatible avec la Charte des Nations Unies* ».

Cette dernière condition est très large au regard des nombreuses règles, de divers principes régissant le droit des Nations Unies. La violation de bon d'entre eux n'est pas forcément une agression au sens brut du terme, mais à la lecture de ce dernier paragraphe, un État peut tout interpréter comme étant un crime d'agression lui conférant un droit naturel à la légitime défense. Une telle imprécision sur les caractéristiques du crime d'agression du fait de l'État, peut générer de multiples abus de la part de la France vu sa première réserve au SCPI.

En effet, il suffira pour cet État de dire, si l'occasion venait à se présenter, qu'il a subi du fait d'un État X un emploi de la force armée incompatible avec les buts de la Charte des Nations Unies, ou encore il lui suffira de dire qu'un État avec qui il a conclu des Accords de défense, a subi de tels faits, pour invoquer un droit naturel à la légitime défense individuelle ou collective fondée sur un crime d'agression qui ne correspond peut-être en réalité pas au sens du SCPI et même de la Charte des Nations Unies.

Aussi, en ce qui concerne l'existence et la constatation de l'acte d'agression, du crime d'agression, la réserve de la France suscite déjà quelques difficultés. La même observation est faite en ce qui concerne la qualification de l'acte, car il s'agit, au sens de l'article 39 de la Charte des Nations Unies, du pouvoir discrétionnaire du Conseil de Sécurité des Nations Unies.

B. Les problèmes juridiques liés à la qualification de l'acte du fait de la réserve française

Pour mieux cerner les difficultés liées à la réserve proprement dite (2), il faut rappeler qu'il existe déjà des difficultés étrangères à celle-ci (1).

1. Un rappel préalable sur les difficultés étrangères à la réserve : pouvoir discrétionnaire du Conseil de Sécurité des Nations Unies et non des États (article 39 de la Charte des Nations Unies)

La difficulté de définir correctement un crime d'agression est apparue lors de l'élaboration du Statut de Rome. Elle vient principalement du fait que la Charte des Nations Unies, en son article 39 du Chapitre 7, spécifie que c'est le Conseil de Sécurité des Nations Unies qui est le seul capable de déterminer s'il y a ou non un crime d'agression. Lors de l'élaboration du SCPI, certains États ont demandé que la poursuite d'une personne pour crime d'agression soit préalablement acceptée par le Conseil de Sécurité des Nations Unies. D'autres États et organisations non gouvernementales ont préféré que ce soit uniquement le procureur de la Cour pénale internationale qui puisse lancer une procédure contre un tel crime.

Comme précédemment étudié, un consensus n'avait pu être trouvé. Aussi, des travaux préparatoires ont été réalisés en cours, au sein d'organes spécialisés rattachés à la CPI, en vue de la révision du SCPI. Cela ayant eu lieu lors de la Conférence de KAMPALA, il s'agit notamment de trouver une définition complète et aussi consensuelle que possible du crime d'agression. La priorité étant de définir cette infraction au fond en prenant en compte les travaux antérieurs. La définition substantielle moderne doit être conforme à la Charte des Nations Unies. Ceci est source de complications en matière d'invocation de légitime défense collective et d'action coercitive décidée par le Conseil de Sécurité en général et en particulier par des États tels que la France, vu sa réserve.

Quant au traitement procédural de cette infraction, il faudra déterminer dans quelles conditions la CPI pourra exercer sa compétence répressive. Le principal enjeu tient à la détermination de l'existence d'un acte étatique, non conventionnel, d'agression, au sens de la résolution 3314 précitée de 1974, préalablement à toutes poursuites pénales individuelles pour crime d'agression. Enfin, se posera la question de l'opportunité de donner compétence aux juridictions nationales pour réprimer cette infraction, éventuellement même sur le fondement d'un mécanisme de compétence universelle. Ce dernier aspect est également complexe au regard de la réserve française, car il est à craindre que la France, dans le cadre de *« l'exercice de son droit naturel de légitime défense »* sans aucun rapport avec la légitime défense onusienne, ne se fasse un justicier ou un bourreau de tout individu soupçonné d'un « crime d'agression » dont la définition est altérée du fait de sa réserve.

2. Les problèmes juridiques liés à la qualification de l'acte du fait de la réserve française

Le problème juridique que posait la réserve française à ce niveau peut, à notre humble avis, se résumer en une ou deux questions : étant donné la CPI, conformément à l'article 5 (2), a décidé que le procureur de la Cour Pénale Internationale et le Conseil de Sécurité des Nations Unies (choix pour une compétence partagée), sont fondés à ordonner les poursuites des auteurs du crime d'agression, suivant quelles modalités est-ce que la France mettra en œuvre sa réserve ?

Autrement dit, du fait de sa réserve, si la France décide librement et unilatéralement de l'exercice de son « *droit naturel à la légitime défense* », après avoir conclu à l'existence et à la constatation d'un acte d'agression, cet État pourrait-il encore, aussi discrétionnairement, qualifier de tels actes de crime d'agression ?

Si la réponse est positive pour la France, cet État sera sûrement confronté à l'impossibilité juridique de mettre en jeu la responsabilité individuelle ou étatique des auteurs pour un crime d'agression, car les États n'ont pas qualité pour qualifier ces actes. Si la réponse est négative, cet État fera face à une difficulté technique d'appréciation juridique liée à l'acte d'agression à cause de sa réserve.

Le problème demeure malgré la définition du crime d'agression comme un crime commis par un dirigeant politique ou militaire qui constitue une violation manifeste de la Charte de l'ONU, en raison de sa nature, de sa gravité et de son ampleur. La CPI est compétente pour juger un acte d'agression, si elle a été saisie par le Conseil de Sécurité en vertu du chapitre VII de la Charte de l'ONU. La pratique de l'intervention militaire des troupes françaises en Libye de 2011 sous le couvert de l'opération Harmattan (19 mars 2011 au 31 octobre 2011) nous édifie et conforte cette analyse même si cette opération militaire multinationale s'est déroulée sous l'égide de l'ONU... c'est la France qui « *a donné le ton* » !

Que pouvons-nous retenir de cette étude ? Aux termes de ce chapitre, il est important de retenir que la définition consensuelle du crime d'agression est encore balbutiante dans la pratique en droit international. La déclaration française ou plutôt sa première réserve, prohibée au statut de Rome, porte déjà les germes qui complexifient davantage la notion dans ses divers aspects pratiques.

Conclusions du Titre 1

Dans le cadre de ce Titre, nous avons essayé de démontrer le lien entre la pratique des réserves et la limitation de la définition des crimes internationaux, à savoir les crimes de guerre et le crime d'agression. S'agissant des crimes de guerre, certains États tels que la France et Royaume-Uni de Grande-Bretagne et d'Irlande du Nord ont principalement formulé des réserves à l'article 8 du SCPI, créant ainsi la confusion dans la définition des armes utilisées par les États et susceptibles de causer des crimes qualifiés de crimes de guerre. Il s'agit notamment des armes nucléaires et pour ces États leur usage ne saurait avoir pour conséquence les crimes de guerre. Seul l'usage des armes classiques permet d'aboutir à la définition des crimes de guerre. Or, il n'en est rien juridiquement au regard de la pratique des États et de la jurisprudence internationale. En ce qui concerne le crime d'agression, la réserve française constitue une double limite, car d'une part elle modifie la notion de légitime défense avec toutes les implications que cela entraîne. D'autre part, elle altèrera fondamentalement le sens du crime d'agression. Le prochain titre permettra d'analyser la pratique des réserves par les États et la limitation de l'exercice des compétences de la CPI dans la répression des crimes internationaux.

TITRE II :

LA PRATIQUE DES RÉSERVES ET LA LIMITATION DE L'EXERCICE DES COMPÉTENCES DE LA COUR PÉNALE INTERNATIONALE

Dans le cadre de ce titre, nous démontrerons que la portée de certaines dispositions conventionnelles destinées à assurer la protection des droits des personnes par la répression des plus grandes violations des droits de l'homme est relative. En effet, les réserves formulées par certains États limitent considérablement la compétence répressive de la CPI en matière d'amnistie, de grâce, et d'autres mesures analogues d'impunité d'une part (Chapitre 1). D'autre part, ces réserves constituent une entrave à la coopération des États avec la CPI dans les enquêtes et poursuites relevant de sa compétence (Chapitre 2).

CHAPITRE I :

LA LIMITATION DE LA COMPÉTENCE RÉPRESSIVE DE LA CPI PAR DES RÉSERVES EN MATIÈRE D'AMNISTIE, DE GRÂCE ET D'AUTRES MESURES ANALOGUES D'IMPUNITÉ

Avant d'entrer dans le vif du sujet, il est important de définir clairement les notions d'amnistie et de grâce pour éviter toute confusion juridique[363]. L'amnistie est une mesure collective à caractère exceptionnel, émanant du président de la République ou du Parlement, qui efface certains faits délictueux ainsi que les poursuites et condamnations qui en résultent, qu'elles soient en cours ou déjà exécutées. La grâce est une mesure de faveur, individuelle ou collective, accordée par le chef de l'État, en vertu de laquelle un individu condamné définitivement est dispensé de tout ou partie de l'exécution de sa peine. La grâce peut être subordonnée à la condition que le condamné ne fera pas l'objet d'une nouvelle condamnation pendant un certain délai.

Comme nous n'avons de cesse de procéder dans le cadre de cette réflexion sur les conséquences juridiques des réserves aux traités internationaux relatifs aux droits de l'homme, nous commencerons par présenter les déclarations faites par les États, à l'instar de la Colombie (Section 1) et du Royaume de Malte (Section 2). L'analyse de leurs effets permettra ensuite de démontrer qu'il s'agit en réalité de réserves masquées et violant l'intégrité du SCPI.

Section 1 : Les déclarations faites par la Colombie : de véritables réserves au statut de Rome

La Colombie est le territoire d'un conflit armé qui sévit depuis plus de quarante ans et au cours duquel ont été perpétrés d'innombrables violations et abus des droits de l'homme ainsi que des violations graves du droit humanitaire international par les membres des forces de sécurité, des forces paramilitaires et des guérillas[364].

---

[363]PELLETIER et PELLETIER(F), *Droit pratique,* Volume 2, Bordas, Paris, 1981, pages 1000 et 1001. Lire également les articles 66 et 73 du Code pénal camerounais, In *Code pénal de la République du Cameroun*, Les Éditions de l'Imprimerie Nationale, 2001.

[364] À titre illustratif, voir Amnesty International : Lettre à l'attention de Mr Manuel MARULANDA, Forces armées révolutionnaires de Colombie-Armée du peuple, Index AI : AMR 23/124/2002, novembre 2002 ; Amnesty International, Colombie : Exécutions

Lors de sa ratification du Statut de Rome, la Colombie a fait huit déclarations interprétatives et une déclaration invoquant l'article 124, précisant qu'elle n'acceptait pas la compétence de la Cour pour les crimes de guerre commis par ses ressortissants ou sur son territoire pour une période de sept ans. Parmi ces déclarations tout aussi négatives (Paragraphe 1), une en particulier semble viser à limiter la compétence de la Cour pour un cas potentiel qui lui serait soumis (Paragraphe 2).

Paragraphe 1 : L'étendue des réserves formulées

L'ensemble des « déclarations » sera présenté en deux groupes, à savoir les quatre premières réserves (A) et les quatre dernières (B).

A. Le contenu juridique des quatre premières réserves colombiennes

Pour la plupart, elles sont assez générales (1) ou relatives aux droits de la défense (2).

1. Des déclarations assez générales

Dans sa première déclaration[365], il est dit qu'aucune disposition du statut de Rome relative à l'exercice des compétences de la CPI n'empêche l'État colombien de proclamer une amnistie, d'accorder une remise de peine ou une commutation de peine ou d'accorder une grâce judiciaire pour des délits politiques, dès lors que cette mesure est conforme à la constitution et aux principes et normes de droit international acceptés par la Colombie.

La Colombie déclare deuxièmement que les normes énoncées dans le SCPI doivent être appliquées et interprétées conformément aux dispositions du DIH et qu'en conséquence, aucune disposition du statut ne saurait porter atteinte aux droits et obligations sanctionnés par le DIH, en particulier les droits et obligations énoncés à l'article 3 commun aux quatre conventions de Genève et dans les Protocoles I et II se rapportant auxdites conventions.

En troisième lieu, cet État déclare que de même, au cas où un Colombien ferait l'objet d'une enquête et de poursuites devant la CPI, l'interprétation et l'application du Statut de Rome devront être conformes aux principes et normes du DIH et du droit international des droits de l'homme. Ces

---

extrajudiciaires, « *disparitions* », menaces de mort et autres violences politiques dans le Département de Sucre, AI Index : AMR 23/30/96, 1996.

[365]Le premier paragraphe des réserves colombiennes comprend en réalité trois déclarations séparées ; ce qui fait donc huit réserves au lieu de six, tel que cet État les a numérotées.

déclarations générales se distinguent fondamentalement de la quatrième réserve.

2. Des déclarations relatives aux droits de la défense

La quatrième réserve colombienne est libellée ainsi qu'il suit : En ce qui concerne le paragraphe 2 (b) de l'article 61[366] et le paragraphe 1 (d) de l'article 67[367] du statut, la Colombie déclare qu'il est de l'intérêt de la justice que les droits de la défense soient garantis pleinement aux ressortissants colombiens, en particulier, le droit de se faire assister par un avocat pendant les phases de l'enquête et du procès devant la CPI. Les dernières réserves colombiennes sont encore plus explicites que celle-ci.

B. Le contenu juridique des quatre dernières réserves colombiennes

Elles sont relatives au rôle des États dans la répression des crimes internationaux (1) ainsi qu'à la compétence de la CPI (2).

---

[366] L'article 61 du SCPI est relatif à la confirmation des charges avant le procès et en son alinéa 2 (b), il dispose que la Chambre préliminaire peut, à la demande du Procureur ou de sa propre initiative, tenir une audience en l'absence de l'intéressé pour confirmer les charges sur lesquelles le Procureur entend se fonder pour requérir le renvoi en jugement lorsque la personne a pris la fuite ou est introuvable, et que tout ce qui était raisonnablement possible a été fait pour garantir sa comparution devant la Cour et l'informer des charges qui pèsent contre elle et de la tenue prochaine d'une audience pour confirmer ces charges. Dans ces cas, la personne est représentée par un conseil lorsque la chambre préliminaire juge que cela sert les intérêts de la justice.

[367] L'article 67 du SCPI est relatif aux droits de l'accusé et en son alinéa 1 (d) ; il dispose que lors de l'examen des charges portées contre lui, l'accusé a droit à ce que sa cause soit entendue publiquement, compte tenu des dispositions du présent statut, équitablement et de façon impartiale. Il a droit en pleine égalité, au moins aux garanties suivantes : sous réserve des dispositions du paragraphe 2 de l'article 63, être présent à son procès, se défendre lui-même ou se faire assister par le défenseur de son choix ; s'il n'a pas de défenseur, être informé de son droit d'en avoir un et, chaque fois que l'intérêt de la justice l'exige, se voir attribuer d'office un défenseur par la Cour, sans frais s'il n'a pas les moyens de le rémunérer. Le paragraphe 2 de l'article 63 relatif au procès en présence de l'accusé dispose que si l'accusé, présent devant la Cour, trouble de manière persistance le déroulement du procès, la chambre de première instance peut ordonner son expulsion de la salle d'audience et fait alors en sorte qu'il suive le procès et donne des instructions à son conseil de l'extérieur de la salle, au besoin, à l'aide des moyens techniques de communication. De telles mesures ne sont prises que dans des circonstances exceptionnelles, quand d'autres solutions raisonnables se sont révélées vaines et seulement pour la durée strictement nécessaire.

1. Les réserves relatives au rôle des États dans la répression des crimes internationaux

Dans sa cinquième réserve, il est dit qu'en ce qui concerne le paragraphe 3 de l'article 17 du statut[368], la Colombie déclare que le mot « *autrement* » utilisé dans le passage en question pour déterminer s'il y a incapacité de l'État de mener véritablement à bien l'enquête ou les poursuites se rapporte à l'absence évidente des conditions objectives requises pour mener à bien les poursuites.

Cet État déclare en sixième lieu que tenant compte du fait que le Statut de Rome vise exclusivement l'exercice de la compétence complémentaire attribuée à la CPI et la coopération des autorités nationales avec la Cour, aucune des dispositions du Statut de Rome ne modifie le droit interne appliqué par les autorités judiciaires colombiennes dans l'exercice des compétences nationales qui leur sont reconnues sur le territoire de la République de Colombie. Cette réserve a quelques liens avec les deux dernières relatives à la compétence de la CPI.

2. Les réserves relatives à la compétence de la CPI

Dans sa septième déclaration, faisant usage de la faculté que lui reconnaît l'article 124 du Statut[369] et se conformant aux conditions énoncées par cet article, le gouvernement colombien n'accepte pas la compétence de la Cour en ce qui concerne la catégorie de crimes visés à l'article 8 lorsqu'il est allégué qu'un de ces crimes a été commis par des ressortissants colombiens ou sur le territoire colombien.

Dans la huitième déclaration, le gouvernement colombien explique que conformément au paragraphe 1 (a) et au premier alinéa du paragraphe 2 de l'article 87 du statut[370], les demandes de coopération ou d'entraide doivent

---

[368] L'article 17 du SCPI lié aux questions relatives à la recevabilité, dispose en son paragraphe 3 que pour déterminer s'il y a incapacité de l'État dans un cas d'espèce, la Cour considère si l'État est incapable, en raison de l'effondrement de la totalité ou d'une partie substantielle de son propre appareil judiciaire ou de l'indisponibilité de celui-ci, de se saisir de l'accusé, de réunir les éléments de preuve et les témoignages nécessaires ou de mener autrement à bien la procédure.

[369] En rappel, l'article 124 du statut traite des dispositions transitoires et permet aux États parties de réfuter la compétence de la CPI pendant 7 ans pour les crimes de guerre tels que définis à l'article 8, à compter de la date d'entrée en vigueur du statut à leur égard.

[370] L'article 87 du statut traite des demandes de coopération et dispositions générales et dispose d'une part, en son alinéa 1 (a) que la Cour est habilitée à adresser des demandes de coopération aux États parties. Ces demandes sont transmises par la voie diplomatique ou toute autre voie appropriée que chaque État partie choisit au moment de la ratification, de l'acceptation, ou de l'approbation du présent statut ou de l'adhésion à celui-ci. Toute modification ultérieure du choix de la voie de transmission est faite par chaque État partie conformément au Règlement de procédure et de preuve. D'autre part son alinéa 2 (a), dispose : « les demandes de coopération et les pièces justificatives y afférentes sont soit rédigées dans une langue officielle de l'État

être transmises par la voie diplomatique et être rédigées en espagnol et accompagnées d'une traduction dans cette langue.

Quel est l'impact de ces déclarations dans le statut de Rome ?

Paragraphe 2 : L'impact des réserves colombiennes dans le statut de Rome

L'analyse des réserves suscitées permet de constater que la qualification de certains crimes internationaux en délits politiques par la Colombie (A) conduit à l'impunité par le biais de l'amnistie (B).

A. Les réserves colombiennes et la qualification des crimes internationaux en délits politiques

Il est aisé de le démontrer au regard de la limite juridique interne de la notion de délits politiques (1) et de sa déformation à l'analyse de la jurisprudence internationale (2).

1. Une limite juridique interne de la notion de délits politiques du fait des réserves

En ce qui concerne la première déclaration, étant donné que la Cour n'a pas compétence en matière de délits politiques, mais uniquement de crimes tombant sous le coup du droit international, y compris le génocide, les crimes contre l'humanité et les crimes de guerre, il n'est peut-être pas évident à première vue de comprendre pourquoi la Colombie a fait une déclaration selon laquelle le statut de Rome ne modifiait pas ses pouvoirs de promulguer des lois d'amnistie et de grâces pour les délits politiques.[371]

Cette déclaration unilatérale pourrait s'expliquer par la loi pour la justice et la paix, en l'occurrence, la loi 975 du 25 juillet 2005[372]. Cette loi accorde le statut politique aux membres des forces paramilitaires en qualifiant de sédition, qui est une infraction politique en droit colombien, toutes leurs

requis ou accompagnées d'une traduction dans cette langue, soit rédigées dans l'une des langues de travail de la Cour ou accompagnées d'une traduction dans l'une de ces langues, selon le choix fait par l'État requis au moment de la ratification, de l'acceptation ou de l'approbation du présent statut ou de l'adhésion à celui-ci.

[371] La constitution colombienne de 1991 prévoit que le congrès peut promulguer des lois d'amnistie et de grâce pour les infractions politiques (articles 150-157) et le Président peut accorder des grâces pour des infractions politiques (articles 201 (2)).

[372] Gazette officielle N° 45 980, 25 juillet 2005, disponible en espagnol sur : www.secretariasenado.gov.co/compendio_legislativo.HTM.

activités, ce qui inclut nécessairement la perpétration de crimes contre l'humanité et de crimes de guerre[373].

La constitution colombienne de 1991 interdit l'extradition de personnes coupables d'infractions politiques[374]. Qualifier les crimes contre l'humanité et les crimes de guerre de « *délits politiques* » n'est pas conforme aux conventions internationales, au droit international coutumier[375] et à la jurisprudence internationale.

2. Les réserves colombiennes et la déformation de la notion de délits politiques à l'analyse de la jurisprudence internationale

Une distinction claire entre les délits politiques et les crimes tombant sous le coup du droit international a été établie par la Commission interaméricaine des droits de l'homme dans son rapport sur le processus de démobilisation en Colombie.

La Commission interaméricaine des droits de l'homme a déclaré que certains États touchés par des conflits armés internes et par leurs conséquences ont promulgué des lois d'amnistie au cours de la mise en œuvre des mécanismes de la paix et de la réconciliation nationale. Toutefois, les mesures d'amnistie et de grâce devraient être limitées aux comportements constituant des infractions politiques, ou des infractions de droit commun liées à des infractions politiques, dans la mesure où, ayant une relation directe et proche avec l'infraction politique, ils ne constituent pas des violations graves en vertu du droit international. Les personnes responsables d'avoir commis de tels crimes ne devraient pas profiter indûment de motifs d'exonération de peine, tels que la prescription du crime et la prescription de la peine, l'asile territorial ou diplomatique, le refus d'extrader une personne pour la commission de crimes par le droit international, ou l'octroi d'amnisties ou de grâces[376].

---

[373] Nouvel article 468 du Code pénal (tel qu'amendé par l'article 72 de la loi 975) avec cette traduction non officielle en français : *« ceux qui font partie de groupes de guérilleros ou de légitime défense et dont les actes interfèrent avec le fonctionnement normal de l'ordre constitutionnel et légal seront également considérés comme coupables du délit de sédition. Dans ce cas, la peine sera la même que celle prévue pour le délit de rébellion) »*.

[374] Bien entendu, l'interdiction constitutionnelle d'extrader des nationaux entre États ne peut faire obstacle à leur remise à la Cour Pénale internationale. Voir article 102 du Statut de Rome qui dispose qu'aux fins du présent statut (a) on entend par « remise » le fait pour un État de livrer une personne à la Cour en application du présent statut. (b) on entend par « extradition » le fait pour un État de livrer une personne à un autre État en application d'un traité, d'une convention ou de la législation nationale.

[375]BASSIOUNI (C.), *International Extradition : United States Law and Practice, Dobbs Ferry*: New York, Ocean Publications, Inc. 1996.

[376] Organisation des États américains (OEA), *Report on the Demobilization process in Colombia*, OEA/Ser.L/V/II.120 Doc.60, 13 décembre 2004, Traduction non officielle.

En effet, durant ces dernières années, la justice internationale en matière des droits de l'homme, impose de plus en plus aux États un devoir positif concernant l'instruction, le jugement et la sanction des violations graves des droits de l'homme qui sont pour la plupart du temps, des conduites relevant des crimes internationaux, aujourd'hui en grande partie cristallisés dans des accords internationaux et régionaux, mais surtout dans le statut de Rome créant la Cour pénale internationale. Il est à remarquer que la Cour interaméricaine des droits de l'homme (CIDH)[377] a élaboré une jurisprudence très riche en matière de devoir positif afin de contrecarrer la culture de l'impunité.

L'impunité est ainsi entendue par la Cour interaméricaine des droits de l'homme (CIDH) comme le défaut global d'enquête, de poursuite, de capture, de jugement et de condamnation des responsables des violations des droits protégés par la convention américaine, chaque fois que l'État a l'obligation de combattre une telle situation par tous les moyens légaux disponibles étant donné que l'impunité favorise la répétition de violations chroniques des droits de l'homme et l'absence totale des victimes et de leurs familles ; elle l'a dit dans l'Affaire BULACIO contre Argentine, sentence du 18 septembre 2003[378].

Dans le cas d'espèce, le 19 avril 1999, la police fédérale d'Argentine a procédé à une détention massive de plus de quatre-vingts personnes à Buenos Aires, y compris Mr Walter David BULACIO, un homme de 17 ans, qui a été sévèrement battu au poste de police. Il a ensuite été libéré avec d'autres détenus sans qu'aucune accusation pénale ne soit portée contre eux, et est décédé quelques jours plus tard des complications du passage à tabac. La famille de M. Bulacio a intenté une action civile contre la police fédérale argentine en 1993, qui était toujours pendante à la date de ce jugement en 2003. La Cour a conclu que l'État avait violé la Convention américaine relative aux droits de l'homme en plusieurs dispositions des articles 1, 2, 4, 5, 7, 8, 19, 25 : obligation de respecter les droits ; obligation de non-discrimination ; obligation de donner un effet juridique interne aux droits ; droit à la liberté personnelle ; droit à un procès équitable, droits de l'enfant ; droit à la protection judiciaire accès aux procédures judiciaires ; arrestation et détention arbitraires ; droits à une procédure régulière ; droit à la vie ;

Original : espagnol. Disponible en anglais à la page www.cidh.oas.org/countryrep/colombia04eng/toc.htm

[377] Analyse tirée des écrits de VERVAELE(J.A), « *Violations graves des droits de l'homme et crimes internationaux : Du jus (non) puniendi de l'État-nation à un deberpunienti impératif tiré du Jus Cogens* », In *Revue de science criminelle et de droit pénal comparé 2014/3 (N° 3)*, pp. 487 à 521.

[378] Affaire BULACIO contre Argentine, sentence du 18 septembre 2003. Consulter cette jurisprudence.

condition de prison et de détention des mineurs ou enfants ; protection contre la torture et autres traitements cruels, inhumains et dégradants.

Ces efforts de la CIDH ont permis que dans certains pays latino-américains, les délits politiques ne soient plus invoqués pour soustraire les nationaux à la justice de manière générale. La jurisprudence de la Cour interaméricaine des droits de l'homme (CIDH), a contribué au développement au sein de la jurisprudence nationale des tribunaux pénaux et des juridictions supérieures (Cours Suprêmes et Cours constitutionnelles), d'un véritable pouvoir de punition de l'État en matière de violations graves des droits de l'homme, ayant sa source dans le droit international public et se référant à des normes des droits de l'homme, du droit international humanitaire, ou du droit pénal international, lesquelles se sont vues attribuer la force du *Jus Cogens* c'est-à-dire du droit impératif *erga omnes*, en imposant des obligations aux États dans leur ensemble (comme vu à l'entame de cette recherche).

Malheureusement, du fait des réserves, les délits politiques sont quasiment impunis en Colombie. Ceci va donc en contradiction de cette jurisprudence internationale.

Comme principale conséquence de cette situation, nous notons l'impunité des crimes internationaux.

B. L'assimilation des crimes internationaux aux délits politiques et l'impunité du fait des réserves colombiennes

Les réserves colombiennes ont ceci de négatif qu'elles compromettent les pouvoirs du procureur de la Cour pénale internationale (2) en empêchant la poursuite des criminels (1).

1. Une entrave à la poursuite des auteurs des crimes internationaux

Nous sommes d'avis avec le Bureau du Haut-Commissaire des Nations Unies aux droits de l'homme en Colombie qui a exprimé son inquiétude concernant l'assimilation de crimes tombant sous le coup du droit international à des « *délits politiques* » et la capacité d'accorder des amnisties que permet une telle assimilation : considérer le paramilitarisme comme un délit politique pourrait favoriser l'impunité des individus, certains d'entre eux pouvant être des fonctionnaires, qui ont favorisé ou assisté à la création de groupes paramilitaires ou à leurs activités illégales.

Au regard de la constitution colombienne, l'amnistie ou le pardon peut être accordé pour un délit politique, ce qui entraîne l'oubli ou le pardon de tels crimes[379].

En réalité, les conventions internationales en général, ainsi que le statut de Rome en particulier, n'ont pas totalement supprimé le vide juridique ou le laxisme juridique au niveau national. Tous les pays ne sont pas des États parties à ces conventions et notamment au statut de Rome. Parmi ceux qui y sont parties, certains ont émis des réserves.

En cas de ratification et d'incorporation, le législateur n'a pas toujours mis en œuvre la totalité du noyau dur des crimes internationaux contenus dans les conventions et dans le statut[380]. C'est pour cette raison que tant les juridictions internationales des droits de l'homme que les juridictions nationales (juridictions pénales, suprêmes ou constitutionnelles) se voient confrontées à de graves situations d'impunité concernant ces infractions, en raison de la passivité du législateur national, ou en raison d'une incorporation sélective ou tardive du fait des réserves, ou encore d'obstacles juridiques internes (lois d'amnistie, prescriptions, principe *non bis in idem*, etc.).

Dans notre étude précisément, l'incorporation sélective des dispositions du Statut de Rome créant la CPI, du fait des réserves, est une attitude qui favorise l'impunité des crimes internationaux et de leurs auteurs par la Colombie, tout en limitant les missions du procureur international.

2. La limitation des pouvoirs du procureur de la Cour pénale internationale

Il semble que le gouvernement colombien cherche à s'assurer que le procureur de la Cour pénale internationale n'interfère pas avec sa décision d'accorder l'impunité à des personnes ayant violé les droits de l'homme en présentant leurs crimes comme étant de nature politique et, par conséquent, ne relevant pas de la compétence du procureur. Toutefois, vu que ces crimes constituent des crimes de guerre et des crimes contre l'humanité, les qualifier d'infractions politiques n'exempte pas leur auteur de la responsabilité internationale. Le principe fondamental du statut de Rome est que la compétence de la Cour est complémentaire au devoir, pas au pouvoir ni à la faculté qu'a chaque État de soumettre à sa juridiction criminelle les

---

379 Traduction non officielle du communiqué de presse du bureau du Haut-Commissaire des Nations Unies pour les droits de l'homme à Bogota, 27 juin 2005. Disponible en espagnol à l'adresse www.hchr.org.co/publicp/comunicados/2005/comunicados2005.php3?cod=35§cat=58

380 VERVAELE(J.A.), « *Violations graves des droits de l'homme et crimes internationaux : Du jus (non) puniendi de l'État-nation à un deberpunienti impératif tiré du Jus Cogens* », op. cit.

responsables des crimes internationaux[381]. La Cour peut exercer sa compétence concurrente uniquement si un État n'a pas la volonté ou est dans l'incapacité de mener véritablement à bien l'enquête ou les poursuites[382].

Par conséquent, la déclaration concernant les amnisties et les grâces, complétée par la législation (Loi 975 et loi 782) qui entraîne l'impunité de facto de responsables de crimes internationaux, n'est pas conforme aux devoirs de la Colombie au regard du droit international, particulièrement au regard du statut de Rome[383]. La loi 782 a été mise en œuvre par le décret 128 de 2003. La plupart des membres de groupes paramilitaires ou des guérilleros démobilisés individuellement ou collectivement par l'actuel gouvernement l'ont été sur la base du décret 128 d'application de la loi 782, promulguée le 22 janvier 2003.

L'article 13 de ce décret accorde des avantages légaux et économiques aux membres démobilisés des groupes armés : grâce, suspension conditionnelle de l'exécution d'une sentence, cessation de procédure, résolution d'abandon des recherches ou résolution de non-lieu. L'article 21 exclut de ces avantages les personnes « pour lesquelles une procédure est en cours ou qui ont été condamnées pour des crimes visés par la constitution, la loi ou des traités internationaux signés et ratifiés par la Colombie et les rendant non éligibles à ces avantages. Ces crimes sont définis dans la loi 782 comme des actes atroces de férocité ou de barbarie, le terrorisme, l'enlèvement, le génocide et le meurtre commis en dehors des combats. Or, compte tenu de l'impunité endémique qui sévit en Colombie, la plupart des membres de groupes paramilitaires et aussi de mouvements de guérillas d'ailleurs ne font pas officiellement l'objet d'enquêtes judiciaires pour violations des droits humains ou du droit international humanitaire ; il est plus improbable encore qu'ils aient été jugés ou condamnés pour de telles infractions. Concernant les amnisties, les prescriptions et les moyens de défense, la CIDH a conclu en 2002 que sont admissibles les dispositions relatives à l'amnistie, à la prescription ainsi que les mécanismes permettant d'exclure toute responsabilité, qui auraient pour but de faire obstacle aux enquêtes et à la sanction des violations des droits de l'homme telles que la torture, les exécutions sommaires, extralégales ou arbitraires et les disparitions forcées,

[381]Voir Statut de Rome, Préambule, paragraphe 6 qui dispose que « *les États parties au présent statut (...), déterminés à mettre un terme à l'impunité des auteurs de ces crimes et à concourir ainsi à la prévention de nouveaux crimes (...)* ».

[382] Statut de Rome, article 17 sur les questions relatives à la recevabilité.

[383] Lire Amnesty International, Colombie. Les paramilitaires à Medellin : démobilisation ou législation ? AI Index : AMR 23/019/2005, septembre 2005, disponible à l'adresse http://web.amnesty.org/library/index/fraAMR230192005?open§of=fra-COL.

toutes interdites au regard des droits indérogeables[384] reconnus par le droit international des droits de l'homme[385].

Le Tribunal spécial pour la Sierra Leone a jugé, à propos des effets juridiques des Accords de Lomé accordant la clémence et la grâce absolue à tous les combattants et à leurs collaborateurs pour tous les actes qu'ils avaient commis dans la poursuite de leurs objectifs que : l'article IX des Accords de Lomé ne peut pas constituer un obstacle juridique à l'exercice de la compétence en matière de crimes internationaux d'une cour internationale ou d'un État exerçant la compétence universelle. De la même façon, il ne constitue pas un obstacle juridique à l'établissement d'une Cour internationale pour juger les crimes contre l'humanité ; cela a été relevé dans les jurisprudences *Procureur c/GBAO* et *Procureur c/KALLON*[386].

À ce sujet, le tribunal spécial pour la Sierra Leone (TSSL) a condamné en avril 2009 trois anciens dirigeants du Front révolutionnaire uni (RUF) à une peine d'emprisonnement pour crimes de guerre et crimes contre l'humanité lors de la guerre civile qui a duré de 1991 à 2001. Ils avaient été reconnus coupables par le TSSL six semaines plus tôt. Ces anciens dirigeants étaient Issa HASSAN SESAY, Morris KALLON et Augustine GBAO, ont notamment été condamnés pour des actes de terrorisme, punitions collectives,

---

384 Pour une meilleure appréhension de la notion de droits indérogeables dans le cadre de cette thèse, voir notre première partie, du titre 1, chapitre 1 sur les réserves et les droits civils et politiques en particulier les droits intangibles, section préliminaire sur la notion de droits intangibles.

385 Cour interaméricaine des droits de l'homme, *Affaire Barrios Altos*, Arrêt du 14 mars 2001, paragraphe 41. Voir également : *Affaire Gomez-Paquiyauri Brothers*, arrêt du 08 juillet 204 (uniquement disponible en espagnol), paragraphe 232 et *Affaire Trujillo Oroza c/Bolivie* (Réparations), Arrêt du 27 février 2002, paragraphe 106.

386 *Procureur c/GBAO*, Décision sur la requête préliminaire relative à l'invalidité de l'Accord entre les Nations Unies et le gouvernement de la Sierra Leone sur l'établissement d'un Tribunal spécial pour la Sierra Leone, Chambre d'Appel, 25 mai 2004, Paragraphe II-8, Traduction non officielle. Voir également *Procureur c/KALLON*, contestation de la compétence : Amnistie des accords de Lomé, Chambre d'appel, 13 mars 2004 : Whatever effect the amnesty granted in the Lomé Agreement may have on a prosecution for such crimes as are contained in Articles 2 to 4 (crimes against humanity, violations of article 3 common to the Geneva Conventions and of Additional Protocol II, and other serious violations of international humanitarian law) in the national courts of Sierra Leone, it is ineffective in removing the universal jurisdiction to prosecute persons accused of such crimes that other states have by reason of the nature of the crimes. It I also ineffective in depriving an international court such as the special court of jurisdiction. (Quel que soit l'effet de la disposition d'amnistie incluse dans l'accord de Lomé sur la poursuite de crimes tels que ceux définis aux articles 2 à 4 (crimes contre l'humanité, violation de l'article 3 commun aux quatre conventions de Genève et du Protocole additionnel II, autres violations graves du droit international humanitaire) devant les tribunaux nationaux de la Sierra Leone, elle ne saurait empêcher d'autres États de poursuivre les personnes accusées de tels crimes en vertu de la compétence universelle dont ils disposent en raison de la nature de ces crimes. Elle ne saurait non plus priver de sa compétence une juridiction internationale telle que le Tribunal spécial ; traduction non officielle).

extermination, assassinats, viols, exploitation sexuelle, mutilations et violences physiques, pillages et utilisation d'enfants-soldats. Pour la première fois, les juges ont prononcé contre eux des condamnations pour mariages forcés et attaques contre les Casques bleus. Issa HASSAN SESAY passera au maximum 52 ans en prison, Morris KALLON 40 ans et Augustine GBAO 25 années. Dans un communiqué relatif à cette condamnation, le procureur du Tribunal spécial pour la Sierra Leone, Stephen Rapp, a salué la décision du TSSL ; il a déclaré que ces condamnations reconnaissent la gravité des terribles atrocités dont se sont rendus responsables ces messieurs. Plus important encore, elles honorent les victimes, les milliers d'hommes et d'enfants de Sierra Leone qui ont souffert du fait des actes et décisions de ces individus. Il a également félicité les juges pour leur contribution historique au droit international humanitaire qui sera citée dans les tribunaux à travers le monde dans les années à venir. Il a terminé en disant que les décisions des juges vont aider à rétablir la justice et l'État de droit en Sierra Leone sans lesquelles, la paix et le développement sont impossibles.

Un État partie au statut de Rome qui ferait obstacle aux enquêtes et aux poursuites au moyen de mesures d'amnisties et de grâce mettrait la personne concernée à l'abri de toute responsabilité pénale pour des crimes relevant de la compétence de la Cour. L'article 17 du statut de Rome prévoit que la Cour doit juger irrecevable une affaire qui a « *fait l'objet d'une enquête ou de poursuites de la part d'un État ayant compétence en l'espèce, à moins que cet État n'ait pas la volonté ou soit dans l'incapacité de mener véritablement à bien l'enquête ou les poursuites* ». Par conséquent, si un État partie admettait que les amnisties et les grâces fassent obstacle à une enquête ou à des poursuites, les dispositions relatives à la complémentarité du statut entraîneraient la compétence de la Cour[387].

Cela étant, nous considérons que la déclaration unilatérale faite par la Colombie sur l'amnistie des infractions dites *« politiques »* ne vise pas à préciser ou clarifier le sens d'une disposition du statut de Rome. Au contraire, elle cherche à limiter la compétence de la Cour en soumettant les crimes commis en Colombie à des poursuites nationales inadaptées, afin de mettre les personnes concernées à l'abri de leur responsabilité pénale. Nous démontrerons que la déclaration faite par Malte présente quasiment les mêmes conséquences juridiques.

---

[387] Voir la lettre adressée à l'Ambassadeur colombien accrédité devant la CPI, Guillermo FERNANDEZ DE SOTO, par le Procureur Luis MORENO OCAMPO, le 2 mars 2005. Cette lettre a été publiée par plusieurs journaux colombiens. Amnesty International dispose d'une traduction en anglais.

Section 2 : Les déclarations faites par Malte : de véritables réserves au statut de Rome

Il faut remarquer que, tout comme la Colombie, Malte a émis une réserve au statut de Rome (Paragraphe 1) qui entraîne de lourdes conséquences juridiques sur la portée des dispositions conventionnelles aux traités réprimant les crimes internationaux (Paragraphe 2).

Paragraphe 1 : Les problèmes juridiques posés par la déclaration de Malte sur la portée du statut de Rome

L'analyse de cette déclaration (A) permet d'en étudier les problèmes juridiques au regard de la pratique des États (B).

A. L'analyse de la déclaration de Malte

Le contenu (1) ainsi que la signification (2) de cette déclaration sont assez illustratifs pour la suite de notre réflexion.

1. Le contenu de la déclaration de Malte

Malte a formulé une déclaration relative aux grâces :

« *Nul ne peut être jugé pour une infraction pénale s'il peut établir qu'il a bénéficié d'une grâce pour cette infraction. (...). Malte n'exercera le droit de grâce que dans le plein respect de ses obligations au regard du droit international, notamment celles qui découlent pour elle du statut de Rome créant la Cour pénale internationale* ».

Le sens de cette déclaration mérite d'être amplement cerné.

2. La signification de la déclaration de Malte

Bien que le second paragraphe suscité semble en principe conforme au droit international, qui par exemple n'interdit nullement de gracier les infractions de droit commun, le premier paragraphe n'est pas conforme aux obligations de Malte au regard du droit international, dans la mesure où il reconnaît des effets juridiques, sur le territoire de Malte, aux grâces accordées à Malte ou ailleurs dans le monde aux auteurs de crimes internationaux.

La pratique des États permet de confirmer ce point de vue.

B. Les problèmes juridiques de cette déclaration au regard de la pratique des États

Le cas particulier de l'Argentine (2) permettra de mieux cerner les effets négatifs des réserves à l'analyse de la pratique des juridictions internes en général (1).

1. Les effets négatifs des réserves de Malte dans la pratique des juridictions internes en général

Une grâce n'entraîne pas seulement une réduction ou une commutation de peine, mais aussi une annulation de la condamnation elle-même, restituant à la personne le statut juridique qui était le sien avant le procès. L'effet d'une grâce est d'absoudre la personne condamnée ou faisant l'objet d'une enquête criminelle.

En accordant une grâce aux auteurs de crimes internationaux et en admettant que les grâces accordées par des États à ceux-ci, aient des effets juridiques sur son territoire, la République de Malte dessert l'obligation faite aux États de respecter le SCPI. Ses juridictions internes ainsi que celles d'autres États qui adoptent la même attitude vont à l'encontre de la justice pénale internationale. Cette situation juridique est observable à travers un cas plus illustratif ; celui des grâces accordées en Argentine.

2. Les effets négatifs des réserves de Malte et le cas particulier de l'Argentine

En 1989, une grâce générale fut accordée en Argentine à environ 300 membres des forces armées et des mouvements de guérillas suspectés de violations de droits de l'homme et de mauvais traitements, pour certains d'entre eux, avant même que ne commencent l'enquête ou les poursuites.

Plus tard, le Comité des droits de l'homme a conclu que le Comité craint que l'octroi d'amnisties et de grâces n'ait empêché l'ouverture d'enquête sur des crimes présumés des membres des forces armées et d'agents des services de la sécurité nationale et que ces mesures aient été octroyées même dans les cas où il existe des preuves importantes de violations des droits de l'homme, telles que les disparitions et les détentions illégales de personnes, notamment d'enfants. Le Comité craint que les grâces et les amnisties générales ne créent un sentiment d'impunité chez les membres des forces de sécurité coupables de violations des droits de l'homme. Du fait de l'impunité dont jouissent ces derniers, le respect des droits de l'homme peut se trouver affaibli[388].

[388] Observations sur l'Argentine, Doc N.U. CCPR/c/79/Add.46 (1995), para.D.10.

La remarque pertinente faite par le Comité des droits de l'homme démontre indubitablement que la déclaration de Malte, au sujet des grâces, est très dangereuse et met en péril l'efficacité de la répression des crimes internationaux.

Paragraphe 2 : La Déclaration de Malte et la mise en péril du système normatif et institutionnel de répression des crimes internationaux

La déclaration de Malte est une véritable réserve en ce que nous observons qu'il existe des contrastes entre cette déclaration et le préambule du SCPI (A) d'une part et d'autre part, la déclaration de Malte a des implications jurisprudentielles négatives (B).

A. Les contrastes entre la déclaration de Malte et le préambule du SCPI

L'analyse (2) du contenu du préambule (1) nous permettra de mieux cerner ces contrastes.

1. Le contenu des dispositions du préambule

Le préambule du statut de Rome rappelle les obligations de Malte en énonçant qu' *: « il est du devoir de chaque État de soumettre à sa juridiction criminelle les responsables des crimes internationaux »*[389]. Cette disposition très innovante est en phase avec l'un des objectifs de la Commission des droits de l'homme de l'ONU, qui est la promotion de la lutte contre l'impunité. La Commission a élaboré en 2005, un ensemble de principes actualisés pour la promotion et la protection des droits de l'homme au moyen de la lutte contre l'impunité. L'article 19 de ces principes dispose clairement que *« les États procèderont à des investigations rapides, minutieuses, indépendantes et impartiales des violations des droits de l'homme et du droit international humanitaire et ils adopteront les mesures appropriées en ce qui concerne leurs auteurs dans le domaine de la justice pénale, afin qu'ils soient dûment poursuivis, jugés et condamnés (...) »*.

La déclaration de Malte appelle quelques commentaires.

---

389 Statut de Rome, Préambule, para.6, Tribunal spécial pour la Sierra Leone, Supra, Note 58, para II-10 (« *en vertu du droit international, les États ont le devoir d'engager des poursuites à l'encontre des crimes dont l'interdiction relève du jus cogens* »).

2. L'analyse des effets de cette déclaration sur le préambule

Dans la mesure où ladite déclaration vise à reconnaître un plein effet, à Malte, aux mesures de grâces prises par Malte. Si une telle mesure était accordée pour des crimes internationaux tels que le crime de génocide, les crimes contre l'humanité, ou les crimes de guerre avant qu'une autre juridiction n'ait pu statuer définitivement sur le bien-fondé de l'affaire, une telle grâce serait contraire au droit international et en particulier à l'obligation que le préambule du statut de Rome fait à Malte d'exercer sa compétence pour de tels crimes.

Une telle attitude est absolument contraire à la jurisprudence internationale.

B. Les implications jurisprudentielles de cette déclaration

L'analyse d'une décision du Tribunal pénal international pour l'ex-Yougoslavie (1) permet de constater des incompatibilités entre la réserve de Malte et le SCPI (2).

1. La confirmation de notre position au regard de l'analyse d'une décision du TPIY sur les grâces accordées aux États aux auteurs de crimes internationaux

Le TPIY s'est prononcé sur la question de savoir si une grâce accordée par un État peut viser un crime international, en jugeant à propos du crime de torture, qu'il serait absurde d'affirmer d'une part que, vu la valeur de *jus cogens* de l'interdiction de la torture, les traités ou règles coutumières prévoyant la torture sont nuls et non avenus *ab initio* et de laisser faire, d'autre part, les États qui, par exemple, prennent des mesures nationales autorisant ou tolérant la pratique de la torture ou amnistiant les tortionnaires (...). Plus important encore, les tortionnaires exécutant ou bénéficiaires de ces mesures nationales peuvent néanmoins être tenus pour pénalement responsables de la torture que ce soit dans un État étranger ou dans leur propre État sous un régime ultérieur. En résumé, les individus sont tenus de respecter le principe de l'interdiction de la torture, même si les instances législatives ou judiciaires nationales en autorisent la violation ; cela a été relevé dans la jurisprudence *Procureur c/FURUNDZIJA*[390].

[390]*Procureur c/FURUNDZIJA*, Jugement, Affaire N.° IT-95-17/1-T, TPIY, Chambre de jugement, 10 décembre 1998, paragraphe 155. Dans le même sens, voire décision du 04 novembre 1998 de la formation plénière de la *Sala en lopenal de la Audiencia Nacional de Espana* (Affaire de la junte argentine), déclarant que les lois d'amnistie entrées en vigueur en Argentine ne produisent aucun effet en dehors du territoire argentin et, par conséquent, ne peuvent empêcher le jugement en Espagne d'une personne en ayant bénéficié (huitième considérant).

Sur les faits de l'espèce, après qu'un acte d'accusation sous scellés ait été établi à son encontre, Anto FURUNDZIJA a été arrêté par la SFOR le 18 décembre 1997. Dans une version modifiée de l'acte d'accusation, confirmée le 2 juin 1998, il était allégué que l'accusé était le commandant local des « jokers », une unité spéciale de la police militante du conseil de la défense croate (HVO). C'est en cette qualité qu'il a, avec un autre soldat, interrogé le témoin A. Pendant que ce témoin A, une femme, était interrogée par Anto FURUNDZIJA, l'autre soldat frottait son couteau contre sa cuisse intérieure et le bas de son ventre et la menaçait d'introduire son couteau dans son vagin si elle ne disait pas la vérité. Selon l'acte d'accusation, Anto FURUNDZIJA a continué à interroger le témoin A et la victime B, un croate de Bosnie qui avait auparavant aidé la famille du témoin A, alors que l'autre soldat les frappait sur les pieds avec une matraque. Anto FURUNDZIJA n'est intervenu d'aucune façon lorsque le témoin A, la femme, a été forcée de pratiquer une fellation à l'autre soldat et d'avoir un rapport sexuel vaginal avec lui. Le procès d'Anto FURUNDZIJA s'est ouvert le 8 juin 1998 et s'est poursuivi jusqu'au 22 juin 1998, date du réquisitoire et des plaidoiries. Le jugement a alors été mis en délibéré, faisant droit à une requête de la Défense, la Chambre de première instance a ordonné la réouverture du procès. Celui-ci s'est poursuivi pendant quatre mois et a été définitivement clos le 12 novembre 1998.

En ce qui concerne le jugement, Anto FURUNDZIJA a été reconnu coupable des deux chefs d'accusation retenus contre lui et condamné à dix ans d'emprisonnement le 10 décembre 1998. Il s'agit du troisième jugement rendu à l'issue d'un procès devant le Tribunal pénal international pour l'ex-Yougoslavie[391]. La peine prononcée est la sixième infligée par le tribunal. La Chambre de première instance a déclaré qu'il était, en qualité de coauteur, coupable de torture, une violation des lois ou coutumes de la guerre, et l'a condamné à dix ans d'emprisonnement. Il a également été déclaré coupable d'avoir aidé et encouragé des atteintes à la dignité des personnes, y compris le viol, lesquelles constituent une violation des lois ou des coutumes de la guerre, et l'a condamné à huit ans d'emprisonnement. La Chambre a ordonné la confusion des deux peines.

Les principaux aspects juridiques de cette jurisprudence sont fort intéressants. Pour que soit applicable l'article 3 du Statut créant le Tribunal pénal international pour l'ex-Yougoslavie (TPIY) (violations des lois ou coutumes de la guerre), l'existence d'un conflit armé doit être établie. La chambre de première instance a appliqué le critère énoncé par la chambre d'appel dans l'affaire Tadic. En conséquence, sur le fondement des moyens de preuve soumis par les deux parties, la chambre de première instance a conclu qu'il existait en Bosnie-Herzégovine centrale, durant toute la période

[391] TPIY

couverte par l'acte d'accusation, un conflit armé qui opposait le HVO et l'Armée de Bosnie-Herzégovine. La chambre de première instance a en outre établi un lien entre ce conflit armé et les chefs d'accusation pour lesquels Anto FURUNDZIJA était mis en cause. La reprise du procès, en novembre 1998, avait essentiellement pour but de savoir si la crédibilité du témoin A était ou avait pu être entamée par quelques troubles psychologiques dont elle aurait pu souffrir à la suite de l'épreuve endurée. Les éléments de preuves apportés par les experts ont permis d'établir que même si une personne souffre du syndrome de stress post-traumatique, son témoignage n'est pas nécessairement erroné. La Chambre a estimé que les souvenirs que le témoin A avait gardé des aspects essentiels des évènements n'avaient pas eu à souffrir des troubles dont elle avait pu être atteinte. Le jugement apporte par ailleurs une définition de la torture au regard du droit international humanitaire. La Chambre a conclu à ce sujet que l'interdiction de la torture avait atteint le statut de *jus cogens,* à savoir une norme impérative en droit international à laquelle il ne saurait en aucune façon être dérogé.

Le résumé du jugement précise que la Chambre de première instance a défini le viol ainsi : tout acte ou omission entraînant l'infliction intentionnelle d'une douleur ou de souffrances aiguës, physiques ou mentales à une personne aux fins notamment d'obtenir d'elle ou d'une tierce personne des renseignements ou des aveux, de la punir, de l'intimider, de l'humilier ou de faire pression sur elle ou afin d'intimider ou de faire pression sur une tierce personne, ou pour tout autre motif fondé sur une forme de discrimination qu'elle soit à l'encontre de la victime ou d'une tierce personne. Il s'agit de torture si au moins l'une des personnes associées à la séance de torture est un responsable officiel ou, en tout cas, n'agit pas à titre privé, mais, par exemple, en tant qu'organe de fait d'un État ou de toute autre entité investie d'un pouvoir.

Ayant conclu qu'il est indéniable que le viol et les autres violences sexuelles graves en période de conflit armé engagent la responsabilité pénale des individus qui s'y livrent, la Chambre de première instance a retenu la conclusion, rendue récemment lors du jugement dans l'affaire Celebici, selon laquelle le viol s'assimile dans certains cas à al torture, au regard du droit international. La Chambre a toutefois jugé approprié d'élargir la définition du viol formulée initialement par la Chambre de première instance I du tribunal pénal international pour le Rwanda (TPIR) dans l'Affaire Akayesu, puis dans celle de Celebici, jugée par le TPIY. Il est précisé dans le résumé du jugement que pour la Chambre de première instance, le viol s'analyse en droit international comme la pénétration sexuelle, fût-elle légère, du vagin ou de l'anus de la victime par le pénis ou tout autre objet utilisé par le violeur ; ou de la bouche de la victime par le pénis du violeur ; par l'emploi de la force, de la menace ou de la contrainte contre la victime ou une tierce personne[392].

S'agissant de la responsabilité pénale individuelle sanctionnée par l'article 7 (1) du Statut, la Chambre de première instance a conclu que les éléments juridiques constitutifs de la complicité sont les suivants : une aide, un encouragement ou un soutien moral pratique ayant un effet important sur la perpétration du crime (*actus reus*) et le fait de savoir que ces actes aident à la perpétration du crime (*mens rea*). La Chambre a en outre conclu que, selon ce critère, pour être reconnu coupable de torture en tant que co-auteur, l'accusé doit prendre part à des actes qui en font partie intégrante et être associé au but recherché par la torture, c'est-à-dire obtenir des informations ou des aveux, punir, intimider, contraindre ou faire subir une discrimination à la victime ou à une tierce personne.

Revenir sur les détails de la jurisprudence de l'affaire Anto FURUNDZIJA, nous permet de comprendre que les États, en dépit de leur souveraineté et de leur indépendance, ne peuvent passer par des mesures internes pour violer impunément le droit international. Ils ne doivent pas utiliser leur législation nationale afin d'accorder des faveurs par exemple aux autorités chargées de mener des enquêtes et des poursuites, qui outrepassent leurs fonctions et usent de la torture contre les personnes placées en garde à vue. De même, les fonctionnaires en service dans les maisons d'Arrêt ne sauraient être couverts par l'État, alors qu'ils font usage de la torture, des peines ou traitements inhumains et dégradants contre les prévenus, les accusés ou les prisonniers, quels que soient les motifs de leur détention ou de leur incarcération. Le TPIY impose aux États de respecter scrupuleusement les obligations *erga omnes* car ce sont des normes du *jus cogens* et elles ne souffrent d'aucune limitation.

Il faut également garder à l'esprit que ces obligations du *jus cogens* trouvent leur fondement dans le droit international coutumier qui est constitué de règles qui découlent d'après l'article 34 du statut de la Cour internationale de justice d'une pratique générale acceptée comme étant le droit : l'« *opinio juris sive necessitatis* », et qui existent indépendamment du droit conventionnel. Le *jus cogens* est constitué des normes impératives du droit international. On note une certaine émergence du droit coutumier des droits de la personne. Avec les conventions et les principes généraux, la coutume est l'une des sources principales de droit international. L'un des domaines où la coutume a précédé la codification est le droit international humanitaire qui est étroitement lié au droit international des droits de la personne. Le droit international coutumier a une liste de normes coutumières qui constituent le noyau dur des droits de l'homme : les prohibitions du génocide, de

---

[392] C'est nous qui soulignons.

l'esclavage, du meurtre, de la disparition, de la torture, et d'autres peines ou traitements cruels, inhumains et dégradants, de la détention arbitraire prolongée, de la discrimination raciale systématique et de l'apartheid, et d'un ensemble de violations humaines internationalement reconnues telles que l'interdiction du génocide et des crimes contre l'humanité. Bref, l'interdiction de la commission de certains crimes internationaux par fait donc partie du *jus cogens* et les traités qui les répriment ne doivent pas admettre des réserves.

Dans une Observation générale adoptée en 1994, le Comité des droits de l'homme des Nations Unies[393] a déclaré qu'une réserve à l'encontre d'une norme coutumière est contraire à l'objet et au but du pacte international relatif aux droits civils et politiques.

Il a ainsi déclaré qu'un État ne peut se réserver le droit de pratiquer l'esclavage ou la torture, de soumettre des personnes à des traitements ou peines cruels, inhumains ou dégradants, de les priver arbitrairement de la vie, de les arrêter et de les détenir arbitrairement, de dénier le droit à la liberté de pensée, de conscience et de religion, de présumer une personne coupable tant que son innocence n'a pas été établie, d'exécuter des femmes enceintes ou des enfants, d'autoriser l'incitation à la haine nationale, raciale ou religieuse, de dénier à des personnes nubiles le droit de se marier ou de dénier aux minorités le droit d'avoir leur propre vue culturelle, de professer leur propre religion ou d'employer leur propre langue.

Les normes de *jus cogens* reflètent et protègent les valeurs fondamentales de la communauté internationale. La Commission du droit international des Nations Unies a trouvé l'origine de la notion de valeurs fondamentales de la communauté internationale dans l'avis consultatif de la Cour internationale de justice sur des réserves à la convention sur la prévention et la répression du crime de génocide avec ses références à la loi morale et à la conscience humaine. La Cour a pris ces formulations du préambule de la résolution de l'Assemblée générale de 1946 déclarant que la répression du crime de génocide était une affaire d'intérêt international. Le droit coutumier international est donc réfractaire à la pratique des réserves.

Malheureusement, la réserve de Malte permet à cet État d'accorder l'impunité aux auteurs de crimes internationaux.

Ceci permet donc de conclure aux incompatibilités entre la réserve de Malte et le SCPI.

---

393 Comité des droits de l'homme, Observation générale 24 (52). Questions touchant les réserves formulées au moment de la ratification du Pacte ou des protocoles facultatifs y relatifs ou de l'adhésion a ces instruments.

2. Les incompatibilités entre la réserve de Malte et le SCPI

Les incompatibilités entre la réserve de Malte et le SCPI sont encore plus notables à l'analyse d'une observation faite par *Amnesty International* qui a déclaré[394] que les amnisties et les autres mesures analogues d'impunité qui empêchent les auteurs de très graves violations de droits de l'homme de comparaître devant les tribunaux et d'être jugés et condamnés pour ces actes ne sont pas compatibles avec les obligations des États en vertu du droit international. D'une part, de telles amnisties sont incompatibles avec l'obligation de mener des enquêtes sur les responsables de graves violations de droits de l'homme, de les faire comparaître en justice et de les condamner. D'autre part, elles sont également incompatibles avec l'obligation de l'État de garantir le droit de toutes les personnes à un recours efficace et à être entendues par un Tribunal indépendant et impartial pour la détermination de leurs droits.

Par conséquent, peuvent être mal interprétées, quant à leur portée, les déclarations unilatérales telles que celles faites par Malte sur les grâces, dans la mesure où elles sont accordées avant qu'une décision définitive n'ait été prise sur le fond et où la déclaration ne précise pas qu'elle ne vise que les grâces touchant les infractions de droit commun et non les crimes internationaux. Corollairement, les dispositions du statut de Rome obligent Malte à mener des enquêtes et, si suffisamment de preuves recevables sont rassemblées, à poursuivre sur son territoire les auteurs de crimes internationaux, notamment ceux visés par le statut de Rome.

En somme, l'attitude de Malte qui n'est donc pas en phase avec le SCPI, permet de constater que cette déclaration est en réalité une véritable réserve en matière d'amnistie, de grâce et d'autres mesures analogues d'impunité ; elle constitue donc en fin de compte un frein à l'exercice de la compétence répressive de la CPI.

Il est aisé de constater que les déclarations de la Colombie et de Malte, dans la mesure où elles s'appliqueraient aux crimes visés par le statut de Rome, pourraient amener la Cour à considérer que ces deux États n'ont pas la volonté de mener véritablement à bien les enquêtes ou les poursuites, car il s'agit en réalité des réserves proscrites par l'article 120 du statut de Rome. Une telle attitude s'interprète comme le refus de Malte, de la Colombie et de plusieurs autres États, de coopérer avec la CPI.

---

[394]*Amnesty International, International Commission of jurists and human rights watch, Argentina : Amicus curiae brief on the incompatibility with international law of the full stop and due obedience law*, AI Index : AMR 13/012/2001 (en anglais), juin 2001 ; Amnesty International, Sierra Leone : une décision historique du Tribunal spécial pour la Sierra Leone : les crimes au regard du droit international ne peuvent être amnistiés, AI Index : AFR 51/006/2004, 18 mars 2004.

CHAPITRE II :

LES RÉSERVES COMME ENTRAVES À LA COOPÉRATION DES ÉTATS AVEC LA CPI DANS LES ENQUÊTES ET POURSUITES RELEVANT DE SA COMPÉTENCE

Avant d'entrer dans le vif du sujet, le processus d'adoption du statut de Rome de la CPI le 17 juillet 2002 mérite d'être brièvement souligné tant les attitudes et positions qu'ont affichées beaucoup de pays sont génératrices des déclarations unilatérales, véritables réserves portant entrave à la coopération des États. La France ne faisait pas partie du groupe d'États dits modérés (constitués de 60 pays européens, des États d'Afrique, d'Amérique latine, du Canada) qui défendaient le projet de la CPI.

La France qui avait proposé un projet de statut très restrictif se rallia progressivement de 1997 à 1998 au projet, en obtenant l'introduction de l'article de l'article 124 qui, comme vu dans les précédents chapitres, donne la possibilité pour tout État au moment du dépôt de son instrument de ratification de décliner la compétence de la Cour pendant 7 ans pour les crimes de guerre qui pourraient être commis par ses nationaux.

En avril 1996, la déclaration française suscite l'étonnement en étant la seule parmi les membres permanents du Conseil de Sécurité à faire la proposition, jugée scandaleuse, que la saisine de la Cour fasse l'objet d'un accord au sein de ce dernier. Cela aurait permis à la France, soucieuse du statut de ses troupes engagées sur des théâtres d'opérations extérieures, par véto, de rejeter les affaires la concernant.

Par la suite, la France demanda la nécessité de l'accord simultané de l'État sur le territoire duquel se produirait l'évènement, de l'État, de la victime, de l'État des suspects. En 1998, le Quai d'Orsay (ministre des Affaires étrangères), Hubert VEDRINE[395] se rallia au projet sous réserve de

[395] Voir les rapports du ministre des Affaires étrangères de l'époque Hubert VERDRINE, consultez aussi le site internet de Survie.org « *La France et la CPI. Toute une histoire* ». Pour les détails, la CPI naît d'un processus complexe dont les principales étapes sont une longue négociation qui aboutit en 1998 à la signature du traité international du Statut de Rome (qui définit la CPI). Sa ratification par les États qui deviennent alors des « États parties », puis la création effective de la CPI en 2002, déclenchée après le seuil des soixante ratifications. Plutôt que de s'opposer franchement, comme trois des autres membres du conseil de Sécurité des Nations Unies (Chine, États-Unis et Russie), à l'émergence d'une justice internationale pour juger les crimes les plus graves, la France adopte une attitude très méfiante puis ambiguë.

l'introduction de l'article 124. En effet, étant donné que le statut de Rome constitue un blocage au droit international public des industries d'armes, cela n'arrange pas les grandes puissances décidées à vendre les armes pour financer ou mener elles-mêmes les guerres. Alors elles remettent en cause la compétence de la Cour pendant le temps qu'il leur faut pour réaliser leurs objectifs. En droit international, ces grandes puissances véhiculent toujours la conception qu'elles veulent défendre pour protéger leurs intérêts. Mais, comme les petits États prennent également conscience, avec l'aide des organisations de la société civile internationale, ces grandes puissances qui se trouvent sous l'emprise du droit cherchent à le contourner par tous les moyens. C'est ce qui explique que le statut de Rome est ratifié, dans sa majorité, par les États du tiers-monde.

En ce qui concerne la position américaine qui est la plus radicale, les États-Unis ayant affirmé leur intention de ne pas adhérer au traité, essaient par des accords et des négociations d'obtenir ce que le SCPI ne leur garantit pas : l'impossibilité qu'un Américain ne puisse jamais être déféré devant la Cour. En effet, en vertu du statut, un ressortissant américain pourra être poursuivi par la Cour, dès lors que le pays où ont été commis les crimes dont on l'accuse est partie au traité.

C'est ainsi que le 12 juillet 2002, le Conseil de Sécurité des Nations Unies adoptait à l'unanimité la Résolution 1422 assurant, en application de l'article 16 du SCPI[396], l'immunité pour un an renouvelable, devant la CPI, à tout le personnel américain participant aux opérations de maintien de la paix autorisées par les Nations Unies. Cette immunité s'étend aux soldats des pays non parties au traité de Rome établissant la CPI. Ceci constituant une instrumentalisation de l'ONU et la violation d'un Traité international, le SCPI, le Canada a dénoncé cette décision du Conseil de Sécurité en disant que l'ONU n'a pas le droit ni le mandat d'amender un traité international.

En dépit de cette dénonciation canadienne, le 1er août 2002, les États-Unis d'Amérique signent avec la Roumanie, un accord bilatéral aux termes duquel

Comme les États-Unis, elle souhaite surtout limiter strictement la compétence de la CPI aux crimes contre l'humanité et au crime de génocide, en excluant les crimes de guerre qui, avec les crimes contre l'humanité et le crime de génocide, sont les trois types de crimes pour lesquels la CPI est compétente à sa création. Mais elle parviendra, à arracher au dernier moment de la négociation du Statut, l'ajout d'un article, le 124. Il permet à un État partie de refuser pendant sept ans la compétence de la CPI pour les crimes de guerre commis par ses ressortissants ou sur son territoire. Parmi les 123 États parties, la France et la Colombie se singularisent en étant les seuls à ratifier le statut en activant cet article 124.

[396] L'article 16 du SCPI intitulé sursis à enquêter ou à poursuivre dispose qu'« aucune enquête ni aucune poursuite ne peuvent être engagées ni menées en vertu du présent statut pendant les douze mois qui suivent la date à laquelle le Conseil de Sécurité a fait une demande en ce sens à la Cour dans une Résolution adoptée en vertu du Chapitre VII de la Charte des Nations Unies ; la demande peut être renouvelée par le Conseil dans les mêmes conditions. »

les deux pays s'engagent à ne pas extrader leurs ressortissants respectifs devant la CPI. Un accord identique avait été précédemment signé entre les USA et Israël. Des démarches similaires ont été entreprises intensivement par le Département d'État en direction de 180 États, dont les pays membres de l'Union européenne (UE). Le 4 septembre 2002, les experts juridiques des quinze États de l'UE déclarèrent que la démarche américaine était incompatible avec les engagements pris dans le cadre de la CPI. Ayant accédé au pouvoir, Georges BUSH a également retiré la signature du Traité de Rome apposée par les USA le 31 décembre 2000, sous l'administration Clinton. Ceci constitue une entrave au processus de mise en œuvre de l'effectivité de la CPI.

Ces différentes et multiples démarches étatiques unilatérales dans le processus d'adoption et d'entrée en vigueur de la CPI constituent les germes de la difficile coopération des États avec la CPI dans les enquêtes et poursuites relevant de sa compétence à telle enseigne qu'elles ont suscité de nombreuses déclarations unilatérales qui ont pour la plupart, constitué l'essentiel de la réflexion dans les chapitres précédents. Celle de l'Australie mérite d'être analysée en ce qu'il s'agit en réalité d'une réserve (Section 1) qui constitue un frein réel à l'efficacité d'un Traité dont les fonts baptismaux reposent sur la coopération interétatique dans la répression des grands crimes internationaux (section 2).

Section 1 : Les déclarations de l'Australie : Réserves déguisées

L'étendue de ces déclarations (paragraphe I) pose certains problèmes de droit en général (paragraphe II).

Paragraphe 1 : L'étendue de ces déclarations

Le contenu juridique (A) et le sens de ces déclarations (B) seront les principaux axes de notre démonstration.

A. Le contenu juridique des déclarations australiennes

Il s'agit d'une déclaration liée à la primauté de la compétence australienne pour les crimes relevant de la compétence de la Cour d'une part (1) ; et d'autre part, cette déclaration est liée à l'extradition des criminels devant la CPI (2).

1. Une déclaration liée à la primauté de la compétence australienne pour les crimes relevant de la compétence de la Cour

L'Australie prend note qu'une affaire est jugée par la Cour pénale internationale lorsqu'elle fait l'objet d'une enquête ou de poursuites de la part d'un État. L'Australie réaffirme la primauté de sa compétence pénale en ce qui concerne les crimes relevant de la compétence de la Cour.

Cette déclaration ne peut être compatible avec l'objet et le but du Traité de Rome, car l'Australie renvoie la juridiction pénale de la Cour à un degré inférieur à ses juridictions internes et s'arroge le droit d'être le premier procureur en matière de crimes internationaux. Cet état de choses peut amener l'Australie à soustraire ses ressortissants de la justice pénale internationale en refusant d'extrader ces derniers.

2. Une déclaration faisant obstacle à l'extradition des criminels devant la CPI

Pour permettre à l'Australie d'exercer sa compétence efficacement, et en s'acquittant pleinement des obligations qui lui incombent en vertu du statut de la Cour, nul ne sera remis à la Cour par l'Australie tant que celle-ci n'aura pas eu toute la possibilité pour mener une enquête ou conduire des poursuites au sujet de tout crime allégué. À cette fin, le texte australien d'application du statut de la Cour dispose que nul ne peut être remis à la Cour sauf si le procureur délivre un certificat autorisant cette remise. La législation australienne dispose en outre que nul ne peut être arrêté en vertu d'un mandat d'arrêt émis par la Cour si le procureur n'a pas délivré de certificat. L'Australie déclare également qu'elle considère que les infractions visées aux articles 6, 7 et 8 seront interprétées et considérées d'une manière conforme à celle dont elles le sont selon le droit interne australien.

Cette déclaration unilatérale est en fait une réserve.

B. Le sens des déclarations australiennes : une véritable réserve

La réserve dont il s'agit a des implications sur l'article 86 du SCPI (2) ; aussi convient-il d'en relever la portée (1).

1. La portée de la déclaration australienne au regard des relations entre la CPI et les États dans la répression des crimes internationaux

Le sens de la déclaration australienne mérite d'être relevé au regard des relations entre la CPI et les États dans la répression des crimes internationaux. L'Australie qui est partie à la Convention de Vienne sur le droit des Traités le 13 juin 1974 par adhésion a fait une déclaration unilatérale qui pourrait entraver et peut-être même empêcher la coopération avec la Cour dans des affaires touchant à l'intérêt national australien. Même si l'Australie soutient que cette déclaration n'est « *pas une réserve* »[397], il semble clair que cette déclaration pourrait nuire à la coopération de l'Australie avec la Cour au regard de l'article 86 de son statut.

2. Les implications de la réserve australienne sur l'article 86 du SCPI

Une fois que la Cour a déterminé qu'elle pouvait exercer sa compétence conformément au principe de complémentarité, les États parties acceptent en vertu de l'article 86[398] de son statut de coopérer « *pleinement avec la Cour dans les enquêtes et poursuites relevant de sa compétence* ». Cette obligation signifie qu'ils doivent s'assurer que le procureur et la Défense peuvent mener des enquêtes efficaces au sein de leurs juridictions, que leurs tribunaux et autres autorités coopèrent pleinement à l'obtention de documents, la localisation et la saisie de biens de l'accusé, l'exécution de perquisitions et de saisies d'éléments de preuve, la localisation et la protection de témoins ainsi que l'arrestation et la remise de personnes accusées de crimes devant la Cour.[399]

Il devient difficile, voire impossible à la CPI d'appliquer cette disposition à l'analyse de la réserve australienne.

Paragraphe II : Les problèmes juridiques posés par la réserve australienne

Il s'agit de cinq problèmes juridiques que nous pouvons regrouper en deux selon qu'ils sont liés à l'intérêt de ces déclarations dans l'effectivité du SCPI (A) ou selon qu'ils touchent aux conditions d'extradition et à l'interprétation des incriminations (B).

---

397 Toutes les réserves étudiées dans le cadre de cette thèse ont été fouillées dans de multiples documents : les traités étudiés, le moniteur de recherches internet Google, les observations des États membres de différents groupes de travail au sein de divers organismes de l'ONU, durant les avis consultatifs soumis à la CIJ, lors des travaux de la CDI, au cours de nos conférences, séminaires, ateliers, entretiens avec des universitaires, diplomates, et de hauts fonctionnaires internationaux sur la question des réserves durant nos multiples déplacements hors du Cameroun… Nous faisons, officieusement, cette recherche depuis plusieurs années. C'est ainsi que nous avons également obtenu les objections des États aux réserves et les réactions des États dans la pratique des réserves.

398 L'article 86 sur l'obligation de coopérer.

399 Statut de Rome, articles 87 à 102. Voir aussi Amnesty International, Cour pénale internationale : liste des principes à respecter en vue d'une mise en œuvre efficace de la CPI, AI, Index : IPR40/011/2005, 1er août 2005, disponible en anglais à l'adresse http://web.amnesty.org/library/index/engior400112000?open&of=eng-385.

A. Les problèmes liés à l'intérêt de ces déclarations dans l'effectivité du SCPI

Il s'agit notamment des questions relatives à la nature juridique des déclarations australiennes et à leur portée dans la législation interne ; nous démontrerons qu'elles constituent une limite à la valeur du SCPI (1) ; l'autre difficulté posée par la réserve australienne tient à la complémentarité entre la CPI et les juridictions pénales internes dans la répression des crimes internationaux (2).

1. La nature juridique des déclarations et leur portée dans la législation interne : une limite à la valeur du SCPI

S'agissant du premier problème juridique posé par la réserve australienne, c'est à la Cour elle-même qu'il revient de déterminer, à partir de quels critères objectifs, si une déclaration unilatérale constitue une réserve ou une simple déclaration interprétative. Il n'appartient pas à l'État partie d'en décider unilatéralement, car le libellé attaché à une déclaration unilatérale n'en détermine pas la nature juridique.

Par ailleurs, concernant le deuxième problème juridique que crée la réserve australienne, nous tenons à souligner que, la législation australienne de mise en œuvre du SCPI incorpore certaines de ces déclarations unilatérales, leur donnant un effet juridique en droit interne. Par exemple, la législation qui met partiellement en œuvre les obligations de coopération résultant du Statut de Rome prévoit qu'une personne ne peut être arrêtée ou remise à la Cour à moins que le procureur ne délivre un certificat pour chaque affaire ; ce qui relève de sa discrétion absolue[400].

La portée de ces règles au plan interne entraîne inéluctablement des difficultés sérieuses relatives à la complémentarité entre la CPI et les juridictions pénales internes dans la répression des crimes internationaux.

---

[400] Article 22 du *International Criminal Act* 2002 (disponible en anglais à l'adresse www.scaleplus.law.gov.au/html/comact/11/6513/pdf/0412002.pdf) : le Procureur général ne doit pas rédiger de notification en vertu des articles 20 (notification à un magistrat indiquant qu'une demande d'arrestation ou de remise a été reçue de la part de la Cour) ou 21 (notification à un Magistrat indiquant qu'une demande d'arrestation provisoire a été reçue de la part de la Cour) après réception d'une demande d'arrestation ou de remise, ou d'arrestation provisoire, d'une personne pour un crime à moins que le Procureur général n'ait, à sa discrétion absolue, signé un certificat spécifiant qu'il est approprié d'agir de la sorte. (Traduction non officielle). Article 29 : Le Procureur général ne doit pas émettre de mandat de remise d'une personne pour un crime à moins que le Procureur général n'ait, à sa discrétion absolue, signé un certificat spécifiant qu'il est approprié d'agir de la sorte. (Traduction non officielle, c'est nous qui soulignons).

2. Les difficultés liées à la complémentarité entre la CPI et les juridictions pénales internes dans la répression des crimes internationaux

Ces difficultés constituent en réalité le troisième problème que pose la réserve australienne. En effet, bien qu'il soit certain que c'est d'abord aux juridictions pénales nationales qu'il revient de mener les enquêtes et les poursuites relatives aux crimes relevant de la compétence de la Cour, en vertu du principe de complémentarité, la Cour peut exercer sa compétence pour les crimes internationaux à n'importe quel moment où elle estime qu'un État n'a pas la volonté ou est dans l'incapacité de mener véritablement à bien l'enquête ou les poursuites.

Conformément au statut de Rome, les questions de recevabilité sont tranchées par la Cour elle-même et en aucun cas par les États parties. Comme prévu à l'article 17[401], la Cour peut juger qu'une poursuite est recevable quand la décision nationale de ne pas mener d'enquêtes ou des poursuites a été prise dans le dessein de soustraire la personne concernée à sa responsabilité pénale pour les crimes relevant de la compétence de la Cour ; ou lorsqu'il y a eu un retard injustifié dans les procédures qui, au vu des circonstances, n'est pas compatible avec l'intention de traduire en justice la personne concernée ; ou enfin quand les poursuites n'ont pas été menées d'une manière indépendante ou impartiale, mais d'une manière qui, au vu des circonstances, est incompatible avec l'intention de traduire en justice la personne concernée.

Par conséquent, la déclaration selon laquelle « *l'Australie prend note qu'une affaire est jugée irrecevable par la Cour pénale internationale lorsqu'elle fait l'objet d'une enquête ou de poursuites de la part d'un État* » est totalement inexacte et n'est pas conforme aux obligations de l'Australie en vertu du Statut de Rome[402].

D'une manière similaire, l'expression disposant que *« nul ne sera remis à la Cour par l'Australie tant que celle-ci n'aura pas eu toute possibilité pour mener une enquête ou conduire des poursuites au sujet de tout crime présumé »* est contraire à l'article 86 du Statut de Rome, qui demande aux États parties de coopérer pleinement avec la Cour dans ses enquêtes et ses poursuites. Elle l'est également avec d'autres dispositions du statut, telles que

[401] Les articles 17 à 19 du SCPI traitent des questions de recevabilité.

[402] Une disposition similaire a été adoptée par le Congrès chilien en tant que disposition transitoire de la constitution nationale (article transitoire 21, 2e et 3e paragraphes). La Cour constitutionnelle du Chili a posé comme préalable à la reconnaissance de la compétence de la CPI que la constitution soit modifiée. Nous ne savons pas si le Chili l'a incluse dans son instrument de ratification ; (le 17 juin 2009, la Chambre des députés du Chili a approuvé l'acte de ratification du Statut de Rome par 79 voix pour, neuf voix contre et une abstention et le 29 juin 2009, le gouvernement chilien a déposé son instrument de ratification du Statut de Rome entré en vigueur pour le Chili le 1er septembre 2009).

l'article 59[403], qui dispose que l'État qui a reçu une demande d'arrestation et de remise de la Cour prend immédiatement des mesures pour exécuter la demande sans délai.

En vertu de l'article 94 (1)[404] du statut, un État partie ne peut surseoir à l'exécution immédiate d'une demande de remise que si celle-ci est de nature à « *nuire au bon déroulement de l'enquête ou des poursuites en cours dans une affaire différente de celle à laquelle se rapporte la demande* », et même dans ce cas, uniquement « *pendant un temps fixé d'un commun accord avec la Cour* », qui ne peut pas durer « *plus qu'il n'est nécessaire pour mener à bien l'enquête ou les poursuites en question dans l'État requis* » ; et avant de décider un tel sursis, l'État requis doit avoir examiné si l'assistance peut être « *fournie immédiatement sous certaines conditions* ».

L'exception prévue à l'article 94 (1) ne s'applique absolument pas à la situation dont il est question dans la déclaration de l'Australie, qui vise à empêcher la Cour de juger une personne pour génocide, crimes contre l'humanité et crimes de guerre, jusqu'à ce que l'Australie ait eu l'opportunité, sans limite dans le temps, de mener à terme ses propres enquêtes concernant les mêmes crimes. Cette partie de la déclaration est en contradiction avec le cœur même du rôle de la Cour énoncé à l'article 17 : agir lorsque la Cour et non l'État lui-même estime qu'un État n'a pas la volonté ou est dans l'incapacité de mener véritablement à bien l'enquête ou les poursuites dans le cadre du crime de droit international[405].

La réserve australienne pose également d'autres problèmes juridiques liés aux conditions d'extradition et à l'interprétation des incriminations.

B. Les questions liées aux conditions d'extradition et à l'interprétation des incriminations : un gel des règles du Statut de Rome par la législation nationale australienne

Nous analyserons au préalable les difficultés relatives aux conditions d'extradition (1) avant d'étudier le cas de l'interprétation des incriminations (2).

---

[403] L'article 59 est relatif aux procédures d'arrestation dans l'État de détention. Il s'agit notamment du cas où l'État partie reçoit une demande d'arrestation émanant de la Cour.

[404] L'article 94 traite du sursis à exécution d'une demande à raison d'une enquête ou de poursuites en cours.

[405] Comme il ressort clairement des articles 18 et 19, les décisions sur la recevabilité doivent être prises uniquement par la Cour, non par l'Australie. L'article 19du statut de Rome prévoit que « *la Cour s'assure qu'elle est compétente pour connaître de toute affaire portée devant elle. Elle peut d'office se prononcer sur la recevabilité de l'affaire conformément à l'article 17* ». Voir aussi Règle 58-4, Règlement de preuve, ICC-A SP/1/3.

1. Les questions liées aux conditions d'extradition

Les questions liées aux conditions d'extradition nous renvoient au quatrième problème juridique qu'entraîne la réserve australienne. L'extradition est une procédure juridique par laquelle un État livre l'auteur d'une infraction à un État étranger ou à une juridiction pénale internationale qui le réclame, pour qu'il puisse y être jugé, ou exécuter sa peine.

Dans la mesure où la déclaration implique que le procureur a tout pouvoir de refuser d'accorder un certificat autorisant la remise ou l'arrestation, elle est également en contradiction avec le statut de Rome. En vertu de l'article 86 du statut de Rome, les États parties ont accepté que, « *conformément aux dispositions du présent statut, ils coopèrent pleinement avec la Cour dans les enquêtes et poursuites qu'elle mène pour les crimes relevant de sa compétence* ». L'article 88[406] réitère que les « *États parties veillent à prévoir dans leur législation nationale les procédures qui permettent la réalisation de toutes les formes de coopération* ».

Il est certain que l'Australie, comme tout autre État, est libre d'utiliser ses procédures nationales pour arrêter et remettre des personnes suspectées d'avoir commis des crimes au regard du droit international, mais elle a accepté de s'assurer que ces procédures auraient pour résultat une coopération totale et immédiate lorsqu'une demande de coopération émanerait de la Cour[407]. Par conséquent, les États sont tenus de s'assurer que leur loi de mise en œuvre lève tous les obstacles susceptibles de retarder ou d'empêcher une telle coopération.

Lorsque la Cour transmet une demande d'arrestation ou de remise d'une personne à n'importe quel État sur le territoire duquel cette personne pourrait se trouver, si l'affaire a été déclarée recevable par la Cour, l'État requis doit exécuter la requête rapidement[408]. Toute mesure additionnelle de la législation interne susceptible d'entraîner un retard à l'exécution immédiate et totale de la requête (dans ce cas-ci, la remise de deux certificats séparés par le procureur, dépendant tous deux de sa « *discrétion absolue* », un pour l'arrestation et l'autre pour la remise), mises à part les circonstances limitées mentionnées par le statut de Rome, méconnaît les obligations juridiques découlant du statut et doit par conséquent être annulée ou amendée pour être conforme aux obligations juridiques de l'Australie.[409]

---

[406] L'article 88 traite des procédures disponibles selon la législation nationale.

[407] Voir Statut de Rome, article 89 relatif à la remise de certaines personnes à la Cour.

[408] Statut de Rome, Article 89 (1) in fine.

[409] Voir par exemple les articles 90 (6) et (7), 94, 95 et 97 du statut de Rome. Des inquiétudes à propos d'une disposition similaire dans le projet de mise en œuvre de la législation au Kenya donnant au Procureur général le pouvoir de refuser discrétionnairement l'arrestation ou la remise ont mené à des appels pour que cette disposition soit retirée. L'article 90 traite des

Le cinquième et dernier problème juridique causé par la réserve australienne est relatif à l'interprétation des incriminations.

2. Les questions liées à l'interprétation des incriminations

Le cinquième problème juridique que pose la réserve prévoyant que « *l'Australie déclare également qu'elle considère que les infractions visées aux articles 6, 7 et 8*[410] *seront interprétées et appliquées d'une manière conforme à celles dont elles le sont selon le droit interne australien* » s'inspire également de la même idée fausse[411].

Comme l'a objecté un autre État en relation avec un autre traité, ces réserves, constituées par des renvois de caractère général à la loi nationale et ne précisant pas clairement dans quelle mesure il est dérogé aux dispositions de la convention, peuvent faire naître de graves doutes sur l'engagement de l'État auteur de la réserve quant à l'objet et au but de la convention et contribuer à saper les bases du droit international conventionnel[412].

---

demandes d'extradition concurrentes entre un État et la CPI. Le contenu de ses dispositions diffère, d'une manière générale, selon que l'État requérant est un État partie ou non partie au statut de Rome ; l'article 94 traite du sursis à exécution d'une demande à raison d'une enquête ou de poursuites en cours et l'article 95 traite du sursis à exécution d'une demande à raison d'une exception d'irrecevabilité ; l'article 97 est relatif aux consultations des États devant la Cour lorsqu'ils constatent qu'une demande au titre des enquêtes et poursuites soulève des difficultés qui pourraient en gêner ou empêcher l'exécution.

410 Les articles suscités définissent respectivement le crime de génocide, le crime contre l'humanité et les crimes de guerre.

411 Voir, dans une acception différente, la réserve faite par l'Australie à l'obligation de pénaliser l'incitation à la haine raciale et la diffusion de la propagande raciste incluse dans la convention internationale pour l'élimination de toutes les formes de discrimination raciale (les problèmes juridiques posés par les réserves à cette convention ont été analysés dans la première partie, titre 2, chapitre 1, section 2, paragraphe 2 (traitant des problèmes juridiques des réserves à la Convention des Nations Unies sur l'élimination de toutes les formes de discriminations raciales)) : « le Gouvernement australien déclare… que l'Australie n'est pas actuellement en mesure de considérer spécifiquement comme des délits tous les actes énumérés à l'alinéa a de l'article 4 de la Convention. De tels actes ne sont punissables que dans la mesure prévue par la législation pénale existante concernant des questions telles que le maintien de l'ordre, les délits contre la paix publique, les violences, les émeutes, les diffamations, les complots et les tentatives de commettre ces actes. Le gouvernement australien a l'intention, dès que l'occasion s'en présentera, de demander au Parlement d'adopter une législation visant expressément à appliquer les dispositions de l'alinéa a de l'article 4 ».

412 Objection de la Finlande à la réserve émise par le Guatemala à la Convention de Vienne sur le droit des Traités. Les Pays-Bas émirent une objection analogue concernant une réserve du Pérou audit traité : « le Gouvernement du Royaume des Pays–Bas note que les articles 11 (relatif au mode d'expression du consentement à être lié à un traité), 12 (relatif à l'expression, par la signature, du consentement à être lié à un traité) et 25 (relatif à l'application d'un traité ou d'une partie d'un traité à titre provisoire) de la Convention font ainsi l'objet d'une réserve générale les assujettissant à la législation péruvienne. Le gouvernement du Royaume des Pays-Bas estime que, faute d'éclaircissements supplémentaires, cette réserve peut faire douter de l'adhésion du Pérou à l'objet et au but de la convention et il rappelle que, conformément au

Au même titre, la loi de mise en œuvre australienne doit être totalement conforme avec ses obligations telles qu'elles sont définies dans le statut de Rome. S'il existe une différence entre le statut de Rome et la législation nationale australienne, le statut prévaut.[413] Cela étant, nous considérons que bien que la déclaration unilatérale de l'Australie ait été incorporée au droit national, elle est contraire à certaines dispositions du statut de Rome et, par conséquent, en contradiction avec les obligations de l'Australie en vertu du statut. Il s'agit donc en réalité d'une réserve. Telles que précédemment analysées, les déclarations australiennes sont en réalité de véritables réserves déguisées qui constituent un frein réel à l'efficacité du statut de Rome basée notamment sur la coopération interétatique dans la répression des grands crimes internationaux et de leurs auteurs.

Section 2 : Les déclarations australiennes : un frein réel à l'efficacité du statut de Rome basée notamment sur la coopération interétatique dans la répression des grands crimes internationaux et leurs auteurs

L'analyse des fondements juridiques de l'interdiction de telles déclarations au statut de Rome (paragraphe 1) permet de démontrer que les relations entre les États réservataires et ceux objectant constituent une limite à la bonne coopération internationale dans l'exercice des compétences de la Cour (paragraphe 2).

---

droit international coutumier codifié par la Convention de Vienne sur le droit des traités, il n'est pas permis de formuler de réserve incompatible avec l'objet et le but du Traité ». Voir également les objections formulées par le Danemark, le Mexique, les Pays-Bas et la Norvège à la réserve émise par les États-Unis à la convention pour la prévention et la répression du crime de génocide prévoyant qu'« aucune disposition de la convention n'exige ou ne justifie l'adoption par les États-Unis de mesures législatives ou autres interdites par la constitution des États-Unis, telle qu'elle est interprétée par les États-Unis ». Voir aussi, à l'entame de notre deuxième partie, sur les problèmes juridiques posés par les réserves à la convention sur la prévention et la répression du crime de génocide.

[413] Voir l'article 27 de la Convention de Vienne sur le droit des traités (disposition relative au droit interne et respect des traités : *« une partie ne peut invoquer son droit interne pour justifier la non-exécution d'un traité (...)»). Voir le projet controversé de lignes directrices proposé par le Professeur Alain PELLET comme faisant partie du guide pratique considéré par la CDI sous le titre « réserves relatives à l'application du droit interne* », qui déclare : « *une réserve par laquelle un État ou une Organisation Internationale vise à exclure ou modifier l'application d'une disposition d'un traité pour préserver l'intégrité de son droit interne ne peut être formulée que si elle n'est pas incompatible avec l'objet et le but du traité* ». (A/CN.4/558/Ad.2, para.106, traduction non officielle).

Paragraphe 1 : Les fondements juridiques de l'interdiction de telles réserves au statut de Rome : la garantie de la coopération franche de tous les États à la répression des crimes internationaux

La Cour pénale internationale ne doit pas être limitée dans l'exercice de ses fonctions par les déclarations faites par les États parties et qui se révèlent être en réalité des réserves. En effet, dans le droit moderne des traités, il est généralement admis que la réserve est une formule par laquelle un État ou une organisation internationale poursuit le dessein d'exclure ou de modifier les effets juridiques à son égard de certaines dispositions du traité[414].

À titre illustratif, lors de l'adoption de la Charte des Nations Unies en 1945, il était communément considéré, bien que ce ne fût pas unanime, qu'aucune réserve aux traités multilatéraux n'était permise en l'absence d'un consentement unanime des autres États parties[415]. Ce point de vue strict encouragé par le Rapport de 1951 de la CDI sur les réserves aux traités multilatéraux préservait l'intégrité des traités, mais était souvent incompatible avec l'intention d'obtenir une large participation des États, qui, à cause d'obstacles juridiques, ne pourraient devenir parties à moins que ne soient autorisées certaines réserves. Par conséquent, cette règle d'unanimité fut progressivement érodée par un nombre croissant d'États désirant une participation plus importante aux traités.[416]

---

[414] Rapport de la CDI sur les travaux de sa 51e session, du 3 mai au 23 juillet 1999 (A/54/10) (Rapport de la CDI de 1999), Chapitre VI, 1-1 (disponible sur : www.un.org/law/ilc/reports/1999/english/99repfra.htm, en anglais). Il s'agit d'un résumé ; pour le détail, dans le droit moderne des traités, il est généralement admis que, quel que soit son libellé ou la désignation qui lui est donnée, la déclaration unilatérale faite par un État ou une Organisation internationale au moment de la signature, la ratification, l'acte de confirmation formelle, l'acceptation ou l'approbation d'un traité ou l'adhésion à celui-ci, ou quand un État fait une notification de succession à un Traité, est considérée comme une réserve si cet État ou cette organisation internationale poursuit le dessein d'exclure ou de modifier les effets juridiques à son égard de certaines dispositions du traité.

[415] SCHWELB (E), *The Amending Procedure of Constitutionalizations of International Organizations*, 31 Brit. Y. B. Int'L.94 (1954) : « *il est établi que la Charte, bien qu'elle ne contienne pas de disposition expresse à cet effet, n'admet pas de réserves sous forme de déclaration unilatérale. Aucune réserve n'a été faite lors de la signature ou de la ratification de la Charte par aucun gouvernement...* » (traduction non officielle). Bien que la Charte des Nations Unies soit un instrument constitutionnel unique d'une organisation intergouvernementale, beaucoup de spécialistes ont considéré à l'époque qu'en l'absence de dispositions multilatérales expresses permettant des réserves à tout traité multilatéral, celles-ci étaient interdites.

[416] REDGWELL (C), '*The Law of reservations in respects of multilateral conventions*', In Chinkin et al. eds, Human Rights as general norms and State's Right to opt out, Londres, J.P. Gardner, B.I.I.C.L. 1997, et A. CASSESE, *International law*, Oxford, Oxford University Press, 2nd edition, 2004, 173 pages. Pour le système latino-américain, qui dès 1928 adoptait une

C'est la raison pour laquelle dans l'avis consultatif sur les réserves à la convention pour la prévention et la répression du crime de génocide[417], la Cour internationale de justice a conclu qu'en l'absence d'interdiction des réserves dans un traité multilatéral, les réserves devaient être présumées permises à moins qu'elles aillent à l'encontre de l'objet et du but du traité[418]. Quelques mois plus tard, ce point de vue fut adopté par l'AGNU [419]qui encourageait tous les États à se conformer à cet avis consultatif. L'article 19 de la Convention de Vienne sur le droit des traités codifiait la structure du droit moderne des réserves en s'inspirant de l'approche flexible contenue dans l'Avis de la CIJ[420].

Dans le cadre de notre analyse, nous continuons de démontrer qu'aucune réserve ne peut raisonnablement être compatible avec l'objet et le but d'un traité relatif aux droits de l'homme, car elles entraînent de nombreux problèmes juridiques et en la présente espèce, les déclarations faites par l'Australie notamment ont des conséquences juridiques négatives en ce qu'elles entravent la coopération des États avec la CPI, garantie de l'efficacité de la répression des grands crimes internationaux. Aussi, s'agit-il donc de véritables réserves « *déguisées* » proscrites par l'article 120 du Statut de Rome et dans le cas d'espèce, tel que les États ont l'habitude de procéder, les déclarations interprétatives sont aussi souvent utilisées que les réserves[421].

---

approche flexible aux dépens de la profondeur de l'obligation, voir L.A. Podestà Costa & José Maria Ruda, 2 Derecho Internacional Publico, 45 Buenos Aires : TEA 1985.

[417] Consulter nos observations préliminaires à ce sujet au début de cette deuxième partie.

[418] La même approche est adoptée, tel qu'étudiée dans notre première partie, par plusieurs traités relatifs aux droits de l'homme : l'article 51 (2) de la Convention des Nations Unies sur les droits de l'enfant prévoit qu'« *aucune réserve incompatible avec l'objet et le but de la présente convention n'est autorisée* » ; voir également l'article 28 (2) de la CEDEF. À un niveau régional, l'article XIX de la convention interaméricaine sur la disparition forcée des personnes déclare : « *les États peuvent formuler leurs réserves sur la présente convention au moment de l'approuver, d'y souscrire, de la ratifier ou d'y adhérer dans la mesure où ces réserves ne sont pas incompatibles avec l'objet et le but de cet instrument et portent sur une ou plusieurs dispositions particulières* ». Dans la même optique, voir l'article 21 de la convention interaméricaine pour la prévention et la répression de la torture et l'article 18 de la convention interaméricaine sur la prévention, la sanction et l'élimination de la violence contre la femme.

[419] AGNU Rés. 598 (VI) (1952).

[420] Article 19 de la Convention de Vienne sur le droit des traités (disposition relative à la formulation des réserves), 1155 U.N.T.S., 331, adoptée le 22 mai 1969, entrée en vigueur le 27 janvier 1980, conformément à son article 84 (1).

[421] Voir AUST(A), *Modern Treaty Law and Practice,* Cambridge, Cambridge University Press, 2004, 101 pages ; LANKARANI (L.), *La lutte contre la corruption,* In ASCENCIO (H), *Droit international pénal*, Paris, Pedone, 2000, 608 pages. L'effectivité des moyens prévus par les textes conventionnels dépendra, d'une part, de l'abstention ou de l'usage modéré des États en matière de réserves, dont le principe est admis pour la plupart des incriminations, du fonctionnement ; d'autre part, des organes de suivi ou de monitoring envisagés par la plupart des textes, et, enfin, de la participation large des États à ces instruments qui sont des traités ouverts.

Ceci étant, d'une manière générale, on peut constater au regard des déclarations australiennes, une incompatibilité des réserves au SCPI qui est également un traité relatif aux droits de l'homme et cette incompatibilité crée des difficultés dans la coopération des États parties avec la CPI dans l'exercice de ses missions (A). Toutefois, la pratique des réserves des États au SCPI et leurs effets ne doivent point occulter la réalité selon laquelle il existe quelques dispositions dans le SCPI qui modifient des obligations étatiques liées à la coopération répressive internationale sans altération du traité (B).

A. L'incompatibilité des réserves au SCPI en tant que traité relatif aux droits de l'homme et l'altération de la coopération interétatique avec la CPI dans l'exercice de ses missions

À l'analyse, cette incompatibilité est observable à plus d'un égard : les réserves australiennes et la confusion sur les missions d'enquête et de poursuite de la Cour d'une part (1) et d'autre part, la position des organes de suivi des traités des problèmes juridiques posés par les réserves en général (2).

1. Les réserves australiennes et la confusion sur les missions d'enquête et de poursuite de la Cour

En effet, bien que pour certains États, les déclarations unilatérales peuvent encourager de plus nombreux pays à ratifier le statut de Rome, une ratification presque universelle n'est ni désirable en soi ni essentielle pour un fonctionnement efficace de la Cour pénale internationale. Par contre, il est essentiel que la Cour atteigne un certain seuil de référence en matière d'impartialité et d'indépendance et que les obligations des États vis-à-vis de la Cour soient claires. Des réserves telles que celles de l'Australie amèneraient non seulement la confusion sur la portée exacte des obligations des États, mais pourraient également à terme, selon leur portée, faire échouer l'objet et le but du traité de la CPI.

Comme le prouvent les constantes controverses liées aux réserves dans les traités internationaux relatifs aux droits de l'homme telles qu'analysées en première partie[422], il faut remédier à une certitude et un affaiblissement

[422] En dehors de l'article 120 du traité de Rome, d'autres traités relatifs aux droits de l'homme interdisent également toute réserve. L'article 21 de la convention européenne pour la prévention de la torture et des peines ou traitements cruels, inhumains ou dégradants entrée en vigueur le 1er février 1989 ; l'article 9 de la convention supplémentaire relative à l'abolition de l'esclavage, de la traite des esclaves et des institutions et pratiques analogues à l'esclavage adoptée le 30 avril 1956 et entrée en vigueur le 30 avril 1957 ; l'article 2 du Protocole à la convention américaine relative aux droits de l'homme traitant de l'abolition de la peine de mort adoptée le 8 juin 1990.

analogues du statut de la CPI qui doivent être évités. Les organes de suivi des traités sont d'ailleurs convaincus de cette nécessité.

2. La position des organes de suivi des traités des problèmes juridiques posés par les réserves en général

Concernant les traités relatifs aux droits de l'homme en général, il résulte du Rapport de la sixième réunion des organes de suivi des traités que les présidents se sont félicités des efforts que déploient actuellement le Secrétaire général et le Haut-Commissaire des Nations Unies aux droits de l'homme pour promouvoir la ratification universelle des instruments internationaux relatifs aux droits de l'homme et, en particulier, pour préparer la tenue de conférences régionales en faveur de la ratification et faire effectuer une importante étude sur ce thème. Ils recommandent que les États qui envisagent de ratifier un instrument évitent de le faire moyennant d'importantes réserves. Le président déplore l'accroissement récent du nombre et de l'ampleur des réserves qui ont été faites lors de la ratification de certains instruments et observe que cette pratique est contraire à l'esprit à la lettre des textes juridiques en question.[423]

Cette remarque des organes de traités est absolument en phase avec l'attitude des États (tels que l'Australie), qui émettent de nombreuses déclarations unilatérales au SCPI, car de tels agissements sont fondamentalement contraires à la lettre et à l'esprit de son article 120. Ce comportement crée les nombreuses difficultés relevées précédemment dans le cadre de la coopération des États avec la CPI en ce sens qu'il devient très difficile, voire impossible, à la CPI de mener à bien des enquêtes et des poursuites à l'encontre d'un individu poursuivi pour les crimes internationaux relevant de sa compétence, s'il est le ressortissant d'un des États réservataires à son statut, à l'instar de l'Australie. Toutefois, il serait important de relever qu'il existe quelques dispositions dans le SCPI qui modifient les obligations des États sans altération du traité.

B. Quelques dispositions du SCPI modifiant des obligations étatiques (liées à la coopération répressive internationale) sans altération du traité

Il ne faut pas, bien entendu, conclure à l'interdiction générale énoncée à l'article 120 que le statut de Rome est totalement inflexible. Il comporte également plusieurs autres dispositions qui permettent aux États de modifier dans une certaine mesure les obligations auxquelles ils souscrivent en vertu du statut. Il s'agit notamment des dispositions liées à la coopération internationale et à l'exécution des peines d'une part (1) ; et d'autre part, elles

[423] Doc N.U. A/50/505, 4 octobre 1995, para 17.

sont liées à la modification de la portée des obligations d'un État résultant de traités préexistants (2).

1. Des dispositions sur la coopération internationale et l'exécution des peines

C'est le cas de l'article 12 (3)[424] qui permet à un État non partie de faire une déclaration par laquelle il accepte la compétence de la Cour en ce qui concerne un crime en particulier. Les ambiguïtés concernant la portée de cette disposition ont été abordées à la règle 44 du Règlement de procédure et de preuve[425], qui prévoit que la déclaration « *emporte acceptation de la compétence de la Cour à l'égard des crimes visés à l'article 5 auxquels renvoie la situation considérée, et que les dispositions du Chapitre IX (coopération internationale et assistance judiciaire) du statut ainsi que toutes les règles qui en découlent concernant les États parties lui sont applicables* ».

En outre, les États parties peuvent déclarer qu'ils acceptent d'appliquer les peines d'emprisonnement prononcées par la Cour et sont, par conséquent, sujets aux obligations du Chapitre X (Exécution). L'article 93 (3) permet aux États de s'opposer à une mesure d'assistance qui leur serait demandée au motif qu'elle « *est interdite dans l'État requis en vertu d'un principe juridique fondamental d'application générale* » : en ce cas, si après consultation avec la Cour, le problème ne peut pas être résolu, la Cour modifie sa demande comme nécessaire.

Il existe des dispositions analogues sur la portée des obligations d'un État résultant de traités préexistants.

2. Des dispositions sur la portée des obligations d'un État résultant de traités préexistants

Plusieurs dispositions sont susceptibles de modifier la portée des obligations d'un État résultant de traités préexistants : notamment l'article 90, paragraphes 6 et 7, qui traite des demandes concurrentes d'extradition d'une personne dont la Cour a demandé la remise, et l'article 98 (2), relatif à l'impossibilité pour la CPI de poursuivre l'exécution d'une demande de remise contraignant l'État requis à agir d'une façon incompatible avec les obligations qui lui incombent en vertu d'accords antérieurs selon lequel le consentement de l'État d'envoi est nécessaire pour que soit remise à la Cour une personne relevant de cet État.

Deux déclarations interprétatives sont possibles en vertu du statut de Rome : l'article 87 (1) (a) permet à un État partie de choisir, lors de sa

---

[424] Cet article traite des conditions préalables à l'exercice des compétences.
[425] Cette règle traite de la déclaration prévue à l'article 12 (3).

ratification, une voie de transmission autre que la voie diplomatique puis de modifier ultérieurement son choix conformément au Règlement de procédure et preuve[426]. L'article 87 (2) permet à un État partie ayant plus d'une langue officielle, d'indiquer lors de la ratification que les demandes de coopération et les pièces justificatives y afférentes devront être rédigées dans l'une de ses langues officielles, puis de modifier ultérieurement cette indication en vertu du Règlement de procédure et de preuve[427].

Comme pour les autres traités adoptés depuis la Convention de Vienne sur le droit des traités, les déclarations interprétatives ne sont pas incompatibles en soi avec le statut de Rome, à condition qu'elles ne visent pas à le modifier, mais bien à clarifier la signification ou la portée que le déclarant accorde à certaines des dispositions dudit statut.[428]

Les dispositions ci-dessus prévues par la Cour et permettant de modifier sans altérer l'exercice de ses missions, n'enlèvent en rien le fait que les déclarations formulées par l'Australie et plusieurs autres États peuvent nuire à la compétence inhérente de la Cour pour les crimes fondamentaux que sont le génocide, les crimes contre l'humanité et les violations du droit humanitaire, ainsi que les agressions, en autorisant les États à redéfinir les crimes, à ajouter des éléments de défense non conformes au droit international, mais surtout à éviter leur obligation de coopérer avec la Cour. L'interdiction des réserves au traité de Rome est appropriée pour une cour pénale permanente afin de s'assurer que tous les États parties assument les mêmes obligations et que tous les États parties et le public aient facilement accès à ces obligations. La pratique de ces déclarations unilatérales ou réserves déguisées pourrait à terme mener à un système complexe dans lequel le Procureur et la Cour devraient examiner les réserves de tous les États concernés pour déterminer la portée des obligations que chacun de ces États a acceptées. Ceci porte atteinte à la franche collaboration entre la CPI et les États d'autant plus que les principaux justiciables de la Cour sont les ressortissants desdits États.

En dépit de l'interdiction générale édictée par l'article 120, quelques États parties, à l'instar de l'Australie, ont émis des déclarations qui cherchent à exclure ou à modifier l'effet juridique de certaines dispositions du statut de Rome, à limiter unilatéralement la portée du statut de Rome ou à altérer leur coopération avec la CPI dans l'exercice de ses missions. La plupart de ces États sont pourtant également parties à la Convention de Vienne de 1969 sur le droit des traités (qui reflète le droit international coutumier), en vertu de laquelle tout traité en vigueur s'impose juridiquement aux États qui y sont

---

[426] Aujourd'hui, Règle 177.
[427] Aujourd'hui, Règle 178.
[428] Voir HAFNER, supra, note 21, N.° 1259-1260.

parties et doit être appliqué par ces États de bonne foi conformément à l'article 26 (*pacta sunt servanda*). Par conséquent, un État ne peut éviter que sa déclaration unilatérale constitue une réserve simplement en lui donnant une autre désignation : « *c'est la substance de la déclaration qui importe* »[429]. Pour cette raison, la Suède a objecté à une déclaration faite par l'Uruguay en ratifiant le statut de Rome *: « le gouvernement suédois rappelle que ce n'est pas le nom donné à une déclaration annulant ou modifiant l'effet juridique de certaines dispositions d'un traité qui en détermine le caractère de réserve. Il considère que la déclaration formulée par l'Uruguay à l'égard du statut équivaut à une réserve* ».

Aussi, au regard notamment de la déclaration australienne, le fait qu'une déclaration unilatérale soit en fait une réserve ne dépend donc pas de la formulation ou de la dénomination qui lui est donnée[430], mais de son véritable effet juridique. Il nous a ainsi été plus facile d'analyser les effets juridiques de la déclaration australienne et de celles d'autres États à travers l'étude des *« relations »* entre les États réservataires et objectant comme limites à la bonne coopération internationale dans l'exercice par la CPI de ses compétences.

Paragraphe 2 : La complexité des « relations » entre l'Australie et d'autres États réservataires, objectant et non objectant comme limite à la bonne coopération internationale dans l'exercice des compétences de la CPI

Le Rapporteur spécial de la Commission du droit international sur les réserves a défini ainsi les objections : une déclaration unilatérale, quel que soit son libellé ou sa désignation, faite par un État ou par une organisation internationale en réaction à une réserve à un traité formulé par un autre État ou une organisation internationale, par laquelle cet État ou cette organisation vise à empêcher l'application de dispositions du Traité sur lesquelles porte la réserve entre l'auteur de celle-ci et l'État ou l'organisation qui a formulé l'objection, dans la mesure prévue par la réserve, ou à empêcher le traité d'entrer en vigueur dans les relations entre l'auteur de la réserve et celui de l'objection.[431]

---

[429]JENNINGS (R.) et WATTS (A.), 1 *Oppenheim's International Law, London/New York* : Longman, 9e édition, 1997, note 5, N° 1241.

[430] À ce sujet, le gouvernement australien a vainement tenu à préciser que sa déclaration n'est pas une réserve.

[431] Définition des objections aux réserves, *Commission du droit international*, 55e session, huitième rapport sur les réserves aux traités, par Mr Alain PELLET, Rapporteur spécial, A/CN.4/535/add.1 (2003), p.13.

Toutefois, vu l'interdiction des réserves en vertu du statut de Rome, il n'y a pas véritablement de nécessité d'objecter aux déclarations unilatérales équivalant à des réserves. Le nombre limité d'objections à la déclaration faite par l'Uruguay (B) et l'absence d'objections à des déclarations similaires faites par l'Australie, la Colombie, la France, Malte et le Royaume-Uni (A) ne doivent pas être perçus comme une approbation implicite.

A. Effets juridiques de l'absence d'objections à des déclarations équivalents à des réserves au SCPI, à l'instar de la déclaration australienne

Le statut de Rome est silencieux sur la question des réserves, car en dehors de l'article 122 qui interdit leur pratique, aucune autre disposition ne traite des conséquences des réserves au regard des objections éventuelles (1) ; la Cour interaméricaine des droits de l'homme a remarqué que cette absence dans de nombreux traités a des impacts sérieux sur l'effectivité du traité (2).

1. Le quasi-mutisme du SCPI sur les questions liées aux réserves et la position du Comité des droits de l'homme

Contrairement à la Convention de Vienne sur le droit des traités, qui comporte un chapitre entier sur les réserves, le statut de Rome ne contient qu'un seul article à ce sujet. Ces dispositions se rapportent à la formulation, à l'acceptation, à l'objection et aux effets juridiques des réserves. Cependant, les dispositions inscrites dans la Convention de Vienne ne sont pas appropriées pour résoudre les problèmes des déclarations équivalentes à des réserves au statut de Rome, qui est à la fois un traité international relatif aux droits de l'homme et un traité constitutionnel établissant une organisation internationale.

Ainsi que l'a déclaré le Comité des droits de l'homme, les dispositions de la Convention de Vienne concernant le rôle des objections des États aux réserves ne permettaient pas de régler le problème des réserves émises à l'égard des instruments relatifs aux droits de l'homme. Ces instruments, et le Pacte international relatif aux droits civils et politiques tout particulièrement, ne constituent pas un réseau d'échanges d'obligations interétatiques. Ils visent à reconnaître des droits aux individus.[432]

La Cour interaméricaine des droits de l'homme a à peu près le même point de vue.

[432] Observation générale N°24 ; observation générale sur les questions touchant les réserves formulées au moment de la ratification du pacte ou des protocoles facultatifs y relatifs au de l'adhésion à ces instruments, ou en rapport avec des déclarations formulées au titre de l'article 41 du pacte, 04/11/94, CCPR/C/21/Rev.1/Add.6, para.17. Voir aussi GOODMAN (R), Human Rights Treaties, *Invalid Reservations and State Consent*, 96 American Journal International Law (2002).

2. La position de la Cour interaméricaine des droits de l'homme et l'impact des réserves dans le SCPI

Dans son avis consultatif sur les effets des réserves à propos de l'entrée en vigueur de la convention américaine des droits de l'homme, la Cour interaméricaine des droits de l'homme a également clarifié et limité la portée de la Convention de Vienne concernant les instruments relatifs aux droits de l'homme par ces propos : la Cour doit toutefois souligner que les traités modernes relatifs aux droits de l'homme en général, et la convention américaine en particulier, ne sont pas des traités multilatéraux de type traditionnel conclus pour accomplir l'échange réciproque de droits dans l'intérêt mutuel des États contractants. Leur objet et leur but sont la protection des droits fondamentaux des êtres humains, indépendamment de leur nationalité, contre leur État de nationalité et tous les autres États contractants. Par la conclusion de tels traités relatifs aux droits de l'homme, les États peuvent être considérés comme se soumettant à un ordre juridique au sein duquel ils assument, pour le bien commun, diverses obligations, non pas vis-à-vis des autres États, mais vis-à-vis de tous les individus relevant de leurs juridictions.[433]

Il faut relever que la jurisprudence de la Cour interaméricaine des droits de l'homme a beaucoup œuvré dans la sensibilisation sur la répression des crimes internationaux. Ceci est dû au fait qu'en Amérique latine, le contexte des violations graves des droits de l'homme est beaucoup plus aigu qu'en Europe par exemple et pratiquement semblable au cas de l'Afrique. Beaucoup de pays d'Amérique latine ont connu d'atroces dictatures militaires ou continuent à connaître de vastes conflits armés internes. Dans les deux cas, il y a eu ou il y a de sévères violations des droits de l'homme de la part des groupes paramilitaires s'y rattachant ainsi que de la part des *guerilleros*.

Il faut reconnaître avec VERVAELE [434]que beaucoup de pays souffrent d'une culture structurelle de l'impunité, en particulier, mais pas seulement, quand il est question de violations graves commises par des agents étatiques ou encore par des paramilitaires en étroite connexion avec l'État. Généralement, les pays non démocratiques utilisent les pouvoirs centraux coercitifs de l'État, à savoir l'armée, la police, la gendarmerie et parfois par le biais de la manipulation des acteurs chargés de distribuer la justice, afin d'en

---

[433]Traduction non officielle, The Effect of Reservations on the Entry into Force of the American convention on human Rights, Advisory opinion, OC-2/82, *Cour interaméricaine des droits de l'homme*, 24 septembre 1982, para. 29 (disponible en anglais à l'adresse suivante : www.corteidh.or.cr/serica_ing/index.html). Voir notre première partie pour plus d'analyse sur les problèmes juridiques posés par les réserves aux traités internationaux relatifs aux droits de l'homme.

[434]VERVAELE (J.A.E.), « *Violations graves des droits de l'homme et crimes internationaux* », op. cit.

découdre par exemple, avec les opposants au régime et cela s'apparente dans les faits à des violations gravissimes des droits de l'homme.

À titre illustratif, depuis la sentence Velasquez Rodrigue contre Honduras[435] sur les pratiques de disparition systématique, la Cour a mis l'accent sur le devoir positif. Les faits de cette jurisprudence se rapportent à la disparition forcée de Manfredo Velasquez Rodriguez, un étudiant enlevé par des agents de l'État en septembre 1982. De tels actes se sont produits à une époque où les disparitions constituaient une pratique systématique appliquée aux personnes considérées comme dangereuses pour la sécurité de l'État. À cette époque, aucun texte conventionnel en vigueur, employant la qualification de *« disparition forcée »*, n'était applicable aux États parties à la Convention, mais la Cour souligne que la doctrine et la pratique internationales ont à plusieurs reprises, qualifié les disparations de crimes contre l'humanité. Il faut rappeler que le système interaméricain a joué un rôle fondamental dans la définition de cette nouvelle infraction pénale qui, à l'instar du crime de génocide, trouve sa source dans le droit international, dans un mouvement descendant, intègre progressivement les droits nationaux. La disparition n'a pas été inventée par l'Amérique latine, mais elle a été largement utilisée par les dictateurs latino-américains. Cette pratique est devenue organisée et s'est généralisée dans le continent, notamment, à partir des années 60. Si une telle généralisation a eu lieu, c'est parce que la disparition forcée a été perçue comme un crime parfait : absence de victime (elle a disparu), de corps du délit (il est occulté/dissimulé) et souvent d'auteur (celui-ci est couvert par l'appareil d'État et ne se manifeste pas, contrairement aux cas d'enlèvement où l'auteur, même s'il s'agit de manière clandestine, se manifeste au moins pour revendiquer une rançon). La gravité de cette infraction fait penser aux analyses de Hannah ARENDT dans ses travaux sur l'origine du totalitarisme. La disparition forcée rend impossible de savoir si un prisonnier est mort ou vivant. Elle rend la mort anonyme. C'est la mort elle-même qui est volée à l'individu. C'est la pratique systématique des disparitions forcées en Amérique latine qui a poussé la communauté internationale à réagir contre ce phénomène. L'Assemblée générale des Nations Unies a ainsi adopté une résolution en 1978. Pourtant, il faut mettre en exergue la contribution fondamentale du système interaméricain à l'appréhension juridique du phénomène des disparitions forcées. Dès la première affaire contentieuse devant la Cour, d'importantes constructions jurisprudentielles ont vu le jour pour définir les obligations de l'État à l'égard de cette pratique. L'Affaire Vélasquez RODRIGUEZ est la première décision d'une juridiction internationale relative aux disparitions forcées.

[435] Cour IDH, Velasquez C/Honduras, 29 juillet 1988, Série C, N° 4. http://www.corteidh.or.cr/docscasos/articulosseriec_04_esp.doc

La Cour interaméricaine des droits de l'homme[436] a précisé que cette pratique impliquait une « violation multiple et continue de nombreux droits reconnus dans la Convention que les États se sont obligés à respecter et garantir ». Les bases juridiques utilisées par la Cour pour condamner l'État pour de telles pratiques étaient alors les articles 4 (droit à la vie), 5 (droit à l'intégrité physique) et 7 (droit à la liberté) de la Convention américaine. En 2009, la violation de l'article 3 (droit à la reconnaissance de la personnalité juridique) a été également considérée comme intégrant cette pratique. Vu le caractère multiple et complexe de cette grave violation des droits de l'homme, la Cour a revu sa position pour considérer que la disparition forcée entraîne la violation de l'article 3 parce que le refus de reconnaître la privation de liberté ou la destinée de la victime entraîne la soustraction de celle-ci à la protection de la loi, fragilisant ainsi sa sécurité personnelle et juridique. La disparition soustrait la personne au domaine de l'ordre juridique, nie son existence même et la maintient dans une situation d'indétermination juridique face à la société et à l'État qui l'empêche d'exercer de manière effective ses droits en général. Plus tard sera adoptée une Convention interaméricaine de 1994 sur les disparitions forcées.

La disparition forcée est définie par la Convention interaméricaine de 1994 comme étant la privation de liberté d'une ou de plusieurs personnes sous quelque forme que ce soit, causée par des agents de l'État ou par des personnes ou des groupes de personnes qui agissent avec l'autorisation, l'appui ou l'acquiescement de l'État, suivi du déni de reconnaissance de cette privation de liberté ou d'information sur le lieu où se trouve cette personne, ce qui, en conséquence, entrave l'exercice des recours juridiques et des garanties pertinentes d'une procédure régulière. La convention interaméricaine de 1994 impose aux États la criminalisation de la disparition forcée en précisant qu'elle doit être assortie d'une peine proportionnelle à l'extrême gravité de l'infraction.

Au vu de cette analyse, le fait que les États parties au statut de Rome n'émettent pas d'objection à certaines déclarations qui pourraient viser à modifier les dispositions du statut ne doit pas être considéré comme le signe que ces déclarations seraient compatibles avec l'objet et le but du statut ni que ces États auraient implicitement accepté les changements souhaités par l'État auteur de la déclaration.

Comme expliqué précédemment, le mécanisme d'objections prévu par la Convention de Vienne n'est pas adapté aux traités relatifs aux droits de

---

[436] Lire MARTIN-CHENUT (K), Chroniques-Chronique internationale, Droits de l'Homme, « *Le renforcement des obligations positives de nature pénale dans la jurisprudence interaméricaine : l'exemple des graves violations des droits de l'Homme commises pendant les dictatures du Cône Sud* », dans Revue de Science criminelle et de droit pénal comparé 2012/3 (N° 3). Nous l'avons consulté sur internet.

l'homme, car les objections formulées ont été occasionnelles, elles ont été émises par certains États et non par d'autres pour des raisons qui n'ont pas toujours été précisées ; souvent, quand une objection est élevée, la partie qui la formule ne précise pas pour autant que le Pacte n'est pas en vigueur entre les parties concernées. En bref, le profil de ces objections est si peu clair qu'on ne peut difficilement déduire de l'absence d'objections de la part d'un État qu'il juge une réserve particulièrement acceptable.[437] La situation est différente au regard des objections aux réserves dans le SCPI.

B. Effets juridiques des objections à des déclarations équivalents à des réserves au SCPI, cas de l'Uruguay

Les objections aux réserves ont ceci de positif qu'elles permettent parfois le retrait des réserves par l'État réservataire (2), car elles démontrent l'impact négatif que les réserves ont sur les traités en encourageant ainsi l'État à retirer ses réserves (1).

1. Les objections aux réserves de certains États comme fait générateur au retrait des réserves

Lorsque le président de l'Uruguay a initialement soumis le statut de Rome à l'adoption de l'Assemblée nationale en 2002, le statut était accompagné de six déclarations interprétatives prévoyant, entre autres, que les amnisties et grâces ne devraient pas être interprétées comme un manque de volonté ou une incapacité de l'État à mener véritablement à bien des enquêtes et des poursuites ; l'Uruguay pourrait refuser d'ouvrir des enquêtes ou d'engager des poursuites contre les crimes internationaux dans « *l'intérêt de la justice* » et les immunités protégeraient certains fonctionnaires contre des poursuites pour crimes internationaux. Ces déclarations furent toutes rejetées par l'Assemblée nationale.

Quelques mois plus tard, après un débat intense, l'Assemblée parvint à un accord général sur le texte consensuel d'une unique déclaration, qui fut introduite dans l'instrument de ratification du statut de Rome en tant que déclaration interprétative dont en voici un extrait : « *en sa qualité d'État partie au statut de Rome, la République orientale de l'Uruguay veillera à l'application dudit statut en exerçant pleinement les pouvoirs qui appartiennent à l'État en vertu de ses différentes compétences et en respectant strictement l'ordre constitutionnel de la République* »[438].

---

[437] *Observation générale N°24*, supra, note 37, para.17. Voir aussi BROWNLIE (I.), *Principles of public international law*, Oxford, Oxford University Press, 1998, 612 p.
[438] Voir www.untreaty.un.org/FRENCH/bible/frenchinternetbible/partI/chapterXVIII/treaty10.asp.

Nous estimons que cette déclaration bien que qualifiée de déclaration interprétative équivaut à une réserve parce qu'elle vise à subordonner les obligations de l'Uruguay en vertu du statut de Rome aux dispositions de la constitution nationale. Cette déclaration unilatérale a d'ailleurs attiré l'attention de plusieurs États parties européens, qui ont émis des objections à son encontre[439]. Celles-ci ont eu pour conséquence juridique principale d'amener l'Uruguay à retirer ses réserves.

2. Les conséquences juridiques positives de ces objections : le retrait de ses réserves

Au sujet de la déclaration de l'Uruguay, la Finlande a rappelé qu'une telle déclaration, en l'absence de plus amples précisions, doit être considérée en substance comme une réserve qui fait naître des doutes quant à l'attachement du Gouvernement de l'Uruguay à l'objet et au but de la Convention. Le Gouvernement finlandais souhaite rappeler l'article 120 du statut de Rome et le principe général concernant le droit interne et le respect des traités, en vertu duquel une partie à un traité ne peut invoquer les dispositions du droit interne pour justifier la non-exécution de ses obligations conventionnelles. En conséquence, le gouvernement finlandais fait objection à ladite réserve formulée par la République orientale de l'Uruguay à l'égard du statut de Rome de la Cour pénale internationale.

L'Allemagne a déclaré que le Gouvernement de la République fédérale d'Allemagne considère que la déclaration interprétative relative à la compatibilité des règles du statut avec les dispositions de la constitution de l'Uruguay équivaut à une réserve visant à restreindre unilatéralement la portée du statut. Comme l'article 120 dispose que le statut n'admet aucune réserve, une telle réserve n'est plus permise.

Les objections aux réserves ont ceci de particulier qu'elles visent, de façon symbolique à recadrer l'État réservataire qui comprend que son attitude aura un impact négatif gravissime sur la portée substantielle des droits concernés. Par ailleurs, lesdites objections incitent les États à encourager l'État réservataire à retirer de telles réserves. Les États comprennent, quoique timidement, la nécessité d'être partie à un traité dans son intégralité.

En réaction à ces objections, l'Uruguay a déclaré qu'il est précisé à toutes fins utiles que le statut de Rome n'entrave en rien le bon fonctionnement des juridictions nationales, à défaut desquelles la Cour pénale internationale est compétente. Quant à la loi uruguayenne précitée, il est clair qu'elle n'assortit

---

[439] Il s'agit du Danemark, de la Finlande, de l'Allemagne, de l'Irlande, de la Norvège, de la Suède, des Pays-Bas et de la Grande-Bretagne qui ont élevé des objections à cette réserve sur base d'arguments analogues. Voir également à la suite de nos analyses, la déclaration de l'Uruguay du 21 juillet 2003, en réponse aux déclarations mentionnées ci-dessus.

l'application du statut d'aucune restriction ou condition, l'ordre juridique national fonctionnant sans préjudice du statut. Par conséquent, la déclaration interprétative formulée par l'Uruguay lors de la ratification ne constitue en aucune façon une réserve.

Cette tentative de l'Uruguay de justifier sa déclaration interprétative n'explique pas les termes employés, qui visent à limiter l'application du statut de Rome sur la base du droit interne de l'Uruguay. Ces objections prouvent que la déclaration uruguayenne est en réalité une réserve qui vise à limiter la CPI dans ses missions en coopération avec les États.

Les objections aux déclarations apportent un appui utile à l'analyse du caractère conscient des effets contestables de certaines réserves. Toutefois, l'absence d'objections à cette déclaration de la part des autres États parties au statut de Rome ne signifie pas qu'elle soit valide à leur égard. Elle n'a pas non plus, du fait de l'interdiction générale inscrite à l'article 120, le moindre effet juridique.

Au final, il s'avérait nécessaire d'entamer une seconde section pour démontrer que les réserves au statut de la CPI à l'instar de la réserve australienne faisaient obstacle à la coopération internationale entre la CPI et les États dans la répression des crimes internationaux, qui sont les plus grandes violations des droits de l'homme à l'époque contemporaine. Toutefois, il s'agissait en réalité, dans le cadre du chapitre ci-dessus, de démontrer que les réserves australiennes (ainsi que toutes les autres) au traité de Rome constituent une entrave réelle à la coopération des États avec la Cour pénale internationale dans les enquêtes et poursuites relevant de sa compétence. En effet, de telles réserves sont un obstacle juridique sérieux aux missions d'enquêtes et de poursuites des criminels internationaux par la CPI, qui constituent l'essentiel des compétences de la Cour Pénale Internationale telles qu'analysées dans le cadre de ce second titre.

Les réserves favorisent donc une véritable nuisance à l'égard de la sécurité juridique internationale ; elles vident le statut créant la Cour pénale internationale de sa substance juridique. Elles constituent ainsi une problématique réelle dans le cadre des relations interétatiques sur la scène internationale, car le principe de l'indépendance et de la liberté dans la formulation des réserves prévaut.

Conclusion du Titre 2

Dans le second titre, il a été question de démontrer que les réserves sont une limite à l'exercice des compétences de la Cour pénale internationale. D'une part, il s'agit de la limitation de la compétence répressive de la CPI par des réserves en matière d'amnistie, de grâce et d'autres mesures analogues d'impunité ; d'autre part, il s'agit d'entraves à la coopération des États avec la Cour pénale internationale dans les enquêtes et poursuites relevant de sa compétence. Ces deux chapitres ont un lien direct puisque, comme démontré tout au long de ce titre, les réserves en matière d'amnistie, de grâce et d'autres mesures analogues d'impunité ont un impact négatif réel sur le rôle de la CPI dans le cadre des enquêtes et poursuites.

Les missions d'enquête et de poursuites du procureur de la CPI se résument, conformément aux articles 53 et suivants de son statut[440] à plusieurs objectifs : il examine des renseignements dont il dispose pour établir si un crime relevant de la compétence de la Cour a été commis ou est en voie d'être commis ; il étend les enquêtes à tous les éléments des faits et de preuves utiles pour établir la vérité et la responsabilité pénale au regard du statut de Rome ; le procureur enquête à charge et à décharge en respectant tout autant les droits des accusés et des témoins que ceux des victimes ; il a en charge la vérification des conditions de recevabilité de l'affaire au regard de l'article 17 ; après enquête, le procureur évalue le cas d'espèce et conclut s'il y a base suffisante ou non pour demander un mandat d'arrêt ou une citation à comparaître en application de l'article 58[441] ; *le procureur de la CPI doit également rechercher la coopération de tout État* ou organisation intergouvernementale ou accord intergouvernemental conformément à leurs compétences ou à leurs mandats respectifs.

Il s'agit en somme de missions fondamentales dans une juridiction pénale (internationale comme interne), car le premier juge pénal c'est le parquet vu qu'il est à l'origine de l'ouverture du procès pénal. Si le premier juge pénal international, le procureur près la Cour pénale internationale, est constamment limité dans ses missions du fait des réserves étatiques, quels résultats concrets aura la communauté internationale en matière de lutte contre l'impunité des crimes internationaux ou en matière de répression des criminels internationaux sans une justice pénale internationale libre de ses mouvements, dans le respect du Statut de Rome et indépendante de la pression des États les plus forts ?

---

440 Pour plus de détails, confère le chapitre V du SCPI intitulé « *Enquêtes et poursuites* ».

441 Délivrance par la Chambre préliminaire d'un mandat d'arrêt ou d'une citation à comparaître.

Cette interrogation est importante, car elle interpelle sur le bilan et l'avenir de la Cour pénale internationale au vu des rapports de force entre les grandes puissances. On se rend compte que la Cour pénale internationale est fragile du fait de toutes les déclarations interprétatives ou réserves déguisées suscitées et la fragilité même de son existence doit être prise en compte. Elle regroupe 123 États, car en raison de toutes ces déclarations interprétatives, on note une course à deux vitesses du fait que la Russie, les États-Unis et Israël par exemple n'en font pas partie et s'y opposent. Elle est encore vue comme instrument du colonialisme, car ce sont les mêmes qui sont poursuivis alors que les États occidentaux ne le sont pas pourtant ils commettent des crimes internationaux. L'invasion de la Palestine par Israël par exemple encouragée par les États-Unis d'Amérique, celle de l'Irak sous l'administration BUSH pour capturer SADDAM HUSSEIN, l'invasion de la France en Irak pour prendre MOUAMMAR KADHAFI. Ce sont surtout les dossiers africains et des pays asiatiques qui sont envoyés à la Cour et ce sont les affaires que la Cour connaît. Ceci est dû au fait que la Cour pénale internationale outre ses propres insuffisances congénitales expliquées à l'entame de cette seconde partie, doit faire face à une menace extérieure qui provient de la remise en cause du multilatéralisme par les États-Unis qui furent pourtant à la source de la création des organisations internationales sur les cendres de la Seconde Guerre mondiale.

Plus de soixante-dix ans après le procès des nazis à Nuremberg, la justice internationale ne s'est pas toujours imposée comme instrument de réparation des dégâts causés par les conflits mondiaux. Outre les insuffisances de la Cour pénale internationale, elle doit affronter la résistance des États-Unis qui peuvent faire obstacle à la justice pénale internationale quand elle souhaite poursuivre des militaires et des agents américains suspectés de tortures et de crimes comme lors de la guerre en Afghanistan, un pays qui a adhéré en deux mille trois à la Cour pénale internationale. Autre exemple, en dépit des appels des victimes locales de l'armée syrienne régulière et de dirigeants de pays occidentaux, BACHAR AL ASSAD est quasiment certain d'éviter une saisine par l'ONU de la CPI pour crimes de guerre et crimes contre l'humanité en raison de l'opposition de la Russie.

De même, le président du SOUDAN, OMAR EL BECHIR, mis en accusation en 2009 par la Cour pénale internationale pour crimes de guerre, crimes contre l'humanité, et génocide pendant la guerre du DARFOUR, entamée en 2003, a toujours évité la justice internationale. Ce qui ne l'a pas empêché de voyager à travers le monde en dépit des mandats internationaux émis contre lui, notamment dans des pays signataires du traité de Rome comme l'Afrique du Sud, le Kenya et la Jordanie, du moins jusqu'à sa démission sous la pression de la contestation populaire.

L'autre faiblesse de la CPI est qu'il s'agit d'une justice expéditive, toujours du fait de ces déclarations interprétatives. Après l'invasion de l'IRAK par les troupes anglo-américaines en 2003, le procès de SADAM HUSSEIN laissé à une juridiction locale a été bâclé pour aboutir à une mise à mort par pendaison en 2001, sans que la lumière soit faite sur les accusations de crimes notamment contre les Kurdes irakiens et la communauté chiite. La mise à mort brutale du colonel MOUAMMAR KADHAFI en 2011 après l'intervention de la France et du Royaume-Uni en Libye, représente un autre échec pour la justice internationale, qui n'a pas pu enquêter sur les crimes dont il était accusé. Le brutal décès de l'ancien président YOUGOSLAVE SLOBODAN MILOSEVIC dans sa prison de La Haye, en 2006, est également un sérieux revers pour le Tribunal pénal international pour l'ex-Yougoslavie, tribunal ad hoc créé par les Nations Unies. Le dernier procès de cette instance s'est d'ailleurs achevé sur un drame avec le suicide par poison, en pleine séance, de SLOBODAN Praljak, le responsable des forces croates en Bosnie, qui venait d'entendre sa condamnation à vingt ans de prison.

La CPI du fait de toutes ces faiblesses, a procédé à des acquittements en série en faute d'éléments suffisants de soutenabilité des chefs d'accusation. On a les cas de Jean-Pierre BEMBA et de Laurent GBAGBO (ancien président ivoirien), après plus d'une décennie de prison pour ces deux cas ; Charles BLE GOUDE, l'ex-leader des jeunes patriotes dont les acquittements deux ans seulement après sa condamnation pour crimes de guerre et contre l'humanité en 2002 et 2003, en Côte d'Ivoire, avaient déjà créé une incroyable stupéfaction. Toutes ces situations ont achevé de jeter le discrédit sur la haute juridiction internationale.

Outre ses propres insuffisances, la justice internationale doit aussi faire face à une menace extérieure. Elle provient de la remise en cause du multilatéralisme par les États-Unis, qui furent pourtant à la source de la création des organisations internationales sur les cendres de la Seconde Guerre mondiale[442].

On ne peut donc encourager les déclarations interprétatives dans le traité créant la Cour pénale internationale en ce qu'elles ont le même effet juridique négatif que les réserves.

---

[442] www.lesechos.fr, propos du journaliste Jacques Hubert Rodier.

Conclusion de la Seconde Partie

Aux termes de cette partie, il est indéniable, et ce au regard de nos analyses que les déclarations étatiques formulées par les États parties au statut de Rome sont en réalité des réserves. Elles ont des conséquences juridiques négatives sur la portée d'un traité qui a pour principale mission de réprimer les plus grandes violations des droits de l'homme.

Comme l'ont expliqué, lors de la Conférence de Rome, le chef de la délégation australienne et un ancien membre de la Commission du droit international, deux hypothèses sont possibles en présence d'une déclaration équivalant à une réserve : soit il s'agit d'une réserve déguisée affectant le consentement à être lié par le statut de Rome et elle anéantit alors les effets juridiques résultant du consentement au traité ; soit nous sommes en face d'une déclaration unilatérale illicite devant être considérée comme inexistante et qui, par conséquent, n'a aucun effet sur le consentement d'un État à être lié par le traité[443].

En ce qui concerne notre analyse dans la seconde partie notamment, les deux points de vue ont été démontrés, car d'une part, notre position est qu'il ne saurait raisonnablement y exister de réserves licites dans un traité, car toutes les réserves formulées par les États ont dans l'ensemble, et ce d'une manière générale, des effets négatifs sur la portée des dispositions conventionnelles chargées de définir les droits y relatifs, et peuvent par conséquent entraîner des violations des droits de l'homme au sein de ces États. Aussi, un État qui fait de telles déclarations limite, altère et modifie sérieusement son consentement à être lié à un traité, ce qui handicape le processus normatif et institutionnel garant de l'effectivité dudit traité à son égard et dans ses relations avec les autres États parties réservataires, non-réservataires, objectant, ou non objectant.

Des États parties ayant fait des déclarations en contradiction avec le statut de Rome et avec une kyrielle de traités internationaux relatifs aux droits de l'homme, que pouvons-nous retenir aux termes de cette étude ?

---

[443]Voir HAFNER, supra, note 21 ; SCHABAS (W.), *Reservation to human Rights treaties: Time for innovation and reform,* 32 Canadian Yearbook international law, 1994, 71 pages; BWET, supra, note 13, N°75.

CONCLUSION GÉNÉRALE

Les conséquences juridiques des réserves aux traités internationaux relatifs aux droits de l'homme sont en somme, à la fois substantielles ou normatives, car les réserves limitent les dispositions conventionnelles chargées de définir les droits de l'homme ou de réprimer les plus grandes violations des droits de l'homme d'une part, et d'autre part, matérielles, puisqu'elles sont également constitutives des violations des libertés individuelles.

Il convient de rappeler, comme nous l'avons indiqué à l'introduction générale, que notre analyse s'est située dans la période allant du 28 mai 1951, date de l'avis consultatif rendu par la Cour internationale de justice (CIJ), relatif à la Convention sur la prévention et la répression du crime de génocide, et s'est poursuivie jusqu'à l'année 2015, notamment, avec quelques exemples de l'évolution de la question à nos jours. Bref, nos développements ont donc été encadrés dans cet espace temporel réel avec des données actualisées jusqu'en avril 2023[444].

Pour arriver à un tel résultat, nous le reconnaissons humblement, il nous a paru nécessaire de critiquer une théorie émérite émise par le Professeur Alain PELLET et confirmée par Madame Françoise JANE HAMPSON qui, se fondant notamment sur la Convention de Vienne de 1969 relative au droit des traités et surtout en ses dispositions relatives aux réserves, ont estimé qu'il n'existe pas de régime juridique spécifique des réserves aux traités internationaux relatifs aux droits de l'homme. Il s'agit d'une théorie que nous ne partageons pas au regard des multiples et complexes problèmes juridiques analysés tout au long de cette étude et que causent les réserves dans les divers traités universels, ou régionaux, garantissant des droits généraux ou catégoriels à la personne humaine.

Critiquer la théorie du Professeur Alain PELLET est en réalité une critique du régime des réserves tel que défini par la Convention de Vienne de 1969 en ses articles 19 à 23[445]. Le régime de Vienne consacre en effet l'idée selon laquelle il puisse exister des réserves compatibles avec l'objet et le but du Traité. Au regard de l'analyse des différentes réserves émises par les États dans les deux pactes internationaux des Nations Unies de 1966, les conventions sur les droits des femmes, des enfants, des réfugiés, les conventions contre la torture et la discrimination raciale, nous sommes

---

[444] Au moment du dépôt de notre thèse.

[445] Voir en Annexe la Convention de Vienne de 1969 sur le droit des traités.

convaincue qu'aucune réserve, même permise par le traité, ne saurait objectivement servir son intégrité. En effet, au regard de leur nature, les réserves, étant donné qu'elles visent, toutes, à modifier les engagements et obligations internationaux des États, constituent déjà une limite juridique considérable, à la portée du traité et de ce fait, elles peuvent ouvrir la voie à toutes formes d'abus, lorsqu'il s'agit justement de réserves aux traités relatifs aux droits de l'homme.

Nous fondons donc notre thèse sur la doctrine positiviste[446] Kelsénienne[447]en ce qu'elle s'interdit de critiquer le droit existant (à savoir la Convention de Vienne de 1969 qui ne consacre pas la spécificité du régime juridique des réserves aux traités relatifs aux droits de l'homme) au nom de jugements de valeur qui relèveraient d'un idéal personnel au juriste que nous sommes, c'est-à-dire, étranger à la science du droit. La doctrine positiviste exigeant, uniquement, tel que nous l'avons fait, de puiser dans la science du droit pour émettre des critiques de la norme. Comme les positivistes kelséniens, nous avons essayé d'accorder notre courant avec ce que le normativisme a d'a priori, c'est-à-dire d'absolu, car, est norme, la prescription définie comme il a été dit sans qu'on cherche si ladite prescription est effectivement suivie.

Dans le cadre de cette thèse, nous avons démontré que les réserves posent des problèmes juridiques sur la portée substantielle et matérielle des traités internationaux relatifs aux droits de l'homme. Il n'était absolument pas question de savoir si ledit traité international, ratifié sans aucune réserve ou ratifié avec une ou plusieurs réserves, est respecté ou non ; ni de faire la comparaison entre des États qui ratifient les traités sans réserve, mais violent impunément les droits de l'homme et la situation des États réservataires qui font des efforts de respecter certains droits de l'homme. En effet, nous ne dirons pas que ces derniers valent mieux que les premiers cités, car le bilan des violations des droits de l'homme n'était pas l'objet de notre étude et dans aucun État au monde, même dans les « plus grandes démocraties occidentales », les droits de l'homme ne sont respectés de manière absolue. Nous constatons que la pratique des réserves nuit substantiellement au système normatif de promotion et de protection des droits humains, ce qui entraîne les violations desdits droits.

Nous avons également puisé dans le positivisme volontariste qui consiste dans l'application des règles générales aux cas particuliers, métier quotidien du juriste. En effet, si Hans KELSEN voit dans le droit un système de normes, on ne saurait oublier que la réalisation du droit consiste à donner des solutions aux problèmes de la vie qui sont concrets, au moyen des normes. En adaptant

---

446 BATIFFOL (H.), *La philosophie du droit*, 5e édition, Paris, PUF, 1975, 126 pages, lire pp.7-30 (Chapitre I sur les Positivistes).
447 Consulter KELSEN (H.), *Théorie pure du droit*, Dalloz, Paris, 1962, 496 pages.

donc la Convention de Vienne aux faits concrets, nous avons appelé son interprétation c'est-à-dire que nous avons intégré les principes qui régissent le droit des réserves dans un ensemble rationnel qui permette d'organiser leur application à la variété des cas concrets. La règle ayant d'abord un caractère rationnel (même si elle constitue une norme), car c'est une proposition générale alors que les problèmes à résoudre finalement sont particuliers.

La Convention de Vienne de 1969 fixe un régime général applicable aux réserves quel que soit le traité. Le Professeur Alain PELLET et Madame Françoise Jane HAMPSON ont produit des résultats pratiquement semblables dans leurs travaux. Pourtant, en ce qui concerne les différents traités relatifs aux droits de l'homme, on a pu constater les limites du régime de Vienne à l'analyse des conséquences juridiques des réserves auxdits traités.

Ainsi, l'article 60 (5) de la Convention de Vienne précitée qui consacre, *in fine*, l'obligation de protéger la personne humaine, ne contredit-il pas les dispositions des articles 19 à 23 de la même convention relatives aux réserves ? En effet, ces articles, en autorisant des « *réserves compatibles à l'objet et au but du traité en général* », permettent la pratique des réserves aux traités internationaux relatifs aux droits de l'homme qui, entre autres conséquences, ont soit causé certaines violations de ces libertés fondamentales de la personne humaine proscrites par l'article 60 (5), ou alors pourront toujours les permettre dans le futur, tel que nous n'avons cessé de le démontrer tout au long de notre réflexion bipartite ?

Par ailleurs, les droits de l'homme dont les traités y relatifs font l'objet de réserves sont proclamés universellement, mais la question de l'universalité des droits de l'homme demeure au regard de deux thèses qui s'affrontent à ce sujet[448] : la thèse selon laquelle les droits de l'homme jouissent d'une validité universelle et doivent donc être universellement appliqués ; la thèse selon laquelle ces mêmes droits jouissent d'une validité relative ou limitée, leur application pouvant dès lors faire l'objet de limitations ou de restrictions.

Sans toutefois nous prononcer sur l'une ou l'autre théorie, nous estimons que les droits de l'homme ayant une valeur universelle, les limitations, restrictions, ou dérogations dont ils sont l'objet, du fait des réserves, ont un impact réel sur leur portée juridique normative et matérielle. Aussi, ne serait-il pas malveillant de réfléchir au sujet de la nécessité de remettre en cause la gestion des réserves aux traités internationaux relatifs aux droits de l'homme telle que définie par le régime général prévu par la Convention de Vienne. Cette nécessité est dictée par les conséquences juridiques que posent les

[448]GERARD (P), *Philosophie des droits de l'homme*, Séminaire de Diplôme d'Études approfondies (DEA) en Droits de la personne et de la démocratie, année académique 2004/2005, Chaire UNESCO des droits de la personne et de la démocratie, Université d'Abomey-Calavi de Cotonou, Bénin, p. 59.

réserves aux traités internationaux relatifs aux droits de l'homme, objet de notre thèse.

Comme l'affirme la doctrine positiviste rationnelle[449], la science juridique c'est-à-dire le droit, doit donner un exposé du droit en vigueur dans sa cohésion interne et logique et rendre compte des conséquences normatives qu'auront les règles dans des cas de conflits supposés. C'est la raison pour laquelle, dans le cadre de cette thèse, nous avons seulement étudié les conflits ou les problèmes juridiques entre les réserves et la portée des dispositions conventionnelles universelles et régionales chargées de protéger les droits de l'homme pour étayer notre démonstration et clarifier notre position.

C'est justement parce qu'on perçoit les difficultés soulevées par le système des réserves[450] que nous proposons à la Commission du droit international des Nations Unies de préparer une convention particulière qui définira spécifiquement le régime juridique des réserves aux traités relatifs aux droits de l'homme. La CDI a été instituée par l'Assemblée générale des Nations Unies en 1947 pour œuvrer à la codification et du développement progressif du droit international. Selon l'article 15 du statut de la Commission, l'expression « *codification du droit international* » désigne l'hypothèse où il s'agit de formuler avec plus de précision et de systématiser les règles du droit international dans des domaines dans lesquels il existe déjà une pratique étatique considérable, des précédents et des opinions doctrinales. Quant à l'expression « *développement progressif du droit international* », elle couvre les cas où il s'agit de rédiger des conventions sur des sujets qui ne sont pas encore réglés par le droit international ou relativement auxquels le droit n'est pas encore suffisamment développé dans la pratique des États. En réalité, il est souvent difficile de distinguer « *codification* » et « *développement progressif* » du droit international[451].

Aux termes de notre analyse, il est important de relever que les problèmes suscités par les réserves aux traités relatifs aux droits de l'homme n'étaient pas la priorité des plénipotentiaires et rapporteurs appelés à travailler sur la rédaction du texte qui deviendra plus tard la Convention de 1969 sur le droit des traités. Ce constat est fait en parcourant la genèse de la mise sur pied de la Convention de Vienne sur le droit des traités[452].

En effet, à sa première session en 1949, la Commission a inscrit le droit des traités parmi les sujets à codifier en lui donnant priorité. Elle a

---

[449]CASTBERG (F.), *La philosophie du droit*, Paris, Éditions A. Pedone, 1970, p. 70.
[450]MARTIN-BIDOU (P.), « *Fiche 23. Les réserves aux traités multilatéraux* », Fiches de Droit international public (2017), pp. 117-1187 ; consultez en ligne sur www.cairn.info
[451] Nous avons consulté le Statut de la Commission du droit international des Nations Unies dans l'encyclopédie Wikipedia en ligne.
[452] Lire *Point 14 « Droit des traités »*, PP 167-175, *La Commission du droit international et son œuvre*, septième Édition, Volume I ; Nations Unies ; New York, 2009, 478p.

successivement désigné plusieurs Rapporteurs spéciaux tels que Monsieur J.L.Brierly, Sir Hersch LAUTERPACHT, Sir Gerald FITZMAURICE et Sir Humphrey WALDOCK[453]. La Commission a examiné le sujet à ses deuxième, troisième, huitième, onzième et treizième à dix-huitième sessions, en 1950, 1951, 1956, 1959, et de 1961 à 1966. Pour ses travaux sur le sujet, la Commission s'est appuyée sur les rapports des Rapporteurs spéciaux et les renseignements fournis par les gouvernements ainsi que sur des documents établis par le secrétariat.

La Commission avait initialement envisagé que ses travaux sur le droit des traités prendraient la forme d'un « *code de caractère général* » plutôt que celle d'une ou plusieurs conventions internationales. Dans son rapport à l'Assemblée générale sur les travaux de sa onzième session, en 1959, la Commission a déclaré que le droit des traités n'est pas d'origine conventionnelle, mais il fait partie de l'ensemble du droit international coutumier. Des problèmes pourraient se poser si le droit des traités était incorporé dans une convention multilatérale et si certains États ne deviennent pas parties à cette convention ou bien étant devenus parties, la dénoncent par la suite. En fait, cependant, ils seraient ou resteraient liés par les dispositions du traité dans la mesure où celles-ci contiennent des dispositions du droit international coutumier de *lege lata*[454]. La CDI a poursuivi en disant qu'il est certain que la difficulté se posera chaque fois qu'une convention contient des règles du droit international coutumier. Dans la pratique, cela n'a souvent aucune importance. Dans le cas du droit des traités, cela pourrait en avoir, car la force et les effets de tous les traités trouvent leur fondement dans le droit de traités[455].

À sa treizième session, en 1961, la Commission a modifié son plan de travail, envisageant non plus de préparer un simple exposé du droit des traités, mais d'élaborer un projet d'articles pouvant servir de base à une convention internationale. La Commission a justifié cette décision en 1962 dans son rapport sur les travaux de sa quatorzième session, dans lequel, elle a déclaré qu'en premier lieu, un code déclaratif, si bien formulé soit-il, ne saurait, en raison de la nature même des choses, avoir la même efficacité qu'une Convention de codification. Or la codification du droit des traités est d'une importance particulière à l'heure actuelle où un si grand nombre d'États nouveaux sont devenus depuis peu membres de la communauté internationale. En second lieu, la codification du droit des traités au moyen d'une convention multilatérale donnerait la formulation du droit et il apparaît extrêmement

---

[453] À ses première, quatrième, septième et treizième sessions, tenues, respectivement, en 1949, 1952, 1955 et 1961

[454] *Lege lata* c'est-à-dire le droit tel qu'il est, par opposition au *lege ferenda* : le droit tel qu'il devrait être.

[455] Voir *Annuaire de la Commission du droit international,* 1959, vol II, Document A/4169, par 18.

souhaitable à la Commission que ces États participent à l'œuvre de la codification afin de pouvoir donner au droit des traités les fondements les plus larges et les plus solides.

Par sa résolution 1765 (XVII) du 20 novembre 1962, l'Assemblée générale a recommandé à la Commission de poursuivre ses travaux sur le droit des traités, compte tenu des vues exprimées à l'Assemblée et des observations écrites communiquées par les gouvernements. À ses quatorzième, quinzième et seizième sessions, en 1962, 1963 et 1964, la Commission a procédé à la première lecture des projets d'articles et a soumis aux gouvernements pour observations le projet d'articles adopté à titre provisoire. La Commission a achevé la première lecture du projet d'articles, à sa seizième session, en 1964. À sa dix-septième session, en 1965, la Commission a entamé la deuxième lecture du projet d'articles en tenant compte des observations présentées par les gouvernements. Elle a de nouveau examiné la question de la forme définitive à donner au projet d'article et a continué de préconiser, comme elle l'avait fait en 1961 et 1962, la rédaction d'une convention. Elle a noté à cet égard qu'à la dix-septième session de l'Assemblée générale, en 1962, la sixième Commission avait déclaré dans son rapport que la grande majorité des représentants avait approuvé la décision de la Commission de donner à la codification du droit des traités la forme d'une Convention.

À sa dix-huitième session, en 1966, la Commission a achevé la deuxième lecture du projet d'articles et a adopté son rapport final sur le droit des traités, dans lequel figuraient 75 projets d'articles accompagnés de commentaires. En soumettant son rapport final à l'Assemblée générale, la Commission a recommandé à l'Assemblée de convoquer une conférence internationale de plénipotentiaires chargée d'examiner le projet d'articles de la Commission et de conclure une convention sur cette matière[456]. Au cours de l'élaboration de son projet d'articles, la Commission a décidé de limiter le champ d'application de ces articles aux traités conclus entre les États, excluant ainsi les traités conclus entre les États et d'autres sujets de droit international (par exemple les organisations internationales) et les traités conclus entre eux par ces derniers et de ne pas traiter les accords internationaux qui ne sont pas sous forme écrite.

Il y a encore eu d'autres sessions de travail ; puis, sur la recommandation de la sixième Commission, l'Assemblée générale, par sa résolution 2287 (XXII) du 6 décembre 1967, a décidé de convoquer la première session de la Conférence sur le droit des traités en mars 1968. En conséquence, la première session de la Conférence des Nations Unies sur le droit des traités s'est tenue à Vienne du 26 mars au 24 mai 1968. Y participaient les représentants de 103 pays et les observateurs de trois institutions spécialisées et organisations

[456]Voir *Annuaire de la Commission du droit international*, 1966, Vol II, document A/6309/Rev1, par 22 et 38.

intergouvernementales. La première session de la Conférence a été principalement consacrée à l'examen par une Commission plénière et par un comité de rédaction qui avaient pour but d'achever l'examen des articles réservés à la session précédente. Le reste de la deuxième session a été consacré à trente (30) séances plénières au cours desquelles ont été examinés les articles adoptés par la Commission plénière et soumis au Comité de rédaction.

Le 22 mai 1969, la Conférence a adopté la Convention de Vienne sur le droit des traités qui comporte un préambule, 85 articles et une annexe.

Il est certain, en parcourant brièvement les différentes articulations de ce processus historique, que les traités internationaux spécifiquement relatifs aux droits de l'homme ne faisaient pas partie des centres d'intérêt de la Convention de Vienne qui a été adoptée en 1969, au 20e siècle. On peut constater que les plénipotentiaires et les Rapporteurs spéciaux défendaient uniquement les intérêts des États durant ces multiples sessions de manière générale.

Il s'agit là bien évidemment d'une époque où la question de l'effectivité de la promotion et de la protection des droits de l'homme était en constante construction malgré la prolifération des instruments juridiques internationaux y relatifs. Par ailleurs, en 1969, l'efficacité des Institutions de promotion et de protection des droits de l'homme n'avait pas encore atteint l'intérêt attendu entre la fin du 20e siècle et le début du 21e siècle actuel. La problématique de la garantie des libertés fondamentales de la personne humaine a pris un envol particulier durant les années 1990 avec par exemple la chute du mur de Berlin le 9 novembre 1989 en Allemagne, le vent de la démocratisation et les douloureuses réformes constitutionnelles en Afrique notamment[457].

La question de l'effectivité des droits humains se pose avec acuité en ce 21e siècle où la pléthore des réserves aux traités y relatifs marque une certaine contradiction dans l'attitude des États qui veulent être considérés comme meilleurs élèves en droits de l'homme en marquant leur engouement à la ratification des instruments juridiques internationaux, mais en y apportant tout de même des limites substantielles considérables. Cela crée une crise de confiance et connote une attitude de méfiance entre l'État et les citoyens qu'il est censé protéger, car le droit international est essentiellement un droit souverainiste et volontariste. Dans une certaine mesure, nous pouvons dire que les États dans leur souveraineté et leur volonté reprennent donc tout simplement, par la fenêtre, ce qu'ils ont bien voulu offrir à leurs sujets, les citoyens, par la porte. Les réserves aux traités apparaissent finalement comme

[457] DARLAN (D), *l'évolution constitutionnelle et juridictionnelle de la République centrafricaine à travers les textes,* Édition L'Harmattan, Paris, 2018/

de véritables Hydres de Lerne[458], c'est-à-dire, ces créatures répugnantes et dangereuses de la mythologie grecque.

En réalité, les dispositions du traité de Vienne suscitées qui consacrent des réserves dites conformes à l'objet et au but du traité décrivent plutôt l'attitude parfois égoïste et égocentrique, des États vis-à-vis de leurs citoyens, car les États réservataires se comportent exactement comme une marâtre qui alimente un enfant avec du lait, mais en utilisant une cuillère pleine de trous. L'enfant ne sera pas bien nourri et encore moins rassasié !

Il y a donc une urgence à penser dans quelles mesures redéfinir dès 2023, le régime juridique des réserves aux traités internationaux relatifs aux droits de l'homme, car le régime de Vienne est assez défaillant et même désuet pour y apporter des solutions techniques et pratiques. De 1969 à 2023 et aux années à venir, on ne peut plus se fonder sur un texte aussi général, vieux de cinquante-quatre (54) ans, pour continuer d'étudier le régime juridique des traités spécifiquement relatifs aux droits de l'homme.

La démonstration faite dans notre première partie consistait à étudier les effets pervers des réserves à dix traités relatifs aux droits de l'homme et touchant à des aspects généraux ou catégoriels entre autres :

- Les réserves formulées aux Pactes internationaux de 1966 sur les droits civils et politiques et sur les droits économiques, sociaux et culturels en comparaison avec le cas de la Charte africaine des droits de l'homme et des peuples. Ces textes s'appliquent à l'homme de manière générale.
- Les réserves formulées à la Convention des Nations Unies relatives aux droits de l'enfant en comparaison avec la Charte africaine des droits et du bien-être de l'enfant ; les réserves formulées à la Convention contre la torture et autres peines ou traitements cruels, inhumains ou dégradants ; les réserves à la Convention internationale sur l'élimination de toutes les formes de discrimination raciale ; les réserves à la Convention sur l'élimination de toutes les formes de discrimination à l'égard des femmes en comparaison au Protocole de Maputo portant Charte africaine des droits des femmes ; les réserves à la Convention de Genève de 1951 sur les droits des réfugiés comparativement à la Convention de l'Organisation de l'Unité africaine régissant les aspects propres aux problèmes des réfugiés en Afrique.

Ces différents textes, ainsi que leurs éventuels protocoles additionnels également étudiés, s'appliquent à une typologie particulière de personnes et présentent donc des droits catégoriels ou spécifiques.

---

[458] L'Hydre de Lerne est un Monstre dont le corps ressemble à celui d'un dragon qui a plusieurs têtes, capable de repousser à chaque fois qu'on les coupe, ayant la tête centrale immortelle et contenant du sang empoisonné.

C'est pour cette raison que la première partie est la plus lourde et présente en la forme, un certain déséquilibre avec la seconde où nous étudions les différents impacts des déclarations interprétatives déguisées en véritables réserves dans un unique instrument juridique à savoir le traité de Rome créant la Cour pénale internationale. Ceci nous a permis de mettre en exergue les limites des analyses faites par les Rapporteurs spéciaux Professeur Alain PELLET et Madame Françoise Jane HAMPSON sur les réserves en droit international. Dans leurs travaux respectifs, ils ont abouti à la conclusion selon laquelle le régime de Vienne est applicable à tous les traités internationaux et même ceux relatifs aux droits de l'homme et que les réserves soient conformes à leur objet et à leur but sont valides dans lesdits traités. La première analyse met en exergue la question de la sécurité juridique du droit international des droits de l'homme (DIDH). En effet, la Convention de Vienne sur le Droit des Traités, en son article 19, en autorisant la pratique des réserves, permet à chaque État d'appliquer ce qui l'intéresse dans le traité relatif aux droits de l'homme et d'appliquer ce traité comme il l'entend. Le Professeur Alain PELLET notamment a démontré que le régime de Vienne est applicable pour les traités internationaux relatifs aux droits de l'homme. Cependant, cette liberté qu'a l'État d'appliquer discrétionnairement les dispositions du traité ne saurait servir fidèlement l'objectif initial et la finalité du traité. Aussi, nous avons démontré au préalable que les réserves sont les sources réelles des violations des droits de l'homme.

Le droit étant fille de son temps, la Commission du droit international des Nations Unies devrait donc, désigner des rapporteurs spéciaux pour préparer une convention qui régira le régime juridique des traités internationaux relatifs aux droits de l'homme avec la précision qu'aucune réserve ni déclarations interprétatives allant dans le sens des effets négatifs des réserves ne sera acceptée.

Nous sommes consciente que la nature du droit international est qu'il s'agit d'un droit essentiellement volontariste : tout repose sur la volonté des États. Ce volontarisme met en exergue le souverainisme étatique ; on peut envisager la complexité entre la souveraineté des États et les droits de l'homme, puis s'interroger sur ce qui prime entre les deux. D'aucuns ont estimé que le régime de Vienne a beaucoup contribué à démocratiser les relations internationales dans un monde où le droit de la force tend à se substituer à la force du droit[459]. Pour eux, la flexibilité et l'adaptabilité du système des réserves prévues dans les conventions de Vienne de 1969, 1978 et 1986 en ont assuré l'efficacité en le rendant acceptable pour ses utilisateurs. Pour d'autres, dont nous partageons la pensée, permettre aux États de faire des réserves aux traités entraîne une

[459] Comptes rendus analytiques/Résumés des interventions de Mr FOZEIN NKWANE Thomas pour le compte du Cameroun, devant la sixième commission de l'Assemblée générale des Nations Unies.

déstabilisation du droit, ce qui pourrait être particulièrement préoccupant s'agissant des traités normatifs. Dès lors, un régime juridique propre à cette catégorie spécifique de traité devrait être établi pour en garantir l'intégrité. La question des droits de l'homme est une préoccupation universelle, mais la souveraineté des États leur permet d'émettre des réserves aux traités internationaux.

En opposant la souveraineté aux droits de l'homme, on met en lumière la souveraineté des États et la question des réserves. On a ainsi tendance à croire que notre solution est péremptoire ou très rigide. Il n'en est rien, car le droit international impose de respecter la souveraineté des États qui doivent aussi protéger les droits individuels tels que consacrés par les traités internationaux qu'ils ont volontairement ratifiés. L'article 26 de la Convention de Vienne de 1969 consacre le principe du *pacta sunt servanda* qui signifie que dès lors qu'on a signé un pacte, on en devient serviteur ; ce principe consacre la bonne foi qui exige donc aux États souverains de respecter les conventions relatives aux droits de l'homme ; y émettre une réserve est une attitude qui augure plutôt de la mauvaise foi. Il n'est pas question pour nous de remettre en cause la souveraineté des États pour militer en faveur de l'interdiction des réserves aux traités internationaux relatifs aux droits de l'homme, mais il est impérieux d'inviter ces derniers à appliquer lesdits traités de bonne foi.

Dans le droit des traités, tel qu'il découle de la convention critiquée, il doit exister de la part des parties contractantes, une volonté d'être juridiquement liées par la convention projetée entre elles. Or dans le cadre de cette démonstration de volonté, en tant que condition de création de la norme conventionnelle, il est possible de procéder à la modulation du consentement via les réserves. Cette pratique unilatérale est critiquée ; ces réserves vont activement participer à la modification du texte, de la teneur et de la portée juridique allouées au texte final, tel qu'il résulte de la volonté des parties dans le cadre de la phase d'élaboration et de négociation dudit traité. De la sorte, le traité international relatif aux droits de l'homme projeté se voit modifié, tout du moins son équilibre juridique et les règles qu'il contient effectivement sont bouleversés. Ainsi, l'intégrité corporelle et juridique du traité international relatif aux droits de l'homme est troublée, affectée, bousculée. Cette possibilité de déclaration unilatérale, peu importe la dénomination qu'elle prend, est dangereuse au regard de l'avenir du traité international relatif aux droits de l'homme[460].

Les organisations non gouvernementales de la société civile de chaque pays s'inspirent de la plupart des textes juridiques internationaux que nous avons étudiés dans le cadre de cette réflexion. Elles contribuent généralement

---

[460]www.doc-du-juriste.com, blog juridique, Quelques éléments d'informations sur la notion de réserves aux traités internationaux et conventions internationales, publie le quatre août deux mille vingt ; supra.

à convaincre les États à renoncer aux réserves. Dans la première partie de notre analyse, nous avons présenté le cas des associations des défenses des droits des femmes qui ont contribué au retrait par la République du Niger, des réserves faites à la Convention des Nations Unies sur l'élimination de toutes les formes de discrimination à l'égard des femmes. Cependant, dans la plupart des cas, la société civile fait face au manque de financements propres et doit s'appuyer sur les organisations internationales.

Bien plus, en attendant que la Commission du droit international des Nations unies revoie le régime de Vienne de 1969, en ce qui concerne les traités relatifs aux droits humains comme nous le proposons, la grâce de vivre, la santé, le temps et notre intention de toujours apprendre, nous permettront assurément de poursuivre ces développements enrichissants dans un autre cadre, car nous avons la ferme volonté de continuer la recherche en droit international, les droits de l'homme étant une source intarissable, une quête sans fin, une lutte inachevée…

Que dire de la garantie des droits des travailleurs migrants en pays étrangers, au regard de l'inadmissibilité des réserves dans les traités conclus sous l'égide de l'Organisation internationale du travail ?

ANNEXES

CONVENTION DE VIENNE SUR LE DROIT DES TRAITÉS ENTRE ÉTATS ET ORGANISATIONS INTERNATIONALES OU ENTRE ORGANISATIONS INTERNATIONALES

Les Parties à la présente Convention,

Considérant le rôle fondamental des traités dans l'histoire des relations internationales,

Conscientes du caractère consensuel des traités et de leur importance de plus en plus grande en tant que source du droit international,

Constatant que les principes du libre consentement et de la bonne foi et la règle *pacta sunt servanda* sont universellement reconnus,

Affirmant qu'il importe de renforcer le processus de codification et de développement progressif du droit international dans le monde entier,

Convaincues que la codification et le développement progressif des règles applicables aux traités entre États et organisations internationales ou entre organisations internationales sont des moyens de consolider l'ordre juridique dans les relations internationales et de servir les buts des Nations unies,

Conscientes des principes de droit international incorporés dans la Charte des Nations unies, tels que les principes concernant l'égalité des droits des peuples et leur droit à disposer d'eux-mêmes, l'égalité souveraine et l'indépendance de tous les États, la non-ingérence dans les affaires intérieures des États, l'interdiction de la menace ou de l'emploi de la force et le respect universel et effectif des droits de l'homme et des libertés fondamentales pour tous,

Ayant à l'esprit les dispositions de la Convention de Vienne de 1969 sur le droit des traités,

Conscientes des liens entre, d'une part, le droit des traités entre États et, d'autre part, le droit des traités entre États et organisations internationales ou entre organisations internationales,

Considérant l'importance des traités entre États et organisations internationales ou entre organisations internationales en tant que moyen efficace de développer les relations internationales et de créer les conditions d'une coopération pacifique entre les nations, quels que soient leurs régimes constitutionnels et sociaux,

Ayant présents à l'esprit les traits particuliers des traités auxquels des organisations internationales sont parties en tant que sujets du droit international distincts des États,

Notant que les organisations internationales jouissent de la capacité de conclure des traités qui leur est nécessaire pour exercer leurs fonctions et atteindre leurs buts,

Conscientes que la pratique des organisations internationales lors de la conclusion de traités avec des États ou entre elles devrait être conforme à leurs actes constitutifs,

Affirmant qu'aucune disposition de la présente Convention ne doit être interprétée comme portant atteinte à celles des relations entre une organisation internationale et ses membres qui sont régies par les règles de l'organisation,

Affirmant également que les différends concernant les traités devraient, comme les autres différends internationaux, être réglés, conformément à la Charte des Nations unies, par des moyens pacifiques et conformément aux principes de la justice et du droit international,

Affirmant également que les règles du droit international coutumier continueront à régir les questions non réglées dans les dispositions de la présente Convention,

Sont convenues de ce qui suit :

PARTIE I. INTRODUCTION

Article premier

Portée de la présente Convention

La présente Convention s'applique :

a) Aux traités entre un ou plusieurs États et une ou plusieurs organisations internationales, et

b) Aux traités entre des organisations internationales.

Article 2

Expressions employées

1. Aux fins de la présente Convention :

a) L'expression « traité » s'entend d'un accord international régi par le droit international et conclu par écrit :

i) Entre un ou plusieurs États et une ou plusieurs organisations internationales ; ou

ii) Entre des organisations internationales ;

que cet accord soit consigné dans un instrument unique ou dans deux ou plusieurs instruments connexes, et quelle que soit sa dénomination particulière ;

b) L'expression « ratification » s'entend de l'acte international ainsi dénommé par lequel un État établit sur le plan international son consentement à être lié par un traité ;

b, bis) L'expression « acte de confirmation formelle » s'entend d'un acte international correspondant à celui de la ratification par un État et par lequel une organisation internationale établit sur le plan international son consentement à être liée par un traité ;

b, ter) Les expressions « acceptation », « approbation » et « adhésion » s'entendent, selon le cas, de l'acte international ainsi dénommé par lequel un État ou une organisation internationale établit sur le plan international son consentement à être lié par un traité ;

c) L'expression « pleins pouvoirs » s'entend d'un document émanant de l'autorité compétente d'un État ou de l'organe compétent d'une organisation internationale et désignant une ou plusieurs personnes pour représenter l'État ou l'organisation pour la négociation, l'adoption ou l'authentification du texte d'un traité, pour exprimer le consentement de l'État ou de l'organisation à être lié par un traité ou pour accomplir tout autre acte à l'égard du traité ;

d) L'expression « réserve » s'entend d'une déclaration unilatérale, quel que soit son libellé ou sa désignation, faite par un État ou par une organisation internationale à la signature, à la ratification, à l'acte de confirmation formelle, à l'acceptation ou à l'approbation d'un traité ou à l'adhésion à celui-ci, par laquelle cet État ou cette organisation vise à exclure ou à modifier l'effet juridique de certaines dispositions du traité dans leur application à cet État ou à cette organisation ;

e) L'expression « État ayant participé à la négociation » et l'expression « organisation ayant participé à la négociation » s'entendent respectivement :

i) D'un État ;

ii) D'une organisation internationale

ayant participé à l'élaboration et à l'adoption du texte du traité ;

f) L'expression « État contractant » et l'expression « organisation contractante » s'entendent respectivement :

i) D'un État ;

ii) D'une organisation internationale

ayant consenti à être lié par le traité, que le traité soit entré en vigueur ou non ;

g) L'expression « partie » s'entend d'un État ou d'une organisation internationale qui a consenti à être lié par le traité et à l'égard duquel le traité est en vigueur ;

h) L'expression « État tiers » et l'expression « organisation tierce » s'entendent respectivement

i) D'un État ;

ii) D'une organisation internationale

qui n'est pas partie au traité ;

i) L'expression « organisation internationale » s'entend d'une organisation intergouvernementale ;

j) L'expression « règles de l'organisation » s'entend notamment des actes constitutifs de l'organisation, des décisions et résolutions adoptées conformément aux dits actes et de la pratique bien établie de l'organisation.

2. Les dispositions du paragraphe 1 concernant les expressions employées dans la présente Convention ne préjudicient pas à l'emploi de ces expressions ni au sens qui peut leur être donné dans le droit interne d'un État ou dans les règles d'une organisation internationale.

Article 3

Accords internationaux n'entrant pas dans le cadre de la présente Convention

Le fait que la présente Convention ne s'applique :

i) Ni aux accords internationaux auxquels sont parties un ou plusieurs États, une ou plusieurs organisations internationales et un ou plusieurs sujets du droit international autres que des États ou des organisations ;

ii) Ni aux accords internationaux auxquels sont parties une ou plusieurs organisations internationales et un ou plusieurs sujets du droit international autres que des États ou des organisations ;

iii) Ni aux accords internationaux non écrits entre un ou plusieurs États et une ou plusieurs organisations internationales, ou entre des organisations internationales ;

iv) Ni aux accords internationaux entre sujets du droit international autres que des États ou des organisations internationales ;

ne porte pas atteinte :

a) À la valeur juridique de tels accords ;

b) À l'application à ces accords de toutes règles énoncées dans la présente Convention auxquelles ils seraient soumis en vertu du droit international indépendamment de ladite Convention ;

c) À l'application de la Convention aux relations entre États et organisations internationales ou aux relations entre organisations, lorsque lesdites relations sont régies par des accords internationaux auxquels sont également parties d'autres sujets du droit international.

Article 4

Non-rétroactivité de la présente Convention

Sans préjudice de l'application de toutes règles énoncées dans la présente Convention auxquelles les traités entre un ou plusieurs États et une ou plusieurs organisations internationales ou entre des organisations internationales seraient soumis en vertu du droit international indépendamment de ladite Convention, celle-ci s'applique uniquement à de tels traités conclus après son entrée en vigueur à l'égard de ces États et de ces organisations.

Article 5

Traités constitutifs d'organisations internationales et traités adoptés au sein d'une organisation internationale

La présente Convention s'applique à tout traité entre un ou plusieurs États et une ou plusieurs organisations internationales qui est l'acte constitutif d'une organisation internationale et à tout traité adopté au sein d'une organisation internationale, sous réserve de toute règle pertinente de l'organisation.

PARTIE II. CONCLUSION ET ENTRÉE EN VIGUEUR DES TRAITÉS

Section 1. Conclusion des traités

Article 6

Capacité des organisations internationales de conclure des traités

La capacité d'une organisation internationale de conclure des traités est régie par les règles de cette organisation.

Article 7

Pleins pouvoirs

1. Une personne est considérée comme représentant un État pour l'adoption ou l'authentification du texte d'un traité ou pour exprimer le consentement de l'État à être lié par un traité :

a) Si cette personne produit de pleins pouvoirs appropriés ; ou

b) S'il ressort de la pratique ou d'autres circonstances qu'il était de l'intention des États et des organisations internationales concernés de considérer cette personne comme représentant l'État à ces fins sans présentation de pleins pouvoirs.

2. En vertu de leurs fonctions et sans avoir à produire de pleins pouvoirs, sont considérés comme représentant leur État :

a) Les chefs d'État, les chefs de gouvernement et les ministres des affaires étrangères, pour tous les actes relatifs à la conclusion d'un traité entre un ou plusieurs États et une ou plusieurs organisations internationales ;

b) Les représentants accrédités par les États à une conférence internationale, pour l'adoption du texte d'un traité entre des États et des organisations internationales ;

c) Les représentants accrédités par les États auprès d'une organisation internationale ou de l'un de ses organes, pour l'adoption du texte d'un traité au sein de cette organisation ou de cet organe ;

d) Les chefs de missions permanentes auprès d'une organisation internationale, pour l'adoption du texte d'un traité entre les États accréditants et cette organisation.

3. Une personne est considérée comme représentant une organisation internationale pour l'adoption ou l'authentification du texte d'un traité ou pour exprimer le consentement de cette organisation à être liée par un traité :

a) Si cette personne produit de pleins pouvoirs appropriés ; ou

b) S'il ressort des circonstances qu'il était de l'intention des États et des organisations internationales concernés de considérer cette personne comme représentant l'organisation à ces fins, conformément aux règles de ladite organisation, sans présentation de pleins pouvoirs.

Article 8

Confirmation ultérieure d'un acte accompli sans autorisation

Un acte relatif à la conclusion d'un traité accompli par une personne qui ne peut, en vertu de l'article 7, être considérée comme autorisée à représenter un État ou une organisation internationale à cette fin est sans effet juridique, à moins qu'il ne soit confirmé ultérieurement par cet État ou cette organisation.

Article 9

Adoption du texte

1. L'adoption du texte d'un traité s'effectue par le consentement de tous les États et de toutes les organisations internationales ou, selon le cas, de toutes les organisations participant à son élaboration, sauf dans les cas prévus au paragraphe 2.

2. L'adoption du texte d'un traité à une conférence internationale s'effectue conformément à la procédure dont sont convenus les participants à ladite conférence. Si cependant ces derniers ne parviennent pas à un accord sur cette procédure, l'adoption du texte s'effectuera par un vote à la majorité des deux tiers des participants présents et votants, à moins qu'ils ne décident, à la même majorité, d'appliquer une règle différente.

Article 10

Authentification du texte

1. Le texte d'un traité entre un ou plusieurs États et une ou plusieurs organisations internationales est arrêté comme authentique et définitif :

a) Suivant la procédure établie dans ce texte ou convenue par les États et par les organisations participant à l'élaboration du traité ; ou

b) À défaut d'une telle procédure, par la signature, la signature *ad referendum* ou le paraphe, par les représentants de ces États et de ces organisations, du texte du traité ou de l'acte final d'une conférence dans lequel le texte est consigné.

2. Le texte d'un traité entre des organisations est arrêté comme authentique et définitif :

a) Suivant la procédure établie dans ce texte ou convenue par les organisations participant à son élaboration ; ou *b)* À défaut d'une telle procédure, par la signature, la signature *ad referendum* ou le paraphe, par les représentants de ces États et de ces organisations, du texte du traité ou de l'acte final d'une conférence dans lequel le texte est consigné.

Article 11

Modes d'expression du consentement à être lié par un traité

1. Le consentement d'un État à être lié par un traité peut être exprimé par la signature, l'échange d'instruments constituant un traité, la ratification, l'acceptation, l'approbation ou l'adhésion, ou par tout autre moyen convenu.

2. Le consentement d'une organisation internationale à être liée par un traité peut être exprimé par la signature, l'échange d'instruments constituant un traité, un acte de confirmation formelle, l'acceptation, l'approbation ou l'adhésion, ou par tout autre moyen convenu.

Article 12

Expression, par la signature, du consentement à être lié par un traité

1. Le consentement d'un État ou d'une organisation internationale à être lié par un traité s'exprime par la signature du représentant de cet État ou de cette organisation :

a) Lorsque le traité prévoit que la signature aura cet effet ;

b) Lorsqu'il est par ailleurs établi que les États et les organisations ou, selon le cas, les organisations ayant participé à la négociation étaient convenus que la signature aurait cet effet ; ou

c) Lorsque l'intention de l'État ou de l'organisation de donner cet effet à la signature ressort de pleins pouvoirs de son représentant ou a été exprimée au cours de la négociation.

2. Aux fins du paragraphe 1 :

a) Le paraphe du texte vaut signature du traité lorsqu'il est établi que les États et les organisations ou, selon le cas, les organisations ayant participé à la négociation en étaient ainsi convenus ;

b) La signature *ad referendum* d'un traité par le représentant d'un État ou d'une organisation internationale, si elle est confirmée par cet État ou cette organisation, vaut signature définitive du traité.

Article 13

Expression, par l'échange d'instruments constituant un traité, du consentement à être lié par un traité

Le consentement des États ou des organisations internationales à être liés par un traité constitué par les instruments échangés entre eux s'exprime par cet échange :

a) Lorsque les instruments prévoient que leur échange aura cet effet ; ou *b)* Lorsqu'il est par ailleurs établi que ces États et ces organisations ou, selon le cas, ces organisations étaient convenus que l'échange des instruments aurait cet effet.

Article 14

Expression, par la ratification, un acte de confirmation formelle, l'acceptation ou l'approbation, du consentement à être lié par un traité

1. Le consentement d'un État à être lié par un traité s'exprime par la ratification :

a) Lorsque le traité prévoit que ce consentement s'exprime par la ratification ;

b) Lorsqu'il est par ailleurs établi que les États et les organisations ayant participé à la négociation étaient convenus que la ratification serait requise ;

c) Lorsque le représentant de cet État a signé le traité sous réserve de ratification ; ou

d) Lorsque l'intention de cet État de signer le traité sous réserve de ratification ressort de pleins pouvoirs de son représentant ou a été exprimée au cours de la négociation.

2. Le consentement d'une organisation internationale à être liée par un traité s'exprime par un acte de confirmation formelle :

a) Lorsque le traité prévoit que ce consentement s'exprime par un acte de confirmation formelle ;

b) Lorsqu'il est par ailleurs établi que les États et les organisations ou, selon le cas, les organisations ayant participé à la négociation étaient convenus qu'un acte de confirmation formelle serait requis ;

c) Lorsque le représentant de cette organisation a signé le traité sous réserve d'un acte de confirmation formelle ; ou

d) Lorsque l'intention de cette organisation de signer le traité sous réserve d'un acte de confirmation formelle ressort de pleins pouvoirs de son représentant ou a été exprimée au cours de la négociation.

3. Le consentement d'un État ou d'une organisation internationale à être lié par un traité s'exprime par l'acceptation ou l'approbation dans des conditions analogues à celles qui s'appliquent à la ratification ou, selon le cas, à un acte de confirmation formelle.

Article 15

Expression, par l'adhésion, du consentement à être lié par un traité

Le consentement d'un État ou d'une organisation internationale à être lié par un traité s'exprime par l'adhésion :

a) Lorsque le traité prévoit que ce consentement peut être exprimé par cet État ou cette organisation par voie d'adhésion ;

b) Lorsqu'il est par ailleurs établi que les États et les organisations ou, selon le cas, les organisations ayant participé à la négociation étaient convenus que ce consentement pourrait être exprimé par cet État ou cette organisation par voie d'adhésion ; ou

c) Lorsque toutes les parties sont convenues ultérieurement que ce consentement pourrait être exprimé par cet État ou cette organisation par voie d'adhésion.

Article 16

Échange ou dépôt des instruments de ratification, de confirmation formelle, d'acceptation, d'approbation ou d'adhésion

1. À moins que le traité n'en dispose autrement, les instruments de ratification, les instruments relatifs à un acte de confirmation formelle ou les instruments d'acceptation, d'approbation ou d'adhésion établissent le consentement d'un État ou d'une organisation internationale à être lié par un traité entre un ou plusieurs États et une ou plusieurs organisations internationales au moment :

a) De leur échange entre les États contractants et les organisations contractantes ;

b) De leur dépôt auprès du dépositaire ; ou

c) De leur notification aux États contractants et aux organisations contractantes ou au dépositaire, s'il en est ainsi convenu.

2. À moins que le traité n'en dispose autrement, les instruments relatifs à un acte de confirmation formelle ou les instruments d'acceptation, d'approbation ou d'adhésion établissent le consentement d'une organisation internationale à être liée par un traité entre des organisations internationales au moment

a) De leur échange entre les organisations contractantes ;

b) De leur dépôt auprès du dépositaire ; ou

c) De leur notification aux organisations contractantes ou au dépositaire, s'il en est ainsi convenu.

Article 17

Consentement à être lié par une partie d'un traité et choix entre des dispositions différentes

1. Sans préjudice des articles 19 à 23, le consentement d'un État ou d'une organisation internationale à être lié par une partie d'un traité ne produit effet que si le traité le permet ou si les États contractants et les organisations contractantes ou, selon le cas, les organisations contractantes y consentent.

2. Le consentement d'un État ou d'une organisation internationale à être lié par un traité qui permet de choisir entre des dispositions différentes ne produit effet que si les dispositions sur lesquelles il porte sont clairement indiquées.

Article 18

Obligation de ne pas priver un traité de son objet et de son but avant son entrée en vigueur

Un État ou une organisation internationale doit s'abstenir d'actes qui priveraient un traité de son objet et de son but :

a) Lorsque cet État ou cette organisation a signé le traité ou a échangé les instruments constituant le traité sous réserve de ratification, d'un acte de confirmation formelle, d'acceptation ou d'approbation, tant que cet État ou cette organisation n'a pas manifesté son intention de ne pas devenir partie au traité ; ou

b) Lorsque cet État ou cette organisation a exprimé son consentement à être lié par le traité, dans la période qui précède l'entrée en vigueur du traité et à condition que celle-ci ne soit pas indûment retardée.

Section 2. Réserves

Article 19

Formulation des réserves

Un État ou une organisation internationale, au moment de signer, de ratifier, de confirmer formellement, d'accepter, d'approuver un traité ou d'y adhérer, peut formuler une réserve, à moins :

a) Que la réserve ne soit interdite par le traité ;

b) Que le traité ne dispose que seules des réserves déterminées, parmi lesquelles ne figure pas la réserve en question, peuvent être faites ; ou

c) Que, dans les cas autres que ceux visés aux alinéas *a)* et *b)*, la réserve ne soit incompatible avec l'objet et le but du traité.

Article 20

Acceptation des réserves et objections aux réserves

1. Une réserve expressément autorisée par un traité n'a pas à être ultérieurement acceptée par les États contractants et par les organisations contractantes ou, selon le cas, par les organisations contractantes, à moins que le traité ne le prévoie.

2. Lorsqu'il ressort du nombre restreint d'États et d'organisations ou, selon le cas, d'organisations ayant participé à la négociation, ainsi que de l'objet et du but d'un traité, que l'application du traité dans son intégralité entre toutes les parties est une condition essentielle du consentement de chacune d'elles à être liée par le traité, une réserve doit être acceptée par toutes les parties.

3. Lorsqu'un traité est un acte constitutif d'une organisation internationale et à moins qu'il n'en dispose autrement, une réserve exige l'acceptation de l'organe compétent de cette organisation.

4. Dans les cas autres que ceux visés aux paragraphes précédents et à moins que le traité n'en dispose autrement :

a) L'acceptation d'une réserve par un État contractant ou par une organisation contractante fait de l'État ou de l'organisation internationale auteur de la réserve une partie au traité par rapport à l'État ou à l'organisation ayant accepté la réserve si le traité est en vigueur ou lorsqu'il entre en vigueur pour l'auteur de la réserve et l'État ou l'organisation qui a accepté la réserve ;

b) L'objection faite à une réserve par un État contractant ou par une organisation contractante n'empêche pas le traité d'entrer en vigueur entre l'État ou l'organisation internationale qui a formulé l'objection et l'État ou l'organisation auteur de la réserve, à moins que l'intention contraire n'ait été nettement exprimée par l'État ou par l'organisation qui a formulé l'objection ;

c) Un acte exprimant le consentement d'un État ou d'une organisation internationale à être lié par le traité et contenant une réserve prend effet dès qu'au moins un État contractant ou une organisation contractante a accepté la réserve.

5. Aux fins des paragraphes 2 et 4 et à moins que le traité n'en dispose autrement, une réserve est réputée avoir été acceptée par un État ou une organisation internationale si ces derniers n'ont pas formulé d'objection à la réserve soit à l'expiration des douze mois qui suivent la date à laquelle ils en ont reçu notification, soit à la date à laquelle ils ont exprimé leur consentement à être liés par le traité, si celle-ci est postérieure.

Article 21

Effets juridiques des réserves et des objections aux réserves

1. Une réserve établie à l'égard d'une autre partie conformément aux articles 19, 20 et 23 :

a) Modifie pour l'État ou pour l'organisation internationale auteur de la réserve dans ses relations avec cette autre partie les dispositions du traité sur lesquelles porte la réserve, dans la mesure prévue par cette réserve ; et

b) Modifie ces dispositions dans la même mesure pour cette autre partie dans ses relations avec l'État ou avec l'organisation internationale auteur de la réserve.

2. La réserve ne modifie pas les dispositions du traité pour les autres parties au traité dans leurs rapports *inter se*.

3. Lorsqu'un État ou une organisation internationale qui a formulé une objection à une réserve ne s'est pas opposé à l'entrée en vigueur du traité entre lui-même ou elle-même et l'État ou l'organisation auteur de la réserve, les dispositions sur lesquelles porte la réserve ne s'appliquent pas entre l'auteur de la réserve et l'État ou l'organisation qui a formulé l'objection, dans la mesure prévue par la réserve.

Article 22

Retrait des réserves et des objections aux réserves

1. À moins que le traité n'en dispose autrement, une réserve peut à tout moment être retirée sans que le consentement de l'État ou de l'organisation internationale qui a accepté la réserve soit nécessaire pour son retrait.

2. À moins que le traité n'en dispose autrement, une objection à une réserve peut à tout moment être retirée.

3. À moins que le traité n'en dispose autrement ou qu'il n'en soit convenu autrement,

a) Le retrait d'une réserve ne prend effet à l'égard d'un État contractant ou d'une organisation contractante que lorsque cet État ou cette organisation en a reçu notification ;

b) Le retrait d'une objection à une réserve ne prend effet que lorsque l'État ou l'organisation internationale qui a formulé la réserve a reçu notification de ce retrait.

Article 23

Procédure relative aux réserves

1. La réserve, l'acceptation expresse d'une réserve et l'objection à une réserve doivent être formulées par écrit et communiquées aux États contractants et aux organisations contractantes et aux autres États et autres organisations internationales ayant qualité pour devenir parties au traité.

2. Lorsqu'elle est formulée lors de la signature du traité sous réserve de ratification, d'un acte de confirmation formelle, d'acceptation ou d'approbation, une réserve doit être confirmée formellement par l'État ou par l'organisation internationale qui en est l'auteur au moment où il exprime son consentement à être lié par le traité. En pareil cas, la réserve sera réputée avoir été faite à la date à laquelle elle a été confirmée.

3. Une acceptation expresse d'une réserve ou d'une objection faite à une réserve, si elles sont antérieures à la confirmation de cette dernière, n'ont pas besoin d'être elles-mêmes confirmées.

4. Le retrait d'une réserve ou d'une objection à une réserve doit être formulé par écrit.

Section 3. Entrée en vigueur des traités et application à titre provisoire

Article 24

Entrée en vigueur

1. Un traité entre en vigueur suivant les modalités et à la date fixées par ses dispositions ou par un accord entre les États et les organisations ou, selon le cas, entre les organisations ayant participé à la négociation.

2. À défaut de telles dispositions ou d'un tel accord, un traité entre en vigueur dès que le consentement à être lié par le traité a été établi pour tous les États et toutes les

organisations ou, selon le cas, pour toutes les organisations ayant participé à la négociation.

3. Lorsque le consentement d'un État ou d'une organisation internationale à être lié par un traité est établi à une date postérieure à l'entrée en vigueur dudit traité, celui-ci, à moins qu'il n'en dispose autrement, entre en vigueur à l'égard de cet État ou de cette organisation à cette date.

4. Les dispositions d'un traité qui réglementent l'authentification du texte, l'établissement du consentement à être lié par le traité, les modalités ou la date d'entrée en vigueur, les réserves, les fonctions du dépositaire, ainsi que les autres questions qui se posent nécessairement avant l'entrée en vigueur du traité, sont applicables dès l'adoption du texte.

Article 25

Application à titre provisoire

1. Un traité ou une partie d'un traité s'applique à titre provisoire en attendant son entrée en vigueur :

a) Si le traité lui-même en dispose ainsi ; ou

b) Si les États et les organisations ou, selon le cas, les organisations ayant participé à la négociation en étaient ainsi convenus d'une autre manière.

2. À moins que le traité n'en dispose autrement ou que les États et les organisations internationales ayant participé à la négociation ou, selon le cas, les organisations ayant participé à la négociation n'en soient convenus autrement, l'application à titre provisoire d'un traité ou d'une partie d'un traité à l'égard d'un État ou d'une organisation prend fin si cet État ou cette organisation notifie aux États et aux organisations entre lesquels le traité est appliqué provisoirement son intention de ne pas devenir partie au traité.

PARTIE III. RESPECT, APPLICATION ET INTERPRÉTATION DES TRAITÉS

Section 1. Respect des traités

Article 26

Pacta sunt servanda

Tout traité en vigueur lie les parties et doit être exécuté par elles de bonne foi.

Article 27

Droit interne des États, règles des organisations internationales et respect des traités

1. Un État partie à un traité ne peut invoquer les dispositions de son droit interne comme justifiant la non-exécution du traité.

2. Une organisation internationale partie à un traité ne peut invoquer les règles de l'organisation comme justifiant la non-exécution du traité.

3. Les règles énoncées dans les paragraphes précédents sont sans préjudice de l'article 46.

Section 2. Application des traités

Article 28

Non-rétroactivité des traités

À moins qu'une intention différente ne ressorte du traité ou ne soit par ailleurs établie, les dispositions d'un traité ne lient pas une partie en ce qui concerne un acte ou fait antérieur à la date d'entrée en vigueur de ce traité au regard de cette partie ou une situation qui avait cessé d'exister à cette date.

Article 29

Application territoriale des traités

À moins qu'une intention différente ne ressorte du traité ou ne soit par ailleurs établie, un traité entre un ou plusieurs États et une ou plusieurs organisations internationales lie chacun des États parties à l'égard de l'ensemble de son territoire.

Article 30

Application de traités successifs portant sur la même matière

1. Les droits et obligations des États et organisations internationales parties à des traités successifs portant sur la même matière sont déterminés conformément aux paragraphes suivants.

2. Lorsqu'un traité précise qu'il est subordonné à un traité antérieur ou postérieur ou qu'il ne doit pas être considéré comme incompatible avec cet autre traité, les dispositions de celui-ci l'emportent

3. Lorsque toutes les parties au traité antérieur sont également parties au traité postérieur, sans que le traité antérieur ait pris fin ou que son application ait été suspendue en vertu de l'article 59, le traité antérieur ne s'applique que dans la mesure où ses dispositions sont compatibles avec celles du traité postérieur.

4. Lorsque les parties au traité antérieur ne sont pas toutes parties au traité postérieur :

a) Dans les relations entre deux parties, qui sont chacune partie aux deux traités, la règle applicable est celle qui est énoncée au paragraphe 3 ;

b) Dans les relations entre une partie aux deux traités et une partie à un traité seulement, le traité auquel elles sont toutes deux parties régit leurs droits et obligations réciproques.

5. Le paragraphe 4 s'applique sans préjudice de l'article 41, de toute question d'extinction ou de suspension de l'application d'un traité aux termes de l'article 60, ou de toute question de responsabilité qui peut naître pour un État ou une organisation internationale de la conclusion ou de l'application d'un traité dont les dispositions sont incompatibles avec les obligations qui lui incombent à l'égard d'un État ou d'une organisation en vertu d'un autre traité.

6. Les paragraphes précédents sont sans préjudice du fait que, en cas de conflit entre les obligations découlant de la Charte des Nations Unies et les obligations découlant d'un traité, les premières prévaudront.

Section 3. Interprétation des traités

Article 31

Règle générale d'interprétation

1. Un traité doit être interprété de bonne foi suivant le sens ordinaire à attribuer aux termes du traité dans leur contexte et à la lumière de son objet et de son but.

2. Aux fins de l'interprétation d'un traité, le contexte comprend, outre le texte, préambule et annexes inclus :

a) Tout accord ayant rapport au traité et qui est intervenu entre toutes les parties à l'occasion de la conclusion du traité ;

b) Tout instrument établi par une ou plusieurs parties à l'occasion de la conclusion du traité et accepté par les autres parties en tant qu'instrument ayant rapport au traité.

3. Il sera tenu compte, en même temps que du contexte :

a) De tout accord ultérieur intervenu entre les parties au sujet de l'interprétation du traité ou de l'application de ses dispositions ;

b) De toute pratique ultérieurement suivie dans l'application du traité par laquelle est établi l'accord des parties à l'égard de l'interprétation du traité ;

c) De toute règle pertinente de droit international applicable dans les relations entre les parties.

4. Un terme sera entendu dans un sens particulier s'il est établi que telle était l'intention des parties.

Article 32

Moyens complémentaires d'interprétation

Il peut être fait appel à des moyens complémentaires d'interprétation, et notamment aux travaux préparatoires et aux circonstances dans lesquelles le traité a été conclu, en vue soit de confirmer le sens résultant de l'application de l'article 31, soit de déterminer le sens lorsque l'interprétation donnée conformément à l'article 31 :

a) Laisse le sens ambigu ou obscur : ou

b) Conduit à un résultat qui est manifestement absurde ou déraisonnable.

Article 33

Interprétation de traités authentifiés en deux ou plusieurs langues

1. Lorsqu'un traité a été authentifié en deux ou plusieurs langues, son texte fait foi dans chacune de ces langues, à moins que le traité ne dispose ou que les parties ne conviennent qu'en cas de divergence, un texte déterminé l'emportera.

2. Une version du traité dans une langue autre que l'une de celles dans lesquelles le texte a été authentifié ne sera considérée comme texte authentique que si le traité le prévoit ou si les parties en sont convenues.

3. Les termes d'un traité sont présumés avoir le même sens dans les divers textes authentiques.

4. Sauf le cas où un texte déterminé l'emporte conformément au paragraphe 1, lorsque la comparaison des textes authentiques fait apparaître une différence de sens que l'application des articles 31 et 32 ne permet pas d'éliminer, on adoptera le sens qui, compte tenu de l'objet et du but du traité, concilie le mieux ces textes.

Section 4. Traités et États tiers ou organisations tierces

Article 34

Règle générale concernant les États tiers ou les organisations tierces

Un traité ne crée ni obligations ni droits pour un État tiers ou pour une organisation tierce sans le consentement de cet État ou de cette organisation.

Article 35

Traités prévoyant des obligations pour des États tiers ou des organisations tierces

Une obligation naît pour un État tiers ou une organisation tierce d'une disposition d'un traité si les parties à ce traité entendent créer l'obligation au moyen de cette disposition et si l'État tiers ou l'organisation tierce accepte expressément par écrit cette obligation. L'acceptation par l'organisation tierce d'une telle obligation est régie par les règles de cette organisation.

Article 36

Traités prévoyant des droits pour des États tiers ou des organisations tierces

1. Un droit naît pour un État tiers d'une disposition d'un traité si les parties à ce traité entendent, par cette disposition, conférer ce droit soit à l'État tiers ou à un groupe d'États auquel il appartient, soit à tous les États, et si l'État tiers y consent. Le consentement est présumé tant qu'il n'y a pas d'indication contraire, à moins que le traité n'en dispose autrement.

2. Un droit naît pour une organisation tierce d'une disposition d'un traité si les parties à ce traité entendent, par cette disposition, conférer ce droit soit à l'organisation tierce ou à un groupe d'organisations internationales auquel elle appartient, soit à toutes les organisations, et si l'organisation tierce y consent. Le consentement est régi par les règles de l'organisation.

3. Un État ou une organisation internationale qui exerce un droit en application du paragraphe 1 ou 2 est tenu de respecter, pour l'exercice de ce droit, les conditions prévues dans le traité ou établies conformément à ses dispositions.

Article 37

Révocation ou modification d'obligations ou de droits d'États tiers ou d'organisations tierces

1. Au cas où une obligation est née pour un État tiers ou une organisation tierce conformément à l'article 35, cette obligation ne peut être révoquée ou modifiée que par le consentement des parties au traité et de l'État tiers ou de l'organisation tierce, à moins qu'il ne soit établi qu'elles en étaient convenues autrement.

2. Au cas où un droit est né pour un État tiers ou une organisation tierce conformément à l'article 36, ce droit ne peut pas être révoqué ou modifié par les parties s'il est établi qu'il était destiné à ne pas être révocable ou modifiable sans le consentement de l'État tiers ou de l'organisation tierce.

3. Le consentement d'une organisation internationale partie au traité ou d'une organisation tierce, prévu aux paragraphes qui précèdent, est régi par les règles de cette organisation.

Article 38

Règles d'un traité devenant obligatoires pour des États tiers ou des organisations tierces par la formation d'une coutume internationale

Aucune disposition des articles 34 à 37 ne s'oppose à ce qu'une règle énoncée dans un traité devienne obligatoire pour un État tiers ou une organisation tierce en tant que règle coutumière de droit international reconnue comme telle.

PARTIE IV. AMENDEMENT ET MODIFICATION DES TRAITÉS

Article 39

Règle générale relative à l'amendement des traités

1. Un traité peut être amendé par accord entre les parties. Sauf dans la mesure où le traité en dispose autrement, les règles énoncées dans la partie II s'appliquent à un tel accord.

2. Le consentement d'une organisation internationale à un accord prévu au paragraphe 1 est régi par les règles de cette organisation.

Article 40

Amendement des traités multilatéraux

1. À moins que le traité n'en dispose autrement, l'amendement des traités multilatéraux est régi par les paragraphes suivants.

2. Toute proposition tendant à amender un traité multilatéral dans les relations entre toutes les parties doit être notifiée à tous les États contractants et à toutes les organisations contractantes, et chacun d'eux est en droit de prendre part :

a) À la décision sur la suite à donner à cette proposition ;

b) À la négociation et à la conclusion de tout accord ayant pour objet d'amender le traité.

3. Tout État ou toute organisation internationale ayant qualité pour devenir partie au traité a également qualité pour devenir partie au traité tel qu'il est amendé.

4. L'accord portant amendement ne lie pas les États ou les organisations internationales qui sont déjà parties au traité et qui ne deviennent pas parties à cet accord ; l'alinéa *b)* du paragraphe 4 de l'article 30 s'applique à l'égard de ces États ou de ces organisations.

5. Tout État ou toute organisation internationale qui devient partie au traité après l'entrée en vigueur de l'accord portant amendement est, faute d'avoir exprimé une intention différente, considéré comme étant :

a) Partie au traité tel qu'il est amendé ; et

b) Partie au traité non amendé au regard de toute partie au traité qui n'est pas liée par l'accord portant amendement.

Article 41

Accords ayant pour objet de modifier des traités multilatéraux dans les relations entre certaines parties seulement

1. Deux ou plusieurs parties à un traité multilatéral peuvent conclure un accord ayant pour objet de modifier le traité dans leurs relations mutuelles seulement :

a) Si la possibilité d'une telle modification est prévue par le traité ; ou

b) Si la modification en question n'est pas interdite par le traité, à condition qu'elle :

i) Ne porte atteinte ni à la jouissance par les autres parties des droits qu'elles tiennent du traité ni à l'exécution de leurs obligations ; et

ii) Ne porte pas sur une disposition à laquelle il ne peut être dérogé sans qu'il y ait incompatibilité avec la réalisation effective de l'objet et du but du traité pris dans son ensemble.

2. À moins que, dans le cas prévu à l'alinéa *a)* du paragraphe l, le traité n'en dispose autrement, les parties en question doivent notifier aux autres parties leur intention de conclure l'accord et les modifications que ce dernier apporte au traité.

PARTIE V. NULLITÉ, EXTINCTION ET SUSPENSION DE L'APPLICATION DES TRAITÉS

Section 1. Dispositions générales

Article 42

Validité et maintien en vigueur des traités

1. La validité d'un traité ou du consentement d'un État ou d'une organisation internationale à être lié par un tel traité ne peut être contestée qu'en application de la présente Convention.

2. L'extinction d'un traité, sa dénonciation ou le retrait d'une partie ne peuvent avoir lieu qu'en application des dispositions du traité ou de la présente Convention. La même règle vaut pour la suspension de l'application d'un traité.

Article 43

Obligations imposées par le droit international indépendamment d'un traité

La nullité, l'extinction ou la dénonciation d'un traité, le retrait d'une des parties ou la suspension de l'application du traité, lorsqu'ils résultent de l'application de la présente Convention ou des dispositions du traité, n'affectent en aucune manière le devoir d'un État ou d'une organisation internationale de remplir toute obligation énoncée dans le traité à laquelle cet État ou cette organisation est soumis en vertu du droit international indépendamment dudit traité.

Article 44

Divisibilité des dispositions d'un traité

1. Le droit pour une partie, prévu dans un traité ou résultant de l'article 56, de dénoncer le traité, de s'en retirer ou d'en suspendre l'application ne peut être exercé qu'à l'égard de l'ensemble du traité, à moins que ce dernier n'en dispose ou que les parties n'en conviennent autrement.

2. Une cause de nullité ou d'extinction d'un traité, de retrait d'une des parties ou de suspension de l'application du traité reconnue aux termes de la présente Convention ne peut être invoquée qu'à l'égard de l'ensemble du traité, sauf dans les conditions prévues aux paragraphes suivants ou à l'article 60.

3. Si la cause en question ne vise que certaines clauses déterminées, elle ne peut être invoquée qu'à l'égard de ces seules clauses lorsque :

a) Ces clauses en question sont séparables du reste du traité en ce qui concerne leur exécution ;

b) Il ressort du traité où il est par ailleurs établi que l'acceptation des clauses en question n'a pas constitué pour l'autre partie ou pour les autres parties au traité une base essentielle de leur consentement à être liées par le traité dans son ensemble ; et

c) Il n'est pas injuste de continuer à exécuter ce qui subsiste du traité.

4. Dans les cas relevant des articles 49 et 50, l'État ou l'organisation internationale qui a le droit d'invoquer le dol ou la corruption peut le faire soit à l'égard de l'ensemble du traité soit, dans le cas visé au paragraphe 3, à l'égard seulement de certaines clauses déterminées.

5. Dans les cas prévus aux articles 51, 52 et 53, la division des dispositions d'un traité n'est pas admise.

Article 45

Perte du droit d'invoquer une cause de nullité d'un traité ou un motif d'y mettre fin, de s'en retirer ou d'en suspendre l'application

1. Un État ne peut plus invoquer une cause de nullité d'un traité ou un motif d'y mettre fin, de s'en retirer ou d'en suspendre l'application en vertu des articles 46 à 50 ou des articles 60 et 62 si, après avoir eu connaissance des faits, cet État :

a) À explicitement accepté de considérer que, selon le cas, le traité est valable, reste en vigueur ou continue d'être applicable ; ou

b) Doit, en raison de sa conduite, être considéré comme ayant acquiescé, selon le cas, à la validité du traité ou à son maintien en vigueur ou en application.

2. Une organisation internationale ne peut plus invoquer une cause de nullité d'un traité ou un motif d'y mettre fin, de s'en retirer ou d'en suspendre l'application en vertu des articles 46 à 50 ou des articles 60 et 62 si, après avoir eu connaissance des faits, cette organisation :

a) À explicitement accepté de considérer que, selon le cas, le traité est valable, reste en vigueur ou continue d'être applicable ; ou

b) Doit, en raison de la conduite de l'organe compétent, être considérée comme ayant renoncé au droit d'invoquer cette cause ou ce motif.

Section 2. Nullité des traités

Article 46

Dispositions du droit interne d'un État et règles d'une organisation internationale concernant la compétence pour conclure des traités

1. Le fait que le consentement d'un État à être lié par un traité a été exprimé en violation d'une disposition de son droit interne concernant la compétence pour conclure des traités ne peut être invoqué par cet État comme viciant son consentement, à moins que cette violation n'ait été manifeste et ne concerne une règle de son droit interne d'importance fondamentale.

2. Le fait que le consentement d'une organisation internationale à être liée par un traité a été exprimé en violation des règles de l'organisation concernant la compétence pour conclure des traités ne peut être invoqué par cette organisation comme viciant son consentement, à moins que cette violation n'ait été manifeste et ne concerne une règle d'importance fondamentale.

3. Une violation est manifeste si elle est objectivement évidente pour tout État ou toute organisation internationale se comportant en la matière conformément à la pratique habituelle des États et, le cas échéant, des organisations internationales et de bonne foi.

Article 47

Restriction particulière du pouvoir d'exprimer le consentement d'un État ou d'une organisation internationale

Si le pouvoir d'un représentant d'exprimer le consentement d'un État ou d'une organisation internationale à être lié par un traité déterminé a fait l'objet d'une restriction particulière, le fait que ce représentant n'a pas tenu compte de celle-ci ne peut pas être invoqué comme viciant le consentement qu'il a exprimé, à moins que la restriction n'ait été notifiée, avant l'expression de ce consentement, aux États et aux organisations ayant participé à la négociation.

Article 48

Erreur

1. Un État ou une organisation internationale peut invoquer une erreur dans un traité comme viciant son consentement à être lié par le traité si l'erreur porte sur un fait ou une situation que cet État ou cette organisation supposait exister au moment où le traité a été conclu et qui constituait une base essentielle du consentement de cet État ou de cette organisation à être lié par le traité.

2. Le paragraphe 1 ne s'applique pas lorsque ledit État ou ladite organisation internationale a contribué à cette erreur par son comportement ou lorsque les circonstances ont été telles qu'il ou elle devait être averti de la possibilité d'une erreur.

3. Une erreur ne concernant que la rédaction du texte d'un traité ne porte pas atteinte à sa validité ; dans ce cas, l'article 80 s'applique.

Article 49

Dol

Un État ou une organisation internationale amené à conclure un traité par la conduite frauduleuse d'un État ou d'une organisation ayant participé à la négociation peut invoquer le dol comme viciant son consentement à être lié par le traité.

Article 50

Corruption du représentant d'un État ou d'une organisation internationale

Un État ou une organisation internationale dont l'expression du consentement à être lié par un traité a été obtenue au moyen de la corruption de son représentant, par l'action directe ou indirecte d'un État ou d'une organisation ayant participé à la négociation, peut invoquer cette corruption comme viciant son consentement à être lié par le traité.

Article 51

Contrainte exercée sur le représentant d'un État ou d'une organisation internationale

L'expression par un État ou par une organisation internationale du consentement à être lié par un traité qui a été obtenu par la contrainte exercée sur le représentant de cet État ou de cette organisation au moyen d'actes ou de menaces dirigés contre lui est dépourvue de tout effet juridique.

Article 52

Contrainte exercée sur un État ou une organisation internationale par la menace ou l'emploi de la force

Est nul tout traité dont la conclusion a été obtenue par la menace ou l'emploi de la force en violation des principes du droit international incorporés dans la Charte des Nations Unies.

Article 53

Traités en conflit avec une norme impérative du droit international général (jus cogens)

Est nul tout traité qui, au moment de sa conclusion, est en conflit avec une norme impérative du droit international général. Aux fins de la présente Convention, une norme impérative du droit international général est une norme acceptée et reconnue par la communauté internationale des États dans son ensemble en tant que norme à laquelle aucune dérogation n'est permise et qui ne peut être modifiée que par une nouvelle norme du droit international général ayant le même caractère.

Section 3. Extinction des traités et suspension de leur application

Article 54

Extinction d'un traité ou retrait en vertu des dispositions du traité ou par consentement des parties

L'extinction d'un traité ou le retrait d'une partie peuvent avoir lieu

a) Conformément aux dispositions du traité ; ou

b) À tout moment, par consentement de toutes les parties, après consultation des États contractants et des organisations contractantes.

Article 55

Nombre des parties à un traité multilatéral tombant au-dessous du nombre nécessaire pour son entrée en vigueur

À moins que le traité n'en dispose autrement, un traité multilatéral ne prend pas fin pour le seul motif que le nombre des parties tombe au-dessous du nombre nécessaire pour son entrée en vigueur.

Article 56

Dénonciation ou retrait dans le cas d'un traité ne contenant pas de dispositions relatives à l'extinction, à la dénonciation ou au retrait

1. Un traité qui ne contient pas de dispositions relatives à son extinction et ne prévoit pas qu'on puisse le dénoncer ou s'en retirer ne peut faire l'objet d'une dénonciation ou d'un retrait, à moins :

a) Qu'il ne soit établi qu'il entrait dans l'intention des parties d'admettre la possibilité d'une dénonciation ou d'un retrait ; ou

b) Que le droit de dénonciation ou de retrait ne puisse être déduit de la nature du traité.

2. Une partie doit notifier au moins douze mois à l'avance son intention de dénoncer un traité ou de s'en retirer conformément aux dispositions du paragraphe 1.

Article 57

Suspension de l'application d'un traité en vertu de ses dispositions ou par consentement des parties

L'application d'un traité au regard de toutes les parties ou d'une partie déterminée peut être suspendue :

a) Conformément aux dispositions du traité ; ou

b) À tout moment, par consentement de toutes les parties, après consultation des États contractants et des organisations contractantes.

Article 58

Suspension de l'application d'un traité multilatéralpar accord entre certaines parties seulement

1. Deux ou plusieurs parties à un traité multilatéral peuvent conclure un accord ayant pour objet de suspendre, temporairement et entre elles seulement, l'application de dispositions du traité :

a) Si la possibilité d'une telle suspension est prévue par le traité ; ou

b) Si la suspension en question n'est pas interdite par le traité, à condition qu'elle

i) Ne porte atteinte ni à la jouissance par les autres parties des droits qu'elles tiennent du traité ni à l'exécution de leurs obligations ; et

ii) Ne soit pas incompatible avec l'objet et le but du traité.

2. À moins que, dans le cas prévu à l'alinéa *a)* du paragraphe 1, le traité n'en dispose autrement, les parties en question doivent notifier aux autres parties leur intention de conclure l'accord et les dispositions du traité dont elles ont l'intention de suspendre l'application.

Article 59

Extinction d'un traité ou suspension de son application implicite du fait de la conclusion d'un traité postérieur

1. Un traité est considéré comme ayant pris fin lorsque toutes les parties à ce traité concluent ultérieurement un traité portant sur la même matière et :

a) S'il ressort du traité postérieur ou s'il est par ailleurs établi que, selon l'intention des parties, la matière doit être régie par ce traité ; ou

b) Si les dispositions du traité postérieur sont incompatibles avec celles du traité antérieur à tel point qu'il est impossible d'appliquer les deux traités en même temps.

2. Le traité antérieur est considéré comme étant seulement suspendu s'il ressort du traité postérieur ou s'il est par ailleurs établi que telle était l'intention des parties.

Article 60

Extinction d'un traité ou suspension de son application comme conséquence de sa violation

1. Une violation substantielle d'un traité bilatéral par l'une des parties autorise l'autre partie à invoquer la violation comme motif pour mettre fin au traité ou suspendre son application en totalité ou en partie.

2. Une violation substantielle d'un traité multilatéral par l'une des parties autorise :

a) Les autres parties, agissant par accord unanime, à suspendre l'application du traité en totalité ou en partie ou à mettre fin à celui-ci:

i) Soit dans les relations entre elles-mêmes et l'État ou l'organisation internationale auteur de la violation ;

ii) Soit entre toutes les parties ;

b) Une partie spécialement atteinte par la violation à invoquer celle-ci comme motif de suspension de l'application du traité en totalité ou en partie dans les relations entre elle-même et l'État ou l'organisation internationale auteur de la violation ;

c) Toute partie autre que l'État ou l'organisation internationale auteur de la violation à invoquer la violation comme motif pour suspendre l'application du traité en totalité ou en partie en ce qui la concerne si ce traité est d'une nature telle qu'une violation substantielle de ses dispositions par une partie modifie radicalement la situation de chacune des parties quant à l'exécution ultérieure de ses obligations en vertu du traité.

3. Aux fins du présent article, une violation substantielle d'un traité est constituée par :

a) Un rejet du traité non autorisé par la présente Convention ; ou

b) La violation d'une disposition essentielle pour la réalisation de l'objet ou du but du traité.

4. Les paragraphes qui précèdent ne portent atteinte à aucune disposition du traité applicable en cas de violation.

5. Les paragraphes 1 à 3 ne s'appliquent pas aux dispositions relatives à la protection de la personne humaine contenues dans des traités de caractère humanitaire, notamment aux dispositions excluant toute forme de représailles à l'égard des personnes protégées par les dits traités.

Article 61

Survenance d'une situation rendant l'exécution impossible

1. Une partie peut invoquer l'impossibilité d'exécuter un traité comme motif pour y mettre fin ou pour s'en retirer si cette impossibilité résulte de la disparition ou des destructions définitives d'un objet indispensable à l'exécution de ce traité. Si l'impossibilité est temporaire, elle peut être invoquée seulement comme motif pour suspendre l'application du traité.

2. L'impossibilité d'exécution ne peut être invoquée par une partie comme motif pour mettre fin au traité, pour s'en retirer ou pour en suspendre l'application si cette impossibilité résulte d'une violation, par la partie qui l'invoque, soit d'une obligation du traité, soit de toute autre obligation internationale à l'égard de toute autre partie au traité.

Article 62

Changement fondamental de circonstances

1. Un changement fondamental de circonstances qui s'est produit par rapport à celles qui existaient au moment de la conclusion d'un traité et qui n'avait pas été prévu par les parties ne peut pas être invoqué comme motif pour mettre fin au traité ou pour s'en retirer, à moins :

a) Que l'existence de ces circonstances n'ait constitué une base essentielle du consentement des parties à être liées par le traité ; et

b) Que ce changement n'ait pour effet de transformer radicalement la portée des obligations qui restent à exécuter en vertu du traité.

2. Un changement fondamental de circonstances ne peut pas être invoqué comme motif pour mettre fin à un traité entre deux ou plusieurs États et une ou plusieurs organisations internationales ou pour s'en retirer s'il s'agit d'un traité établissant une frontière.

3. Un changement fondamental de circonstances ne peut pas être invoqué comme motif pour mettre fin à un traité ou pour s'en retirer si le changement fondamental résulte d'une violation, par la partie qui l'invoque, soit d'une obligation du traité, soit de toute autre obligation internationale à l'égard de toute autre partie au traité.

4. Si une partie peut, conformément aux paragraphes qui précèdent, invoquer un changement fondamental de circonstances comme motif pour mettre fin à un traité ou pour s'en retirer, elle peut également ne l'invoquer que pour suspendre l'application du traité.

Article 63

Rupture des relations diplomatiques ou consulaires

La rupture des relations diplomatiques ou consulaires entre États parties à un traité entre deux ou plusieurs États et une ou plusieurs organisations internationales est sans effet sur les relations juridiques établies entre ces États par le traité, sauf dans la mesure où l'existence de relations diplomatiques ou consulaires est indispensable à l'application du traité.

Article 64

Survenance d'une nouvelle norme impérative du droit international (jus cogens)

Si une nouvelle norme impérative du droit international général survient, tout traité existant qui est en conflit avec cette norme devient nul et prend fin.

Section 4. Procédure

Article 65

Procédure à suivre concernant la nullité d'un traité, son extinction, le retrait d'une partie ou la suspension de l'application du traité

1. La partie qui, sur la base des dispositions de la présente Convention, invoque soit un vice de son consentement à être liée par un traité, soit un motif de contester la validité d'un traité, d'y mettre fin, de s'en retirer ou d'en suspendre l'application doit notifier sa prétention aux autres parties. La notification doit indiquer la mesure envisagée à l'égard du traité et les raisons de celle-ci.

2. Si, après un délai qui, sauf en cas d'urgence particulière, ne saurait être inférieur à trois mois à compter de la réception de la notification, aucune partie n'a fait objection, la partie qui a fait la notification peut prendre, dans les formes prévues à l'article 67, la mesure qu'elle a envisagée.

3. Si toutefois une objection a été soulevée par une autre partie, les parties devront rechercher une solution par les moyens indiqués à l'Article 33 de la Charte des Nations Unies

4. La notification ou l'objection faite par une organisation internationale est régie par les règles de cette organisation.

5. Rien dans les paragraphes qui précèdent ne porte atteinte aux droits ou obligations des parties découlant de toute disposition en vigueur entre elles concernant le règlement des différends.

6. Sans préjudice de l'article 45, le fait qu'un État ou une organisation internationale n'ait pas adressé la notification prescrite au paragraphe 1 ne l'empêche pas de faire cette notification en réponse à une autre partie qui demande l'exécution du traité ou qui allègue sa violation.

Article 66

Procédures de règlement judiciaire, d'arbitrage et de conciliation

1. Si, dans les douze mois qui ont suivi la date à laquelle l'objection a été soulevée, il n'a pas été possible de parvenir à une solution conformément au paragraphe 3 de l'article 65, les procédures indiquées dans les paragraphes suivants seront appliquées.

2. S'agissant d'un différend concernant l'application ou l'interprétation des articles 53 ou 64 :

   a) Tout État partie au différend auquel un ou plusieurs États sont parties peut, par une requête, saisir la Cour internationale de Justice afin qu'elle se prononce sur le différend ;

b) Tout État partie au différend auquel une ou plusieurs organisations internationales sont parties peut, au besoin par l'intermédiaire d'un État Membre de l'Organisation des Nations Unies, prier l'Assemblée générale ou le Conseil de sécurité ou, le cas échéant, l'organe compétent d'une organisation internationale qui est partie au différend et autorisée conformément à l'Article 96 de la Charte des Nations Unies de demander un avis consultatif à la Cour internationale de Justice conformément à l'Article 65 du Statut de la Cour ;

c) Si l'Organisation des Nations Unies ou une organisation internationale autorisée conformément à l'Article 96 de la Charte des Nations Unies sont parties au différend, elles peuvent demander un avis consultatif à la Cour internationale de Justice conformément a l'Article 65 du Statut de la Cour ;

d) Toute organisation internationale autre que les organisations visées à l'alinéa *c)* qui est partie au différend peut, par l'intermédiaire d'un État Membre de l'Organisation des Nations Unies, suivre la procédure indiquée à l'alinéa *b)* ;

e) L'avis donné par la Cour en vertu des alinéas *b)*, *c)* ou *d)* sera accepté comme décisif par toutes les parties au différend ;

f) S'il n'est pas fait droit à la demande d'avis consultatif présentée en vertu des alinéas *b)*, *c)* ou *d)*, toute partie au différend peut, par notification écrite à l'autre partie ou aux autres parties, soumettre le différend à l'arbitrage conformément aux dispositions de l'Annexe à la présente Convention.

3. Les dispositions du paragraphe 2 s'appliquent à moins que toutes les parties à un différend relevant dudit paragraphe ne décident d'un commun accord de le soumettre à une procédure d'arbitrage, notamment à la procédure définie dans l'Annexe à la présente Convention.

4. En cas de différend relatif à l'application ou à l'interprétation de l'un quelconque des articles de la partie V de la présente Convention autre que les articles 53 et 64, toute partie au différend peut mettre en œuvre la procédure de conciliation prévue à l'Annexe à la Convention en adressant une demande à cet effet au Secrétaire général de l'Organisation des Nations Unies.

Article 67

Instruments ayant pour objet de déclarer la nullité d'un traité, d'y mettre fin, de réaliser le retrait ou de suspendre l'application du traité

1. La notification prévue au paragraphe 1 de l'article 65 doit être faite par écrit.

2. Tout acte déclarant la nullité d'un traité, y mettant fin ou réalisant le retrait ou la suspension de l'application du traité sur la base de ses dispositions ou des paragraphes 2 ou 3 de l'article 65 doit être consigné dans un instrument communiqué aux autres parties. Si l'instrument émanant d'un État n'est pas signé par le chef de l'État, le chef du gouvernement ou le ministre des affaires étrangères, le représentant de l'État qui fait

la communication peut être invité à produire ses pleins pouvoirs. Si l'instrument émane d'une organisation internationale, le représentant de l'organisation qui fait la communication peut être invité à produire ses pleins pouvoirs.

Article 68

Révocation des notifications et des instruments prévus aux articles 65 et 67

Une notification ou un instrument prévus aux articles 65 et 67 peuvent être révoqués à tout moment avant qu'ils aient pris effet.

Section 5. Conséquences de la nullité, de l'extinction ou de la suspension de l'application d'un traité

Article 69

Conséquences de la nullité d'un traité

1. Est nul un traité dont la nullité est établie en vertu de la présente Convention. Les dispositions d'un traité nul n'ont pas de force juridique.

2. Si des actes ont néanmoins été accomplis sur la base d'un tel traité :

a) Toute partie peut demander à toute autre partie d'établir pour autant que possible dans leurs relations mutuelles la situation qui aurait existé si ces actes n'avaient pas été accomplis ;

b) Les actes accomplis de bonne foi avant que la nullité ait été invoquée ne sont pas rendus illicites du seul fait de la nullité du traité.

3. Dans les cas qui relèvent des articles 49, 50, 51 ou 52, le paragraphe 2 ne s'applique pas à l'égard de la partie à laquelle le dol, l'acte de corruption ou la contrainte est imputable.

4. Dans le cas où le consentement d'un État ou d'une organisation internationale déterminé à être lié par un traité multilatéral est vicié, les règles qui précèdent s'appliquent dans les relations entre ledit État ou ladite organisation et les parties au traité.

Article 70

Conséquences de l'extinction d'un traité

1. À moins que le traité n'en dispose ou que les parties n'en conviennent autrement, le fait qu'un traité a pris fin en vertu de ses dispositions ou conformément à la présente Convention

a) Libère les parties de l'obligation de continuer d'exécuter le traité ;

b) Ne porte atteinte à aucun droit, aucune obligation, ni aucune situation juridique des parties, créés par l'exécution du traité avant qu'il ait pris fin.

2. Lorsqu'un État ou une organisation internationale dénonce un traité multilatéral ou s'en retire, le paragraphe 1 s'applique dans les relations entre cet État ou cette organisation et chacune des autres parties au traité à partir de la date à laquelle cette dénonciation ou ce retrait prend effet.

Article 71

Conséquences de la nullité d'un traité en conflit avec une norme impérative du droit international général

1. Dans le cas d'un traité qui est nul en vertu de l'article 53, les parties sont tenues

a) D'éliminer, dans la mesure du possible, les conséquences de tout acte accompli sur la base d'une disposition qui est en conflit avec la norme impérative du droit international général ; et

b) De rendre leurs relations mutuelles conformes à la norme impérative du droit international général.

2. Dans le cas d'un traité qui devient nul et prend fin en vertu de l'article 64, la fin du traité :

a) Libère les parties de l'obligation de continuer d'exécuter le traité ;

b) Ne porte atteinte à aucun droit, aucune obligation, ni aucune situation juridique des parties créés par l'exécution du traité avant qu'il ait pris fin ; toutefois, ces droits, obligations ou situations ne peuvent être maintenus par la suite que dans la mesure où leur maintien n'est pas en soi en conflit avec la nouvelle norme impérative du droit international général.

Article 72

Conséquences de la suspension de l'application d'un traité

1. À moins que le traité n'en dispose ou que les parties n'en conviennent autrement, la suspension de l'application d'un traité sur la base de ses dispositions ou conformément à la présente Convention

a) Libère les parties entre lesquelles l'application du traité est suspendue de l'obligation d'exécuter le traité dans leurs relations mutuelles pendant la période de suspension ;

b) N'affecte pas par ailleurs les relations juridiques établies par le traité entre les parties.

2. Pendant la période de suspension, les parties doivent s'abstenir de tous actes tendant à faire obstacle à la reprise de l'application du traité.

PARTIE VI. DISPOSITIONS DIVERSES

Article 73

Relation avec la Convention de Vienne sur le droit des traités

Pour ce qui est des États parties à la Convention de Vienne sur le droit des traités de 1969, leurs relations dans le cadre d'un traité conclu entre deux États ou plus et une ou plusieurs organisations sont régies par ladite Convention.

Article 74

Questions non préjugées par la présente Convention

1. Les dispositions de la présente Convention ne préjugent aucune question qui pourrait se poser à propos d'un traité entre un ou plusieurs États et une ou plusieurs organisations internationales du fait d'une succession d'États ou en raison de la responsabilité internationale d'un État ou de l'ouverture d'hostilités entre États.

2. Les dispositions de la présente Convention ne préjugent aucune question qui pourrait se poser à propos d'un traité en raison de la responsabilité internationale de l'organisation internationale, de la terminaison de son existence ou de la terminaison de la participation d'un État en qualité de membre de l'organisation.

3. Les dispositions de la présente Convention ne préjugent aucune question qui pourrait se poser à propos de l'établissement des obligations et des droits des États membres d'une organisation internationale au regard d'un traité auquel cette organisation est partie.

Article 75

Relations diplomatiques ou consulaires et conclusion de traités

La rupture de relations diplomatiques ou des relations consulaires ou l'absence de telles relations entre deux ou plusieurs États ne fait pas obstacle à la conclusion de traités entre deux ou plusieurs desdits États et une ou plusieurs organisations internationales. La conclusion d'un tel traité n'a pas en soi d'effet en ce qui concerne les relations diplomatiques ou les relations consulaires.

Article 76

Cas d'un État agresseur

Les dispositions de la présente Convention sont sans effet sur les obligations qui peuvent résulter, à propos d'un traité entre un ou plusieurs États et une ou plusieurs organisations internationales, pour un État agresseur, de mesures prises conformément à la Charte des Nations Unies au sujet de l'agression commise par cet État.

PARTIE VII. DÉPOSITAIRES, NOTIFICATIONS, CORRECTIONS ET ENREGISTREMENT

Article 77

Dépositaires des traités

1. La désignation du dépositaire d'un traité peut être effectuée par les États et les organisations ou, selon le cas, par les organisations ayant participé à la négociation soit dans le traité lui-même soit de toute autre manière. Le dépositaire peut être un ou plusieurs États, une organisation internationale, ou le principal fonctionnaire administratif d'une telle organisation.

2. Les fonctions du dépositaire d'un traité ont un caractère international et le dépositaire est tenu d'agir impartialement dans l'accomplissement de ses fonctions. En

particulier, le fait qu'un traité n'est pas entré en vigueur entre certaines des parties ou qu'une divergence est apparue entre un État ou une organisation internationale et un dépositaire en ce qui concerne l'exercice des fonctions de ce dernier ne doit pas influer sur cette obligation.

Article 78

Fonctions des dépositaires

1. À moins que le traité n'en dispose ou que les États et organisations contractantes ou, selon le cas, les organisations contractantes n'en conviennent autrement, les fonctions du dépositaire sont notamment les suivantes :

a) Assurer la garde du texte original du traité et des pleins pouvoirs qui lui seraient remis ;

b) Établir des copies certifiées conformes au texte original et tous autres textes du traité en d'autres langues qui peuvent être requis par le traité, et les communiquer aux parties au traité et aux États et organisations internationales ayant qualité pour le devenir ;

c) Recevoir toutes signatures du traité, recevoir et garder tous instruments, notifications et communications relatifs au traité ;

d) Examiner si une signature, un instrument, une notification ou une communication se rapportant au traité est en bonne et due forme et, le cas échéant, porter la question à l'attention de l'État ou de l'organisation internationale en cause ;

e) Informer les parties au traité et les États et organisations internationales ayant qualité pour le devenir des actes, notifications et communications relatifs au traité ;

f) Informer les États et organisations internationales ayant qualité pour devenir parties au traité de la date à laquelle a été reçu ou déposé le nombre de signatures ou d'instruments de ratification, d'instruments relatifs à un acte de confirmation formelle, ou d'instruments d'acceptation, d'approbation ou d'adhésion requis pour l'entrée en vigueur du traité ;

g) Assurer l'enregistrement du traité auprès du Secrétariat de l'Organisation des Nations Unies ;

h) Remplir les fonctions spécifiées dans d'autres dispositions de la présente Convention.

2. Lorsqu'une divergence apparaît entre un État ou une organisation internationale et le dépositaire au sujet de l'accomplissement des fonctions de ce dernier, le dépositaire doit porter la question à l'attention :

a) Des États et organisations signataires ainsi que des États contractants et des organisations contractantes ; ou

b) Le cas échéant, de l'organe compétent de l'organisation internationale en cause.

Article 79

Notifications et communications

Sauf dans les cas où le traité ou la présente Convention en dispose autrement, une notification ou une communication qui doit être faite par un État ou une organisation internationale en vertu de la présente Convention

a) Est transmise, s'il n'y a pas de dépositaire, directement aux États et aux organisations auxquels elle est destinée ou, s'il y a un dépositaire, à ce dernier ;

b) N'est considérée comme ayant été faite par l'État ou l'organisation en question qu'à partir de sa réception par l'État ou l'organisation auquel elle a été transmise ou, le cas échéant, par le dépositaire ;

c) Si elle est transmise à un dépositaire, n'est considérée comme ayant été reçue par l'État ou l'organisation auquel elle est destinée qu'à partir du moment où cet État ou cette organisation aura reçu du dépositaire l'information prévue à l'alinéa *e)* du paragraphe 1 de l'article 78.

Article 80

Correction des erreurs dans les textes ou les copies certifiés conformes des traités

1. Si, après l'authentification du texte d'un traité, les États et organisations internationales signataires et les États contractants et les organisations contractantes constatent d'un commun accord que ce texte contient une erreur, il est procédé à la correction de l'erreur par l'un des moyens énumérés ci-après, à moins que lesdits États et organisations ne décident d'un autre mode de correction :

a) Correction du texte dans le sens approprié et paraphe de la correction par des représentants dûment habilités ;

b) Établissement d'un instrument ou échange d'instruments où se trouve consignée la correction qu'il a été convenu d'apporter au texte ;

c) Établissement d'un texte corrigé de l'ensemble du traité suivant la procédure utilisée pour le texte originaire.

2. Lorsqu'il s'agit d'un traité pour lequel il existe un dépositaire, celui-ci notifie aux États et organisations internationales signataires et aux États contractants et aux organisations contractantes l'erreur et la proposition de la corriger et spécifie un délai approprié dans lequel objection peut être faite à la correction proposée. Si, à l'expiration du délai :

a) Aucune objection n'a été faite, le dépositaire effectue et paraphe la correction dans le texte, dresse un procès-verbal de rectification du texte et en communique copie aux parties au traité et aux États et organisations ayant qualité pour le devenir ;

b) Une objection a été faite, le dépositaire communique l'objection aux États et organisations signataires et aux États contractants et aux organisations contractantes.

3. Les règles énoncées aux paragraphes 1 et 2 s'appliquent également lorsque le texte a été authentifié en deux ou plusieurs langues et qu'apparaît un défaut de concordance qui, de l'accord des États et organisations internationales signataires ainsi que des États contractants et des organisations contractantes, doit être corrigé.

4. Le texte corrigé remplace *ab initio* le texte défectueux, à moins que les États et organisations internationales signataires ainsi que les États contractants et les organisations contractantes n'en décident autrement.

5. La correction du texte d'un traité qui a été enregistré est notifiée au Secrétariat de l'Organisation des Nations Unies.

6. Lorsqu'une erreur est relevée dans une copie certifiée conforme d'un traité, le dépositaire dresse un procès-verbal de rectification et en communique copie aux États et organisations internationales signataires ainsi qu'aux États contractants et aux organisations contractantes.

Article 81

Enregistrement et publication des traités

1. Après leur entrée en vigueur, les traités sont transmis au Secrétariat de l'Organisation des Nations Unies aux fins d'enregistrement ou de classement et inscription au répertoire, selon le cas, ainsi que de publication.

2. La désignation d'un dépositaire constitue autorisation pour celui-ci d'accomplir les actes visés au paragraphe précédent.

PARTIE VIII. CLAUSES FINALES

Article 82

Signature

La présente Convention sera ouverte jusqu'au 31 décembre 1986 au ministère fédéral des affaires étrangères de la République d'Autriche et, ensuite, jusqu'au 30 juin 1987 au Siège de l'Organisation des Nations Unies à New York, à la signature :

a) De tous les États ;

b) De la Namibie, représentée par le Conseil des Nations Unies pour la Namibie ;

c) Des organisations internationales invitées à participer à la Conférence des Nations Unies sur le droit des traités entre États et organisations internationales ou entre organisations internationales.

Article 83

Ratification ou acte de confirmation formelle

La présente Convention sera soumise à ratification par les États et par la Namibie, représentée par le Conseil des Nations Unies pour la Namibie, et à des actes de confirmation formelle de la part des organisations internationales. Les instruments de ratification et les instruments relatifs aux actes de confirmation formelle seront déposés auprès du Secrétaire général de l'Organisation des Nations Unies.

Article 84

Adhésion

1. La présente Convention restera ouverte à l'adhésion de tout État, de la Namibie, représentée par le Conseil des Nations Unies pour la Namibie, et de toute organisation internationale qui a la capacité de conclure des traités.

2. L'instrument d'adhésion d'une organisation internationale comprendra une déclaration attestant qu'elle a la capacité de conclure des traités.

3. Les instruments d'adhésion seront déposés auprès du Secrétaire général de l'Organisation des Nations Unies.

Article 85

Entrée en vigueur

1. La présente Convention entrera en vigueur le trentième jour qui suivra la date du dépôt du trente-cinquième instrument de ratification ou d'adhésion par les États ou par la Namibie, représentée par le Conseil des Nations Unies pour la Namibie.

2. Pour chacun des États et pour la Namibie, représentée par le Conseil des Nations Unies pour la Namibie, qui ratifieront la présente Convention ou y adhéreront après que la condition énoncée au paragraphe 1 aura été remplie, la Convention entrera en vigueur le trentième jour après le dépôt par cet État ou par la Namibie de son instrument de ratification ou d'adhésion.

3. Pour chaque organisation internationale qui déposera un instrument relatif à un acte de confirmation formelle ou un instrument d'adhésion, la Convention entrera en vigueur à la plus éloignée des deux dates suivantes : le trentième jour après ledit dépôt, ou la date à laquelle la Convention entrera en vigueur conformément au paragraphe 1.

Article 86

Textes authentiques

L'original de la présente Convention, dont les textes anglais, arabe, chinois, espagnol, français et russe sont également authentiques, sera déposé auprès du Secrétaire général de l'Organisation des Nations Unies.

EN FOI DE QUOI, les plénipotentiaires soussignés, dûment autorisés par leurs gouvernements respectifs, et les représentants dûment autorisés du Conseil des Nations Unies pour la Namibie et des organisations internationales ont signé la présente Convention.

FAIT à Vienne, le vingt et un mars mil neuf cent quatre-vingt-six.

ANNEXE

PROCÉDURES D'ARBITRAGE ET DE CONCILIATION INSTITUÉES EN APPLICATION DE L'ARTICLE 66

I. CONSTITUTION DU TRIBUNAL ARBITRAL OU DE LA COMMISSION DE CONCILIATION

1. Le Secrétaire général de l'Organisation des Nations Unies dresse et tient une liste de juristes qualifiés parmi lesquels les parties à un différend peuvent choisir les personnes qui composeront un tribunal arbitral ou, selon le cas, une commission de conciliation. À cette fin, tout État qui est Membre de l'Organisation des Nations Unies et toute partie à la présente Convention sont invités à désigner deux personnes, et les noms des personnes ainsi désignées composeront la liste, dont copie sera adressée au Président de la Cour internationale de Justice. La désignation des personnes qui figurent sur la liste, y compris celles qui sont désignées pour remplir une vacance fortuite, est faite pour une période de cinq ans renouvelable. À l'expiration de la période pour laquelle elles auront été désignées, les personnes susmentionnées continueront à exercer les fonctions pour lesquelles elles auront été choisies conformément aux paragraphes suivants.

2. Lorsqu'une notification est faite conformément à l'alinéa *f)* du paragraphe 2 de l'article 66, ou lorsqu'un accord est intervenu conformément au paragraphe 3 sur la procédure définie dans la présente annexe, le différend est soumis à un tribunal arbitral. Lorsqu'une demande est soumise au Secrétaire général conformément au paragraphe 4 de l'article 66, le Secrétaire général porte le différend devant une commission de conciliation. Le tribunal arbitral et la Commission de conciliation sont composés comme suit :

Les États, les organisations internationales, ou, selon le cas, les États et les organisations qui constituent une des parties au différend nomment d'un commun accord :

a) Un arbitre ou, selon le cas, un conciliateur, choisi ou non sur la liste visée au paragraphe 1 ; et

b) Un arbitre ou, selon le cas, un conciliateur, choisi parmi les personnes qui figurent sur la liste n'ayant la nationalité d'aucun des États et n'ayant pas été désigné par une des organisations qui constituent la partie considérée au différend, étant entendu qu'un différend entre deux organisations internationales ne doit pas être examiné par des ressortissants d'un seul et même État.

Les États, les organisations internationales, ou, selon le cas, les États et les organisations qui constituent l'autre partie au différend nomment de la même manière deux arbitres, ou, selon le cas, deux conciliateurs. Les quatre personnes choisies par les parties doivent être nommées dans un délai de soixante jours à compter de la date à laquelle l'autre partie au différend a reçu la notification prévue à l'alinéa *f)* du paragraphe 2 de l'article 66, ou à laquelle un accord est intervenu conformément au paragraphe 3 sur la procédure définie dans la présente annexe, ou à laquelle le Secrétaire général reçoit la demande de conciliation.

Dans un délai de soixante jours à compter de la date à laquelle la dernière nomination est intervenue, les quatre personnes ainsi choisies nomment un cinquième arbitre ou conciliateur, selon le cas, choisi sur la liste, qui exerce les fonctions de président.

Si la nomination du président ou de l'un quelconque des autres arbitres ou conciliateurs, selon le cas, n'intervient pas dans le délai prescrit pour cette nomination, elle sera faite par le Secrétaire général de l'Organisation des Nations Unies dans les soixante jours qui suivent l'expiration de ce délai. Le Secrétaire général peut désigner comme président soit l'une des personnes inscrites sur la liste, soit un des membres de la Commission du droit international. L'un quelconque des délais dans lesquels les nominations doivent être faites peut être prorogé par accord des parties au différend. Si l'Organisation des Nations Unies est partie ou est comprise dans l'une des parties au différend, le Secrétaire général transmet la demande mentionnée ci-dessus au Président de la Cour internationale de Justice, qui exerce les fonctions confiées au Secrétaire général par le présent alinéa.

Toute vacance doit être remplie de la façon spécifiée pour la nomination initiale.

La nomination d'arbitres ou de conciliateurs par une organisation internationale comme prévu aux paragraphes 1 et 2 est régie par les règles pertinentes de cette organisation.

II. FONCTIONNEMENT DU TRIBUNAL ARBITRAL

3. Sauf convention contraire entre les parties au différend, le tribunal arbitral arrête lui-même sa procédure en garantissant à chacune des parties au différend la pleine possibilité d'être entendue et de se défendre.

4. Avec le consentement préalable des parties au différend, le tribunal arbitral peut inviter tout État ou toute organisation internationale intéressé à lui soumettre ses vues oralement ou par écrit.

5. Le tribunal arbitral se prononce à la majorité de ses membres. En cas de partage, la voix du Président est prépondérante.

6. Si l'une des parties au différend ne comparaît pas devant le Tribunal ou s'abstient de se défendre, l'autre partie peut demander au Tribunal de poursuivre la procédure et de rendre sa décision. Avant de rendre sa décision, le Tribunal doit s'assurer non seulement qu'il a compétence pour connaître du différend, mais que la demande est fondée en fait et en droit.

7. La décision du tribunal arbitral se borne à la matière du différend ; elle est motivée. Tout membre du Tribunal peut exprimer une opinion individuelle ou dissidente.

8. La décision est définitive et non susceptible d'appel. Toutes les parties au différend doivent se soumettre à la décision.

9. Le Secrétaire général fournit au Tribunal l'assistance et les facilités dont il a besoin. Les dépenses du

Tribunal sont supportées par l'Organisation des Nations Unies.

III. FONCTIONNEMENT DE LA COMMISSION DE CONCILIATION

10. La Commission de conciliation arrête elle-même sa procédure. La Commission, avec le consentement des parties au différend, peut inviter toute partie au traité à lui soumettre ses vues oralement ou par écrit. Les décisions et les recommandations de la Commission sont adoptées à la majorité des voix de ses cinq membres.

11. La Commission peut signaler à l'attention des parties au différend toute mesure susceptible de faciliter un règlement amiable.

12. La Commission entend les parties, examine les prétentions et les objections et fait des propositions aux parties en vue de les aider à parvenir à un règlement amiable du différend.

13. La Commission fait rapport dans les douze mois qui suivent sa constitution. Son rapport est déposé auprès du Secrétaire général et communiqué aux parties au différend. Le rapport de la Commission, y compris toutes conclusions y figurant sur les faits ou sur les points de droit, ne lie pas les parties et n'est rien de plus que l'énoncé de recommandations soumises à l'examen des parties en vue de faciliter un règlement amiable du différend.

14. Le Secrétaire général fournit à la Commission l'assistance et les facilités dont elle peut avoir besoin. Les dépenses de la Commission sont supportées par l'Organisation des Nations Unies.

BIBLIOGRAPHIE

I) Ouvrages généraux

ABOUR (J.M.), Droit international public, 3e édition, Québec, Éditions Yvons Blais Inc, 1997, 708 p.

ALLAND (D.), Droit international public, Paris, Presses universitaires de France (PUF), 2000, 807 p.

ANKUMA (E. A.), La Commission africaine des droits de l'homme, pratiques et procédures, Ed. SADIC, 1987.

ANZILOTI (D.), Cours de droit international, I, Sirey, Paris, 1929, 534 p.

ASCENCIO (H.), DECAUX (E.) et PELLET (A.), Droit international pénal, Paris, Pedone, 2000, 1053 p.

Association de consultants internationaux en droits de l'homme, essais sur le concept de « droit de vivre », Bruxelles, Bruylant, 1998.

BECET (J.-M.) et COLARD (D.), Les droits de l'homme, Paris, Economica, 1982.

BEDJAOUI (M.), Droit international : Bilan et perspectives, Tome 1, Paris, Pedone, 1991, 630 p.

BURDEAU (Georges), Les libertés publiques, Paris, LGDJ, 1972.

CARREAU (Dominique), Droit international, Paris, Pedone, 1986.

Centre de Droit international de Nanterre (CEDIN), THIERRY (Hubert) et DECAUX (Emmanuel) (Dir.), Droit international et Droits de l'homme. La pratique juridique française dans le domaine de la protection internationale des droits de l'homme, Montchrestien, Paris, 1990.

COHEN –JONATHAN (G.), La convention européenne des droits de l'homme, Paris, Economica, 1989.

COLLIARD (C.-A.), Libertés publiques, Paris, Dalloz, 1989, 915 p.

COMBACAU (J.) et SERGE (S.), Droit international public, Paris, Montchrestien, 1993, 821 p.

CORNU (G.), Vocabulaire juridique, Paris, PUF, Édition 2020, 1091 p.

DAILLIER (P.) et PELLET (A.), Droit international public, LGDJ et EJA, Paris, 7e édition, 2005.

DAVID (Eric), TULKENS (Françoise) et VANDERMEERSCH (Damien), Code de droit international humanitaire, 3e édition à jour au 1er juillet 2007, Bruylant, Bruxelles, 2007, 923 p.

DARLAN (Danièle), L'Évolution constitutionnelle et juridictionnelle de la République centrafricaine à travers les textes, L'Harmattan, Paris, 2018, 174 pages.

DECAUX (E.), Droit international public, Dalloz, Collection Hypercours, Paris, 2006, 403 p.

DEGNI SEGUI (R.), Les droits de l'homme en Afrique noire francophone : Théories et réalités, Abidjan, 1999.

DELMAS-MARTY (M.) et LUCAS DE LEYSSA (C.), Libertés et droits fondamentaux, Paris, Seuil, 1996.

DE VISCHER (C.), Théories et réalités en droit international public, 1970.

DJIENA WEMBOU (M.C) et DAOUDA (F.), Théorie générale et réalités africaines, L'Harmattan, 2000, 431 p.

Documents d'information des Nations Unies, Les droits de l'homme aujourd'hui : une priorité des Nations Unies, New York, Nations Unies, 1998, 83 p.

GRAWITZ (M.), Lexique des sciences sociales, 7e édition, Paris, Dalloz, 2000, 424 p.

DE GAUDUSSON (J.B.), CONAC (G.), DESOUCHES (Chr.), Les constitutions africaines publiées en langue française, 2 Tomes, Paris, La Documentation française, 1997/1998.

DE SCHUTTER (O.), TULKENS (F.), VAN DROOGHENBROECK (S.), RUFFENACH (S.), Code de droit international des droits de l'homme, 2e édition, Bruxelles, Bruylant, 2003.

DAVID (E.) et VAN ASSCHE (C.), Code de droit international public, 4e édition à jour au 1er janvier 2008, Bruxelles, Bruylant, 2008, pp. 277-293 (Convention révisée).

DREYFUS (S.) et NICOLAS-VULLIERME (L.), La Thèse de Doctorat et le Mémoire, Études méthodologiques (Sciences juridiques et politiques), Troisième édition, CUJAS, 2000, 486 p.

DUPUY (P.-M.), Droit international public, Dalloz-Sirey, Coll. Précis Dalloz, Paris, 2002, 6e édition, 787 p.

EISEMANN (P.-M.), COUSSIRAT-COUSTERE (V.), HUR (P.), Petit Manuel de la jurisprudence de la Cour Internationale de Justice, 4e édition, Paris, Pedone, 1984, 394 p, pp. 95-105

ERGEC (R.), Les droits de l'homme à l'épreuve des circonstances exceptionnelles. Étude de l'article 15 de la Convention européenne des droits de l'homme, Bruxelles, Bruylant et Université de Bruxelles, 1987

ETEKA YEMET (V.), La Charte africaine des droits de l'homme et des peuples, Paris, L'Harmattan, 1996, 476 p.

GUILLIEN (R.) et VINCENT (J.), Lexique des termes juridiques, Paris, Dalloz, 2003, 619 p.

Humanité et Droit international, Mélanges René Jean Dupuy, Paris, Éditions A. Pedone, 13, Rue Soufflot, 1991

KELSEN (Hans), Théorie pure du droit, Dalloz, Paris, 1962, 496 p.

MADIOT (Y.), Droits de l'homme, Paris, Masson, 1991.

MARGUENAUD (J.-P.), La Cour européenne des droits de l'homme, Paris, Dalloz, 1997, 147 p.

MARTIN (Pierre-Marie), Droit international public, Paris, Masson, 1995, 350 p.

KAMTO (Maurice), L'agression en droit international, Paris, Ed A. Pedone, 2010, 464 p.

MORANGE (J.), Droits de l'homme et libertés publiques, 2e édition, Paris, PUF, 1989, 402 p.

NGOM (Benoît S.), Les droits de l'homme et l'Afrique, Paris, Silex, 1984, 118 p.

OUGUERGOUZ (F.), La Charte africaine des droits de l'homme et des peuples, Paris, PUF, 1993, 479 p.

OUGUERGOUZ (F.), La Charte africaine des droits de l'homme et des peuples. Une approche juridique des droits de l'homme entre tradition et modernité, Genève, Publications de l'Institut Universitaire des hautes études internationales, 1993, 479 p.

PEDRA (P.)(Dir.), Éthique, droit et dignité de la personne - Mélanges Christian Bolze, Paris, Economica, 1999, 427 p.

Publications de l'Institut International des droits de l'homme, Institut René Cassin de Strasbourg, La Convention de Genève du 28 juillet 1951 relative au statut des réfugiés 50 ans après : Bilan et Perspectives, Bruxelles, Bruylant, 2001, 456 p.

RUZIE (D.), Droit international public, 16e édition, Paris, Dalloz, 2002, 319 p.

SALMON (J.), Dictionnaire de droit international public, Bruxelles, Bruylant, 2005.

SALOMON (Robert), Les Réfugiés, Vendôme, PUF, 1963.

SCHABAS (W.A.D.), Précis de droit international des droits de la personne, Québec, Yvons Blais, Inc, 1997, 425 p.

SUDRE (F.), Droit international et européen des droits de l'homme, Paris, PUF, 1989.

VERHEOVEN (J.), Droit international public, Larcier, Bruxelles, 2000, 856 p.

VINCENSINI (J.J.), Le livre des droits de l'homme, Paris, Édition Robert Laffont, 1985.

WACHSMANN (P.), Les Droits de l'homme, 3e édition, Paris, Dalloz, 1999.

II) Ouvrages spécialisés

BATIFFOL (Henri), La philosophie du droit, 5e édition, Paris, PUF, 1975, 126 pages.

CASTBERG (Frede), La philosophie du droit, Paris, Éditions A. Pedone, 1970, 151 p.

FRANGULIS (A.F.), Les réserves, Dictionnaire diplomatique, Paris, Académie diplomatique internationale, Tome II, 1933.

HOLLOWAY (K.), Les réserves dans les traités internationaux, Paris, LGDJ, 1958, 379 p.

HORN (F.), Reservations and Interpretative Declarations to Multilateral Treaties, La Haye, T.M.C., Asser Institute, 1988, XXIX-514 p.

IMBERT (P.-H.), Les réserves aux traités multilatéraux, Paris, Pedone, 1979, 503 p.

KÜNER (R.), Vorbehaltezu multilateralen völkerrechtlichen verträgen, Berlin, Springer, 1986, XI-307 p.

KAPPELER (D.), Les réserves dans les traités, Verlag für Recht, Bâle, 1958, 101 p.

La Commission du droit international et son œuvre, Septième Édition, Volume I, Nations unies, New York, 2009, 478 pages.

LIJNZAAD (L.), Reservations to U.N. Human Rights Treaties: Ratify and ruin ?, Dordrecht, Nijhoff, 1994, 468 p.

MIGLIORINO (L.), Le obiezionialle riserven ei trattati internazionali, Milan, Giuffrè, 1997, XVI-159 p.

OUGUERGOUZ (F.), La Charte africaine des droits de l'homme et des peuples, Paris, PUF, 1993.

SAPIENZA (R.), Dichiarazion interpretative unilaterali e trattati internazionali, Milan, Giuffrè, 1996, 291 p.

III) Thèses :

ALLAFI (M.), La Cour pénale internationale et le conseil de sécurité : justice versus maintien de l'ordre ; Thèse soutenue à l'Université de Tours le 17 avril 2013 ;

CARALETA (M. S.), Les droits de la défense devant la Cour Pénale Internationale, Thèse soutenue le 19 décembre 2014 à l'Université de Nice ;

DETAIS (J.), les Nations Unies et le droit de légitime défense , Thèse de doctorat en droit public, École Doctorale d'Angers, Directeur-Professeur Rahim KHERAD, Professeur à l'Université de Poitiers, présentée et soutenue publiquement le 30 novembre 2007, Université d'Angers 2007, 2007, Numéro d'ordre 844, 552 pages ;

EKOUE (K.), La saisine de la Cour pénale internationale ; thèse soutenue le 23 novembre 2011 à l'Université de Poitiers (France) en cotutelle avec l'Université de Lomé (Togo) ;

EL BAROUDY (J.), La sanction du crime international d'agression : perspectives de droit international et de droit comparé ; thèse soutenue le 18 novembre 2013 à l'Université de Strasbourg ;

JACQUELIN (M.), L'incrimination de génocide : étude comparée du droit de la Cour pénale internationale et du droit français ; Thèse soutenue en 2010 ;

KAZADI MPIANA (J.), La position du droit international dans l'ordre juridique congolais et l'application de ses normes ; Thèse soutenue le 28 juin 2012 à l'Université de Rome « La Sapienza » ;

MAZI (I.-G.), Les déclarations interprétatives des traités internationaux, Thèse soutenue à l'Université de Lyon en 2009 ;

METANGMO (M.-V.), Le crime d'agression : recherches sur l'originalité d'un crime à la croisée du droit international pénal et du droit international du maintien de la paix, Law. Université du droit et de la santé-Lille II, 2012 ; Thèse en Droit, disponible en ligne sur https//tel.archives-ouvertes.fr/tel-00790864/document ;

PINEAU (C.), Le procès équitable devant la Cour pénale internationale ; Thèse soutenue le 24 janvier 2014 à l'Université d'Aix-Marseille ;

POMME DE MIRIMONDE (A.), Les traités imparfaits. Les réserves dans les traités internationaux, thèse, Paris, 1920, 159 p. ;

RAHONG (S.), La Cour pénale internationale et les États africains, Thèse soutenue le 14 décembre 2015 à l'Université de Perpignan ;

TOUZE (S.), La protection des droits des nationaux à l'étranger : recherches sur la protection diplomatique, Thèse de Doctorat, Droit international, Paris 2, 2006 ; (thèse consultée en ligne) ;

IV) Articles et Revues

Articles

ALLAND (D.), « Le dispositif international du droit de l'asile-rapport général », IN Société française pour le droit international (SFDI), Colloque de Caen : droit d'asile et des réfugiés, Paris, Pedone, 1997, pp.13-81.

ANDERSON (D.R.), 'Reservations to Multilateral Conventions : a Reexamination', *I.C.L.Q.*, vol. 13, 1964, pp. 450-481.

ANDERSON (Chandler P.), « The ratifications of treaties with reservations », *A.J.I.L.*, 1919, pp. 526-530.

BISHOP (W.), « Reservations to treaties », *R.C.A.D.I.*, 1961-II, vol. 103, pp. 245-341.

BOSSUYT (M.), « La distinction juridique entre les droits civils et politiques et les droits économiques, sociaux et culturels), in Revue des droits de l'homme, volume VIII, N.° 4, 1975, p.78 et suivantes.

BOWETT (D.W.), « Reservations to Non-Restricted Multilateral Treaties », *B.Y.. I. L.*, 1976-1977, pp. 67-92.

CAFLISCH (L.), « cent ans de règlement pacifique des différends interétatiques », IN RCADI, Tome 288, 2001, pp. 249 - 461.

CASSIN (R.), « La déclaration universelle et la mise en œuvre des droits de l'homme », R.C.A.D.I., 1951-II, Vol. 79, p. 327.

COHEN-JONATHAN (G.), « Les droits de l'homme, une valeur internationalisée », Revue droits fondamentaux, n° 1, juillet-décembre 2001.

COHEN-JONATHAN (G.), « Les réserves dans les traités institutionnels relatifs aux droits de l'homme. Nouveaux aspects européens et internationaux », *R.G.D.I.P.*, 1996, pp. 915-949.

DIENG (A.), « "le droit de vivre" dans le contexte africain », in Association de consultants internationaux en droits de l'homme, essais sur le concept de « droit de vivre », Bruxelles, Bruylant, 1998, pp. 180-192.

DEGNI-SEGUI (R.), « l'apport de la Charte africaine des droits de l'homme et des peuples au droit international des droits de l'homme », in Revue de la Commission africaine des droits de l'homme, Vol. II, Tomes 1 et 2, 1995, pp. 5 et suivantes.

DE VISSCHER (Ch.), « positivisme et jus cogens », RGDIP, 1971, pp. 5-11.

DIPLA (H.), « La responsabilité de l'État pour violation des droits de l'homme-problèmes d'imputation », Publications de la Fondation Marango-Poulos pour les droits de l'homme, Série n° 1, Paris, Pedone, 1994, pp. 17-32.

DUPUY (P.-M.), 'Normes internationales pénales et droit impératif (jus cogens)', In ASCENCIO (H.) DECAUX (E.) et PELLET (A.), Droit international pénal, Paris, Pedone, 2000, pp.71-80.

EYIKE – VIEUX, « Le Droit international devant le juge camerounais : regards d'un Magistrat », pp. 100-106, in Le droit international devant le juge camerounais : Bilan et perspectives (Actes de la journée d'études du 18 juin 2004 à l'École Nationale d'Administration et de Magistrature (ENAM), Juridis périodique (Édition spéciale), Revue de Droit et de Science politique, Numéro 63, juillet-août-septembre 2005.

FITZMAURICE (G.), « Reservations to Multilateral Conventions », *I.C.L.Q*, Vol. 2, 1953.

FLAUSS (J.F.), Le contentieux de la validité des réserves à la convention européenne des droits de l'homme devant le Tribunal fédéral suisse, Revue universelle des droits de l'homme, 1993.

FROWEIN (J.A.), « Reservations and the International Ordre Public », Mélanges Skubiszewski (Références à préciser), pp. 403-412.

GAJA (G.), « Unrulytreatyreservations », In Le droit international à l'heure de sa codification, Études en l'honneur de Roberto Ago, Vol. I, Milan, Giuffrè, 1987, pp.307-330.

GAJA (G.), « jus cogens beyond the Vienna Convention », RCADI, 1982-III, Vol.172, pp. 271-316.

GAMBLE Jr (J.K.), 'Reservations to Multilateral Treaties – a Macroscopic View of State Practice', *A.J.I.L.*, 1980, pp. 372-394.

GARDNER (J.P.), Human Rights as General Norms and a state's Right to opt out, *B.I.C.L.*, 1997, XXIX-207 p.

GENET (R.), « Les réserves dans les traités », *R.D.I.S.D.P.*, 1932, PP. 95-114, 232-240 et 309-319.

GLELE (M. A.), « La Charte africaine des droits de l'homme et des peuples : ses virtualités et ses limites, Revue de droit africain », n° 1, 1985.

GREIG (D. W.), « Reservations: Equity as a balancing factor », *A.Y.I.L*, 1995, pp. 21-172.

GOMEZ ROBLEDO (A.), 'le jus cogens international : sa genèse, sa nature, ses fonctions', RCADI, 1982-III, vol. 172, pp. 9-219.

HUDSON (M.O.), « Reservations to multipartite international instruments », *AJIL*, 1938, pp. 330-335.

IMBERT (P.-H.), *Human Rights Review*, 1981, pp. 28-60.

JENNINGS (R. Y.), 'Les Traités', In BEDJAOUI (Mohammed), Droit international : Bilan et perspectives, Tome 1, Paris, Pedone, 1991, pp. 139-186.

KELLOG (F.), « Effect of Reservations and Amendments to treaties », AJIL, 1919, pp. 767-773.

KHERAD (R.), « La question de la définition du crime d'agression dans le statut de Rome entre pouvoir politique du conseil de sécurité et compétence judiciaire de la Cour pénale internationale », *RGDIP*, Tome 109, 2e trimestre, Paris, Pedone, 2005, pp. 331-361.

KISS (Alexandre), « La protection des droits de l'homme et les techniques de mise en œuvre du droit international », pp.135-156, In SFDI, Colloque de Strasbourg, La protection des droits de l'homme et l'évolution du droit international.

KOH (J. K.), « Reservations to treaties : How international legal doctrine reflects world vision », *H.I.L.J.*, 1982, pp. 71-116.

KRAUS (Herbert), « Systèmes et fonctions des traités internationaux », In RECADI, 1934-IV, Tome 50, 862 p., pp.311-400.

LEMASSON (A.-T.), « Le crime contre la paix ou crime d'agression : de la réactivation d'une infraction de droit international classique », Revue de science criminelle et de droit pénal comparé, 2006, n° 2, pp. 275-292, Dalloz, Paris, France.

M'BAYE (Keba), « Droits de l'homme et pays en développement », In Humanité et Droit international, Mélanges René Jean Dupuy, Paris, Éditions A. Pedone, 13, Rue Soufflot, 1991, pp. 211-222.

RAMA-MONTALDO (M.), In Mélange Jimenez, pp. 1261-1277.

Mc RAE (D.), 'The legal effect of interpretative Declarations', *B.Y.I.L.*, 1978, pp. 155-173.

MAJOROS (F.), « Le régime de réciprocité de la Convention de Vienne et les réserves dans les Conventions de La Haye », *JDI*, 1974, pp. 73-109.

MARTIN-CHENUT (K.), Chroniques-Chronique internationale, Droits de l'Homme, « Le renforcement des obligations positives de nature pénale dans la jurisprudence interaméricaine : l'exemple des graves violations des droits de l'Homme commises pendant les dictatures du Cône Sud », dans Revue de Science criminelle et de droit pénal comparé 2012/3 (n° 3), pp. 705-725.

MOUELLE KOMBI (N.), « Les dispositions relatives aux conventions internationales dans les nouvelles constitutions des États d'Afrique francophones », In Revue juridique et politique, 2003, n° 1, pp. 5-38.

NISOT (J.), « Les réserves aux traités et la Convention de Vienne du 23 mai 1969 », R.G.D.I.P., 1973, pp. 200-206.

NISOT (J.), « Des clauses juridiquement superflues dans les traités internationaux », RDILC, 1938, pp. 593-600.

NISOT (J.), « le concept de jus cogens envisagé par rapport au droit international », RBDI, 1968, pp. 1-7.

OUGUERGOUZ (F.), « L'absence de clause de dérogation dans certains traités relatifs aux droits de l'homme : les réponses du droit international général », RGDIP 1994, pp. 289-336

PELLET (Alain), « La mise en œuvre des normes relatives aux droits de l'homme » IN Centre de Droit international de Nanterre (CEDIN), THIERRY (Hubert) et DECAUX (Emmanuel) (Dir.), Droit international et Droits de l'homme-La pratique juridique française dans le domaine de la protection internationale des droits de l'homme, Montchrestien, Paris, 1990, p.126.

PELLOUX (Robert), Vrais et faux droits de l'homme. Problèmes de définition et de classification, IN R.D.P, 1981, pp. 53 et suivantes.

PODESTA-COSTA (C.A.), « Les réserves dans les traités internationaux », *RDI*, 1938, pp. 1-52.

POMME DE MIRIMONDE (A.), « Les réserves dans les traités et l'Accord de Washington », Revue politique et parlementaire, 1927, pp. 194-205.

RAPISARDI (M.), « La classification des traités internationaux. Aperçus de systématique », Revue de droit international et de Législation comparée, 1923, pp. 652-667.

REDGWELL (C.), « Universality or integrity? Some reflexions on reservations in general multilateral treaties', *B.Y.I.L.*, 1993, pp. 254-282.

RUDA (J.M.), « Reservations to treaties », *R.C.A.D.I.*, 1975-III, vol. 146, pp. 95-218.

SCHABAS (W.A.), *A.C.D.I.*, 1994, pp. 39-81.

SCHABAS (William A.), The Abolition of the Death penalty in International Law, Cambridge, Steiner Henry J. and University Press, 3rd edition, 2002 (pp. 74-87, 133,138)

SERENI (A. P.), « les opinions individuelles et dissidentes des juges des Tribunaux internationaux », Revue générale de Droit international public, octobre-décembre 1964, n° 4, 68e année, 3e série, Tome XXXV, pp. 819-857

SERMET (L.), « De la carence dans la Charte africaine des droits de l'homme et des peuples de la clause de dérogation aux droits de l'homme », *RGDIP*, 2005-2, pp. 389-406.

SIMMA (B.), In Mélanges Seidl-Hohenveldern, pp. 659-682.

SUCHARIPABEHRMANN (L.), « The legal effects of reservations to multilateral treaties », *A R.I.E.L*, 1996, pp. 67-88.

TEBOUL (G.), « Remarques sur les réserves aux Conventions de codifications », *R.G.D.I.P.*, 1982, pp. 679-717.

VERDROSS « jus positivum and jus cogens in international law », 60, AJIL, 1966, pp. 53-63.

VERVAELE, J.A « Violations graves des droits de l'homme et crimes internationaux : Du jus (non) puniendi de l'État-nation à un deberpunienti impératif tiré du Jus Cogens », In Revue de science criminelle et de droit pénal comparé 2014/3 (N° 3), pp. 487-521.

VIRALLY (Michel), « des moyens utilisés dans la pratique pour limiter l'effet obligatoire des traités », IN les clauses échappatoires en matière d'instruments internationaux relatifs aux droits de l'homme, Bruxelles Bruylant, 1982, pp. 14-15

VIRALLY (Michel), « réflexions sur le jus cogens », 12, AFDI, 1966, pp. 1-29

VIRALLY (Michel), « Sur un pont aux ânes : les rapports entre droit international et droits internes », In Mélanges offerts à Henri Rolin, Pedone, Paris, 1964, p. 498

YASSEEN (M.K.), « réflexions sur la détermination du jus cogens », In SFDI, Colloque de Toulouse, l'élaboration du droit international public, Pedone, 1975, pp. 204-218

*** Quelques articles sur l'analyse de l'avis consultatif du 28 mai 1951 de la CIJ relatif aux réserves faites à la Convention sur la prévention et la répression du crime de génocide :**

BASTID (S.), « La jurisprudence de la Cour internationale de justice », RCADI, 1951-I, 78, pp. 579-686.

FITZMAURICE (Sir Gerald), « Judicial Innovation. Its uses and its peils. As exemplified in some of the International Court of Justice during Lord Mc NAIR's period of office', In Mélanges Mc NAIR, 1965, pp. 24-47.

FITZMAURICE (Sir Gerald), 'The law and procedure of the International Court of Justice', 1951-4: Treaty interpretation and other treaty points, BYIL, pp. 203-293.

HAMBRO (E.), La jurisprudence de la Cour internationale de justice, Annuaire Suisse de droit international, 1952, pp. 1993-236.

HAUCHMANN (T. T.), « La question des réserves dans les Conventions devant la Cour internationale de justice », *R.D.I.S.D.P.*, 1957, pp. 421-429.

*** Revues**

- Annuaire canadien de droit international
- Annuaire de la Commission du droit international
- American journal international law
- Annuaire de la Commission du droit international
- Annuaire français de droit international
- Annuaire Suisse de droit international
- Australian law journal
- Austrian review of international and European law
- British international law
- British yearbook of international law
- Human Rights Review
- International and comparative law Quaterly
- Harvard International law journal
- Journal du droit international
- Juridis périodique (Édition spéciale), Revue de Droit et de Science politique, Numéro 63, juillet-août-septembre 2005.
- Publication de la Fondation Marango Poulos pour les droits de l'homme
- Recueil des cours de l'Académie de droit international
- Revue belge de droit international
- Revue de droit international
- Revue de droit international et de législation comparée
- Revue de droit international et de science diplomatique et politique
- Revue de la Commission africaine des droits de l'homme
- Revue de science criminelle et de droit pénal comparé
- Revue des droits de l'homme
- Revue droits fondamentaux
- Revue générale de droit international public
- Revue politique et parlementaire

- Revue Suisse de droit international et européen

- Revue trimestrielle des droits de l'homme

- Revue universelle des droits de l'homme

V) Textes internationaux

* Au niveau universel

Charte des Nations Unies de 1945 et Statut de la Cour internationale de justice (CIJ).

Convention de Vienne de 1969 sur le droit des traités.

Convention de Vienne de 1978 sur la succession d'États en matière de traités.

Convention de Vienne de 1986 sur le droit des traités auxquels au moins une organisation internationale est partie.

Cour internationale de justice, Mémoires, Plaidoiries et Documents : Réserves à la Convention pour la prévention et la répression du crime de génocide/Avis consultatif du 28 mai 1951, La Haye, Cour internationale de justice, 1951, 514 p.

DE SCHUTTER (O.), TULKENS (F.), VAN DROOG HENBROECK (S.) et RUFFNACH (S.), Code de droit international des droits de l'homme, 2e édition, Bruxelles, Bruylant, 2003, 767 p.

EISEMANN (P.M.), COUSSIRAT-COUSTERE (V.) et HUR (P.), Petit manuel de la jurisprudence de la Cour internationale de justice, 4e édition, Paris, Pedone, 1984, 394 p.

Manuel de la Jurisprudence la plus récente de la C.I.J. (Vu en ligne).

Statut de la Cour pénale internationale signé à Rome le 17 juillet 1998 et entré en vigueur le 1er juillet 2002.

* Au niveau régional :

Institut pour les droits humains et le développement, Compilation des décisions sur les communications de la Commission africaine des droits de l'homme et des peuples : Extrait des rapports d'activités 1994-2001, Dakar, Imprimerie Saint-Paul, 2002, 464 p.

Jurisprudence de la Cour européenne des droits de l'homme.

Jurisprudence de la Cour interaméricaine des droits de l'homme.

VI) Rapports-observations-colloques-séminaires-conférences

Amnesty International, Rapport 98, Londres, EFAI, 1998, 405 p.

Amnesty International, Rapport 99, EFAI, 1999, 416 p.

CARLIER (Jean-Yves), Protection internationale des droits de l'homme, Université du Bénin, Cotonou (Abomey-Calavi), Chaire UNESCO des droits de la personne humaine et de la démocratie, Séminaire en cycle du Diplôme d'Études approfondies, Année académique 2004-2005.

CCPR/C/21/Rev.1/Add.6, In Comité des Droits de l'homme des Nations Unies, Observation générale, n° 24, 2 novembre 1994.

Colloques de la Société française pour le droit international.

Comité pour l'élimination de la discrimination raciale, 64e Session, 23 février.

12 mars 2004, Examen du Rapport présenté par les BAHAMAS conformément à l'article 9 de la convention – Observations finales du Comité pour l'élimination des discriminations raciales, D) « sujets de préoccupation et recommandation », point 10.

Conclusions du Congrès annuel de la Société africaine de droit international et comparé (SADIC), Accra, août 2000.

Doc.off. A/ CN.4/SER.A/1980/Add.1 (Part.2), « Rapport de la Commission à l'Assemblée générale des Nations Unies sur les travaux de sa 32e Session », *Annuaire de la CDI*, 1980, Volume II, Deuxième partie, Nations Unies, 1981, pp.64-68.

DOEHRING (Karl), Provisionnal Report : 'New problems of the international legal system of extradition with special reference to multilateral treaties' (Twelfth Commission), In Institut de Droit international, Annuaire, Volume 59, Tome I, Session de Dijon 1981, Travaux préparatoires, Paris, A.Pedone, 1981, 293 p.

GERARD (Philippe), Philosophie des droits de l'homme, Séminaire de Diplôme d'Études approfondies (DEA) en Droits de la personne et de la démocratie, année académique 2004/2005, Chaire UNESCO des droits de la personne et de la démocratie, Université d'Abomey-Calavi de Cotonou, Bénin, 86 pages, p.59

Haut-Commissariat des Nations Unies aux Droits de l'Homme, Centre des Nations Unies pour les droits de l'homme et la Démocratie en Afrique Centrale, Yaoundé - Cameroun, Journée Séminaire à l'occasion de la Commémoration du 58e anniversaire de la DUDH, 10 décembre 2006, SANGARE (N.), « Les organes de traités, les droits de la personne en action ».

Journée-Séminaire sur la protection des droits de l'homme à l'occasion du concours panafricain de procès fictif des droits de l'homme, 4-9 août 2003, Université Catholique d'Afrique Centrale (UCAC), Yaoundé, Cameroun, 6 août 2003.

Lawyers Committee for human rights: African exodus, refugee crisis, human rights and the 1969 OAU convention, A report of the Lawyers'Committee for human rights, S.V., juillet 1995

Le droit international devant le juge camerounais : Bilan et perspectives (Actes de la journée d'études du 18 juin 2004 à l'École Nationale d'Administration et de Magistrature (ENAM), Juridis périodique (Édition spéciale), Revue de Droit et de Science politique, Numéro 63, juillet-août-septembre 2005.

MAUGENEST (D.) et POUGOUE (P.-G.) (Dir.), Droits de l'homme en Afrique Centrale, Colloque de Yaoundé (9-11 novembre 1994), UCAC-Karthala, 1995, 283 p.

MERON (T.), « Les implications de la convention européenne sur le développement du droit international public », Rapport pour la 19e réunion du Comité Ad Hoc des Conseillers juridiques sur le Droit international (CAHDI) (Berlin, 13 et 14 mars 2000), CAHDI (2000) 11, Annexe III

MORIN (J.-Y.), Les droits fondamentaux : actes des premières journées du réseau « Droits fondamentaux de l'AUPELF-UREF », Bruxelles, Bruylant, 1997.

Observations générales, n°24 sur les questions touchant les réserves formulées au moment de la ratification du pacte ou des protocoles facultatifs y relatifs ou de l'adhésion à ces instruments ou en rapport avec des déclarations formulées au titre de l'article 41 du pacte. Doc CCPR/C/21/Rev.1/Add.6. (Déclaration par les États d'acceptation de la compétence du Comité des Droits de l'Homme à recevoir et examiner les communications interétatiques

PELLET (Alain), Débats : « Droits-de-l'hommisme et droit international », Conférence prononcée à Genève (Nations Unies) dans le cadre des conférences Gilberto Amado, le 18 juillet 2000, IN Revue droits fondamentaux : n° 1, juillet-décembre 2001.

Rapport de la Sous-commission de la promotion et de la protection des droits de l'homme à la Commission des droits de l'homme des Nations Unies (par le Rapporteur spécial Madame Françoise Jane HAMPSON) : Rapports sur les réserves aux traités de droits de l'homme de 1999 à 2002 :

1) Premier Document de travail, 1999, Commission des droits de l'homme des Nations Unies (CDHNU), Sous-commission de la promotion et de la protection des droits de l'homme (SCPPH), Doc.off. E/ CN.A/Sub.2/2002/34.

2) CDHNU, SCPPH, Document de travail portant Charte des réserves actuelles et déclarations faites aux six principaux traités de droits de l'homme, Doc.off. E/ CN.4/Sub.2/2002/34, 56e Session de la Sous-commission, 2002.

Rapports de la Commission du droit international des Nations Unies (CDI) (par le Rapporteur spécial Professeur Alain PELLET) : Rapports sur les réserves aux traités de 1995 à 1999.

1) CDI, 47e Session, 1995, 1er Rapport, Documents officiels (Doc.off.) *A/ CN.4/470 et Corr.1*

2) CDI, 48e Session, 1996 et CDI, 49e Session, 1997, 2e Rapport, Doc.off. *A/ CN.4/477 et Add.1*

3) CDI, 50e Session, 1998, 3e Rapport, Doc.off. *A/ CN.4/491 et Add.1 à 6.*

N. B. : Rapports d'Alain PELLET à la CDI sur les réserves aux traités depuis 1995 (A/CN.4/470 ; A/ CN.4/477 et Add.1 et la Bibliographie annexée (A/CN.4/478) ; A/ CN.4/491 et Add.1 à 6).

Rapports de la Fédération internationale des ligues des droits de l'homme.

Rapport du ministère de la Justice sur l'État des droits de l'homme au Cameroun en 2008, Yaoundé, Octobre 2009, 327 pages (Version française).

Rapport parallèle des organisations non gouvernementales nigériennes sur la CEDEF, juillet 2002, p.87 (l'Association des Femmes Juristes du Niger (AFJN).

Société française pour le droit international (SFDI), Colloque de Caen : droit d'asile et des réfugiés, Paris, Pedone, 1997, pp. 13-81.

Rapport du Comité contre la torture, UN Doc. A/62/44, 2007

Rapport de la fédération internationale des ligues des droits de l'homme : « Maroc : Le Comité des Nations Unies contre la Torture s'inquiète de la recrudescence de la pratique de la Torture au Maroc », 21 novembre 2003.

Rapport effectué par l'ONG Amnesty International en novembre 2005 (référence : AI : Index IOR 40/032/2005 et publié le 22 novembre 2007 portant sur « cour pénale internationale : Déclaration constituant des réserves prohibées au statut de Rome ».

REILLY (Emma), « La criminalisation de la torture au Maroc : Commentaires et recommandations », février 2008, Association pour la prévention de la torture (APT)/Colloque

Séminaire de vulgarisation de la loi relative à la lutte contre le trafic et la traite des enfants, Ebolowa, 27 et 28 janvier 2009, ministère de la Justice au Cameroun.

VII) Jurisprudence

A) Arrêts, avis et décisions de la CPJI/CIJ et des différents Comités des Nations Unies

CIJ, affaire de la Barcelona Traction Light and Power Company, LTD (Belgique contre Espagne, Arrêt du 5 février 1970.

CIJ, Arrêt, Affaire des activités militaires et paramilitaires des États-Unis au Nicaragua et contre celui-ci, (Nicaragua c/États-Unis), 26 novembre 1984, Recueil, 1984

CIJ, Arrêt, Affaire des activités militaires et paramilitaires des États-Unis au Nicaragua et contre celui-ci, (Nicaragua c/États-Unis), 27 juin 1986, Recueil, 1986.

Comité des droits de l'homme des Nations Unies (affaire Blanco c/Nicaragua/Communication n°238/1988 (1994)).

Comité des Nations Unies contre la torture (affaire Mutombo c/Suisse (1994)/communication n° 13/1993 Switzerland, 27/04/94).

CIJ, avis, Licéité de la menace ou d'emploi d'armes nucléaires, 8 juillet 1996, Recueil 1996.

CIJ, arrêt du 11 juillet 1996 relatif à l'application de la convention pour la prévention et la répression du crime de génocide (Bosnie-Herzégovine c/Yougoslavie, Recueil 1996, arrêt du 11 juillet 1996, paragraphe 31.

B) Sentences arbitrales et Jurisprudences régionales

Lawless c/ Irlande (1961)/Cour européenne des droits de l'homme.

Godinez Cruz c/Honduras (1988)/Cour interaméricaine des droits de l'homme

Arrêt BelilosC. Suisse du 29 avril 1988, Série A N° 132 ; /Cour européenne des droits de l'homme.

Soering c/Royaume-Uni (1989)/Cour européenne des droits de l'homme

Arrêt Weber C.Suisse du 22 mai 1990, Série A, n° 177 ; /Cour européenne des droits de l'homme.

Arrêt Chorherr C.Autriche du 25 août 1993, Série A N° 266-B ; /Cour européenne des droits de l'homme.

Commission d'arbitrage pour la paix en Yougoslavie, avis n° 10, 4 juillet 1992

Arrêt Fiuscher C. Autriche du 26 avril 1994, Série A n°312 ; /Cour européenne des droits de l'homme.

Arrêt Loizidou C. Turquie du 23 mars 1995, Série A, n° 310 ; /Cour européenne des droits de l'homme.

Arrêt Gradinger C. Autriche du 23 octobre 1995, Série A N° 328-c ; /Cour européenne des droits de l'homme.

Mc Cann c/Royaume-Uni (1995)/Cour européenne des droits de l'homme.

Arrêt Stallinger et Kuso C. Autriche du 23 avril 1997 ; /Cour européenne des droits de l'homme.

Commission nationale des droits de l'homme et des libertés contre Tchad, affaire 74/92, octobre 1995, IHRR, 1997, p. 94/Commission africaine des droits de l'homme et des peuples

Commission africaine, 31 octobre 1998, constitutionnal Rigths Project and Civil liberties organisations Vs Nigeria, affaire 102/93/Commission africaine des droits de l'homme et des peuples

Comité Loosli Bachelard, LawyersCommittee for HumanRigths, Association of Members of the Episcopal Conference of East Africa Vs Sudan, aff.48/90, 50/91, 52/91, 89/936, paragraphes 80 et suivants / Commission africaine des droits de l'homme et des peuples (non datée)

Selmouni c/France (1999)/Cour européenne des droits de l'homme

Cour interaméricaine des droits de l'homme, Affaire Barrios Altos, Arrêt du 14 mars 2001, paragraphe 41.

Pretty c/ Royaume Uni (2002)/Cour européenne des droits de l'homme

Cour interaméricaine des droits de l'homme Affaire Trujillo Oroza c/Bolivie (Réparations), Arrêt du 27 février 2002, paragraphe 106

Cour interaméricaine des droits de l'homme Affaire Gomez-Paquiyauri Brothers, arrêt du 8 juillet 2004, paragraphe 232.

Arrêt OLAJIDE AFOLABI Vs Federal Republic of Nigeria (2004) / Cour de justice de la communauté économique des États de l'Afrique de l'Ouest (CEDEAO).

Affaire SILIADIN (2005)/Cour européenne des droits de l'homme./

L'affaire Dame HADIJATOU MANI Koraou contre République (27 octobre 2008)/Cour de justice de la communauté économique des États de l'Afrique de l'Ouest (CEDEAO).

C) Jurisprudences des Tribunaux pénaux internationaux et spéciaux et Jurisprudences internes

Affaire BARBIE, Cour d'appel de Lyon, Chambre d'Accusation, 8 juillet 1983 et Cour de cassation française, Chambre criminelle, 6 oct. 1983

Affaire JAVOR, n° Parquet 94 052 2002/7, Ordonnance, Tribunal de Grande Instance de Paris (Juge GETTI), 6 mai 1994

Affaire N° 337/COR, 21 février 1997, Cour d'appel du Centre, Yaoundé, Cameroun

Affaire N.° IT-95-17/1-T, Anto Furundzija, arrêt du 10 décembre 1998,/Tribunal pénal international pour l'ex-Yougoslavie

Affaire ministère public et Dame TONFACK Julienne c/KAMDEM Robert (Jugement N° 69/00 du 21 septembre 2000), tribunal militaire de Bafoussam au Cameroun

Kpadonou (2001)/Cour constitutionnelle du Bénin

Gbaguidi (2002)/Cour constitutionnelle du Bénin

Procureur c/KALLON, contestation de la compétence : Amnistie des accords de Lomé, Tribunal spécial pour la Sierra Leone, Chambre d'appel, 13 mars 2004

Procureur c/GBAO, Décision sur la requête préliminaire relative à l'invalidité de l'Accord entre les Nations Unies et le gouvernement de la Sierra Leone sur l'établissement d'un Tribunal spécial pour la Sierra Leone, Chambre d'Appel, 25 mai 2004, Paragraphe II-8.

AL SKEINI (14 décembre 2004)/High Court of Justice de Londres.

Jugement N° 182/COR du 24 février 2005, Tribunal de Première Instance d'Abong-Mbang au Cameroun

Roper Vs Simmons (2005) / Cour Suprême des États-Unis d'Amérique

Ordonnance du 26 mars 2008, N° 0801291, Audience du 19 mars 2008, Référé administratif, tribunal administratif de Marseille.

VIII) Textes internes

Constitutions des États africains.

Constitution des USA.

Constitution de la Colombie.

Constitution de la République française.

Diverses autres constitutions.

IX) Sites internet

http://www.bibl.ulaval.ca/bd/persona/persoemp.html (Site de la Bibliothèque de l'Université Laval au Québec qui comporte une banque de données portant sur les droits de l'homme dans la perspective philosophique).

http://www.droits-fondamentaux.org/ (Site de la Revue Droits fondamentaux).

http://www.un.org/law/ilc/ (site de la Commission du droit international).

www.ajil.org (L'American journal of international law).

www.ejil.org (L'European journal of international law).

http://www.un.org/law/ilc/ (La Commission du droit international).

www.icj.cij.org (La Cour internationale de justice).

www.icj-cij.org/cijwww/cdecisions/cCPJI (La Cour permanente de justice internationale).

www.pca.cpa.org (La Cour permanente d'arbitrage).

www.un.org (Les Nations Unies).

www.memoireonline.com HASSANE HAMADOU (Namary), L'effectivité des droits politiques de la femme sous la Ve République au Niger, Université de Nantes (France), Diplôme d'Université de Troisième cycle en Droits fondamentaux. Voir également le même document dans le site.

www.figh.org : Site web de la Fédération internationale des ligues des droits de l'homme.

www.cairn.info : Site web de différentes fiches de droit international public.

TABLE DES MATIÈRES

Structures éditoriales du groupe L'Harmattan

L'Harmattan Italie
Via degli Artisti, 15
10124 Torino
harmattan.italia@gmail.com

L'Harmattan Hongrie
Kossuth l. u. 14-16.
1053 Budapest
harmattan@harmattan.hu

L'Harmattan Sénégal
10 VDN en face Mermoz
BP 45034 Dakar-Fann
senharmattan@gmail.com

L'Harmattan Cameroun
TSINGA/FECAFOOT
BP 11486 Yaoundé
inkoukam@gmail.com

L'Harmattan Burkina Faso
Achille Somé – tengnule@hotmail.fr

L'Harmattan Guinée
Almamya, rue KA 028 OKB Agency
BP 3470 Conakry
harmattanguinee@yahoo.fr

L'Harmattan RDC
185, avenue Nyangwe
Commune de Lingwala – Kinshasa
matangilamusadila@yahoo.fr

L'Harmattan Congo
219, avenue Nelson Mandela
BP 2874 Brazzaville
harmattan.congo@yahoo.fr

L'Harmattan Mali
ACI 2000 - Immeuble Mgr Jean Marie Cisse
Bureau 10
BP 145 Bamako-Mali
mali@harmattan.fr

L'Harmattan Togo
Djidjole – Lomé
Maison Amela
face EPP BATOME
ddamela@aol.com

L'Harmattan Côte d'Ivoire
Résidence Karl – Cité des Arts
Abidjan-Cocody
03 BP 1588 Abidjan
espace_harmattan.ci@hotmail.fr

Nos librairies en France

Librairie internationale
16, rue des Écoles
75005 Paris
librairie.internationale@harmattan.fr
01 40 46 79 11
www.librairieharmattan.com

Librairie des savoirs
21, rue des Écoles
75005 Paris
librairie.sh@harmattan.fr
01 46 34 13 71
www.librairieharmattansh.com

Librairie Le Lucernaire
53, rue Notre-Dame-des-Champs
75006 Paris
librairie@lucernaire.fr
01 42 22 67 13

www.ingramcontent.com/pod-product-compliance
Lightning Source LLC
LaVergne TN
LVHW011146061026
849535LV00003B/616